Behavioral Economics

홍훈 교수의
행동경제학
강의

행동경제학강의
Behavioral Economics

초판 1쇄 발행 2016년 9월 5일 ＼**초판 3쇄 발행** 2019년 2월 1일
지은이 홍훈 ＼**펴낸이** 이영선 ＼**편집 이사** 강영선 김선정 ＼**주간** 김문정
편집장 임경훈 ＼**편집** 김종훈 이현정 ＼**디자인** 김회량 정경아
독자본부 김일신 김진규 김연수 정혜영 박정래 손미경 김동욱

펴낸곳 서해문집 ＼**출판등록** 1989년 3월 16일(제406-2005-000047호)
주소 경기도 파주시 광인사길 217(파주출판도시) ＼**전화** (031)955-7470 ＼**팩스** (031)955-7469
홈페이지 www.booksea.co.kr ＼**이메일** shmj21@hanmail.net

© 홍훈, 2016
ISBN 978-89-7483-806-5 93320
값 19,500원

이 도서의 국립중앙도서관 출판시도서목록(CIP)은 e-CIP 홈페이지(http://www.nl.go.kr/ecip)에서
이용하실 수 있습니다.(CIP제어번호: CIP2016019521)

Behavioral Economics

홍훈 교수의
행동경제학
강의

홍훈 지음

서해문집

머리말

근대 인류의 경제체제는 상당 기간 동안 자본주의 이외에 사회주의, 사회민주주의, 여러 유형의 자본주의를 통해 다양성을 유지해왔다. 또한 애덤 스미스A. Smith의 《국부론》으로 시작된 경제학에도 고전학파나 한계효용학파 등의 주류 경제학과 마르크스주의, 역사학파, 제도주의, 신리카도주의, 후기케인스주의가 공존해왔다. 그렇지만 1970년대 말부터 시작된 세계화globalization와 신자유주의neoliberalism가 1990년의 사회주의 체제 몰락 이후 더욱 확산되면서 체제, 이념, 이론의 다양성은 급격히 줄고 있다. 이에 따라 미국식 자본주의가 세력을 넓혀가는 동시에 신고전학파 경제학neoclassical economics이 지배적인 관점으로 부상하고 있다.*

---

* 인류의 시작이 아담이라면 과학으로서의 경제학은 애덤 스미스로부터 시작되었다. 고전음악이 음악의 시작이듯이, 스미스로 시작되는 경제학의 첫 번째 학파가 고전학파이다. 나중에 다른 학파들도 등장했는데, 학파나 학자는 주로 다루는 문제로 구분된다. 애덤 스미스가 경제성장·발전에 중점을 두었다면, 그를 계승한 고전학파의 리카도D. Ricardo는 분배를 강조했다. 현대에 리카도를 이어받은 신리카도학파도 분배를 중심에 놓는다. 고전학파에는 자본주의에

그런데 1980년대 이후 신고전학파 부근에서 새로운 흐름으로 등장한 것이 행동경제학behavioral economics, 실험경제학experimental economics, 뇌신경경제학neuroeconomics이다. 이들은 상호 연관되어 있는데, 예를 들어 행동경제학은 현장조사뿐 아니라 실험 그리고 뇌에 대한 기능적 자기공명영상fMRI 등에도 의존한다. 그러나 이들 사이에는 어느 정도 독립성이 유지되며, 이들 중 이론적으로 가장 의미 있는 것은 행동경제학이다.

행동경제학은 신고전학파를 비판하면서 등장했기 때문에 구체적인 사례를 통해 신고전학파의 입장이 무엇인지 계속 확인한다. 따라서 행동경제학을 공부하다 보면 '이것이 과연 신고전학파의 주장이 맞나?'라는 의문과 '이것이 신고전학파의 주장이구나!'라는 깨달음이 교차한다. 이 과정에서, 교과서에서는 언급하지 않지만 묵시적으로 깔려 있는 신고전학파의 가정과 전제 혹은 그것의 전체적인 모습이 드러나게 된다. 마치 우리가 우리 자신의 모습을 한반도 안에서가 아닌 외국에 나가서야 비로소 발견하게 되는 것과 같다.

새로운 학파의 등장은 기존 학파에 대한 회의를 낳으므로, 특정 분야의 특정 지식에 대한 일방적인 습득보다는 종합적이고 비판적인 사고를 요구한다. 나아가 행동경제학의 대상은 분석을 요하는 수리적인 모형이나 통계량이라기보다 언어로 표현된 선택상황이므로 이해와 해석을 요구한다. 이런 이유로 행동경제학은 미시경제학보다 경제학설사에

대한 옹호와 비판이 공존한다. 옹호를 확장시킨 것이 한계효용학파이고, 비판을 극대화한 것이 마르크스K. Marx이다. 한계효용학파와 마르크스는 각기 시장경제와 사회주의 체제의 기반을 제공했다. 중간적인 케인스J. M. Keynes는 정부정책을 통해 대량실업 문제를 해결하려고 했다. 케인스에 대한 좌파적인 해석이 후기케인스주의를, 우파적인 해석이 케인스주의와 새케인스주의를 낳았다. 신고전학파는 한계효용학파에서 출발한 미시경제학과 보수적인 케인스주의 거시경제학의 결합이다.

가깝다.

　신고전학파를 비판하면서 등장한 행동경제학을 제대로 습득하기 위해서는 신고전학파의 표준이론standard theory에 대한 이해가 선행되어야 한다. 표준이론에 대한 이해 없이 행동경제학에 접근하려 하면 그 노력은 수포로 돌아갈 수밖에 없다. 또 통상적인 학습에서보다 더 깊고 넓게 표준이론을 이해해야만 행동경제학을 제대로 습득할 수 있다.

　행동경제학이 논리를 전개하는 전형적인 방식을 보면, 먼저 특정 사례나 상황에 대한 조사 및 실험의 방법과 내용을 설명한 후 그 결과를 제시한다. 그리고 이에 대해 표준이론이 예상하는 바가 어떤 것인지 혹은 어떤 것이어야 하는지를 명시하고, 이어서 조사 결과가 표준이론의 예상과는 다르다는 점을 보여준다. 그리고 끝으로 같은 결과에 대한 행동경제학의 설명을 제시한다. 따라서 행동경제학을 제대로 이해하기 위해서는 주로 다음과 같은 점들을 고려해야 한다.

　첫째, 조사 및 실험의 의도와 내용이 무엇인가? 행동이론을 이해하기 위해서는 주어진 선택상황을 정확히 이해해야 한다. 실험이든 현장조사든 제시된 선택상황에 대한 서술을 통해 이 선택상황이 어떤 의도로 어떻게 설계되었는지를 파악할 수 있어야 한다.

　둘째, 이 상황에서 표준이론은 어떤 결과를 예상하는가? 구체적인 상황 속에서 표준이론이 예상하는 행동이나 선택의 결과를 끌어내야 한다. 이를 위해서는 표준이론의 원리와 내용을 수시로 다시 검토하고 조망해봐야 한다.

　셋째, 표준이론의 예상에서 벗어나는 결과를 행동경제학은 어떻게 설명하는가? 행동경제학은 여러 개념을 동원하여 표준이론이 설명하지 못하는 것을 설명한다. 물론 행동경제학이 아직 완결된 체계를 갖추지 못했으므로 제시하는 설명이 통일되어 있지 않거나 불충분할 수 있다.

넷째, 표준이론과 행동이론 중 어느 것이 더 타당한가? 구체적인 상황에 대해 중립적인 위치에 서서 양자 중 어느 쪽의 설명이 더 나은지 양자의 강점이나 약점을 검토해야 한다. 또한 표준이론에 대한 행동이론의 비판과 함께 행동이론에 대한 표준이론의 반박 역시 고려해야 한다.

다섯째, 한국의 현실에는 표준이론과 행동이론 중 어느 것이 더 적용 가능한가? 다른 경제이론과 마찬가지로 행동경제학의 궁극적인 쓰임새도 한국 경제사회에 대한 설명과 예측이다. 이를 위해서는 한국 경제사회의 사례들을 더 많이 발굴할 필요가 있다.

장기적으로는 행동경제학에 대한 폭넓은 조망이 필요하다. 대부분의 중요 사상이 그렇듯이, 행동경제학이 제기하는 문제도 서양의 경제학계나 학계 내부의 문제가 아니라 서양의 경제와 서양 사회 및 서양인 자체와 관련되어 있다. 경제학을 비롯한 서양 학문들을 받아들이는 데 있어이론과 현실을 별개로 생각하는 우리의 태도를 재고해야 한다.

예를 들어 일반균형이론은 미국 대학뿐 아니라 한국의 대학에서도 과거 연구와 교육의 금과옥조였다. 그런데 일반균형이론이 시장경제를 설명한다는 믿음에 있어서는 미국의 학계와 한국의 학계 사이에 커다란 차이가 있다. 미국 학자들은 이 이론이 단순히 현학적인 논의의 대상이 아니라 일상적인 문제를 설명할 수 있고 또한 설명할 수 있어야 한다고 믿고 있다. 그에 비해 이 이론을 가지고 한국 경제의 구체적인 문제들을 다루겠다고 생각하는 한국의 경제학자들은 별로 없는 것 같다.

이것은 이론의 보편적인 현실성과 한국 경제에서의 적용 가능성을 한국의 학자들이 크게 고민하지 않기 때문에 생기는 현상이다. 돌아보면 현실에 적용되지 않지만 지식인들이 중시하는 이론이나 사상은 한반도의 역사에서 흔했다. 가령 유학이나 주자학이 적어도 조선 후기에는 현실로부터 크게 괴리되어 있었으나 외적으로는 양반들에게 계속 중시되었다.

신고전학파와 행동경제학을 비교 검토하는 과정에서는 이런 간격에 대한 관용이 상당한 시련을 겪게 된다. 행동경제학이 실생활의 구체적인 사례들에 근거하고 있어 한국의 경제사회와 인간에 대해 계속 생각하게 만들기 때문이다. 이것이 행동경제학이 우리에게 안겨주는 유익한 자극이다. 따라서 행동경제학이 한국 경제, 한국 사회, 한국인에 대한 사회과학적 연구 혹은 융복합적 연구의 중요한 가교가 될 수 있다. 그리고 이런 연구를 통해 경제학과 사회과학이 철학이나 인문학과 연결될 수도 있다. 물론 행동경제학 역시 우리에게 만병통치약은 아니다. 하지만 우리가 신중하고 비판적으로 검토할 몇 가지 의미 있는 대안들 중 하나임은 분명하다.

행동경제학에 대한 수요는 여러 군데에서 확인되고 있다. 그럼에도 불구하고 한국에는 행동경제학에 대한 소개서가 별로 나오지 않았고 개념들에 대한 한국어 번역도 정리되어 있지 않다. 행동경제학에 대한 본격적인 연구와 소개가 지체되고 있는 데는 이유가 있다. 행동경제학에는 경제경영, 인지심리와 사회심리, 확률 등의 여러 줄기들이 모여 있어 통상적인 경제이론보다 현저하게 다양하고 심지어 혼란스럽기까지 하기 때문이다. 또한 행동경제학은 아직 진화하고 있어 완전히 체계화되어 있지 않고, 제시하는 여러 개념과 논리들도 정착되어 있지 않다. 이 때문에 행동경제학은 한반도의 지식 세계에 만만치 않은 도전거리다.

이 점에서 필자도 부족하기 이를 데 없다. 그래도 의미 있는 일이라고 생각해 행동경제학에 대한 소개를 서두르게 되었다. 앞서 필자가 쓴《신고전학파 경제학과 행동경제학》(2013)은 행동경제학에만 집중하지 않은 데다 전문 연구서의 성격이 강했다. 이런 상황에 비추어 이미 출간된 책 가운데《행동적 의사결정론》(안서원, 안광호)이 가장 나아 보인다.

이번 책에서는 경제학의 관점에서 행동경제학을 설명했다. 또한 자칫

산만하게 등장하는 행동경제학의 여러 개념과 주장들 사이에 가능한 한 체계성을 부여하고 연결고리를 찾으려고 노력했다. 나아가 다른 학파들과의 비교를 통해 행동경제학이 생소하거나 고립된 것이 아님을 보여주려 했다. 또 이를 통해 외국의 이론을 제대로 받아들이려면 어떻게 해야 하는지를 구체적으로 보여주려고 시도했다.

물론 이 책에서 필자가 대중성을 확보했다는 확신은 없다. 누가 어떤 책을 쓰든 언제나 어렵게 쓰기는 쉽고 쉽게 쓰기는 어렵다. 필자의 경우 언제나 시작할 때는 쉽게 쓰겠다고 다짐하지만 집필하는 과정에서 글이 어려워지고는 했다. 이 책을 쓰면서는 가능한 한 많은 사례를 들어 이런 흐름을 막아보려고 노력했지만 애초 의도대로 진행됐는지는 확신하기 힘들다. 깊고 넓게 파야 문제가 해결될 것이라는 집착이 또 다른 요인으로 작용한 것 아닌가 하는 우려도 든다.

이런 한계에도 불구하고 이 책은 독자들이 행동경제학을 어떻게 수용할지 판단하는 데 어느 정도 도움이 될 것이라고 생각한다. 특별히 행동경제학이 우리의 일상과 상식, 직관과 어떻게 연결될 수 있는지 독자들이 이해하는 데 도움이 되었으면 한다.

2016년 여름 신촌에서

차례

3장 일상적인 해결방법과 편향

4장 맥락과 규정

5장 거시경제, 인간, 사회

6장 경제사회정책

7장 한국인, 한국 경제, 한국 사회

1장

행동경제학은 신고전학파 경제학의 표준
행동경제학을 이해하기 위해서는 구체적
한다. 이러한 비교의 근거를 제공하기 위
전제와 가정을 정리해둘 필요가 있다

신고전학파 경제학의
표준이론

을 비판하면서 등장했으므로
-황 속에서 양자를 반복해서 비교해봐야
준이론의 핵심적인 주장과, 그 주장의

행동경제학은 신고전학파 경제학의 표준이론을 비판하면서 등장했으므로 행동경제학을 이해하기 위해서는 구체적인 상황 속에서 양자를 반복해서 비교해봐야 한다. 이러한 비교의 근거를 제공하기 위해 표준이론의 핵심적인 주장과, 그 주장의 전제와 가정을 정리해둘 필요가 있다.

01 표준이론의 기본성격

표준이론은 어떤 것인가?

상식적이고 보편적인 의미에서 경제는 자원을 이용해 재화와 서비스를 생산하고 이것을 소비하는 과정이다. 원시시대부터 현재까지, 또 미국에서 아프리카까지, 생산이나 소비가 없는 경제란 생각할 수 없다. 생산에 동원되는 자원은 주로 토지와 노동이며 근대에는 자본이 더해진다. 소비를 통해 경제주체들은 생계나 생활을 유지하고 욕구를 충족시킨다.

생산과 소비 이외의 경제활동으로, 경제구성원들 사이의 자원 및 재화의 분배와 서로 간에 자원 및 재화를 주고받는 교환을 추가할 수 있다. 이에 따라 경제학에서도 초기와 중기에는 경제를 생산, 분배, 교환, 소비의 반복으로 생각했다. 그리고 이것이 일반인이 생각하는 일상적인 경제의 모습이기도 하다.*

그런데 신고전학파는 경제를 시장주의적인 관점에서 이해하기 때문에 이와 상당한 차이를 지니고 있다. 표준이론에 의하면 소비를 목표로 삼는 개인들이 합리적으로 선택하여 시장에서 가격을 매개로 교환이나 거래를 벌인다. 그리고 교환 위주로 생산과 분배를 포함하는 경제 전체가 움직인다. 선택의 대상은 일차적으로 재화와 서비스, 그리고 자원들이다. 표준이론의 특징을 분석하면, (1)경제의 궁극적인 목표는 소비이다. (2)핵심적인 경제활동은 교환이나 거래이다. (3)교환이나 거래의 구성요소는 개인의 선택이다.

(1)신고전학파의 표준이론에서 경제의 종착점은 소비이다. 그리고 재화·서비스를 소비한 결과로 사람들은 효용utility이나 후생welfare, well-being을 얻는다. 효용은 자동차, 집, 음식 등을 소비해 얻는 즐거움이다. 경제는 사람들의 활동을 통해 움직인다. 그렇지만 표준이론에서 중요한 것은 활동, 과정, 절차가 아니라 결과이다. 표준이론에서 효용은 소비의 결과이자 경제의 궁극적인 목적이다. 기업이 시장에서 경쟁하면서 생산하여 얻는 것은 일차적으로 이윤이지만, 이윤도 궁극적으로는 효용으로 전환된다. 경제의 종점이 소비이고 이로부터 얻은 것이 효용이므로 소비

---

* 이와 비슷한 생각은 20세기의 대표적인 사회경제학자 폴라니K. Polanyi에서도 찾을 수 있다. 그는 《거대한 전환The Great Transformation》(1944)에서 자기규제적인 시장self-regulating market을 부인하면서 경제의 배태성embedded을 내세웠다. 또한 《인간의 생계The Livelihood of Man》(1977)에서 시장경제주의의 오류economistic fallacy를 비판하면서 보편적인 실체를 지닌substantive 인간경제(학)를 내세웠다.

가 경제 전체를 이끌어 간다.[*]

재화가 효용을 낳는다는 생각은 재화를 의·식·주 등과 같이 객관적인 용도나 기능에 따라 구분하는 상식적인 이해와는 거리가 있다. 옷은 우리를 따뜻하게 해주고 자동차는 우리를 이동시켜준다. 그러나 효용은 다양한 재화나 서비스가 소비자에게 주는 무차별적인 좋음이다. 표준이론은 비빔밥을 먹어서 좋은 것과 영화를 감상해서 좋은 것을 구분하지 않는다. 무차별적일 뿐만 아니라 정체가 불명확하다는 점에서도 효용은 화폐와 유사하다. 표준이론에서 효용과 화폐는 모두 '흘러 다니는 그 무엇currency'일 뿐이다.

차이가 있다면 화폐는 시장에서 흘러 다니는 데 비해 효용은 개인의 마음속에서 흘러 다닌다. 소비와 효용에 대한 집착으로 인해 표준이론은 일상적으로 재화와 자원의 거래에서 화폐가 필요하다는 점을 수시로 망각한다. 의식하는 경우에도 화폐를 근원적이고 지속적인 존재가 아니라 표피적이고 일시적인 존재로 간주한다. 이 때문에 화폐의 기능 중 지불수단(납세, 부채상환)이나 가치척도(정가표), 가치저장(퇴장, 축재)보다는 교환수단(소비재 획득)에 집중한다.[1]

(2) 표준이론은 시장 위주로 경제를 파악하는데, 시장의 지배적인 활동은 교환이나 거래이다. 이 때문에 표준이론은 교환을 경제활동의 중심에 놓는다. 소비가 경제활동의 종착점이지만, 표준이론의 일차적인 대상은 소비 자체라기보다 소비로 이어지는 교환이다. 교환에 대한 중시는 한편으로 생산이나 분배 등 여타 경제활동에 대한 경시를 낳는다. 또 한편으로 다른 경제활동들을 교환으로 바꾸어 생각하는 경향을 낳는다. 화

---

[*] 이와 달리 초기 경제학과 비주류 경제학은 생산의 주체인 기업이 가격을 결정하고, 선전광고를 통해 소비자를 이끌어가며, 경제활동이 재화의 제공이나 획득이 아니라 이윤의 추구나 돈벌이를 목표로 삼는다고 생각한다.

폐를 경시하며 교환수단이 화폐의 유일한 기능이라 생각하는 것도 같은 이유 때문이다.

이 관점에서 소비는 생존이나 생활을 위해 의·식·주를 소모하는 활동이라기보다 재화 및 서비스의 거래이다. 생산은 자원을 가지고 재화를 만드는 활동이라기보다 자원의 구입과 재화의 판매이다. 그리고 분배는 생산된 재화들을 나누는 과정이 아니라 생산요소의 서비스에 대한 평가와 이에 근거한 교환 및 거래이다.

일반적으로 경제주체들 사이의 분배는 재산, 자원, 생산수단이나 생산요소에 대한 분배와 이를 활용해 생산되는 것에 대한 분배를 포괄한다. 전자는 토지, 노동, 자본 등과 관련된다. 후자는 매년 생산되는 재화 및 서비스 혹은 그것을 화폐로 표시한 국민소득 등과 관련된다.

경제학은 초기부터 자원분배보다 소득분배에 초점을 맞추었다. 특히 나중에 등장한 신고전학파는 사유재산에 대한 존중으로 인해, 생산요소의 분배가 이미 주어져 있다고 전제한다. 표준이론에서 자원은 경제주체들 사이에 분배distribution되기보다 거래되어 여러 산업들 사이에 배분allocation된다. 각 개인에게 주어진 것으로서 부존자원endowment이라는 표현이 경제주체들의 재산이 이미 나뉘어 있다는 점을 부각시키고 있다.

물론 현실의 요소분배는 주어져 있는 것도 아니고 시장뿐 아니라 정치, 법, 정책, 전쟁, 혁명 등에 따라 변동하므로 표준이론의 생각과 차이가 있다. 그렇지만 표준이론은 이에 개의치 않고 자원의 분배가 아닌 생산된 재화의 분배에 초점을 맞춘다. 요소시장의 평가를 통해 자원이 배분되는 것이 곧 경제주체들 사이의 분배이다. 자원분배가 경제의 구성원들 사이에 자원을 나누는 것인 데 비해, 자원배분은 여러 산업들 사이에 자원을 배치하는 것이다. 일반균형체계general equilibrium system에 따라

요소시장의 평가는 재화시장의 평가와 연결되어 있다.[*]

이같이 표준이론에서 분배는 소득분배로 축소되고, 소득분배는 다시 교환으로 전환된다. 즉, 분배 → 소득분배 → 요소시장의 교환 .

(3)교환이나 거래는 자신의 이익을 극대화하기 위해 시장에서 둘 이상의 경제주체들의 선택이 만난 결과이다. 사람들 간의 관계도 개인에 앞서 존재하는 것이 아니라 개인들이 선택한 결과이다. 이같이 표준이론은 시장에서 물건을 사고파는 것을 개인의 합리적인 선택들로 분해한다. 그러므로 교환을 단순히 물건의 매매라고 이해하면 표준이론의 핵심에 파고들지 못한 것이다.

두 번째 특징과 결합하면, 표준이론에서는 경제활동이 교환으로 파악될 뿐만 아니라 교환이 다시 개인의 선택들로 분해된다. 즉, 경제활동 → 교환 → 선택 . 따라서 교환은 일차적으로 재화나 자원을 매매하는 활동이지만, 궁극적으로는 이들에 대한 개인의 선택이다. 소비는 궁극적으로 효용극대화를 위한 개인의 선택이다. 생산은 생산요소와 재화의 매매이지만, 궁극적으로 이윤극대화를 위한 생산요소의 투입 비율과 기술에 대한 선택이다. 끝으로 분배도 생산요소의 서비스에 대한 교환과 거래를 위한 개인들의 선택이 모여 결정된다.

계산적인 경제인homo economicus의 선택을 중시하므로 표준이론은 합리적 선택이론rational choice theory을 내세운다. 그런데 소비와 효용이 중요하기 때문에 선택 중에서도 재화를 대상으로 하는 소비자 선택이 경제학의 핵심을 이룬다. 표준이론은 공리주의에 근거한 한계효용학

---

[*] 일반균형체계는 (게임이론과 함께) 작게 보아도 미시경제학, 크게 보면 경제학 전체의 초석을 제공한다. 이 체계에서 시장경제는 여러 개의 재화시장과 요소시장으로 구성되고, 각 시장에서 개인의 선택을 모은 수요와 공급이 만나 균형을 이룬다. 모든 시장에서 동시에 균형(가격)이 달성되므로 부분균형partial equilibrium이 아니라 일반균형이라고 부른다.

파를 출발점으로 삼고 있다. 그렇지만 효용을 심리적이고 내면적인 현상으로 간주하고 몸무게처럼 측정할 수 있다고 생각하는 기수적 효용 개념은 포기했다. 이에 따라 새뮤얼슨P. A. Samuelson 등이 개발한 현시선호이론revealed preference theory이 합리적 선택을 대변하게 되었다.

'현시'선호이론은 기수적 효용이 안고 있는 문제 때문에 주관적인 효용을 선택의 근거나 '내용'으로 생각하지 않는다. 대신 현시된 혹은 관찰된 선택 자체에 집중하면서 선택의 일관성consistency이라는 '형식'에 의탁한다. 그리고 이로부터 수요곡선을 도출한다. 흔히 이를 실증경제학positive economics이라고 부른다. 주관적 효용에 근거하더라도 일관성이 요구되지만, 일관성이 있다고 해서 반드시 효용에 의존해야 할 이유는 없다. 심지어 표준이론은 관찰된 선택으로부터 독립적으로 존재하는 효용을 인정하지 않는다. 효용을 낳는 기호嗜好, taste가 선택選擇, choice과 밀착되면서 선호選好, preference가 된다. 선호가 기호를 대신하므로 '기호'이론이 아니라 '선호'이론이다.

재화 및 생산요소의 거래는 구매에 대한 선택과 판매에 대한 선택으로 나뉜다. 그런데 양자의 이해를 충족시킬 수 있는 조건을 찾을 수 있어야 이들의 선택이 실제 매매로 발전한다. 이에 따라 개인의 선택이 시장에서 가격을 통해 조정된다. 사람들은 시장에서뿐만 아니라 시장 밖에서도 선택을 하지만 다른 선택들과 달리 시장에서의 선택은 가격을 통해 매개된다. 인생의 목표를 선택할 때는 가격을 의식하지 않을 수 있으나 점심식사를 선택할 때는 반드시 가격을 고려해야 한다.

구체적으로 살펴보면, 가격이 경제주체들이 지불할 부담이나 비용이므로 경제주체들은 가격변동에 따라 자신의 선택을 변화시킨다. 가격에 따른 선택의 변동이 수요량과 공급량의 변동을 가져와 수요공급의 법칙, 수요공급함수, 수요공급곡선을 낳는다. 개별 수요곡선은 소비자가 주어진 선호를 근거로 가격이나 소득의 변동에 처해 재화와 서비스의 종류와 수량을 선택한 결과를 표시한다. 개별 공급곡선은 주어진 기술에 의존해 생산자가 공급할 재화나 서비스의 수량(과 종류), 노동과 자본의 결합 비율들을 나타낸다.

개별 수요곡선과 개별 공급곡선이 모여 시장수요곡선과 시장공급곡선을 이루며, 시장의 수요량과 공급량의 차이에 따라 가격이 변동한다. 가격변동이 개인의 선택에 변화를 가져와 다시 개별 수요량과 개별 공급량이 변동하며, 이들이 모여 시장의 수요와 공급도 변동한다. 이같이 개인의 선택과 시장의 가격이 서로 영향을 주고받는 과정이 반복되어 시장이 수요와 공급이 일치되는 고정점에 이르면 균형이 성립한다. 결과적으로 개인의 합리적 선택과 시장의 움직임은 가격기구를 통해 매개되고 조정된다.

재화의 소비자와 생산자 혹은 구매자와 판매자는 각자 독립적으로 자신의 이익을 추구한다. 또한 기업의 광고는 제품에 대한 정보를 제공할 뿐 제품에 대한 소비자의 자율적인 판단과 선택에 영향을 미칠 수 없다. 결과적으로 시장수요곡선과 시장공급곡선은 서로 독립적이며 의존적이지 않다.

재화나 생산요소의 대체가능성substitutability은 개인의 선택과 자원배분의 범위를 넓혀준다. 이 때문에 표준이론은 재화나 자원들 사이의 보완관계(와 비율)(커피와 우유)나 대체관계(와 비율)(커피와 홍차)에 집착한다. 표준이론은 개인의 합리적인 선택을 설명하기 위해 개인의 미세한 조정과 적정화를 가능케 하는 한계대체율 등의 한계 개념을 필요로 한다. 개인들은 평균량이 아니라 여러 대안들의 마지막 한 단위로부터 얻는 효용이나 지출의 한계량을 균등화해 이익을 극대화하거나 비용을 극소화한다. 사람들이 합리적이려면 그렇게 해야 하고, 현실경제 속에서 실제로 사람들이 그렇게 한다고 표준이론은 믿고 있다.

시장에서는 일반적으로 모든 사람이 동일한 물건에 대해 동일한 수량의 화폐를 가격으로 지불한다. 그렇지 않다면 구매자와 판매자들의 경쟁으로 인해, 하나의 통일된 시장에서 여러 지역의 가격들이 신속하게 하나로 수렴해 일물일가uniform price를 형성하게 된다. 일물일가는 재화시장의 가격, 생산요소시장의 임금과 이자율, 주식시장의 주가, 금융시장의 환율 등 모든 시장의 가격에 적용된다.

이러한 현상이 나타나는 이유는 판매자와 구매자들이 여러 지역이나 시간에 걸쳐 신속하게 차익거래arbitrage를 벌이기 때문이다. 일시적으로 가격이 차이가 있는 경우 보다 높은 효용을 얻기 위한 구매자의 거래와 더 높은 이윤을 얻기 위한 판매자의 거래가 발생한다. 이들의 차익거래로 비싼 지역의 수요가 줄고 공급은 늘어 가격이 내려가고, 반대로 싼 지역의 수요는 늘고 공급이 줄어 가격이 오른다. 이런 움직임으로 두 지역 사이에 일시적으로 존재하는 가격의 차이가 소멸한다고 표준이론은 전제한다. 물론 교통통신비로 인한 두 지역의 가격의 차이만은 사라지지 않는다.

공간적으로뿐만 아니라 이보다 추상적이지만 시간적으로도 여러 시점들에 대해 일물일가에 준하는 현상을 상정할 수 있다. 현물現物과 선물先物이 개입되는 시장에서 사람들은 이자율이나 (그것의 역수인) 할인율을 고려하고도 차이가 있으면, 이익을 얻고 손실을 피하기 위해 시점 간의 거래를 수행한다. 결과적으로 이자율이나 할인율을 고려하면 동일한 재화의 현재가격과 미래가격도 동일해지는 경향이 있다.

뒤집어서 일물일가의 성립 여부가 시장이 통일되어 있는지를 가늠하게 한다. 예를 들어 이자율에 통계적으로 유의미한significant 차이가 있는지 여부로 두 국가의 자본시장이 통합되어 있는가를 판정할 수 있다. 물론 시장에 따라 일물일가가 확산되는 속도나 정도가 다를 수 있다. 일반적으로 노동시장보다 금융시장에서 일물일가가 지배적이다. 또한 시장이나 상황에 따라 부분적으로 독과점이나 가격차별(소비자에 따라 가격을 달리 부과) 혹은 정보의 불완전함을 인정할 수 있지만, 이는 장기적으로 해소가 되기 때문에 부차적이라고 표준이론은 생각한다.

소비자는 예산제약에 놓여 있으므로 선택의 대상들을 놓고 자신의 이익에 부합되는지를 비교하고 계산한다. 그런데 모든 사람이 동일한 가격을 지불하면서도 사람마다 소득이나 재산은 다 다르다. 소득이나 재산의 차이는 능력, 교육수준, 경험 혹은 자산, 유산, 증여 때문에 발생한다. 모든 사람이 자신의 이익에 따라 합리적으로 선택하지만, 서로 다른 예산제약하에서 동일한 가격을 지불하므로 각자의 선택범위와 누리는 효용 및 후생은 다르다.

합리적인 경제활동을 위해서는 개인마다 가치나 지불할 의사willing-ness to pay도 확인해야 한다. 지불할 의사는 가격과 다를 수 있고 개인마다 다르다. 6,000원짜리 칼국수에 대해서 지불할 의사가 8,000원인 사람도 있고 7,000원인 사람도 있다. 이같이 자신의 지불할 의사를 찾고 확인하는 것이 필요하다. 주식의 수익은 효용이 아니므로 이런 기호의 다양성을 허용하지 않는다. 그렇더라도 특정 주식의 기초적인 가치에 해당되는 미래수익 등에 대해 개인마다 판단이 다를 수 있다. 이같이 정보가 같더라도 이에 대한 계산이나 판단에 차이가 있을 수 있으므로 선택과 이에 수반된 효용이나 수익이 다를 수 있다.

요약하면, 신고전학파 미시경제학의 표준이론은 ①개인의 합리적 선택과 ②시장의 가격기구를 두 개의 축으로 삼는다.[2] 여기서 시장의 가격기구는 개인들이 합리적으로 선택한 결과와 이에 근거한 거래를 존중하고 이들을 조정한다. 그렇기 때문에 가격기구를 경제사회 문제를 해결하는 데 가장 효율적이고 현실적으로 존재하는 최상의 장치로 간주한다.

표준이론이 설명하는 균형가격은 개인들이 선택할 때 고려하는 사항이면서 동시에 시장에서 선택들이 모여 형성된 결과이다. 어느 측면이 부각되는지는 상황에 따라 결정된다. 가격이 경쟁시장에서 형성된 결과라는 것은 개인들이 자신의 이익을 위해 움직이는 과정에서 재화와 관련해 노출한 모든 정보가 가격에 반영된다는 의미이다.* 이 때문에 개인이 가격을 고려하면 자동적으로 경제상황을 거의 모두 고려하는 것이 되어 합리적인 선택으로 이어진다.

예를 들어 소비자들이 어떤 식당의 음식을 좋아하게 되어 매출이 늘고 음식 가격이 올라갔다고 하자. 이는 맛이나 영양 등 이 음식의 내재적 '가치'에 비해 그간 가격이 저렴했고, 이제 가격이 올라 그 가치를 반영하게 되었음을 의미한다. 이런 경쟁 과정을 통해 '가치'에 대해 선도적인 경제주체들이 가지고 있던 사적인 정보가 공개되면서 시장의 가격에 반영된다. 이러한 생각을 따라가면 '싼 것은 비지떡'이고 물건이 비싼 데는 이유가 있다.

재화시장보다 주식시장에서 가격은 정보를 더욱 신속하게 반영한다. 내재적 가치에 비해 낮거나 높게 평가된 주식의 가격은 빠르게 상승하거나 하락한다. 따라서 주식시장에서는 누구도 '시장을 능가할beat the market 수 없다.' 이 경우에도 시장이 효율적이라고 말하는데, 여기서 효율성efficiency은 유난히 정보의 반영이나 이용을 부각시킨다.

가격기구에 대한 표준이론의 믿음은 가격탄력성price elasticity과 가격

---

* 이런 논의의 선구자는 하이에크F. A. v. Hayek이다. 그런데 신고전학파는 정보가 시장에 주어져 있다고 생각한 데 비해 하이에크는 정보가 해석되고 형성된다고 생각하여 행동경제학과 가까운 측면을 지니고 있다. Hayek, F. (1945) The Use of Knowledge in Society, *AER*, 35:4, pp. 519-530.

신축성price flexibility을 요구한다. 가격변동에 따른 개인의 선택 변동은 가격탄력성으로 나타나고, 시장의 수요와 공급의 변동에 따른 시장가격의 변동은 가격신축성에 반영된다. 대부분의 재화와 자원의 가격이 변동하면 경제주체들이 이에 반응하므로 가격탄력성이 0인 경우는 별로 없다. 달걀 가격이 오르면 사람들이 달걀을 덜 산다. 동시에 시장에서 수요나 공급이 변동하거나 외적인 요인이 변동하면 그것을 반영해 가격이 움직인다. 날씨가 나빠 채소의 공급량이 줄면 채소 가격이 오른다. 따라서 가격에 대해 선택이나 수급이 비탄력적이거나 가격이 비신축적이면, 가격기구의 기능은 그만큼 약화된다.

그런데 표준이론에서는 여러 개인들의 다양한 선호나 기술 등을 수용하는 데 따른 어려움으로 인해 비현실적이지만 흔히 이들의 평균에 해당되는 대표행위자representative agent를 설정한다. 이렇게 설정하면서 개인을 시장의 축소판microcosm처럼 취급하게 된다. 특히 개인이 효용극대화를 위해 어떤 재화에 소득을 지출할지를 결정하는 것이 시장경제에서 수익을 극대화하기 위해 자원이 산업들 사이에 이동하는 것과 비슷해진다.

구체적으로, 대표행위자로서 개인은 시장에 상응하고 재화들이 낳는 효용은 화폐에 상응한다. 개인이 여러 재화들에 부여하는 (한계)대체비율은 시장에서 나타나는 재화들의 상대가격에, 선택의 일관성은 일물일가에 각기 대응된다. 동등한 효용을 주는 소비재 묶음을 나타내는 무차별곡선indifference curve은 시장의 교환에 있어 등가성equivalence에 해당된다. 소득이 지출되는 여러 재화들은 자원이 배분되는 여러 산업들에 상응하며, 선택의 변동이나 재화의 대체(성)는 자원의 이동(성)에 해당된다. 적정한optimal 소비는 시장의 균형에 해당되며, 개인의 합리성은 시장의 효율성에 상응한다.

개인	효용	일관성	대체비율	무차별선	재화들	선택변동	적정소비	합리성
시장	화폐	일물일가	상대가격	등가	산업들	자원이동	시장균형	효율성

　시장경제에서 개인의 합리성과 경쟁적인 시장 둘 중 어느 것이 더 중요한지에 관해서는 의견이 모아지지 않았다.* 그렇지만 대부분의 학자들이 개인의 합리성을 그 자체로 중시한다. 행동경제학도 시장의 가격기구보다 개인의 합리성이나 선택이 표준이론의 뇌관이라고 생각해 이에 중점을 둔다. 더구나 넓게 보면 합리성은 시장경제를 넘어 서양의 근대를 대표하는 중요성을 지니고 있다.

　신고전학파의 표준이론은 합리적 선택을 정교하게 규정하므로 그것의 특징을 상세하게 설명할 필요가 있다. 표준이론은 선택주체에 대해 **독립적인 개인, 안정적이고 일관된 선호, 서로 독립적인 예산제약과 선호**를 상정한다. 그리고 선택대상에 대해 **대안들의 독립성, 대체가능성**과 **전용가능성**을 전제한다. 선택행위에 대해서는 익히 알려진 바와 같이 **극대화**를 상정한다. 끝으로 선택상황에 대해서는 **절차 관련 불변성**을 가정한다. 마지막 가정은 잘 알려져 있지 않지만 행동경제학과의 비교에서는 특별히 중요하다.

---

* 극단적인 시장주의자들에 의하면, 합리적이지 않은 사람들이 있더라도 시장이 부과하는 규율로 이들이 여과되어 합리적인 개인들만 남게 되므로 시장이 경제문제를 효율적으로 해결할 수 있다. Becker, G. S. (1962) Irrational Behavior and Economic Theory, *JPE*, 70:1, pp. 1-13.

02 선택주체

누가 선택하나?

독립적인 개인_개인이 존재하고 선택한다

첫째, 독립적이고 자율적인 개인들이 선택의 주체이다. 남들이 무엇을 좋아하고 선택하든 나는 내가 좋아하는 것을 선택한다. 남이 진보적이라도 나는 보수적이다.

표준이론이 생각하는 시장에서 사람들은 개인으로 존재하고, 인식 혹은 인지하며, 행위하고, 선택한다. 개인이 행위와 분석의 단위라는 것은 개인의 자율성을 전제하는 것이다. 자율성은 개인이 스스로 선택하고 이에 대해 책임질 수 있음을 의미한다. 그러려면 개인이 자신의 기호나 이익, 제약이나 능력, 선택대상과 선택상황, 시장의 조건 등을 잘 알고 있어야 한다. 이것이 개인 선택의 전제이다. 그리고 다른 누구보다 각자가 이에 대해 더 잘 알고 있다. 그래서 개인이 스스로 지니고 있는 선택의 능력과 정보를 활용해 실제로 가장 잘 선택한다.

개인들이 모여 계급, 계층, 집단을 형성한다. 예를 들어 노동자 계급, 기독교인이나 변호사 계층, 기업이나 관료체계 등은 의식, 믿음, 계약 등에 의존해 개인들이 형성하는 관계, 집단, 조직이다. 물론 관계나 집단은 접촉이나 모임이 반복되어 장기화될 때 형성된다. 친인척, 향우회, 동창회로 나타나는 한국의 혈연, 지연, 학연도 표준이론의 입장에서는 개인들의 이익이나 감정이 모여 형성되는 것이다.

이 때문에 계층이나 조직은 언제라도 개인으로 다시 분해될 수 있으며, 개인들과 독립적으로 존재·인지·행동·선택하지 않는다. 나아가 표준이론에서 개인과 독립적으로 존재하는 사회구조나 사회라는 것은 이 세상에 존재하지 않는 허구이다. 시장도 개인들의 모임에 불과해 개인들과 독립적으로 존재하지 않는다.

사람들은 개인으로 재화나 서비스를 선택하고 거래하므로 다른 사람들이 구입하거나 좋아하는 것을 의식하거나 이로부터 영향을 받지 않는다. 또한 개인은 자신의 소득에만 관심을 둘 뿐 친구나 친지의 소득에는 무관심하다. 예를 들어 한국에서 여름에 인기 영화에 관람객들이 집중되는 것은 군중심리나 집단행위가 아니라 개인의 선택들이 모여 나타나는 현상이다. 표준이론에서 합리적 존재는 개인이지 관계적인 인간이거나 집단이 아니다.*

특정 대상에 대해 한 개인이 선택을 고려하면 개인적인 선택individual choice이고 여러 개인들이 선택을 고려하면 사회적인 선택social choice이다. 식품이나 자동차의 구입은 개인적 선택이며, 대통령 선거나 공공재는 사회적 선택이다. 그렇지만 식품을 선택하는 소비자든 대통령을 선택하는 국민이나 시민이든 궁극적으로는 모두 개인이다.

경제학은 사람이나 선택의 주체뿐만 아니라 재화와 자원 등 선택대상도 이같이 분해해서 파악한다. 경제학의 철학적인 기반을 이루는 영미철학의 경험주의empiricism, 분석철학analytical philosophy, 형식논리formal logic는 이런 흐름 속에 있다. 경험주의는 대륙의 관념론과 달리 경험과 관찰을 중시하고, 분석철학은 사물을 분해해 원자와 같은 단위를 모색하며, 형식논리는 맥락이나 총체성을 부정한다.

우선 사물을 분석적으로 파악하기 위해서는 사물을 서로 독립적인 개

---

* 이같이 개인이 경제사회를 구성하는 행동의 단위이자 분석의 단위라고 보는 입장을 방법론적인 개인주의 혹은 개체주의methodological individualism라고 부른다. 이에 비해 많은 사회학자들이 집단, 계층, 계급, 그리고 사회구조를 중시하며 방법론적인 전체주의methodological holism를 표방해왔다.

체나 부분들로 분할할 수 있어야 한다. 이것은 부분들이 서로 독립적이고 각 부분이 전체로부터도 독립적이어야 가능하다. 이 때문에 표준이론은 개인, 개별 재화, 특정 시점이나 기간 등이 독립적인 개체들이라고 생각한다. 이 개체들은 상호의존적이지 않으며 상호작용하지 않고, 모이는 경우 개별적으로 가지고 있지 않던 속성을 새로 만들어내지도 않는다. 개체들이 복합성을 지니지 않으므로 이들이나 이들이 미치는 영향을 단순히 합할 수 있다. 이러한 성격은 독립성independence, 가합성additivity, 분리가능성separability, 가합적 분리가능성additive separability 등으로 불린다.

$$y=f(x), x=[x_1...x_k] \longrightarrow y=\beta_0+\beta_1 x_1+...+\beta_k x_k$$

동시에 이런 개체는 더 이상 쪼갤 수 없거나 쪼개면 그 의미를 잃는 분석의 단위이다. 이런 의미에서 표준이론의 개인은 원자atom와 같다. 이는 분석단위가 내부에 어떠한 복합성, 복잡성 혹은 구조성도 지니지 않음을 의미한다. 만약 어떤 존재가 복합적인 구조를 지니고 있으면 원자가 아니므로 이것을 더 쪼개 기본적인 단위를 찾아야 한다. 따라서 표준이론의 개인이나 개체는 외적으로는 독립적이면서, 내적으로는 복합적이거나 구조적이지 않다.

뒤에서 설명하는 바와 같이 행동경제학도 사람에 관해서는 신고전학파의 개인주의를 부분적으로 완화할 뿐이다. 그러나 행동경제학은 개인의 내부에 대해 복합성과 구조성을 지적하고, 무엇보다 선택대상의 개체성을 여러 방식으로 부정한다.

개인이 합리적 선택의 주체가 되려면 몇 가지 요건이 필요하다. 표준이론은 이를 당연시하고 방법론을 중시하지 않기 때문에 이에 대해 따로 명시하지 않는다. 이 전제들을 미리 밝혀둘 필요가 있다.

우선 합리적인 시민과 경제주체는 최소한의 교육을 받은 정상적인 성인을 의미한다. 어린이나 금치산자는 합리성을 가지고 있지 않다. 또한 성인들은 기본교육을 받아 국어를 이해하고 구사하며 기초적인 계산을 할 줄 안다고 전제한다. 가감승제의 사칙연산에는 일상적 거래를 위한 계산과 상금 및 확률에 대한 계산이 포함된다.

책과 사과, 상금과 확률 등 선택대상의 구성요소나 측면을 차원dimension이라고 부른다. 특정 용도에 쓰이는 여러 제품들이 지닌 속성들도 차원이다. 자동차의 가격이나 성능도 차원이라 할 수 있다. 차원이 달라지면 이런 사칙연산이 가능하지 않다. 책 두 권과 책 한 권은 합할 수 있고, 책 세 권은 두 권과 한 권으로 나눌 수 있다. 반면 책 두 권과 사과 한 개는 하나의 묶음이 될 수는 있지만 합해질 수는 없다. 복권의 상금과 확률도 합하거나 뺄 수 없다. 물론 시장에서 계산하거나 지불할 때와 같이 이들을 가격으로 환산하면 가감이 가능하다.

그런데 표준이론이 강조하는 선택의 자유나 선택의 고민은 동일한 재화들을 더하거나 빼는 일도 아니고 여러 재화들을 모두 화폐로 환산하는 일도 아니다. 선택은 이들 사이에 놓여 있다. 그러므로 각자의 입장에서 책 한 권을 사과 몇 개로 치면 되는지, 사과 한 개는 책 몇 권으로 치면 되는지, 혹은 확률 0.1이 상금으로 얼마에 해당되는지를 알아야 한다. 이것은 서로 다른 차원들에 대한 상대적인 가치 혹은 가중치를 부여하는 것과 같다. 표준이론에서 이것은 개인의 선호에 속하며 (한계)대체비율로 정의된다. 사회적 수준에서는 이러한 가중치가 사회적 가치에 해당되며 전통, 합의, 시장의 가격, 정책에 의해 결정된다.

개인은 자신이 무엇을 좋아하고 원하는지 잘 알고 있으므로 모든 물건들에 대해 좋고 싫음을 판단하고 말할 수 있다. 이에 근거해 각 개인이

<u>스스로</u> 잘 선택할 수 있<u>으므로</u> 선택을 각자에게 맡기는 것이 정당할 뿐만 아니라 (이보다 더 중요하게) 효율적이다. 여기서 효율성이란 재화나 자원이 더 높은 효용을 낳는 것을 의미한다. 적어도 개인은 다른 사람보다 자신이 원하는 바를 더 잘 알고 있어 더 잘 선택할 수 있다. 따라서 친지 등 타인이나 제삼자, 국가나 각급 정부가 개인의 선택을 대신하지 않는 것이 더 효율적이다.

따라서 개인이 이들의 조언이나 자문을 얻을 수는 있어도 그것을 넘어서 이들의 간섭, 지휘, 지배를 받아서는 안 되며 그럴 필요도 없다. 국가 차원에서는 식민지도 부당하고 비효율적이다. 그런데 표준이론에서 강조하는 자주, 자립, 자유는 개인의 선택과 관련되고 모두 효율성이나 적정성으로 이어진다.*

표준이론의 합리성은 사람들이 실질과 명목, 내용과 이름, 실체와 형식, 내용물과 겉포장, 진짜와 가짜, 진실과 허위도 가려낼 수 있음을 의미한다. 미시적으로, 사람들은 사과와 배를 구분할 뿐만 아니라 제대로 된 사과와 썩은 사과를 가릴 수 있다. 당연히 유사품, 모조품, 사기도 잡아낼 수 있다. 또한 비싼 물건이 언제나 좋다고 판단하지 않으며 유명상표에 일방적으로 경도되지도 않는다. 이름이 알려졌다고 의사나 변호사 혹은 펀드매니저에게 무한정의 신뢰를 보이지도 않는다. 상표나 상호에 현혹되지 않고 음료수나 포도주 등의 재화와 호텔이나 식당 등의 서비스가 지닌 진정한 '가치'를 판단할 수 있다. 나아가 합리적인 소비자는 포장지를 꿰뚫어 안에 있는 내용물을 간파한다.

---

* 정당성, 공정성, 정의 등은 윤리학, 사회철학, 정치학, 법학과는 어울려도 경제학의 표준이론과는 어울리지 않는다. 경제학 교과서에서 이런 단어들을 발견하기는 어렵다. 표준이론은 오로지 효율성과 측정이 가능한 수량에 집착한다. 비용편익분석이 법경제학에서 논란의 대상이 되는 이유도 여기에 있다. 반면 (나중에 설명하는 바와 같이) 행동경제학은 적어도 공정성을 다시 논의한다.

거시적으로, 내용과 포장 또는 형식에 대한 구분은 실질과 명목의 차이, 즉 물가와 관련된다. 사람들은 물가변동이 화폐가격, 화폐로 표시된 명목임금, 명목이자, 명목환율의 실질적인 가치를 변경시킨다는 것을 알며 이를 계산해 의사결정에 반영한다. 물가변동으로 인한 명목적인 변동은 진정한 변동이 아니므로 이를 가려낼 수 있다는 것이다. 경제주체들은 실제로 그렇게 하고, 또한 그렇게 할 수 있는 능력을 지니고 있다. 이것이 거시적인 차원에서 가짜를 가려내는 개인의 합리성이다.

안정적이고 일관된 선호_개인은 좋고 싫은 것에 있어 일관되다

둘째, 개인은 각자 자신에게 고유하고 일관되며 안정적인 선호와 이익을 지니고 있다.[3] *주스보다 우유를 좋아했으면 상당 기간 동안 우유보다 주스를 좋아하는 일은 없다. 어제는 진보적이었다가 오늘은 보수적으로 돌변하지 않는다.*

선호는 각 개인이 '좋아하는 것'이나 '하고 싶은 것'을 나타낸다. 우선 짜장면과 우동에 대한 선호는 그중 어느 것을 먹고 싶은가를 나타낸다. 표준이론은 인간의 복잡함을 중시하지 않기 때문에 선호를 통해 인간의 여러 다른 측면들까지 포괄한다. 따라서 개인이 추구하는 이익(권력, 돈, 명예), 가치(내적인 충만함이나 좋은 삶과 출세), 믿음(기독교, 불교 등), 이념(시장주의, 사회주의), 그리고 개성, 관심, 인생관 등이 모두 선호에 포함된다. 시민과 경제주체는 정규교육과 가정교육을 통해 이러한 것들을 부여받는다. 물론 개인마다 좋아하고 싫어하는 것이나 추구하는 것은 다르다.

개인의 선호나 기호는 무차별곡선으로 표시할 수 있다. 무차별곡선은 개인별로 서로 같은 수준의 효용을 낳는 소비재 묶음들을 연결한 선이다. 크고 작음을 따지는 모든 수량적인 측정은 같은 수준을 낳는 등가성 혹은

동등함에서 출발한다.[4] 무차별곡선은 여러 묶음들에 대한 선호의 우열을 가려내는 등가선이다. 이 점에서 무차별곡선은 지도의 등고선과도 같다.

개인마다 기호나 선호가 다르므로 무차별성과 우열의 기준도 객관적으로 주어지지 않고 개인마다 다르다. 이에 따라 무차별곡선과 무차별지도의 모양, 특히 기울기가 개인마다 다르다(I, I′). 동일한 무차별곡선에서도 한계대체율이 변동하므로 기울기는 일정하지 않지만, 무차별곡선의 기울기가 전체적으로 차이가 나는 것은 개인들의 선호나 기호가 다르기 때문이다.

구체적으로, 〈그림 1〉에서와 같이 상대적으로 x축에 놓인 재화를 더 좋아하면 보다 급격한 곡선(I′)이 되고, y축에 놓인 재화를 더 좋아하면 보다 완만한 곡선(I)이 된다. 이차원의 공간에서 서로 다른 기울기의 무차별곡선에 동일한 예산제약을 부과한 후 나타나는 소비자균형의 차이를 통해 선호의 차이를 확인할 수 있다. 소득의 차이도 선택에 영향을 미치므로 이로부터 선호의 차이를 분리하려면 소득을 동일하게 부여해 이를 통제해야 한다.

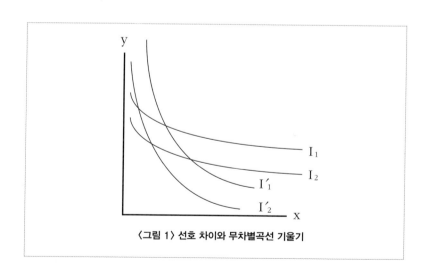

〈그림 1〉 선호 차이와 무차별곡선 기울기

시장경제는 개인주의에 근거하므로 개인의 다양한 기호나 선호, 이에 근거한 다양한 선택을 존중한다. 다양한 소비자들의 주권이 경제 전체의 움직임을 결정한다는 것이 시장경제의 이념이다. 여러 명이 같은 식당에 가서도 각자가 다른 음식을 주문하는 미국 사회가 이 점에 있어 전형적이다. 이 때문에 미국에서는 전문음식점은 물론이고 맥도날드와 같이 표준화된 식당에서도 여러 선택사항들을 허용하려고 노력한다.

지배관계는 개인의 선호나 주관과는 무관하게 객관적으로 존재하는 우열이다. 이 때문에 지배관계가 존재하면 선택의 고민이 사라진다. 지배관계는 '지배적 성격domination', '지배성dominance', '지배하다dominate', '지배적인dominant' 등으로 표현되어 게임이론과 재무이론에 등장한다. 사과 3개는 사과 2개를 지배하고, [사과 3개, 책 2권]은 [사과 3개, 책 1권]을 지배한다. 누구라도 후자가 아니라 전자를 선택한다. 재화와 재화를 구입할 수 있는 돈은 많을수록 더 낫고, 노동은 적을수록 더 낫다. 반면 [사과 3개, 책 2권]과 [사과 2개, 책 3권] 사이에는 지배관계를 설정할 수 없다.

지배관계가 성립하는 소비재 묶음들에 대해서는 누구도 무차별하다고 느끼거나 판단하지 않는다. 물론 상황이 불투명하거나 복잡하면 실제로 존재하는 지배관계가 보이지 않을 수 있다. 그렇지만 명확히 지배적으로 우월한 대상을 선택하지 않는 사람은 비정상이며, 비정상은 비합리성이다. 미성년자, 정신병자, 마약중독자, 금치산자가 아니더라도 계산이나 판단을 제대로 수행하지 못할 수 있으므로 비합리성이 반드시 비정상을 의미하지는 않는다. 그러나 비정상은 반드시 비합리성이다. 결론적으로 경제학의 합리성은 지배관계의 수용을 전제한다.

여러 차원이 개입되면 여러 차원을 그대로 합할 수 없고, 여러 차원을 지닌 대상들을 있는 그대로 비교할 수도 없다.* [사과 5개, 빵 1개]와 [사과 3개, 빵 2개]라는 소비재 묶음들에 대한 선택에서, 사과와 빵을 합할 수 없으므로 두 묶음을 그대로 비교할 수 없다. 이 상황에서는 재화들을 평가힐 필요기 있다. 무차별곡선은 주관적 가치에 근거한 등가성을 제공해 개인별로 소비재 묶음들에 대한 선호를 제시한다. 이같이 경제학은 두 가지 이상의 차원을 지니며 서로 다른 차원에서 우열이 교차해 지배관계가 성립되지 않는 선택대상에 관심을 둔다.

선택대상이 하나밖에 없으면(독점기업의 제품, 독재자, 단독후보) 고민할 필요가 없다. 대안이 여럿이지만 특징이나 품질의 차이가 없다면(입시 위주의 한국 중고등학교 교육) 선택이 의미를 지니지 않는다. 대안들 사이에 원초적으로 우열이 존재하면(카이사르, 모차르트, 고착된 서열이 있는 한국의 대학) 모두가 하나의 대안으로 몰리기 때문에 선택을 말할 여지가 없다.

모든 차원에서 우월한 재화이면 누군가 이미 구입해 더 이상 고려대상이 아니고 시장에 존재하지 않을 것이다. 능력도 있고 인간관계도 좋은 사람은 어떤 회사도 마다하지 않을 것이므로 이미 취직되어 노동시장에 남아 있지 않을 것이다. 동시에 모든 차원에서 열등한 물건은 누구도 선택하지 않을 것이므로 고려대상이 아니고 시장에 진입하지 못한다. 능력도 없고 인간관계도 좋지 않은 사람은 어떤 회사에서도 원치 않아 고려되지 않고 시장에 진입하기도 힘들다.

나아가 대상이 하나밖에 없거나 대상이 여럿이지만 대상들이 한 가지 차원만을 지니고 있다면 선택을 고민할 필요가 없다. 모든 사람에게 요구되는 차원이 오로지 '학벌'이거나, 모든 결혼의 조건이 단지 '용모'라면 선택은 간단하다. 차원이 여럿이라도 모든 차원에서 우월하거나 열등

---

* 표준이론의 옹호자가 아니라 비판자인 폴라니가 이와 관련된 등가성과 화폐의 가치척도 기능을 명시적으로 지적했다(Polanyi, 1977, p. 67, 108).

하면 고민의 대상이 아니다.

무차별곡선은 개인의 평가에 근거해 대상들이 지닌 여러 차원들을 하나의 척도로 전환해 마치 일차원인 것처럼 문제를 간단하게 만든다. 하나의 척도로 전환한다는 점에서 이 기능은 시장의 평가나 입시 채점과 비슷하다.

- 입시생의 여러 학습능력에 동일한 기준으로 점수를 매겨 합산하면 점수의 대소만으로 우열을 판단할 수 있다. 대학에 지원한 입시생들을 선택대상으로 보면, 영어와 수학과 논술 등의 실력이 이들이 지닌 차원들이다. 그래서 입시생의 차원이나 속성으로 [영어, 수학, 논술]을 끄집어내고, 이 차원들에 관해 시험을 치른다. 이어 각 과목의 점수를 구한 후, 이 점수를 합해 총점을 내고, 이에 근거해 학생들의 당락을 결정한다. 이 상황에서 과목별 중요성이나 가중치는 이미 모두에게 주어져 있다. 즉, $wp = \Sigma w_i p_i$, $w = [w_i]$:가중치, $p = [p_i]$:점수. 이 경우 국어 점수와 수학 점수는 완전히 대체 가능하다. 회사의 채용 과정도 이와 같다.
- 소비자가 선택할 때도 이와 비슷하다. 자동차를 구입할 때, 여러 자동차에 대해 그것들의 차원들로 [크기, 디자인, 냉방기, 수명, 연비, 중고 가격] 등을 끄집어낸다. 이들에 가중치를 부여하고, 각각에 점수를 매긴 후, 여러 차원들에 대한 점수를 합해 총점을 구해서 가장 높은 총점을 얻은 자동차를 선택한다.[*]

차이가 있다면, 입시에서는 [영어, 수학…]의 차원들이 지닌 가중치가 평가자나 입시생의 주관에 따라 변동하지 않고 객관적으로 주어져 고정

---

[*] 이런 과정은 거시적으로 국민소득이나 물가를 계산할 때도 반복된다.

되어 있다. 특정 점수를 받은 학생들의 당락이 평가자나 입시생에 따라 달라지지 않는다. 반면 소비자 선택에서는 [크기, 디자인…]의 차원들이 지닌 가중치가 소비자마다 다를 수 있다. 소비자들의 선호가 다르기 때문이다.[*]

소비재 묶음들 사이의 지배관계는 두 재화로 구성되는 이차원의 공간에서 특정 소비재 묶음을 기준으로 나뉘는 사분면 중 1사분면과 3사분면을 통과해 '우상향'으로 나타난다. 반면 무차별곡선은 이것과 겹칠 수 없으므로 언제나 2사분면과 4사분면을 통과해 '우하향'이 된다. [사과 5개, 빵 2개]와 무차별한 묶음은 [사과 8개, 빵 1개]이거나 [사과 3개, 빵 3개]이다. 즉, 하나가 늘면 다른 하나가 줄어야 하고, 그 반대도 성립한다. 얼마만큼 늘고 줄어야 하는지를 결정하는 무차별곡선의 기울기는 개인의 선호에 따라 다르다. 요약하면, 무차별곡선은 지배관계에 있지 않은 소비재 묶음들 사이에 성립하며, 그 기울기는 개인의 선호에 달려 있다.

확률이 개입되어 있는 도박, 복권, 보험, 주식 등의 선택대상을 전망prospect이라고 부른다. 그리고 전망에 대한 선택에서 합리적 선택은 기대효용이론expected utility theory이 대표한다. 즉, 표준이론의 합리적 선택은 현시선호이론과 함께 기대효용이론이 대변하는 것이다. 전망에 대해서는 확률적인 지배stochastic dominance를 따지게 되는데, 이 경우에도 두 가지 이상의 전망에 대해 동일한 확률이면 상금이 높을수록, 그리고 동일한 상금이면 확률이 높을수록 우월하다. 여러 개의 요소로 구성

---

[*] 재화가 아니라 사람이나 경제에 대해 파레토 적정Pareto optimum을 따지는 방식도 이와 같다. 파레토 적정의 기준에 따르면, 두 사람으로 구성된 경제에서 상황 B를 A와 비교하여 한 사람이 예전과 같고 다른 한 사람은 좋아졌다면 상황 B가 더 나은 것이다. 이를 확대하여 모든 사람들이 적어도 똑같고 적어도 한 사람이라도 좋아졌으면 더 나아진 것이다. 이런 방식으로 어떠한 개선도 가능하지 않으면 파레토 최적이다. 흔히 사회 수준의 가치척도나 사회후생함수를 찾을 수 없기 때문에 이러한 비교를 통해 우열을 따진다.

된 전망의 경우, 모든 요소들에서 적어도 동등하고 적어도 하나에서 이런 의미의 우위가 있으면 확률적으로 지배적이다.

또한 같은 수익률이면 분산이 적을수록 낫고, 같은 분산이면 수익률이 높을수록 낫다. 이는 평균수익률을 나타내는 평균과 위험을 나타내는 분산 사이의 대체와 보상을 의미한다. 예를 들어 주식은 [고수익, 고위험]이고 채권은 [저수익, 저위험]이다. 주식과 채권 중 사전적으로 어느 것이 다른 것을 지배한다고 단정할 수 없다.*

경제학은 선택의 자유를 강조하므로 선택의 범위가 넓을수록 좋다고 생각한다. 이런 이유로 특정 대안을 선택한 비용을 실제로 지불한 돈으로 생각하기보다 포기한 다른 대안들로 생각한다. 이 비용이 기회비용opportunity cost이다. 현금을 가지고 여러 대안들을 구매할 수 있으므로 현금의 기회비용은 높다. 반면 동일한 액수라도 진학에 사용하도록 용도가 제한되어 있는 장학증서나 재화보증서인 바우처voucher는 기회비용이 0이거나 기회비용이 존재하지 않는다. 복지 차원에서 제공되는 미국의 식품구입권food stamp, 그리고 한국에서 흔히 쓰이는 상품권은 이보다 널리 쓰여 유동성이 높으므로 제한적이지만 기회비용을 지닌다.

개인의 선호가 사람마다 다르다고 생각하므로, 경제학은 사람들의 서로 다른 선호에 대해 왈가왈부할 수 없다는de gustibus non est disputandum 점을 다른 어떤 학문보다도 강하게 외친다. 이 점은 너무나 당연하여 별로 언급되지 않기 때문에 오히려 수시로 잊혀진다. 특히 한국의 경제학 교육에서는 이 점이 명확히 전달되지 않는 경향이 있다.

---

* 지배성에는 일차first order, 이차, 고차의 구분이 있다. 이것은 통계자료의 일차, 이차, 다차의 모멘트인 평균, 분산, 왜도나 첨도에 각기 근거하고 있다. 가령 이차 지배성은 주식이나 채권을 비교할 때 평균수익률이 같으면 분산이 적을수록 좋고, 분산이 같으면 평균수익률이 높을수록 좋다는 것을 의미한다. 주식이 채권에 비해 고수익, 고위험으로 규정되는 것은 수익률은 높으나 분산이 크다는 의미이다.

경제학은 현실에서 시장이 사람들의 다양한 기호를 수용한다는 이념을 내세우면서도 이것을 이론에 충분히 반영하지는 못하고 있다. 흔히 표준이론은 미시적으로 시장의 가격변동에 대해 모든 개인이 같은 방향으로, 그리고 같은 정도로 움직인다고 상정한다. 거시적으로도 대표행위자가 행위자 모두를 대변한다고 가정한다. 다만 행동경제학 역시 개인에 집착하는 경향이 강하기 때문에, 행동경제학과 비교할 때 이런 가정이 크게 문제되지는 않는다.

행동경제학과의 대비에서는 선호의 다양성보다 선호의 안정성과 일관성이 더욱 중요하다. 표준이론에 의하면 고기를 좋아하는 사람은 상당 기간 동안 계속 고기를 좋아하고, 야채를 좋아하는 사람은 계속 야채를 좋아한다. 따라서 선택이나 수요(량)의 변동이 곧 선호의 변동이 아니다. 표준이론은 변하지 않는 선호를 전제로 선택과 수요(량)의 변동을 논의한다. 특정인의 수요가 변동하는 것은 선호 이외의 요인인 가격이나 소득의 변동에 따른 것이다. 특히 가격변동에 따른 선택과 수요의 변동에 초점을 맞춘다. 이러한 수요 변동은 선호 변동과는 무관하며, 오히려 안정적인 선호를 전제하고 있다.

사과를 좋아하는 사람이든 싫어하는 사람이든 사과의 가격이 오르면 덜 수요하고 내리면 더 수요한다. 이것은 사과에 대한 사람들의 선호가 바뀌어 수요가 바뀌는 것이 아니다. 경제학에서 선호와 기술은 일차적으로 변동하지 않는 여러 조건들 *ceteris paribus*, other things being equal 안에 포함되어 있다. 따라서 가격변동에 따른 선택 혹은 수요의 변동을 선호의 변동으로 간주한다면 이는 완전한 오해이다.

표준이론은 전통적으로 주어진 선호를 가지고 선택이나 교환을 설명하는 데 중점을 두어, 선호의 형성이나 변화에는 관심을 두지 않았다. 경제학은 선호의 변동을 쉽사리 허용하지 않는다. 물론 최근에는 선호의 형성이나 변화에 대한 연구가 늘고 있다. 단 것에 대한 인류의 기호가 과거 초원에서 생존하기 위해 생겨났다는 '사바나 원리the savanna principle'가 그 예이다. 그러나 여전히 경제학은 선호의 형성이나 변화보다는 주어진 선호의 안정성에 집중한다.

선호의 안정성이란 동일한 사람이 동일한 상황에서 동일한 재화에 대해 동일하게 평가한다는 뜻이다. 이미 지적한 바와 같이 경제학은 하나의 재화나 서비스가 시장에서 동일하게 평가되어 하나의 가격을 가진다는 일물일가를 내세운다. 시장의 일물일가에 상응하는 것으로, 개인은 일관되게 하나의 물건에 하나의 '가치'를 부여한다고 이해할 수 있다. 시장에서 하나의 가격이 지배하는 것과 비슷하게 개인의 의사결정 과정에서는 일관되게 하나의 가치나 평가가 지배한다.

시장에서 경쟁으로 인해 일물일'가격'이 형성된다면, 개인 차원에서는 합리성과 일관성으로 인해 일물일'가치'가 성립하는 셈이다. 개인의 '일물일가치'는 시장의 '일물일가격'에 상응한다. 혹은 일물일가에 일물일'가격'뿐 아니라 일물일'가치'가 포함되는 것이다. 이것은 경제학이 시장의 가격기구와 개인의 합리적 선택을 두 축으로 삼는다는 앞선 지적에 정확히 부합된다. 물론 이미 말한 바와 같이 이러한 '가치'는 주관적이어서 사람마다 모두 다르다.

선호의 안정성은 사람들이 대상에 대한 평가에 일관성을 유지한다는 것을 의미한다. 일관성 없이 합리적일 수 없다. 선호의 일관성이란 같은 소득과 가격 등 동일한 선택상황에서 어떤 사람이 음악을 좋아했다가 영화를 좋아했다가 하지 않는다는 뜻이다. 또한 음악보다 영화를 좋아하는 사람이 특별한 이유 없이 갑자기 영화보다 음악을 좋아하는 식의 반전이 없음을 의미한다.

또 오늘의 100만원을 1년 후의 110만원보다 더 좋아하는 사람은 상당 기간 동안 이것을 바꾸지 않는다. 나아가 100만원을 빌려주고 1년 후에 110만원을 요구했다면, 2년 후에는 121만원, 3년 후에는 133만원을 요구한다. 시간의 흐름 속에서 나타나는 이 같은 선호나 평가의 일관성을 별도로 동태적인 일관성dynamic consistency이라 부른다. 즉, 일관성에 정태적인 일관성과 동태적인 일관성이 포함된다.

표준이론의 합리성에 의하면, 경제주체들은 한계효용체감 등으로 인해 예상되는 효용의 변동을 선택할 때 미리 고려한다. 또한 선호는 안정적이어서 단기적으로 변동하지 않지만, 만의 하나 변동하는 경우 이를 예상하여 선택에 고려한다고 보다 적극적으로 해석할 수 있다.

표준이론은 주로 일관성과 관련된 세부 전제들로 소거가능성cancellation이나 이행성transitivity을 내세운다.[5]

첫째, 소거가능성은 여러 이름을 가지고 있는데, 처음에 이것을 지적한 폰 노이만J. v. Neumann과 모르겐슈테른O. Morgenstern은 '독립성 공준independence axiom'이라 불렀다. 새뮤얼슨은 '대체 공준substitution axiom'이라 했으며, 새비지L. Savage는 주관적 확률 이론에서 이를 '공통요소의 원리the sure thing principle'로 규정했다.

이 개념을 파악하기 위해 확률과 상금을 요소로 하고 이런 요소들로 구성된 확률적인 선택대상, 즉 전망을 상정해본다. 예를 들어 전망 A=[p, x; q, y]는 p의 확률로 x를 얻고 q의 확률로 y를 얻는 보험, 복권, 주식, 펀드 등이다. 이런 전망들 중에서 선택하는 상황을 생각해보자.

만약 두 개의 전망이 공통요소를 지니고 있으면 그것을 소거하고 나머지만 비교해도 원래 전망들을 비교했을 때와 선택의 결과가 다르지 않다는 것이 소거가능성이다. A=[p, x; q, y]와 B=[r, z; q, y]에서 A와 B를 비교해 어떤 사람이 본래 A를 선택했다면, 양자의 공통요소인 [q, y]를 소거하고 비교해도 여전히 A를 선택한다는 것이다. 공통요소를 빼고 선택하더라도 결과는 마찬가지인 셈이다. 이러한 공통요소는 A와 B 중 어느 것을 택해도 경험할 수 있는 사상이므로 '확실한 것'이고, 손쉽게 추가했다 뺄 수 있으니 '대체'로 표현된 것 같다.

둘째, 이보다 더 잘 알려져 있는 이행성은 선호와 선택의 일관성을 나타내는 대표적인 공준이다. 어떤 사람이 연극보다 영화를 좋아하고 영화보다 음악을 좋아한다면 그는 반드시 연극보다 음악을 좋아한다는 것이다. A(연극) < B(영화)이고 B(영화) < C(음악회)이면 A(연극) < C(음악)일 때 이행성이 성립한다.

이행성의 전제는 선호의 안정성이다. 만약 A < B나 B < C가 언제라도 A > B나 B > C가 될 수 있다면 이행성은 쉽게 파괴된다. 또한 이행성은 A와 B, B와 C, A와 C의 여러 비교에서 비교의 차원들과 이런 차원들의 비중이 일정하게 유지된다는 전제하에 성립한다. 가령 두 학생을 비교할 때 국어, 영어, 수학이 비교의 차원이고 이들의 배점이 가중치라 하자. 표준이론은 이들이 일정하게 유지된다고 전제하는 것과 같다. 시장의 가격이나 입시생의 점수를 보면 비교의 차원과 비중을 유지하는 것이 자명하고 지당해 보일 수 있다. 그러나 가격이나 점수라는 매개 없이 주관적으로 대상들을 직접 비교하는 경우에는 이것이 그다지 자명하지 않다. 행동경제학은 이를 지적하고 있다(4장).

예산제약과 선호의 독립성_할 수 있는 것과 하고 싶은 것은 다르다

셋째, 특정 수준의 예산이나 부존자원의 제약으로 인해 개인의 선택범위가 제한된다. *유럽 여행도 가고 싶고 대학도 가고 싶지만 돈이 별로 없다.*

개인이 필요로 하는 재화나 서비스는 대부분 자유재free good가 아니므로 가격을 지불해야 한다. 그런데 각자의 소득이 제한되어 있기 때문

에 자신의 욕망을 무한히 충족시킬 수는 없다. 이것이 예산의 제약이다.

일물일가가 성립하면 모든 개인이 동일한 재화에 대해 동일한 가격을 지불한다. 그렇지만 소득이나 재산은 개인마다 다르다. 동일한 가격을 지불하면서 소득은 서로 다르므로 재화와 서비스에 대한 개인의 선택범위 또한 서로 다르다. 그리고 소득의 차이와 변동은 소비자들의 선택대상과 선택의 결과에 차이를 가져온다. 선호가 개인이 **'하고 싶은 것'**을 나타낸다면, 예산제약은 **'할 수 있는 것'**을 나타낸다. 전자가 옷을 입고 싶은가 혹은 여행을 가고 싶은가와 관련된다면, 후자는 옷을 입을 수 있는가 혹은 여행을 갈 수 있는가와 관련된다.

사람마다 가격이 달리 적용될 수도 있다. 독과점이 있거나 시장이 분할되어 있어 가격차별이 있으면 고객들은 동일한 재화에 대해 동일한 가격을 지불하지 않는다. 소득에 따라 차등적인 판매세를 부과해도 세후에 가격차별이 생길 수 있다. 그러나 경제학에서는 이런 상황에 대해 일시적이거나 부차적이라 생각한다.

표준이론에서 예산제약은 화폐소득으로 표시할 수도 있고, 특정 종류와 수량의 재화 및 자원들로 구성된 부존자원으로 표현할 수도 있다. 이는 특정 수량의 재화를 가지고 있는 경우 시장의 균형가격이나 교환비율로 거래해 다른 재화나 자원 혹은 소득을 확보할 수 있기 때문이다. 내가 10시간 노동할 수 있다면, 이것을 시간당 1만원에 팔아 10만원의 소득이나 10만원에 해당되는 재화와 바꿀 수 있다. 그렇다면 10만원의 소득이라는 제약, 10시간의 노동이라는 제약, 5,000원짜리 점심식사 20번은 동일하다. 그런데 화폐로 표현할 때는 소득이라 부르고, 재화나 자원으로 표시할 때는 부존자원으로 부르는 경향이 있다.

넷째, 개인의 선호 및 이익과 예산 등의 제약은 서로 독립적이다. *부자도 라면을 좋아할 수 있고, 빈자도 생선회를 좋아할 수 있다. 부자도 급진*

적일 수 있고, 빈자도 보수적일 수 있다.

　신고전학파의 선택상황은 선호와 소득 혹은 부존자원의 제약 사이에 독립성independence을 상정한다. 다시 말해 '하고 싶은 것'과 '할 수 있는 것'이 서로 무관하다는 것이다. 예를 들어 어떤 사람이 생선회를 먹고 싶어 하는가와 생선회를 먹을 수 있는가는 별개이다. 생선회를 먹을 수 있는 부자도 생선회를 싫어할 수 있다. 또한 생선회를 먹을 수 없는 가난한 사람도 생선회를 좋아할 수 있다.

　표준이론에서 선호나 예산제약의 역할은 명료하게 드러나지만, 양자 사이의 독립성은 묵시적으로 깔려 있다. 예산제약과 선호가 서로 독립적이므로 이들은 서로를 통하지 않고 각기 별도로 선택에 영향을 미친다. 즉, 같은 소득을 가지고도 포도주를 더 좋아하는 사람이 포도주를 더 많이 선택한다. 또한 동일한 정도로 포도주를 좋아하지만 소득이 높은 사람이 포도주를 더 많이 선택한다. 그렇지만 예산제약이나 부존자원이 선호에 영향을 미치지 않고, 선호 역시 소득이나 부존자원에 영향을 미치지 않는다. 포도주를 좋아하면서도(무차별곡선의 기울기) 포도주를 사서 마실 돈이 없을(예산제약선의 기울기와 범위) 수 있다. 또한 포도주를 사서 마실 수는 있지만 포도주를 싫어할 수 있다.

　경제학은 선택의 자유를 금과옥조로 생각하는데, 이러한 독립성이 없다면 선택의 자유가 힘을 잃게 된다. 표준이론이 소비자주권consumer sovereignty을 내세우는 한 이 가정을 고수할 수밖에 없다.[6] 물론 독립성에 대해서는 반론이 있다. 오랜 동안 돈이 없어 생선회를 먹어본 적이 없다면 생선회에 대한 선호나 감각을 가질 수 없다. 맛은 아는데 돈이 없는 것이 아니라 돈이 없어 맛을 모를 수 있는 것이다. 특히 심각한 소득의 제약을 겪고 있는 가난한 사람의 합리적인 선택은 원초적으로 무력해질 수 있다.

03 선택대상

무엇을 선택하나?

대안들의 독립성_대안들은 따로따로 평가된다

다섯째, 선택대상은 두 가지 이상이며, 기본적으로 서로 독립적이고, 시간적으로 분리 가능하다. *독점이나 독재가 아니라면 자동차, 아파트, 배우자, 대통령 등의 선택대상은 여럿이고 이들은 서로 무관하다.*

　개인은 선택의 여러 대안들 중에서 자신의 이익을 극대화하는 대안을 선택한다. 대안은 일차적으로 특정 재화(들)나 자원(들)의 특정 수량(들)이다. 어떤 선택상황에서 개인이 선택할 수 있는 모든 대안이 선택대상의 집합을 이룬다. 개인의 입장에서 이들의 상당수는 대체보완관계에 있으며 필요에 따라 이런저런 비율로 부드럽게 결합될 수 있다.

　이를 통해 개인이 대안들 중 가장 유리한 것을 합리적으로 선택한 결과 개인들 사이의 교환이나 거래가 이루어진다. 개인이 익명적인 시장에서 선택한 대안을 구입하는 경우, 판매자는 제품에 특정 가격을 매겨 이미 자신의 선택을 제시한 것으로 간주할 수 있다. 반면 주택이나 노동력을 매매할 때와 같이 협상이나 흥정을 벌일 수도 있다.

　일반적으로 표준이론은 범주나 분류를 즐겨 하지 않으며, 이 점은 재화 및 서비스와 관련해서도 마찬가지다. 특히 재화의 경우 모두 개별적으로 규정해 동등하다고 생각하는 경향이 있다. 재화들은 모두 효용을 줄 뿐이고 자원들은 이런 재화들을 생산하는 데 필요할 따름이다. 이 때문에 경제학은 용도나 기능에 따라 재화와 자원을 구분하는 기준이나 범주에 익숙하지 않다.

　일상적으로 흔히 듣는 의·식·주의 구분이나 필수품과 사치품의 구분을 경제학자의 입을 통해 듣기는 쉽지 않다. 산업 분류라든가, 정부나 기업의 예산이나 가계부에서의 세목들도 경제학에서는 일차적으로 중요하지 않다. 이와 비슷하게 식품, 의류, 교육, 오락 및 유흥, 여행, 교통, 관혼상제 등 지출항목들도 중시하지 않는다. 배타성과 경합성의 두 기준에 의존한 사적인 재화, 공공재, 공유자원, 자연독점의 분류가 거의 전부이다. 그렇더라도 행동경제학과의 비교를 위해 추가할 사항들이 있다.

생산과 소비가 시간이나 공간적으로 분리되어 유형적이면 재화이고, 그렇지 않아 무형적이면 서비스이다. 이런 의미에서 자동차, CD에 녹음된 노래는 재화이고 금융, 교육, 의료, 보수와 수리, 라이브 가수의 노래 등은 서비스이다. 다시 재화와 서비스는 여러 방식으로 나뉜다. 소모재 perishable(채소)와 비소모재(통조림), 자유재(자유로)와 비자유재(가격이 붙은 대부분의 재화)를 구분할 필요가 있다.

내구재durable는 냉장고나 탁자와 같이 장기간 동안 소비되어 감가상각되는 재화이다. 비내구재nondurable는 사과와 같이 한 번에 소비되는 재화이다. 지방질 음식이나 담배·술·마약과 같은 유혹적인 재화, 여가재화, 체육시설 이용이나 고전음악 감상과 같이 노력이나 시간이 투입되는 투자재화, 뱀탕이나 모기눈알요리와 같은 혐오재화, 그리고 금기도 있다.

여러 번 소비한 경험을 통해 소비자가 그 재화에 대해 판단하고 평가할 수 있으면 경험재화experience good이다. 옷이나 식당 서비스는 경험재화이다. 경험을 통해서도 평가할 수 없어 믿고 맡겨야 하면 신뢰재화credence good이다. 의료 서비스나 의약품은 신뢰재화이다. 신뢰재화의 경우 소비자의 경험이 올바른 판단을 보장할 수 없어 공급자에게 신뢰가 요구되고 전문가의 도움이 필요할 수도 있다. 이런 구분들에서 개인의 선택이나 시장에 어디까지 맡길 수 있는가가 문제로 등장한다. 2008년 미국의 경제위기 이후 이제 펀드나 파생상품도 신뢰재화에 포함된다.

어떤 종류의 재화에 대해서든 소득이 작아 선택의 범위가 단지 하나의 대안으로 축소된다면 개인이 자신의 선호를 발휘하고 표현할 여지가 없다. 표준이론과 시장논리가 독재나 독점을 거부하는 이유는 무엇보다 선택의 여지와 선택의 자유를 없애기 때문이다. 소득이 동일하더라도 선택범위가 달라질 수 있으며, 이로 인해 즐거움이나 후생이 달라진다. 예컨대 10만원으로 선택할 수 있는 대안이 두 가지인 경우와 다섯 가지인 경우를 비교하면, 소비자는 후자에서 더 높은 후생을 느낀다. 선택범위는 소득수준, 가격과 물가, 산업, 기술, 상업과 무역의 발전 정도에 의존한다.

표준이론은 재화를 의·식·주 등의 덩어리로 보지 않고 개별 재화로 나눈다. 여러 재화들이 연루된 대체와 보완을 인정하지만, 보완보다 대체를 강조하고, 대체효과든 보완효과든 개별 재화나 자원이 지니는 가치에 추가되는 것이라고 생각한다. 이에 따라 재화들은 기본적으로 독립적이다. 그리고 이런 모든 성격은 소득과 가격의 제약이나 조건 아래 놓여 있는 개인 차원에서 설정된다.[*] 이에 대해 더 상세히 설명해보자.

ⓐ 무게: 사과 50개 = 탁자 1개 → 사과 50개 + 의자 1개 = 탁자 1개 + 의자 1개

ⓑ 화폐: 10,000원 = 10달러 → 10,000원 + 1,000엔 = 10달러 + 1,000엔

ⓒ $2x = 3y$ → $2x + z = 3y + z$

---

[*] 부연하면 소득이 높은 개인에게 집과 자동차는 보완관계에 있지만, 소득이 낮은 개인에게 이들은 대체관계에 있다. 경제 전반적으로 밥과 김치는 보완관계에 있지만, 빈곤한 사람에게는 이들이 대체관계에 있다. 나아가 표준이론에서 대체보완의 관계와 비율은 재화들의 객관적인 기능과 독립적이다. 소득과 가격에 따라 어떤 개인에게는 식품, 집, 교통이 보완관계에 있을 수도 있고 대체관계에 있을 수도 있다. 또한 대체나 보완의 비율도 재화의 시장가격과 개인의 소득에 따라 바뀐다.

좌우변이 같은 등식에서는 등가성이 성립한다. 이 등식의 양변에 동일한 것을 더하거나 빼도 역시 등가성이 유지된다. 물체의 무게를 따지는 ⓐ나 환율을 고려한 화폐의 가치를 따지는 ⓑ에서는 등가성이 성립한다. 그런데 효용의 관점에서 아래 ①식과 같이 등가성 혹은 무차별성이 성립하면, 동일한 재화를 좌변과 우변에 추가시킨 ②, ③, ④에도 반드시 등가성 혹은 무차별성이 유지되는가? 표준이론은 그렇지 않다고 말한다. 그 이유는 재화들 사이에 존재하는 대체보완관계 때문이다. 그리고 재화뿐만 아니라 자원에 대해서도 이와 같다.

① 사과 20개 ~ 쇠고기 1kg

② 사과 20개 ⊕ 옷 1벌 ~ 쇠고기 1kg ⊕ 옷 1벌

③ 사과 20개 ⊕ 배 10개 < 쇠고기 1kg ⊕ 배 10개

④ 사과 20개 ⊕ 닭고기 1kg > 쇠고기 1kg ⊕ 닭고기 1kg

일반적으로 ②에서 사과와 옷, 그리고 쇠고기와 옷 사이에는 대체보완관계가 없어 독립적이므로 무차별성이 유지된다. 이에 비해 ③에서는 사과와 배가 대체관계에 있고 쇠고기와 배가 보완관계에 있으므로, 우변이 좌변보다 더 높은 효용을 낳는다. 사과와 배가 각기 주는 효용에서 사과와 배의 대체관계나 경합관계로 인해 상실되는 효용을 빼야 한다. 반대로 쇠고기와 배가 각기 주는 효용에 쇠고기와 배가 보완관계를 통해 서로를 도와 늘어나는 효용을 더해야 한다. ④는 이와 비슷하지만 반대방향으로 움직인다. 즉, 만약 사과와 닭고기가 보완관계에 있고 쇠고기와 닭고기가 대체관계에 있다면, 좌변이 우변보다 효용이 높다.

두 경우에 무차별성이 유지되지 않는 이유는 재화들이 완전히 독립적이지 않아 각 재화가 개별적으로 주는 효용들을 합할 수 없어 가합성이

성립하지 않기 때문이다. 그렇더라도 개별 재화의 효용이 존재하고, 여기에 대체보완관계로 인한 효용이 추가된다. 이런 점에서 개별 재화들은 기본적으로 독립적이다.

이것은 앞서 표준이론이 주장한다고 지적한 전제들 중 소거가능성과 외견상 반대된다. 그런데 이후 등장한 표준이론은 효용극대화와 이윤극대화 그리고 경쟁의 논리를 강조하면서 신속한 재화(와 생산요소)의 투입과 방출(이나 해고)을 강화시켰다. 그것이 이론의 요구이자 (노동시장 유연화 등) 현실 시장경제의 요구였다. 이에 따라 보완관계는 축소되고 대체관계가 부각되었으며 실질적으로 상호의존성도 축소되었다. 결과적으로 표준이론은 비확률적인 상황보다 확률적인 상황에서 독립성을 더욱 강하게 주장한다고 정리하는 것이 타당해 보인다.*

표준적인 경제이론이 강조하지는 않지만 독립성과 연관된 표준적인

---

* 확률적인 전망에 대한 선택에서는 이것을 구성하는 여러 요소들 중 결과적으로 실현되는 것은 하나이므로 구성요소들 사이에 대체보완관계가 성립하지 않는다고 전제한다. 이에 비해 커피와 설탕을 함께 소비하는 경우에는 대체보완관계가 성립된다. 그렇더라도 재화와 자원의 대체와 보완은 독립성을 완화시킬 뿐 이와 충돌하지는 않는다. 대체관계와 대체비율은 시장의 경쟁과 부합되도록 재화와 자원의 상호의존성을 최소화하고 있기 때문이다. 맨큐G. Mankiew의 《맨큐의 경제학*Principles of Economics*》에 등장하는 피자와 콜라도 보완적이라기보다 대체적이다. 이 점은 한계대체율에 압축되어 있다. 한계대체율의 '대체'는 A와 B가 함께 소비되고 있을 때 A와 B가 결합되어 있다는 점보다 A와 B가 서로를 대신하거나 C가 A나 B를 대신할 수 있다는 점을 강조한다. 한계대체율의 '비율', 그것도 '한계비율'은 대체비율이 가격과 소득의 변동에 따라 예민하게 변동해 대체관계가 일시적이라는 점을 부각시킨다. 결과적으로 한계대체율은 A와 B의 상호의존성을 부정하지 않지만 이들의 상호의존성을 약화시키고 이들의 독립성을 강화시킨다. 이것은 표준이론이 직관이나 상식에서 벗어날 정도로 대체에 의존하고 한계대체율을 강조하는 이유를 해명해준다. 최근에 부상한 타성, 습관, 지속성, 경로의존성path-dependence, 잠김lock-in 등이 보완관계를 강화시키고 있다. 그러나 여전히 표준이론은 대체관계를 강조한다. 그런데 정작 이런 흐름을 만들어낸 새뮤얼슨은 자신이 보완을 경시한 것이 오류였음을 고백했다. Samuelson, P. A. (1967[1947]) *Foundations of Economic Analysis*, New York: Atheneum, p. 184; Samuelson, P. A. (1974) Complementarity: An Essay on The 40th Anniversary of the Hicks-Allen Revolution in Demand Theory, *JEL*, 12:4, pp. 1255-1289.

마케팅의 개념이 비례성proportionality과 규칙성regularity이다. 이는 선택 대안들이 서로 독립적으로 존재하여, 상호의존으로 인한 대비·관계·맥락이 이들의 가치나 이들에 대한 평가에 영향을 미치지 않는다는 것을 의미한다.

소비자들이 특정 용량과 가격의 컴퓨터 A[150기가, 150만원]와 이보다 용량이 떨어지면서 가격도 싼 컴퓨터 B[100기가, 100만원] 중에서 하나를 선택하는 상황을 상정하자. 이 경우 가격과 용량이라는 두 가지 차원이 제품을 규정하면서, 이들 사이의 상충이나 비교가 불가피하다. 선택대상으로 A와 B만 있을 때와 여기에 C[50기가, 80만원]가 추가되었을 때를 상정해보자. 표준이론에 따르면 C가 추가되지 않았을 때나 C가 추가되었을 때나 **A와 B에 대한** 선택의 비율에는 변동이 없다. 비례성과 규칙성은 이를 나타내는 것이다.

말하자면 A와 B 사이에 [0.5, 0.5]로 나뉘었던 소비자 선택이나 판매의 비율이 A, B, C 사이에서 [0.5, 0.5, 0]이나 [0.45, 0.45, 0.1]로 나뉘는 것이 비례성이다. 예를 들어 [0.4, 0.5, 0.1]은 비례성에 어긋난다. 규칙성이란 적어도 A나 B에 대한 선택 비율이 늘지 않는 것을 의미한다. 즉, [0.3, 0.6, 0.1]과 같은 경우를 배제한다. 비례성보다 규칙성이 보다 약한 요건으로서 더욱 중요하다.

선거와 같은 사회적 선택에도 비례성과 규칙성을 적용할 수 있다. 우선 선택의 대상인 각 후보는 그 자신이 지닌 여러 차원이나 속성에 따라 독립적으로 평가된다. 진보적인 후보 A와 보수적인 후보 B가 각축을 벌이는 상황에서 심각한 고려대상이 아닌 극우파 혹은 극좌파 혹은 중도파 후보 C가 끼어들었다고 하자. 비례성에 따르면 A와 B에 대한 원래 평가가 그대로 유지되거나, 줄더라도 같은 비율로 줄어야 한다. 또한 규칙성에 따르면 최소한 A와 B 어느 한쪽의 득표율이 더 늘어날 수 없다.

비례성과 규칙성은 선택의 범위가 변동하더라도 유지되는 선호의 안정성이나 선택의 일관성으로 이해할 수 있다. 여기서 제3의 컴퓨터나 제3의 후보자는 그 자체로서 선택될 가능성이 별로 없는 대안인 경우가 많다. 비례성과 규칙성은 이런 대안이 추가되더라도 선택에 변동이 없음을 뜻한다. 이 때문에 표준이론에서는 이 가정을 비관련 대안으로부터의 독립성independence of irrelevant alternatives이라고 부른다.*

선택의 대상은 일차적으로 시장에서 거래되는 재화와 자원이다. 그렇지만 경제학과 시장경제는 선택의 대상을 이에 국한시키지 않고 선거, 결혼, 출산, 범죄, 동창회, 판결, 종교, 의료, 파업, 윤리와 도덕, 제도와 습관 등으로 확대시키고 있다. 이에 따라 합리적 선택은 경제를 넘어 정치와 사회 등 인간사 전체를 포괄하는 중요성을 지니게 되었다.

노벨경제학상 수상자로서 경제학자이자 사회학자인 베커G. Becker에 따르면, 개인은 자신의 주관적이거나 객관적인 이익과 손실을 따져 결혼이나 이혼을 결정하고 출산 여부와 출산의 횟수를 결정한다고 한다. 따라서 아기의 출산은 내구 소비재의 구입과 같은 선택이다. 아기는 반복적으로 재롱을 떨어 효용을 주고, 동시에 지속적인 양육의 수고를 필요로 한다. 이같이 오랜 기간에 걸쳐 비용과 편익을 낳는다는 점에서 아기는 냉장고와 같다. 그래서 '아기는 냉장고!'라고 그는 선언했다. 다만 이런 선택에서 냉장고보다 복잡하게 아기의 '질'과 '양'을 고려해야 한다.

---

* 원래 비례성은 서양 사상에서 오랜 역사를 가지고 있다. 그리스에서 비례성은 덕성, 정의, 미, 건축, 음악, 기하 등 모든 부문에서 달성해야 할 균제이다. 이같이 비례성은 중립적이므로 인간과 사회, 개인과 시장 및 경제에 모두 적용된다. 비주류 경제학의 생산재/소비재 생산의 불비례, 신고전학파의 산업 간 자원배분의 비례성 등도 그러하지만 다윈이 정의한 괴물도 그런 예이다. 다윈에게서 괴물은 머리에 비해 지나치게 긴 팔과 같이 비례성을 잃은 상황을 가리킨다. 비례성은 두 벡터를 스칼라로 곱할 수 있는 관계($y=\alpha x$)에서 구조나 균제를 유지하면서 규모(α)가 변동하는 것과 비슷하다. 경제학 모형, 건축설계도, 축소형, 원자와 분자의 모형도, 닮은꼴은 모두 이에 준한다.

주차위반도 벌금을 낼 확률, 벌금의 액수, 불법주차로 인한 시간절약 등을 고려해 '저지르는' 선택이다. 동창회 가입이나 파업 가담 여부 등도 집단의식이나 계급 전체의 이익이 아니라 비용과 이익에 대한 이런 계산에 근거하여 선택되고 결정된다. 이러한 개인들의 판단과 선택이 모여 사회 전체적으로 결혼이나 이혼의 비율, 출생률, 동창회의 규모 혹은 파업의 횟수와 가담 비율 등이 결정된다. 베커에 의하면 '아기는 냉장고이고', '결혼은 교환이며', '모든 죽음은 자살이고', '범죄도 선택이며', '미국 시민권도 선택과 거래의 대상이어야 한다.' 이런 주장은 모두 개인의 합리적 선택을 금과옥조로 삼고 있다.

지금까지의 논의에 따라, 교과서에는 명확히 드러나지 않지만 독립성이 표준이론의 생명선이라는 점을 다시 한번 강조할 필요가 있다. 신고전학파에서 독립성은 개인의 합리적 선택과 시장가격의 효율성을 관통해, 핵심 공준으로서 곳곳에 등장한다. 이미 나온 것과 앞으로 나오게 될 것을 모두 열거해보면 아래와 같다.

① 선택의 주체는 서로 독립적인 개인이다.
② 재화와 자원은 기본적으로 서로 독립적인 개체로 존재한다.
③ 부존자원이나 소득제약과 선호는 서로 독립적이다.
④ 재화들에 대한 선택은 심각한 고려대상이 아닌 비관련 대안으로부터 독립적이다.
⑤ 독립성 공준 혹은 소거가능성에 따라 기대효용이론의 선택대상인 확률적인 보수를 구성하는 여러 요소들은 서로 독립적이다.
⑥ 여러 기간에 걸쳐 재화를 소비하는 상황에서 특정 시점의 효용이 그 시점의 소비에 의해 결정되므로 소비와 효용은 시점들 사이에 서로 독립적이고 분리 가능하다.

⑦ 여러 시점의 주가변동은 서로 독립적이다. 자기상관의 부재에 근거한 마팅게일 속성이나 임의보행모형random walk model은 이를 반영한다.

⑧ 표준이론의 할인효용모형discounted utility model에 의하면 할인율이 시점에 관계없이 일관되게 유지되어 시간으로부터 독립적이다.

⑨ 시장에서 균형가격을 낳는 수요곡선과 공급곡선은 서로 독립적이다.

①, ②, ③은 이미 표준이론의 첫째, 넷째, 다섯째 가정으로 제시되었다. ⑥은 효용이 시간에 따라 분리될 수 있음time separable을 의미한다.[7] 만약 과거 시점의 소비가 현재의 효용에 영향을 미친다면 소비와 효용이 시점들 사이에 상호의존적이거나 보완적이 되는데, 가령 어제 들었던 음악을 오늘 다시 들었을 때 효용이 배가되는 것 같은 경우이다. 이는 제도학파의 베블런T. Veblen이 강조했던 습관의 형성이나 작동을 의미한다. 그러나 표준이론은 습관을 중시하지 않는다. ⑨는 흔히 지적되는 것이지만, 표준이론과 행동이론을 비교하는 데는 중요치 않다.

여기서 경제학이 상정하는 합리성, 독립성, 일관성, 효율성의 관계를 명확히 할 필요가 있다. (1)합리성은 일차적으로 인간과 관련되고 개인의 선택으로 나타난다. 개인의 도구적인 합리성에 부합되는 선택은 단기와 장기, 한 시점과 여러 시점들에 모두 적용된다. 이 모든 상황에서 합리적이려면 일관성이 있어야 하지만, 일관성이 있다고 반드시 합리적인 것은 아니다. 개인이 일관되게, 체계적으로, 그리고 지속적으로 오류를 범할 수 있기 때문이다. 일관성은 합리성의 필요조건이지만 충분조건은 아니다. 선호의 경우 일관성은 안정성과 통하고, 일관성이 없는 것은 불안정성과 통한다.

표준이론은 개인의 합리적인 선택들이 모여 형성되는 시장과 시장의 가격에 대해서는 주로 '효율적'이라고 규정한다. 그런데 종종 개인의 합리적인 선택을 '효율적'이라 부르고 시장과 시장의 가격을 '합리적'이라고 부르기도 한다. 어떻게 부르든 이런 의미의 합리성 혹은 효율성은 극대화를 통해 최상의 대안이 선택되고 적정하게 자원이 배분됨을 의미한다.

보다 특정적으로 경제학에서는 (2)정보처리상의 효율성 자체를 합리성으로 부르기도 한다. 통상적인 소비자 선택과 달리 시간이 흐르면서 기대와 예상이 개입되는 거시경제현상이나 주식시장에서 정보에 대한 수용과 처리가 중요해지면서 정보처리 자체를 합리성으로 규정하고 있다. 한 시점의 가격이 아니라 여러 시점의 가격이나 가격변동이 문제되는 상황에서는 언제나 경제주체들이 가격에 대해 형성하는 예상이나 기대가 중요하다. 정보의 변화와 기대가 개입되면서 정보처리의 합리성이 부각된다.

정보처리의 합리성은 개인뿐만 아니라 시장이나 시장의 가격에 부여되기도 한다. 이 경우 시장은 정보처리나 의사소통의 장치로 간주된다. 그런데 개인 차원에서의 정보처리의 합리성이 효율성으로 불리기도 하고, 또한 시장의 속성으로서 정보처리의 합리성을 시장이나 시장가격의

정보제공의 권리와 의무

수영장 운영자 이 씨는 보험금 증액에 따른 보장조건을 정확하게 설명해주지 않아 손해를 봤다며, 보험회사를 상대로 4억 5,000만원의 보험금 지급청구 소송을 제기했다. 서울중앙지법은 2015년 8월 초에 보험사가 이 씨에게 1억 3,500만원을 지급하라고 선고했다. 재판부는 보험설계사가 보장내용 등을 제대로 알렸다면 이 씨가 다른 보험회사 보험에 가입했을 것이라고 판단했다. 그렇지만 재판부는 이 씨도 보험증서를 제대로 확인했거나 보장내용을 문의했다면 손해를 방지할 수 있었다며 이 씨의 과실 비율을 70%로 정했다. 재판부는 보험사 측의 설명이 부족해 문제가 생겼더라도 보험증서를 꼼꼼하게 읽지 않은 가입자에게도 책임이 있다고 판결했다. 여기서는 주어진 정보에 대한 전달 여부가 문제였다.

효율성이라 부르기도 한다. 계량경제학이 자료로부터 얻은 추정치의 바람직한 속성으로 제시하는 불편성unbiasedness, 효율성efficiency, 일관성consistency이 이와 비슷하다.

표준이론의 가정들 중 가장 문제가 되는 전제인 독립성은 인간, 재화 및 자원, 시장, 가격에 모두 적용되는 속성이다.* ①독립성은 인간, 재화, 자원이 존재나 의미에 있어서 개인이나 개체로 존재하여 서로 의존적이지 않다는 뜻이다. 이것은 특정 시점과 여러 시점들 사이에 모두 적용된다. 독립성은 개인의 합리적 선택과 연결되어 이익을 극대화한다는 목표를 달성하기 위한 전제를 이룬다. 재화와 자원의 대체와 보완은 독립성을 완화시키지만, 그것이 독립성과 충돌하지는 않는다.

②독립성은 시장의 가격과 관련하여, 가격변동이 시점들 사이에 서로 의존적이지 않음을 의미한다. 여러 시점 사이의 가격변동이 상호독립적이라는 것이다. 물론 특정 재화의 여러 시점들 사이의 가격은 독립적이지 않다. 예를 들어 어제의 사과 가격과 오늘의 사과 가격은 비슷할 가능성이 높고 서로 독립적이기 힘들다. 독립적인 것은 가격 자체가 아니라 가격변동이다.

이것은 한 시점에서 그 시점의 여러 가격 및 가격변동들이 독립적임을 의미하지 않는다. 오히려 일반균형체계가 보여주듯이, 한 시점에서 여러 가격들은 상호의존적이다. 그 이유는 소비와 생산에 있어 재화와 자원들이 서로 대체보완관계에 있고, 이에 더해 생산에 있어서 생산재들이 투입산출관계에 있기 때문이다.

재화 및 자원의 여러 시장과 이 시장의 가격들은 서로 연결되어 있다.

---

* 어떤 논문에서는 독립성에 위배되는 대표 현상으로 뒤에서 논의할 부존자원효과를 들고 있다. List, J. (2003) Does market experience eliminate market anomalies?, *QJE*, 118:1, pp. 41-71.

그리고 이런 관계는 여러 개인들의 합리성에 근거하고 있다. 신고전학파 경제학의 초석인 일반균형체계는 이런 관계들이 경제에 관한 정보로서 가격에 완벽하게 반영되어 있다고 주장한다. 이러한 이유로 한 시점에서 가격들의 상호의존성이 여러 시점에서 가격들의 독립성을 낳는다고까지 말할 수 있다. 즉, 앞서 말한 (2)의 정보처리상의 합리성 혹은 효율성이 시점 간 가격변동의 독립성을 낳는다는 뜻이다. 이러한 효율성을 전형적으로 표현하는 개념이 주로 주식시장과 관련하여 등장하는 효율시장가설efficient market hypothesis이다.

가격이 정보를 처리한다는 것은 많은 사람들이 특정 물건이나 특정 주식으로 몰려 재화의 가격이나 주가가 상승할 때 그 물건이나 주식의 내재적인 가치가 높다는 정보를 드러낸다는 의미이다. 이렇게 형성된 가격은 내재적 가치를 반영한다. 이같이 가격변동의 독립성은 개인의 합리성뿐 아니라 시장의 효율적인 가격기구를 전제하고 있다. 또한 특정 재화의 가격변동이 여러 시점에서 독립적이면 여러 재화들의 가격변동들은 여러 시점에서 당연히 독립적일 것이다. 결국 가격변동들의 독립성은 특정 재화의 가격변동이 여러 시점에서 독립적이라는 의미와, 여러 재화의 가격변동들이 여러 시점에서 독립적이라는 의미를 함께 내포하고 있다.

$$\text{Cov}(p_{ti}p_{t-s,i})=0 \quad \text{Cov}(p_{ti}p_{t-s,j})=0 \quad i=1....n, s \geq 1$$

$$\text{Cov}(p_{ti}p_{tj}) \neq 0 \quad i,j=1....n.$$

P_{ti}: t시점에서 i재화의 가격
p_{ti}: t시점에서 i재화의 가격변동($p_{ti}=P_{ti}-P_{t-1,i}$)

대체가능성과 전용가능성_재화와 돈의 용도를 쉽게 변경할 수 있다

여섯째, 선택대상은 서로 대체가 가능한 차원·속성들을 지니며, 화폐는 자유롭게 전용된다. *하나의 아파트를 고기나 두부처럼 쪼갤 수는 없지만, 시장 전체의 아파트들은 쪼갤 수 있으며, 화폐의 지출이 이것을 뒷받침한다.*

표준이론에 의하면 개인은 효용이나 이윤을 극대화하며 시장의 경쟁에서 살아남기 위해 상황의 변화에 대처한다. 따라서 가격변동 등에 반응하여 재화 및 생산요소의 신속한 투입과 퇴출을 반복하며, 화폐의 수입과 지출이 이를 뒷받침한다. 전자는 재화 및 생산요소의 대체가능성 substitutability을 의미하고, 후자는 화폐의 전용가능성fungibility을 의미한다. 대체가능성은 표준이론이 명시적으로 내세우는 바이고, 전용가능성은 행동경제학이 표준이론의 묵시적인 가정을 드러낸 것이다.

표준이론은 여러 대상에 대한 여러 종류의 선택을 포괄하는 일반이론임을 자부한다. 이를 위해 선택대상을 기능적으로 파악하기보다 그저 효용을 낳는다고 이해한다. 그런데 흔히 표준이론과 이에 친화적인 선택이론은 대상들이 상호독립적인 차원들dimensions, 속성들attributes, 혹은 측면들aspects을 지닌다고 생각한다. 이는 행동경제학과의 비교에서 매우 중요한 부분이다.

선택대상이 지닌 '차원'은 재화나 물체들의 구체적인 속성, 화폐, 시간, 확률 등으로 다양하다. 이들이 서로 비교 가능하고 통약된다고com-mensurable 보아, 서로 상충되거나 대체보완관계에 있다고 상정한다. 여러 차원들 사이에 가중치를 부여해 하나의 수량으로 합산하고, 그 결과 가장 점수가 높은 대상을 사람들은 선택한다.

표준이론이 다루는 선택대상은 두 가지 이상의 차원을 지니며 서로 다른 차원에서 이들의 우열이 교차한다. 대상의 여러 차원들을 종합적으로 판단하고 평가해서 선택하므로, 여러 대상들의 서로 다른 차원들에 대한 비교가 중요하다. 두 개 이상의 차원에서 우열이 교차하는 두 개 이상의 대상에 대한 비교·평가·선택은 같은 것 혹은 등가성을 기준으로 삼는다. 즉, 서로 다른 차원에서 우열이 교차하는 대상에 대해 한 차원의 특정 수량이 다른 차원에서 얼마만큼의 수량과 동일한지를 찾아내야 표준이론이 원하는 선택이 가능하다.

표준이론은 선택의 대상들과 이들이 지닌 차원이나 속성들이 서로를 대신해줄 수 있다고 전제한다. 재화들이 어느 정도 서로를 대신해줄 수 있다는 의미의 대체가능성이 기본 전제이다. 기능적으로는 사과를 책이 대신하거나 반대로 책을 사과가 대신할 수 없다. 그렇지만 효용으로 따지면 사과가 없어서 생기는 효용의 감소를 책을 소비해 메울 수 있고, 반대로 책이 없어서 생기는 효용의 감소를 사과가 대신할 수 있다는 것이다. 이와 비슷하게 자동차의 효용을 따질 때는 열등한 연비를 더 넓은 공간으로 대신할 수 있고, 좁은 공간을 우월한 연비로 대체할 수 있다.

책 한 권이 줄어드는 것을 보상하려면 사과를 몇 개 주어야 하는가? 만약 사과 두 개라면, 이 점에서 책 한 권의 가치는 사과 두 개이다. 이것이 (한계)대체율이다. 100만원의 상금에 대한 확률이 50%에서 40%로 줄었을 때 상금이 125만원으로 커져야 보상이 된다면, 확률과 상금이 대체된 것이다. 이같이 표준이론은 재화의 차원들이나 소비재 묶음의 구성요소들이 연속적이며 미세하게 서로가 서로를 대신하고 대체하거나 보상할 수 있다고 전제한다.

표준이론은 이런 성격을 재화와 자원뿐만 아니라 광범위한 대상들에 부여한다. 시장의 가격이 분할 가능하다divisible는 점에서 이것은 시장을 개인 차원에서 모사한 것으로 볼 수 있다. 표준이론은 모든 재화나 자원들이 분할 가능하다고 가정하는 경향이 있다. 상식적으로 이런 미세한 분할이 언제나 가능한 것은 아니다. 쌀이나 쇠고기는 분할 가능하지만 자동차와 집은 분할 가능하지 않다. 그러나 표준이론은 개인의 선택이 아닌 시장의 수요공급에서는 이런 문제가 해소된다고 주장한다. 자동차 한 대를 분할할 수는 없지만 자동차 1만 대를 한 대나 열 대씩 쪼갤 수는 있다.

이같이 표준이론은 여러 재화들이나 한 재화의 여러 차원들이 서로를 대신하는 데 한계가 있다고 생각하지 않는다. 그러나 상식적으로는 쌀과 같은 필수품의 경우 무작정 소비를 줄일 수 없다. 쌀이 줄어드는 경우 이로 인한 손실이 무한대가 되어 다른 재화를 아주 많이 늘리더라도 이를 메울 수 없다. 또 다른 예로 금메달, 은메달, 동메달도 이와 같은 관계에 있을 수 있다.

재화들 사이에 이런 기능적인 보완성을 인정한다면 개인 차원에서 대체성에 상한과 하한이 있다고 생각해야 한다. 재화의 연속적인 분할을 상정하는 표준이론은 이를 사전표기식의lexicographic 선호로 규정하면서 예외적인 현상으로 만든다. 이같이 대체와 보상이 부드럽게 연속적으로 이루어질 수 있다면 우하향의 무차별곡선을 그릴 수 있다.

표준이론에 등장하는 전형적인 소비자 선택의 대상은 두 재화로 구성된 소비재 묶음이다. 그런데 차원의 의미가 광범위해서 다음과 같은 여러 대상들에 이 이론이 적용된다.

①소비재 묶음: [사과 3개, 책 3권]과 [사과 5개, 책 2권]
표준이론의 전형적인 소비자 선택으로 시장에서 필요한 물건을 이것저것 구입하는 선택상황이다. 여기서는 사과의 수량, 책의 수량 두 가지가 선택대상의 차원들이다. 사과 한 개와 책 몇 권이 서로 대체되는지 혹은 심리적으로 교환되는

지가 관건이다. 사과와 책 모두 재화로서 효용을 주므로 한 차원의 증가(감소)가 다른 차원의 감소(증가)로 상쇄(보상)된다. 물론 이들 사이의 대체비율은 개인 마다 다르며 한 개인에서도 두 차원의 소비량에 따라 다르다.

②특정 재화: [좋은 성능, 높은 가격]의 컴퓨터와 [나쁜 성능, 낮은 가격]의 컴퓨터

필요한 물건이 자동차나 집, 컴퓨터 등으로 하나로 좁혀진 상황이다. ①이 여러 종류의 재화들을 구입하는 선택상황이라면, ②는 마케팅의 주제인 일상적인 구매로, 한 가지 종류의 재화들 중에서 어느 하나를 고르는 상황이다. 두 가지 컴퓨터 중 하나를 고르는 상황에서 선택대상들은 서로를 대신하지만 전혀 보완성을 갖지 않는다. 이 점에서 ②는 ①과 다르다. 물론 선택의 자유가 선택의 고통으로 변한 부자가 둘을 모두 사버릴 수도 있으나 이는 예외적이다. 두 컴퓨터는 대체나 보완관계보다 경쟁관계에 있다고 보는 편이 타당하다. 또한 재화의 가격을 설명하기 위해 설정되는 ①에서 가격이 재화의 차원이 아니라 제약조건이나 매개변수로 등장했다면, ②에서는 가격이 재화의 차원으로 등장한다. 여기서는 성능과 가격이 제품의 두 가지 차원이고 이들이 서로를 대신한다. 높은 성능이 높은 가격을 보상하고, 낮은 가격이 낮은 성능을 보상한다. 물론 두 가지 이상 다수의 차원들을 고려할 수도 있다. 예컨대 자동차의 [성능, 에너지 효율, 디자인, 공간, 음향시설, 중고차 가격, 수명]을 따지거나, 학생들의 수학능력을 [국어, 수학, 영어, 과학탐구, 사회탐구]로 나누어 평가하고 합산한다.

③보험/복권/금융자산: [낮은 확률, 많은 상금]의 복권과 [높은 확률, 적은 상금]의 복권

확률과 상금이 두 가지 차원을 이룬다. 복권이나 금융자산의 비교 및 선택을 위한 기대치의 계산은 확률과 상금이 서로를 대신하거나 보상한다고 전제해야 가능하다. 낮은 확률을 더 많은 상금이 보상하고, 적은 상금을 더 높은 확률이 보상한다. 효용에 있어 사과와 책이 서로를 대신하듯이, 기대치에 있어 상금과 확률이 서로를 대신한다. [고수익, 고위험]의 주식과 [저수익, 저위험]의 채권이 지닌 차원은 수익률과 분산이다. 여기서는 수익의 차이와 (반대방향으로의) 위험의 차이가 무차별하게 된다. 물론 확률과 상금의 교환비율이나 합산의 가중치는 개인마다 다르다.

④할인: [오늘의 사과 10개]와 [내일의 사과 12개], [오늘의 100만원]과 [내일의 120만원]

사과의 수 혹은 상금의 크기와 이들을 획득하거나 소비한 시점이 두 가지 차원을 이룬다. 이들에 대한 선택에서도 수량·액수와 시점이 서로를 대신한다. 나중에 먹는 사과는 오늘 먹는 사과보다 못하기 때문에 무차별해지기 위해서는 더 많은 숫자로 보상되어야 한다. 이것이 이자(율)의 근거가 되는 할인(율)이다. 재화가 아니라 화폐인 상금에 관해서도 이와 비슷하다. 어느 정도의 지연과 얼마만큼 수량의 재화 및 화폐가 서로를 대체하는지는 개인에 따라 달라진다.

⑤여러 가치들: [높은 경제성장, 많은 환경파괴]와 [낮은 경제성장, 적은 환경파괴]

사회의 가치들에 대해서도 마찬가지로 생각할 수 있다. 성장과 환경이라는 두 가치를 비교하기 위해서는 1%의 성장률이 얼마만큼의 환경파괴를 보상하는지, 혹은 환경보호를 위해 경제성장을 어느 정도 희생할 수 있는지를 결정해야 한다. 이는 경제성장과 환경이 이상적인 사회를 구성하는 두 가지 차원이며 서로 비교 가능하다고 전제한다. 역시 어느 정도의 성장률과 어느 수준의 환경파괴가 서로 교환될 수 있는지는 개인의 주관과 개인들이 모여 이루는 사회의 합의에 달려 있다.

⑥ 후보자, 배우자, 친구, 대학, 아기, 장기, 마약, 범죄, 동창회, 교회나 절

지난 몇 십 년 동안 경제학자들은 통상적인 경제의 대상이나 시장의 거래대상이 아닌 것들도 상품과 비슷하게 취급하고, 개인의 선택·교환·계약의 대상으로 설명해왔다. 이들에 대해서도 마찬가지로 여러 차원들을 밝혀내고 대체와 보상의 비율을 찾는다.

여기서 상식적으로 이야기하는 '갈등conflict'과 표준이론의 '정신적 교환tradeoff'을 동일하게 생각해서는 안 된다. 가령 두 가지 종류의 자동차 중 하나는 상대적으로 연비가 좋고 다른 하나는 상대적으로 수명이 길다고 하자. 이 경우 둘 사이에 지배관계를 찾을 수 없으므로 갈등이 생긴다. 그런데 갈등에 머물면 표준이론에 이르지 못한 것이다. 표준이론에 도달하려면 연비의 단위(리터당 주행거리)와 수명의 단위(몇 년)를 정하고, 양자 사이에 대체비율(몇 킬로미터와 1년이 같은지)을 찾아야 한다. 수량에 대한 이런 관심 없이 이것이냐 저것이냐의 고민에 머문다면 그것은 아직 경제학적인 접근과는 거리가 있는 것이다.

표준이론은 무차별곡선 등을 통해, 개인들에게 재화들 사이의 부드러운 대체가 가능하다고 생각한다. 개인 차원에서 계산되는 재화들 사이의 대체율은 그들의 마음속에 있는 상대가격이다. 대체율은 미세하게 분할이 가능한 수량이라는 점에서 시장의 상대가격과 비슷하다. 또한 개인 차원에서 일어나는 대체는 시장의 교환을 닮아 '정신적' 교환이며, 대체비율은 마음속의 교환비율이다. 이같이 개인의 *tradeoff*는 시장의 *trade*와 긴밀하게 연결된다.

물론 부드러운 무차별곡선은 비현실적이라는 주장이 적지 않다. 다른 것들은 물론이고 표준적인 선택대상인 ①에 대해서도 이의가 적지 않다. 뒤에서 논의하겠지만 특히 행동경제학은 실제로 ②에 대해 근원적인 이의를 제기하고 있다.

표준이론은 재화들 사이의 미세한 결합에 있어 한계대체율이 체감한다고 생각한다. 이는 어떤 재화의 소비가 늘면 늘수록(줄면 줄수록) 상대적으로 그 재화에 대한 주관적인 가치가 줄어(늘어), 그 재화 한 단위의 희생을 보상하기 위해 요구되는 다른 재화의 수량이 줄어든다는(늘어난다는) 뜻이다. 그러한 이유로 소비는 특정 재화를 많이 소비하는 극단으로 가기보다는 여러 재화들을 골고루 혼합한 묶음으로 가게 된다.

특정 소비재 묶음을 여러 사람들이 반복해서 선택해 관행을 이루면 이것이 소비재들의 결합으로 발전하거나 새로운 재화나 상품으로 등장할 수 있다. 짜장면의 우월한 차원과 짬뽕의 우월한 차원을 결합한 '짬짜면', 만둣국과 칼국수의 우월한 차원이 결합된 '만두칼국수'가 그런 예이다. 워드프로세서, 스테레오, 텔레비전이 결합되어 있는 컴퓨터도 이와 같다.

여러 주식과 채권들이 지닌 위험의 차원과 수익의 차원을 결합한 펀드도 같은 예이다. 보수적인 후보자 및 정당과 진보적인 후보자 및 정당이 서로 상대방이 지닌 차원들(안정성과 개혁성)을 수용하여 시간이 지나면서 구분이 되지 않을 정도로 비슷해질 수 있다. 이는 정당이론의 오랜 가설이지만, 선택의 다양화나 다양성 추구 등과 같은 시장경제의 특징에도 부합된다.

소비자가 효용을 극대화하기 위한 재화와 서비스의 구입은 재화들이 어느 정도 서로를 대신해줄 수 있다는 대체가능성을 전제로 한다. 동시에 효용극대화는 특정 수량의 화폐가 동일한 다른 수량의 화폐를 대신할 수 있다고 전제한다. 그렇지 않으면 화폐가 이런저런 재화의 구입에 손쉽게 동원될 수 없다. 이것이 화폐의 전용가능성이다.

재화의 구입에 언제나 화폐의 지출이 수반되므로 화폐의 전용가능성은 재화의 대체가능성과 동전의 양면을 이룬다. 대체가능성은 사과가 주는 효용이 책이 주는 효용을 대신할 수 있음을 의미한다. 이런 부드러운 대체가 가능하려면 화폐가 여러 재화나 자원 혹은 예산항목들 사이에 쉽게 전용될 수 있어야 한다.

표준이론이 화폐의 전용가능성을 언급하지 않는 이유는 이를 너무나 당연시하기 때문이다. 사과 열 개가 책 한 권을 대신할 수 있다면, 이들의 가격에 해당되는 1만원이 다른 1만원을 대신한다는 것은 너무도 당연해 보인다. 표준이론의 입장에서 재화와 달리 화폐는 그 자체로 일차원적이고 동질적이므로 대체를 말할 필요조차 없다.

책 한 권과 포도주 한 병은 다르지만, 책 한 권을 사기 위한 1만원과 포도주 한 병을 사기 위한 1만원은 원초적으로 동질적이다. 책과 포도주는 대체가 가능하더라도 물과 같이 섞이지는 않는다. 반면 1만원짜리 두 장은 2만원으로 쉽게 섞이는 유동성liquidity을 지닌다. 그러므로 1만원과 또 다른 1만원은 완전히 대체가 가능하다. 그리고 화폐든 다른 형태의 것이든 사유재산은 각자의 처분 안에 있기 때문에 이런 전용에 아무런 장애가 없다. 따라서 소비자는 가장 높은 효용을 얻기 위해 상황에 따라 자신의 1만원으로 책 한 권을 살 수도 있고 포도주 한 병을 살 수도 있다.

그런데 뒤에서 설명하는 바와 같이 행동경제학은 전용가능성을 당연시하지 않는다. 정부의 예산, 기업의 예산, 그리고 가정의 가계부에서는 일정한 액수의 예산이 지출항목에 따라 미리 배정된다. 그리고 특정 항목에서 배당된 액수를 넘어 예산을 지출하거나, 또 항목 간에 자금을 이동시키면 법적이거나 도덕적인 문제를 낳는다. 예를 들어 알뜰한 부모는 자녀의 교육비로 술을 사서 마시지 않는다.*

표준이론과 행동이론이 만나는 지점에서 특히 중요한 것은 ③복권/금융자산이며, 여기에 적합한 표준이론이 기대효용이론이다. 기대치는 확률과 상금/보상을 곱하고 이들을 합해서 구할 수 있다. 기대효용이론은 기대치에서 상금을 효용으로 바꾼다. 베르누이D. Bernoulli는 '상트페테르부르크의 역설St. Petersberg paradox'을 해명하기 위해 화폐의 효용이 체감한다고 주장했다. 상금이 주는 효용과 이에 대한 확률을 곱하고 더해 대안을 평가한 후, 가장 높은 효용을 지닌 대안을 선택하게 된다.

이것이 상금과 확률을 구성요소로 하는, 여러 개의 요소들로 구성된 전망을 합리적으로 선택하기 위한 기준이다. 이는 확률이 들어가 있기 때문에 '위험이 수반된risky' 선택이 된다. 통상적인 소비자 선택은 '위험이 없는riskless' 선택으로 이와 구분되며, 현시선호이론으로 대변된다. 물론 모두 합리적인 선택이라는 점에서 양자 사이에 근원적인 차이는 없다. 나아가 위험이 있는 경우에서 확률이 0 혹은 1이 되면 위험이 없어지므로 전자가 후자를 포함할 수도 있다.

$$E[x, p; y, q] = px + qy \qquad U[x, p; y, q] = pu(x) + qu(y)$$

E:기대치   x,y:상금   p,q:확률   U:기대효용   u(.):효용함수

$$A = [200, 0.4; 100, 0.8] \quad B = [200, 0.6; 100, 0.2]$$
$$A의 \ 기대치 = 0.4 \times 200 + 0.8 \times 100 = 160$$
$$B의 \ 기대치 = 0.6 \times 200 + 0.2 \times 100 = 140$$

---

* 경제학은 예상보다 개념에 취약하다. 경제학을 몇 년 공부해도 시장, 가격, 화폐, 자본, 이윤 등 기본 개념들에 관해 쉽사리 답변하지 못한다. 이런 배경을 고려할 때 대체가능성, 전용가능성을 인접 개념인 이동성mobility, 유동성liquidity과 구분할 필요가 있다. 주지하듯이 유동성은 화폐나 신용과 동의어로 쓰인다. 재화와 화폐 중 어느 것과 관련되는가가 하나의 기준이고, 개인의 선택인가 아니면 시장의 교환이나 유통인가가 또 다른 기준이다. 재화든 화폐든 개인의 선택대상일 수도 있고 시장에서 유통될 수도 있기 때문에 두 번째 기준이 필요하다. 결론적으로 재화나 자원이 시장에서 유통되는 것을 이동성으로 보고, 화폐가 시장에서 유통되는 것을 유동성으로 이해하는 것이 적절해 보인다.

A의 기대효용=0.4×u(200)+0.8×u(100)

B의 기대효용=0.6×u(200)+0.2×u(100)

04 선택행위와 선택상황
어디서 어떻게 선택하나?

극대화_효용이나 이윤을 최대화한다

일곱째, 개인은 제약조건 아래서 자신의 선호와 이익을 가장 충실히 만
족시키는 대상을 선택한다. *주어진 돈으로 즐거움을 극대화maximization
하는 재화의 종류와 수량을 구입한다.*

개인은 대안의 여러 측면들, 차원들을 철저하게 고려하고 냉정하게 계
산해 각자의 이익을 최대로 추구한다. 표준이론은 각 개인이 자신의 이
익을 일관되게 추구하는 것을 합리성으로 규정한다. 개인은 한편으로 효
용, 쾌락, 이윤, 만족, 편익, 가치를 극대화하고 다른 한편으로 고통, 노동,
희생, 비용을 극소화하기 위해 결정하고 선택한다. 전자는 모두 양陽이
고, 후자는 모두 음陰이다. 재화와 자원에 대한 개인의 비교는 관찰, 정보
처리 및 계산, 인식과 판단을 필요로 한다.

여기서 계산은 효용, 화폐, 확률에 대한 비교와 이에 대한 가감승제를
말한다. 이 계산에는 선택대상들에 대한 개인의 평가가 수반되며 이런
평가가 나중에 수요곡선과 공급곡선에 반영된다. 수요자 혹은 소비자의
평가는 재화와 서비스를 소비해서 얻을 것으로 예상되는 효용에 근거한
다. 공급자 혹은 생산자의 평가는 이를 생산하기 위해 요구되는 비용, 예
상되는 수입과 이윤에 근거한다.

그런데 표준이론에서 모든 경제활동은 소비로 귀착되므로, 이 중에서도 효용에 근거한 소비자의 평가가 궁극적이다. 자본재와 금융자산의 가격도 이로부터 예상되는 수익 자체가 아니라 흔히 이런 수익으로 구입해 소비할 재화들이 낳을 효용에 근거하여 결정된다. 재화나 금융자산의 가격이 효용에 근거하는 것이 표준이론이 내세우는 합리성의 일부를 구성한다.

합리적 선택이론은 사람들이 선택대상 등 선택상황에 관해 충분한 정보를 지니며 이를 효율적으로 활용한다고 전제한다. 기본적으로 완전한 정보perfect information 혹은 충분한 정보가 표준이론의 전제이다. 시장경제와 이를 유지하는 제도나 체제를 통해 정보가 모든 개인들에게 동등하게 공급되고, 경제주체는 주어진 시점에 존재하는 모든 정보를 효율적으로 처리해 의사를 결정한다.

개인이 보유하고 있는 정보는 선택주체, 예산제약, 선택대상과 관련된 것이다. 선택주체에 대한 정보란 개인의 선호와 이익, 즉 자신이 무엇을 좋아하거나 필요로 하는지, 자신에게 어떤 것이 더 유리한지를 아는 것이다. 여기에는 가치와 신념도 포함된다. 동시에 개인들은 주어진 정보를 파악할 뿐만 아니라 기존 정보를 고집하지 않고 새로운 정보를 신속하게 수용해 처리함으로써 보다 나은 의사결정과 선택에 이른다. 경제주체들은 특히 거시적인 경제현상이나 주가변동 등을 설명하는 모종의 모형을 가지고 있으며, 이 모형에 동태적으로 변동하는 경제에 대한 정보를 받아들여 기존의 예측을 지속적으로 수정해나간다. 이같이 정보를 계속 추가시키는 것을 베이지안 정보갱신Bayesian updating이라고 부른다.

표준이론에 의하면 시장경제는 개인의 합리성과 시장의 가격기구에 의존해 효율성efficiency을 유지한다. 효율성은 개인과 시장의 두 차원에 적용된다. 그리고 효율성은 시장경제가 내세우는 가치 중 자율autonomy

이나 형평equity보다 앞선다.* 개인 차원에서는 개인의 합리성이 효율성으로 이어진다. 그런데 표준이론은 시장의 효율성과 연결해 정보처리의 효율성도 내세우는 셈이다.

일반적으로 주어진 투입물로부터 더 많은 산출물을 얻거나 주어진 산출물을 더 적은 투입물로부터 얻는 것이 효율성이다. 따라서 정보처리의 효율성이란 개인이 주어진 자료로부터 특정 대상에 대해 최대로 많은 것을 알아내고, 필요하면 그에 대해 가장 근접한 예측을 수행할 수 있는 것을 가리킨다. 그리고 효율적인 정보처리에 근거한 선택과 의사결정이 가격에 반영되어 시장을 효율적으로 만든다.

주어져 있지만 복잡하거나 모호한 정보와, 주어져 있지 않고 계속 변하는 정보는 처리하는 데 어려움이 있을 수 있다. 소비자가 슈퍼마켓에서 식품을 구입하는 경우보다 노동자, 의사, 배우자, 파생상품을 선택할 때 효율적인 정보처리의 중요성이 더욱 커진다. 또한 주가가 계속 변동하는 주식시장에서 거래할 때 정보처리는 보다 중요해진다.

표준이론이 주로 주식시장과 관련해서 내세우는 효율시장가설은, 주가에 모든 정보가 포함되어 있어 주식시장은 효율적이라고 주장한다. 이 가설은 통상적인 의미의 시장의 효율성과 함께 개인 차원에서의 정보처리의 효율성을 내세우고 있는 것이다. 거시경제의 중심 원리인 합리적 기대 가설rational expectation도 사람들이 미래를 예측하기 위해 정보를

---

* 자율은 스스로 결정하고 그 결과에 책임을 지는 것이다. 순전히 방만한 경영으로 도산할 위기에 처한 기업에 대한 구제금융은 이로부터 벗어난다. 형평은 경제주체들이 어느 정도 비슷한 수준을 유지하는 것이다. 조세정책 등을 통해 소득의 불평등을 완화하는 것이 그 예이다. 효율은 주어진 것으로 더 많이 더 빨리 생산하거나 얻는 것, 그리고 더 적게 들이거나 더 빨리 주어진 것을 생산하거나 얻는 것을 의미한다. 자율은 경제학이 명시하지는 않지만 서양의 근대에 깔려 있는 가치이다. 형평은 분배와 관련되므로 경제학이 명시하지만 그다지 반기지는 않는다. 효율은 성장과 관련되므로 경제학이 명시하고 가장 반기는 가치이다.

효율적으로 처리한다고 보므로 정보처리의 효율성과 이에 근거한 합리성을 주장하고 있다.

표준이론도 현실 속에서는 정보가 불완전할 수 있음을 인정하지만, 돈을 주면 정보를 살 수 있고 재화와 마찬가지로 가격기구에 의해 그것의 수급이 조절된다고 생각한다. 이를 통해 시장경제의 효율성과 정보처리의 효율성은 가까워진다. 더불어 표준이론은 정보와 자료, 지식 사이에 근원적인 차이를 두지 않는다.[8]

여덟째, 개인의 의사결정은 장기적으로 학습이나 경험을 통해 완벽에 가까워진다. *청과류나 국회의원을 선택하는 데 처음에는 실수를 하지만 몇 번 해보면 제대로 고를 수 있다.*

표준이론도 경제주체들의 선택이 언제나 합리적이라고 생각하지는 않는다. 단기적으로 선택이 불완전할 수 있는 이유로 의사결정 시간의 부족, 정보의 불완전함, 전략적인 이유, 걸린 몫이 적어 생기는 느슨함, 경험과 학습의 부족, 외부효과externality, 거래비용transaction cost 등을 지적한다.* 특히 거래비용은 표준이론이 인정하는 시장의 불완전함이다. 그러나 이것은 비용을 들이면 교정될 수 있는 종류의 불완전함이다.

무엇보다 표준이론은 장기적으로 이런 것들이 교정된다고 생각한다. 시간적인 여유가 생기면서 선택이 합리적으로 변한다는 것이다. 또 시간이 지나면서 정보가 완벽해지거나, 가격을 지불하고 정보를 확보할 수도

---

* 외부효과는 재화와 요소의 가치와 비용이 가격에 완전히 반영되지 않은 것을 의미한다. 외부효과가 있으면 가격을 고려해 선택하더라도 최선의 결과를 얻을 수 없다. 이를 교정하는 방법은 조세를 부과해 외부효과를 내부화하는 것이다. 자연환경이 보호되지 않으면 피구세 Pigouvian tax를 부과한다. 거래비용은 재화 및 요소의 거래에 가격 이외에 추가로 수반되는 금전적·비금전적 비용이다. 모기업이 대금을 지불하지 않거나 지체하는 것, 부품 공급업체가 납기일을 지키지 않는 것 등이 이에 해당된다. 거래비용을 가격에 반영하는 방식은 상황에 따라 다르다.

있다. 나아가 걸린 몫이 커지면서 사람들은 보다 신중해진다. 더불어 몇 차례 동일하거나 비슷한 선택을 반복하다 보면 선택상황을 보다 더 잘 파악하게 되면서 합리적으로 선택하게 된다. 판매(구매) 시점에서 자신(타인)이 소유한 물건에 대해 자신이 실제로 부여하는 가치보다 의도적으로 높은(낮은) 가격을 부르는 전략도 여러 번의 거래를 통해 시장에서 걸러진다.

위의 요인들이 표준이론의 외연을 이룬다. 표준이론은 행동이론의 공격에 대해 흔히 이런 불완전함을 들어 개인의 선택이 본래 합리적이라는 입장을 방어한다. 이에 대해 행동이론은 해당 조사나 실험의 결과가 이런 것들과 무관하게 성립한다는 점을 보이려고 노력한다. 표준이론이 여러 번 실험을 반복하면 합리성을 얻을 수 있다고 주장하면, 행동이론은 반복해도 경제주체들의 선택이 합리성에서 벗어나 있었다고 반박한다. 특히 개인들의 이상한 선택이 거래비용에서 비롯된 것이 아니라고 비판한다.

절차 관련 불변성_선택상황을 어떻게 서술하든 선택은 변치 않는다

아홉째, 선택대상들의 관계, 조합, 배열, 순서 등 제시 방식은 선택에 영향을 미치지 않는다. *사원을 채용할 때 지원자들을 한꺼번에 면담하든 한 명씩 면담하든 결과는 같다.*

경제주체들은 합리적이고 똑똑해서 구매할 때 상점의 물건 진열 방식 등으로부터 영향을 받지 않는다. 특정 제품을 어떤 제품과 함께 놓거나 보여주는지도 특정 제품에 대한 소비자들의 선호나 선택에 영향을 미치지 않는다. 나아가 여러 제품들을 동시에 보여주느냐 하나씩 순서대로 보여주느냐, 그리고 순서대로라면 어느 것을 먼저 보여주느냐 등이 소비자들에게 영향을 주지 않는다. 종업원 채용, 학생 선발, 배우자 선택, 대통령이나 국회의원 선거 등에서도 이와 비슷한 절차상의 변동들이 결과에 영향을 미치지 않는다고 본다.

이 전제는 효용극대화 등과는 달리 표준이론이 명시적으로 드러내고 있지는 않지만, 행동경제학과의 비교에서는 매우 중요하다.

열째, 선택상황은 객관적으로 주어져 이를 달리 서술하거나 이해할 여지는 없다. *컵에 물이 반이나 남아 있다고 말하거나 반밖에 없다고 말하거나 상황에 대한 이해와 선택에 차이를 가져오지 않는다.*

표준이론에 의하면 특정의 선택상황은 선호로 규정되는 선택주체와 소득으로 규정되는 선택대안들에 의해 객관적으로 주어진다. 이는 관련된 사람들의 해석이나 이해와 무관하게 선택상황이 주어진다는 뜻이다. 그렇기 때문에 선택주체가 이를 파악하기 위해 특별한 노력을 기울일 필요가 없다. 또한 노력을 기울이더라도 그것이 선택상황 자체뿐 아니라 선택상황에 대한 이해에도 변화를 가져오지 않는다.

이와 비슷하게 다른 사람이 선택상황을 어떻게 서술describe하거나, 어떻게 선택을 유도elicit하거나, 어떻게 선택상황을 제시represent하든 상황은 변하지 않는다. 결과적으로 표준이론은 사람들 자신의 이해 방식 그리고 선택상황에 대한 서술 방식과 무관하게 사람들이 언제나 합리적으로 선택한다고 전제한다.

아홉째 전제와 함께 이 열째 전제도 표준이론의 체계 속에 깊숙이 자리 잡고 있어 명시적으로 언급되지 않는다. 특히 미시경제학 교과서에서는 이런 전제를 발견할 수 없다. 그렇지만 행동이론과의 대비에서 이는 표준이론의 가장 핵심적인 전제라 할 수 있다. 행동경제학은 이들을 (선택의) 절차와 관련된 불변성procedural invariance이나 (선택상황에 대한) 서술과 관련된 불변성descriptive invariance이라고 부른다. 아홉째가 선택대상에 국한된 좁은 의미의 불변성이라면, 열째는 선택상황 전반과 관련된 넓은 의미의 불변성이다. 아홉째에서는 상품이나 제품이 '말을 할' 뿐인 데 비해, 열째에서는 선택상황의 설계자나 고안자가 말과 글로 이야기한다.

등잔 밑이 어둡다는 말이 있다. 어떤 틀 안에 있는 사람들은 서로의 차이를 강조할 뿐 이 틀의 공통적인 기반이나 정체를 잘 모르는 경우가 많다. 가령 한국인은 서로 고개를 숙여 인사를 하는데, 우리에게는 당연한 일이지만 서양인들에게는 신기한 모습이다. 신고전학파는 자신들이 절차와 관련된 불변성을 전제로 두고 있다는 사실을 명확하게 인식하지 못했다. 행동경제학과 충돌하면서 이러한 전제가 비로소 전면에 드러나게 된 것이다. 그런 의미에서 각 학파들 사이의 비교는 언제나 중요하다.

지금까지의 논의에 근거하여, 표준이론이 개인의 선택에 담아놓은 합리성의 측면들 중 이후 논의에서 주로 등장하게 될 사항들을 아래에 요약한다.

- 선택과 행위의 주체는 계층, 계급, 집단, 조직이 아니라 개인이다.
- 개인은 특정 시점이나 여러 시점에 걸쳐 안정되고 일관된 선호를 지니고 있다.
- 개인은 각자의 선호를 잘 알고 있으며, 이를 타인보다 더 잘 안다.
- 개인은 선호에 따라 효용을 극대화할 수 있는 능력, 특히 계산 능력을 갖추고 있다.
- 개인은 선택대상의 내용과 이름, 내용물과 포장/은폐, 진짜와 가짜를 가려낼 수 있다.
- 개인은 물가변동 등 경제의 변동에 처해 실질가치를 찾아낼 수 있다.

• 개인은 특정 시점에 주어지거나 여러 시점에 걸쳐 변동하는 정보를 효율적으로 활용한다.

2 장

심리학자 카너먼과 트버스키가 주도한
기대효용이론을 표준이론으로 간주하면
비현실적이라 비판한다

행동경제학의 기본이론

경제학은 신고전학파의 현시선호이론과
준이론이 표방하는 합리성이

01 두 체계 이론과 전망이론

인간은 두 세계 사이를 왕복한다

심리학자 카너먼D. Kahneman과 트버스키A. Tversky가 주도한 행동경제학behavioral economics*은 신고전학파의 현시선호이론과 기대효용이론

---

*   – *behavioral economics*라는 용어는 미시건 대학에 연구소를 가지고 있던 심리경제학자 카토나G. Katona가 만들어낸 것으로 알려져 있다. 이에 대한 번역어로 행태경제학보다 행동경제학이 나은 것 같다. 행태경제학이라고 하면 신고전학파의 현시선호이론 등과 통하는 심리학의 'behaviorism'을 연상시킨다. 행동경제학이 신고전학파와 큰 차이가 없다는 비판도 있으나, 아무래도 '행태'라는 용어는 오해를 낳을 가능성이 있다.
    – 한반도의 근대 학문은 서양에서 수입되었고, 더구나 얼마 전까지도 일본을 매개로 간접적으로 수입되었다. 이 때문에 많은 용어들이 일본의 번역을 거쳐 우리에게 당도했다. 경제학과 사회과학의 용어도 본래 영어를 위시한 서양 언어들이고, 그 번역어는 애초에 일본어이다. 자유, 평등, 효율, 민주주의, 시장경제, 자본주의, 무차별곡선 등이 모두 그렇다. 일상어에서도 그런 흔적을 찾아볼 수 있는데, 일본인이 독일어를 번역한 연필鉛筆(*pencil*이나 *crayon*이 아니라 *Bleistift*), 악장樂章(*movement*나 *mouvement*가 아니라 *Satz*), 철도鐵道(*railroad*가 아니라 *Eisenbahn*이나 *chemin de fer*)가 그런 예이다.

을 표준이론으로 간주하면서 표준이론이 표방하는 합리성이 비현실적이라 비판한다. 표준이론이 내세우는 인간의 합리성은 이상이지 현실이 아니라는 것이다. 이러한 이상적인 합리성은 규범적인normative 합리성으로, 현실에서 나타나는 인간의 불완전한 합리성은 서술적인 혹은 기술적인descriptive 합리성으로 불린다.*

표준이론은 서술적인 합리성이 규범적인 합리성과 다르지 않다고 믿기 때문에 결국 규범적인 합리성에 집착한다. 이에 비해 행동이론은 양자 사이에 커다란 차이가 있다고 반박하면서 서술적인 합리성을 강조한다. 행동이론의 시각에서 표준이론은 현실의 인간이 지닌 합리성을 서술하는 것이 아니라, 규범적인 합리성의 기준을 제시하는 데 그친다. 사이먼H. A. Simon이 내세운 제한된 합리성bounded rationality이 행동경제학에 부합된다.

양자 사이에 차이가 생기는 것은 표준이론의 입장에서는 이변anomaly이다. 행동이론은 여러 가지 이변을 찾아내고 이들을 해명하려 한다. 이에 따른 구체적인 비판들을 카너먼은 심리학에 존재하는 두 체계 이론dual system theory 혹은 두 과정 이론dual process theory으로 규정했다. 이 이론에 따르면 인간의 인지와 행동 및 선택은 하나의 체계가 아닌 두 체계에 따라 움직인다.[1]

I체계는 감성, 직관, 본능, 습관에 따라 계산 없이 거의 자동적으로 움

---

* 최근에는 표준이론이 제시하는 합리성이 인간의 이상적인 모습이 아니라 오히려 하등동물에게 합당하다는 주장도 등장했다. 가령 호수에서 33마리의 오리에게 두 군데에서 먹이를 주는 속도를 2배로 차이를 두면, 두 군데의 오리가 순식간에 22마리와 11마리로 나뉘는 균형이 형성된다. 그런데 인간은 윤리, 규범, 사회성 때문에 이같이 행동하지 않는다. 이것은 높은 수준의 합리성을 가정하는 게임이론에 등장하는 인간이 자폐적이라는 지적과 합치된다. 그러나 행동경제학자들 중 다수는 이같이 생각하지는 않는 것으로 보인다. Gowdy, John M. (2008) Behavioral economics and climate change policy, *Journal of Economic Behavior & Organization*, 68, pp. 632-644.

직인다. 세수(습관), 식사(본능), 음주(충동), 자리 양보(도덕과 규범의 실천) 등이 이에 해당한다. I체계는 묵시적이고, 총체적이며, 의사소통의 맥락에 예민하다. 반면 II체계는 논리적인 추론이나 분석, 그리고 계산에 따라 느리게 움직인다. 표준이론은 규범적인 차원의 극단적인 합리성을 내세우면서 II체계만을 인정한다.

동서양의 많은 사상들은 인간의 인식과 행위에 있어 감성, 습관, 본능이 중요하다는 점을 인정해왔다. 그런데 효용극대화를 추구하는 표준이론의 합리적 선택은 감성과 거리가 있으며, 습관을 경시하고, 본능을 배제한다. 효용은 쾌락이나 고통과 무관하지는 않으나 느끼는 그대로의 감정이 아니라 차갑게 계산된 감정에 가깝다.

또한 표준이론의 효용 추구는 습관, 타성, 관습과 어울리지 않는다. 표준이론의 경제인은 매번의 구체적인 상황에서 계산하고 선택해 최고의 효용을 추구하므로 습관적으로 식사하거나 차를 마시지 않는다. 좋은 습관을 기르기 위해 저녁에 일찍 자고 아침에 일찍 일어나는 일상적인 규칙 등도 중요치 않다. 이런 이유로 경제학에서는 최근까지 일상적인 습관들이 중요한 주제로 등장한 적이 없다. 더구나 충동이나 본능은 계산된 효용과 정면으로 충돌한다. 충동구매나 첫눈에 반해서 이루어진 만남은 계산을 거치지 않았으므로 합리적 선택에서 벗어난다.

I체계의 존재를 보여주는 예들을 살펴보자.

• 미국인들은 초콜릿을 좋아하지만 바퀴벌레 모양의 초콜릿을 보면 감히 손을 대지 못한다.[2] 미국의 공용주택에 창궐하고 있는 바퀴벌레에 대한 혐오를 고려하면 이를 이해할 수 있다. 논리적으로 생각하면 모양에 관계없이 내용이 초콜릿이므로 그러한 반응을 보일 필요가 없다. 이 상황에서 사람들은 따지지 않고 본능적으로 반응했으므로 I체계가 작동한 것이다. 물

론 바퀴벌레에 대한 관념에 역사나 문화가 깃들어 있다면 다른 문화권의 사람들은 반드시 이같이 반응하지 않을 수 있다.

• 야구방망이와 야구공을 합해 11달러이고 야구방망이는 야구공보다 10 달러 더 비싸다고 할 때, 각각은 얼마씩인지 물어보았다.[3] 미국의 명문 프린스턴 대학과 미시건 대학의 학생들 반 이상이 10달러와 1달러라고 대답했다. 계산하지 않고 직관적으로 이같이 답했으므로 I체계가 작동한 것이다.

두 체계의 공존으로 인해, 소비자를 위시한 경제주체들이 의사결정의 시점에서 예상하는 효용-decision utility과 실제로 선택을 통해 경험하는 효용-experienced utility은 다르다. II체계만을 고집하는 표준이론은 양자의 차이를 인정하지 않는다.

이제 I체계의 존재를 뒷받침하는 행동경제학의 논리를 제시해보자. 행동경제학은 경제학과 심리학의 양면성을 지니고 있으므로, 경제학의 부근에서 비판하기도 하고, 이보다 떨어져 심리학에 기대어 경제학을 조망하며 비판하기도 한다. 전자는 전망이론prospect theory으로 압축되고, 후자는 일상적인 해결방법heuristics과 편향biases으로 규정되어 있다.

인간은 행위하고 선택할 때 신속한 해결을 위해 일상적인 해결방법들에 의존한다. 일상적인 해결방법 중 상당수는 인간이 의식하지 못하면서도 활용하는 여러 방책들이다. 어떤 동물은 병에 걸리면 자신도 모르는 사이에 그 병을 치유하는 풀을 먹는다. 인간은 동물과 같이 생물학적으로 진화했을 뿐만 아니라 문화적으로도 진화했다. 결과적으로 인간은 자신이 알지 못하면서 따르는 규범이나 관습을 지니고 있다. 기업이론에 흔히 등장하는 루틴routine도 이와 비슷하다.* 이런 해결방법에 수반되는

---

* "새는 노래하는 의미도 모르면서 자꾸만 노래를 한다. 새는 날아가는 곳도 모르면서 자꾸만

편견, 편향, 통계적인 편의가 현실의 합리성이 불완전한 이유이다. 이들은 모두 I체계에 포함되어 있다.

표준이론의 기대효용이론에 대응되는 것이 행동경제학의 전망이론이다.[4] 기대효용이론에서 중요한 것이 효용함수와 확률이라면, 행동경제학에서는 가치함수value function와 의사결정가중치decision weight가 중요하다. 도식적으로 말하면, 전망이론은 표준이론의 효용을 가치로 바꾸고 효용함수를 가치함수로 바꾸었으며, 확률을 의사결정가중치로 변형했다. 이런 것을 제외하면 전망이론도 기대효용이론과 비슷한 과정을 거쳐 선택이 이루어진다고 생각한다.

기대효용이론에 의하면, 사람들은 상금이 주는 효용에 확률을 곱하고 더해 대안을 평가한 후 가장 높은 효용을 지닌 대안을 선택한다. 전망이론에 의하면 이와 대칭적으로, 상금이 주는 가치에 확률의 의사결정가중치를 곱하고 더해 대안을 평가한 후 가장 높은 가치를 지닌 대안을 선택한다. 전망이론의 핵심은 가치함수이다.

$$V[x, p; y, q] = \pi(p)v(x) + \pi(q)v(y)$$

V:가치 v(.): 가치함수 π(.): 결정가중치

$A = [200, 0.4; 100, 0.8]$ $B = [200, 0.6; 100, 0.2]$
A의 가치 $= \pi(0.4) \times v(200) + \pi(0.8) \times v(100)$
B의 가치 $= \pi(0.6) \times v(200) + \pi(0.2) \times v(100)$

날아간다." 송창식의 〈새는〉이라는 곡의 한 구절이다. 수리경제학자이자 철학자인 빈모어K. Binmore에 의하면, 새들은 짝짓기를 위해 노래를 하는데 자신의 노래가 그런 기능을 가지고 있는지 알지 못한다. 생물학, 심리학, 경제학에 번져 있는 진화이론으로 넘어가면 이런 주장은 수없이 많다. Binmore, K. (2006) The Origins of Fair Play, Max Frank Institute, *Papers on Economics and Evolution*, # 0614, p. 10.

02 가치함수

선택은 효용함수가 아니라 가치함수를 따른다

준거의존성_재화나 소득의 가치는 준거에 따라 달라진다

준거는 개인이 결정하고 선택할 때 의존하는 기준이다. 준거의존성reference dependence이란 개인의 의사결정과 선택이 준거에 의존하며 준거에 따라 바뀌는 것을 말한다. 준거는 과거 상당 기간 주어져 익숙해진 자극, 소득, 가격, 성과 등에 의해 결정된다. 오랜 기간 동안 받아온 소득이나 누려온 재산이 준거가 되고, 소비품목들에 대해 이전부터 지불해온 가격도 준거가 된다. 특정 식당이나 호텔에 가서 자주 즐긴 음식이나 서비스도 준거가 된다. 학자나 예술인들에게는 자신이 누려온 학문적인 수준이나 명망이 준거가 될 수 있다.

물론 높은 수준의 준거소득이 낮은 수준의 준거소득보다 그 자체로 더 높은 가치를 낳는다. 그런데 준거의존성은 준거가 되는 소득수준 자체뿐 아니라 준거로부터의 차이가 가치에 영향을 미침을 의미한다. 그러

**반이 비어 있나?
반이 차 있나?** 현재 물이 반 들어 있는 컵에 대해, 원래 비어 있는데 물을 부어 이 상태에 이른 경우 사람들은 "반이 비어 있다"고 말한다. 반면 원래 완전히 차 있었다가 줄어든 경우, 사람들은 "반이 차 있다"고 말한다. 이런 표현의 차이는 현재 상황은 같지만 출발점이 다르기 때문에 발생한다.

해방과 전쟁 일제강점기, 해방, 6·25 전쟁을 통해 고통스러운 많은 일을 겪은 한국의 옛 세대는 웬만한 사건에는 동요하지 않는다. 월남한 사람들은 미국 등으로 이민 가는 것을 보다 쉽게 생각하는 경향도 있다. 월남해서 정착하며 많은 고통을 겪은 사람들에게 이민은 특별한 고통이 아닐 것이다.

므로 준거는 선택하기 이전의 출발점으로 간주할 수 있다. 준거의존성은 최종 상태나 결과뿐 아니라 (중간과정은 아니더라도) 출발점 및 초기 상태와 최종 상태의 차이나 변화가 선택에 영향을 미친다는 뜻이다. 표준이론은 (과정은 물론이고) 출발점이나 차이와 변화에 관심을 두지 않으며 오로지 최종 결과, 최종 수준, 최종 상태에 집착한다.

준거의존성은 심리학의 적응수준이론adaptation-level theory에서 나온 것이다. 이에 따르면 온도의 증가와 감소에 따라 동일한 온도가 다르게 느껴진다. 영하 10도의 물에 30분 동안 손을 담그고 있다가 0도의 물로 옮긴 경우(A)와 영상 10도의 물에 30분 동안 손을 담그고 있다가 0도의 물로 옮긴 경우(B)를 비교해보자. 같은 0도에 이르렀지만 사람들은 A에서는 따뜻하다고 느끼고, B에서는 차갑다고 느낀다. 이에 비해 표준이론은 사람들이 두 가지 상황에 흔들리지 않고 물의 온도가 0도임을 파악하여 비슷하게 느낀다고 주장하는 것이다.

위의 상황은 인간이 특정 온도에 적응하여 발생한 일로 유기체의 항상성과 관련되어 있다. 이같이 사람들은 쉽게 적응adaptation하고 오래되면 이에 습관화habituation된다. 적응과 습관의 기능은 행동경제학에서 아주 중요하다. 철학자 아퀴나스T. Aquinas와 경제학자 스미스 모두 인간은 변화가 일어나는 과도기에만 행복이나 불행을 느낀다고 주장했다. 가난했다가 부자가 될 때나 부자였다가 가난해질 때 행복이나 불행을 느끼지만, 일단 부유함이나 가난함이 오래 지속되면 더 이상 행불행을 느끼지 못한다는 것이다.

행동경제학이 강조하는 준거, 적응, 습관을 표준이론은 인정하기 힘들다. 표준이론은 최종 결과나 수준에 집착하고 이것이 최적이자 균형이라고 생각하기 때문이다. 이에 따르면 한계 개념에 의존해 개인이 미세하게 조정하여 최적 상태에 도달하며, 이런 선택들이 모여 시장에서 가격

은메달리스트의 비극

올림픽 경기에 참가한 운동선수가 금메달을 목표로 삼았다가 은메달을 획득했을 때 상당한 고통을 느낄 수 있다. 반면 동메달을 목표로 했다가 은메달을 획득한 선수는 즐겁다. 객관적으로 양자 모두 은메달을 획득했지만 느끼는 감정은 다르다. 행동경제학의 입장에서 이를 해명하면, 목표가 준거이므로 이를 기준으로 쾌락과 고통 혹은 행불행이 갈린 것이다.

학자의 자부심

학계나 예술계에는 자신에게 형성된 높은 준거가 이후의 활동을 방해하는 경우가 있다. 젊은 시절에 너무나 훌륭한 업적을 남겼는데 이후의 활동이 이에 미치지 못할 경우 의욕을 잃어버릴 수 있다. 타인의 업적이 아니라 자신의 과거 업적이 장애가 된 것이다. 이는 모차르트에게 좌절한 살리에리나 베토벤에게 압도된 브람스의 경우와는 달리, 자신의 준거가 너무 높았던 것이 원인이다. 자신의 과거 성적에 얽매이는 입시생이나 과거의 높은 실적에 얽매이는 기업인들도 흔하다. 탁월하지 않은 연구나 작품이라도 이 사람의 평생 업적을 늘리는 데 공헌할 것이므로, 표준이론에서는 이런 장애를 인정하기 힘들다.

을 매개로 균형이 달성된다. 이는 적응이나 습관의 존재와 부합되지 않는다. 반면 행동경제학은 완벽한 합리성을 거부하므로 최적화나 균형도 인정하지 않는다.

준거의 결정 요인은 다양하다. 행동경제학은 주로 인지와 관련되어 있지만 동기부여와 노력, 인내, 실적 등과도 연결된다. 따라서 준거는 과거의 수준뿐만 아니라 미래에 대한 예상이나 목표에 의해서도 결정된다.[5] 올림픽 출전 선수의 목표, 입시생이 원하는 점수나 대학, 경제성장기 한국의 수출 목표, 그리고 임금이나 저축 등의 달성 목표target가 그런 예이다. 사이먼이 내세운 만족수준aspiration level 개념도 이와 비슷하다. 이것은 최적이 아니라 사람들이 괜찮다고 생각하는 수준을 나타낸다.

행동경제학은 주로 과거에 달성한 실적들이 누적된 결과에서 준거를 찾는다. 이에 비해 목표를 준거로 해석하려면 미래에 대한 예상에서 준거를 찾아야 한다. 그런데 준거를 이와 같이 설정하는 것은 행동경제학에 그리 생경하지 않다. 사람들이 목표를 설정할 때는 과거 자신의 실적을 고려하기 마련이므로, 목표 설정이 과거의 실적과 무관하다고 볼 수 없기 때문이다.

행동경제학은 선택상황의 맥락과 이에 대한 해석을 중시한다. 이에 따라 준거도 당사자나 타인의 해석이나 규정framing에 따라 변동할 수 있다. 어쨌든 행동경제학에서 준거는 일차적으로 개인 차원에서 결정되지만, 준거가 사회적으로 결정된다고 주장하는 행동경제학자들도 있다. 예를 들어 준거임금이 과거에 받아온 임금이 아니라 그가 소속되어 있는 직장의 평균적인 임금에 의해 결정될 수도 있다는 것이다.

행동경제학이 내세우는 준거가 수준이 아니라 변동이나 차이에 주목하고 미래의 목표를 고려한다는 점에서, 표준이론이 거시경제학에서 강조하는 예상 또는 기대와도 비슷해 보인다. 그러나 내용적으로 행동이론의 준거나 만족수준은 표준이론의 기대, 특히 합리적 기대와는 오히려 대립된다. 과거의 결과에 근거하든, 미래에 대한 예상에 근거하든 준거는 습관이나 타성을 담고 있어 새로운 정보가 등장하더라도 수시로 그리고 즉각적으로 변동하지 않는다. 이에 비해 합리적 기대는 새로운 정보를 즉각적으로 수용해 수시로 변동한다. 준거가격은 경제주체의 심리 속에 설정된 상한과 하한으로 간주할 수 있는데, 하한 아래로 내려가는 가격은 즉각적으로 수용하되 상한을 넘어서는 시장가격은 쉽게 수용하지 않는다. 시장가격이 여러 차례, 그리고 크게 벗어날 때 비로소 상한이 올라가 새로운 준거가 형성될 수 있다.

손실회피_이익을 좋아하기보다 손실을 싫어한다

전망이론에 따르면 변화나 차이가 중요할 뿐만 아니라 좋아지는 경우와 나빠지는 경우, 즉 이익gain과 손실loss 사이에 비대칭성이 존재한다. 일정 분량의 손실은 동일 분량의 이익이 가져다주는 즐거움의 2배 이상의 괴로움을 준다. 이 때문에 100만원의 손실을 상쇄하려면 100만원이 아닌 200만원 이상의 이익이 필요하다. 카너먼 등이 실험을 통해 확인한 결과, 동일한 액수의 이익과 손실이 주는 쾌락과 고통의 비율이 2.25였다. 이로 인해 이익분면과 손실분면에서 가치함수의 기울기가 달라지고 준거점인 원점에서 함수가 굴절되어 나타난다.

• 선택상황 1

	사회적 접촉	통근시간
현재 직장 A′	접촉 없이 외로움	10분
새 직장 A	약간의 접촉	20분
새 직장 D	상당한 접촉	60분

• 선택상황 2

	사회적 접촉	통근시간
현재 직장 D′	아주 많은 접촉	80분
새 직장 A	약간의 접촉	20분
새 직장 D	상당한 접촉	60분

이 예[6]에서는 손실회피loss aversion 경향으로 인해 동일한 대상 A와 D에 대한 선택이 달라졌다. 선택상황 1에서는 사람들과의 접촉이 없어 외롭지만 통근시간이 짧은 현재 직장 A′가 준거가 된다. 따라서 A′가 지닌 장점을 잃는 것이 손실이고, A′의 단점을 개선하는 것이 이익이다. 그런데 손실회피경향 때문에 손실을 적게 입는 것이 이익을 늘리는 것보다 중요하다. 그러므로 더 많은 사람들과의 접촉을 좋아하기보다 통근시간의 증가를 싫어하는 경향이 크다. 결과적으로 〈그림 2〉에서 보는 바와 같

이 선택상황 1에서는 A′에 보다 가까운 A로 옮기는 사람들이 많았다.[7]

선택상황 2에서도 동일한 A와 D를 놓고 선택한다. 이 상황에서는 반대로 사람들과의 접촉이 아주 많아 좋지만 통근시간이 긴 직장 D′가 준거이다. 따라서 D′가 지닌 장점을 잃는 것이 손실이고, D′의 단점을 개선하는 것이 이익이다. 역시 손실회피경향 때문에 손실을 적게 입는 것이 이익을 더 얻는 것보다 중요하다. 그러므로 통근시간이 줄어드는 것을 좋아하기보다 접촉이 줄어드는 것을 회피하려는 경향이 더 크다. 결과적으로 〈그림 2〉에서 보는 바와 같이 선택상황 2에서는 D′에 보다 가까운 D로 옮기는 사람들이 많았다. 이것은 선택상황 1과 반대의 선택이다.

이같이 현재의 직장이 어떤 것인가에 따라 동일한 대안들인 A와 D에 대한 선택이 달라졌다. 만약 현재 직장이 B였다면, A와 D에서 모두 커다란 손실이 수반되므로 모두 기피했을 것이다. 반면 현재 직장이 C였다면, A와 D 어느 것에도 손실이 수반되지 않으므로 표준이론의 예상에 가까운 결과가 나왔을 것이다. 손실회피경향은 자신이 현재 가진 것보다 나

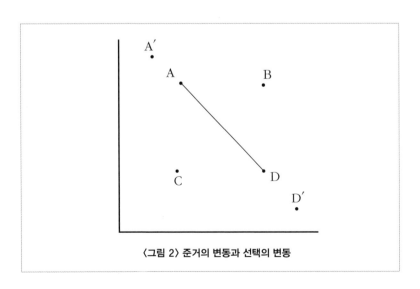

〈그림 2〉 준거의 변동과 선택의 변동

은 것이나 더 많은 것을 얻기 위해 자신이 현재 가진 것을 위험에 내맡기지 않는 보수성을 내포하고 있다.

미래의 목표가 준거점이 되는 경우 이 목표를 달성하면 이익이 되고, 달성하지 못하면 손실이 된다. 그러므로 이때 손실회피는 목표에 미달할 때의 고통이 목표를 달성했을 때의 즐거움보다 유의미하게 큰 것을 가리킨다. 일반적으로 목표를 설정하지 않는 사람보다 목표를 설정하는 사람이 더 많은 노력과 집요함을 보인다. 또한 목표를 높게 잡을수록 실적이

주택 가격의 비대칭적인 변동

호황이 되면 주택들이 소유자이자 판매자의 공급가격보다 높은 수준에서 순식간에 판매된다. 이에 비해 불황에는 한동안 제시된 공급가격에서 매매가 이루어지지 않더라도 가격이 하락하지 않는다. 대신 장기간 많은 재고가 쌓이고, 다수의 공급자들이 판매의사를 철회해 매매가 형성되지 않는다. 1990년대 보스턴 시내의 콘도 소유자들이 예상되는 판매가보다 (예상 판매가와 구매가의 차액의) 25~35% 정도 더 높은 가격을 요구했다.[8] 영국, 프랑스에서도 비슷한 현상이 나타났다. 이같이 공급자들은 가격의 상승은 당연히 수용하지만, 가격을 낮추지는 않으려는 경향을 보인다. 이런 주택 가격의 하방경직성은 손실회피에서 비롯된다.

줄어드는 임금과 늘어나는 임금

- 첫째 연도에 연봉 1억원, 둘째 연도에 7,000만원, 셋째 연도에 5,000만원인 임금 체계와 거꾸로 5,000만원, 7,000만원, 1억원인 임금 체계 중 하나를 선택하라고 하자 다수의 미국인이 후자를 택했다.[9] 기대효용이론에 의하면 전자를 택해야 한다. 그 이유는 할인율과 이자율로 인해 미래의 돈보다 현재의 돈이 더 가치가 있기 때문이다. 이에 비해 행동경제학은 사람들이 손실회피로 인해 임금이 줄어드는 것을 견디지 못하기 때문에 점차 늘어나는 임금 체계를 택한다고 설명한다. 추가하여 경제학의 시조인 스미스와 케인스가 지적했듯이 인간은 무언가 개선되는 것을 좋아하는 본성을 지니고 있다.
- 필자가 2014년과 2015년 행동경제학 수업시간에 경제학을 배운 50여 명의 한국 학생들에게 같은 실험을 한 결과는 이와 반대였다. 물론 미국인에 대한 실험 결과를 미리 알려주지 않았다. 한국 학생들에게는 외견상 표준이론이 더 잘 부합되는 듯이 보인다. 한국인들이 좀 더 '교과서적'일 수도 있다.

더 나아지는 경향이 있다. 그러나 목표 설정에는 실패로 인한 고통이 따르고, 이 고통의 깊이가 성공했을 때 얻는 쾌락의 높이보다 더 클 수 있다. 따라서 목표를 높게 설정하는 사람이 목표를 설정하지 않거나 낮게 설정하는 사람보다 더 큰 고통을 겪을 가능성이 있다.

당사자가 하나가 아니라 여럿인 노사협상이나 외교협상에 행동경제학을 적용할 수 있다. 이 경우 협상의 출발점이 모든 당사자들에게 준거나 초기조건을 이루고, 이로부터 양보하는 것이 손실이 된다. 이 때문에 합리적인 근거가 있더라도 손실회피경향으로 인해 협상에서 양보를 얻어내기는 쉽지 않다. 이같이 협상에서는 출발점이 어디인가가 중요하다. 출발점에 따라 준거가 결정되고 이익과 손실도 바뀌며, 여기에 손실회피가 작용하기 때문이다.

준거는 어떻게 서술하고 해석하느냐에 따라 바뀌므로 이익이나 손실도 그에 따라 바뀔 수 있다. 이 때문에 선택상황에 대한 규격화나 규정

한국인의 도박

여러 사람이 벌이는 도박은 영합게임zero sum game이다. 그런데 도박판에서 당사자들에게 손익을 물어 합해보면 0보다 적게 나타난다. 돈을 딴 사람은 타인으로부터 주목을 받으므로 자신의 죄의식을 줄이기 위해 액수를 낮추고, 돈을 잃은 사람은 반대로 자신의 피해를 높여 상대방의 죄의식을 강화시키는 경향이 있다. 도박이 계속되는 동안 이익과 손실이 반복되는데, 손실회피경향으로 인해 손실에 따른 상실감이 이익에 따른 즐거움을 능가하기 때문으로 볼 수도 있다. 이는 가계부나 기업회계의 보수주의와도 통한다.

임금협상[10]

임금협상에서 원래부터 3%의 인상률이 출발선이었던 경우와 비교해 2%의 인상률로 출발해 3%로 올리는 일은 더 어렵다. 경영진은 1%의 인상이라는 양보를 손실로 파악하고, 손실에 대해 뼈아픈 고통을 느끼기 때문이다. 협상에서는 출발점이 어딘가에 따라 협상의 범위가 결정되므로 출발점을 결정하는 일 자체가 일차적인 힘겨루기나 사전협상의 대상이 된다.

이 중요해진다. 특정 대안을 전달하고 이해하는 데 있어서 이 대안으로 얻을 것을 부각시킬 수도 있고 잃을 것을 부각시킬 수도 있다. 그에 따라 대안에 대한 선택도 달라질 수 있다.

예를 들어 전염병에 대한 방역대책으로 주민 중 몇 명이 산다고 서술하느냐, 몇 명이 죽는다고 서술하느냐에 따라 이 대책에 대한 찬반이 달라진다. 무엇을 얻지 못한 것에 대해서 얻을 이익의 포기foregone gain로 이해하느냐 아니면 손실의 발생으로 이해하느냐에 따라 고통이 달라지며, 손실회피로 인해 이익의 포기를 손실의 감수보다 쉽게 받아들이기 때문이다.

표준이론은 동일 수량의 이익과 손실이 동일 수량의 쾌락과 고통을 가져다준다고 생각해 이익과 손실 사이에 이러한 비대칭성을 인정하지 않는다. 또 손실회피를 인정하지 않기 때문에 위에서 제시한 선택들을 해명할 수 없다. 나아가 표준이론은 절차 관련 불변성을 전제하므로 서술이나 규정에 따른 선택상황의 변동과 이에 수반된 손실회피의 등장은 더더욱 인정할 수 없다.

민감성의 체감_이익이든 손실이든 늘어나면 둔감해진다

민감성의 체감diminishing sensitivity은 이익이나 손실에 대한 반응이 점점 둔화되거나 감소함을 의미한다. 즉, 소득이 준거를 초과하는 정도가 커질수록 이로부터 얻는 추가적인 즐거움이 줄고, 준거에 미달하는 정도가 커져도 역시 이로 인해 추가되는 고통이 줄어든다. 소득이 평소 소득보다 3만 달러 늘어났을 때 느끼는 즐거움은 1만 달러가 늘어났을 때 느끼는 즐거움의 3배에 이르지 못한다. 또한 소득이 평소보다 3만 달러 줄었을 때 느끼는 괴로움도 1만 달러가 줄었을 때 느끼는 괴로움의 3배에 이

르지 않는다.

이런 이유로 사람들은 더 큰 이익이 걸렸지만 확률이 낮은 도박을 쉽게 감행하지 않는 조심성을 보이고, 더 큰 손실이 걸렸지만 확률이 낮은 상황에는 쉽사리 뛰어든다. 결과적으로 행동이론이 생각하는 경제주체는 이익의 국면에서는 위험회피적risk averse이고, 손실의 국면에서는 위험추구적risk-seeking이다.

이 때문에 가치함수는 이익구간에서는 오목하고concave, 손실구간에서는 볼록하다convex. 오목(밑에서 오목)은 정의역domain에서 어떤 구간을 연결한 선분으로 된 치역range의 값보다 해당 함수의 값이 같거나 큰 경우이다. 볼록(밑에서 볼록)은 그와 반대로 치역의 값보다 해당 함수의 값이 같거나 작은 경우이다.*

수식으로 가치함수는 다음과 같이 표시된다. 여기서 일반적으로 λ = 2.25, α = β = 0.88로 계산되었다.[11]

$$v(x) = x^{\alpha} \qquad \text{if } x \geq 0$$
$$\qquad -\lambda(-x)^{\beta} \qquad \text{if } x < 0$$

준거의존성, 손실회피, 민감성의 체감을 모두 반영한 가치함수의 모양은 〈그림 3〉과 같다.

체감을 강조한다는 점에서 민감성의 체감은 표준이론의 한계효용체감과 비슷해 보인다. 그러나 효용함수에서는 이익과 손실의 구분 없이

---

* 그러므로 함수 -f가 오목이면 f는 볼록이고 그 역도 성립한다. 엄격한 오목이나 볼록은 등식을 배제한다. 이 개념들은 정의역과 치역이 비례적으로 변동하지 않는 경우를 포괄한다. 함수가 직선이면 오목하면서 볼록하지만, 엄격하게 오목하거나 볼록하지는 않다. 오목의 예는 효용함수나 생산함수이고, 볼록의 예는 y=x²이다. y=-x²은 오목하고, y=x²은 볼록하다. 오목함수와 볼록함수의 정의역은 볼록형 집합convex set이다.

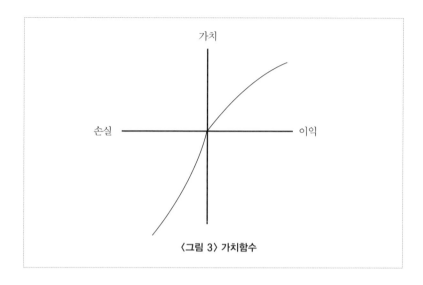

〈그림 3〉 가치함수

효용이 연속적으로 체감하거나 체증하는 데 비해 가치함수에서는 이 구분으로 인해 굴절이 있다. 만약 소득 300만원이 준거라면 310만원과 290만원이 이익과 손실을 낳으므로 300만원 인근에서 굴절이 발생한다. 반면 효용함수에서는 290만원, 300만원, 310만원에서 연속적인 체감이나 체증이 발생하는 데 그친다.

또 효용함수에서는 전체 영역에서 연속적으로 이런 체감이 일어나는데 비해 가치함수에서는 영역의 여러 지점에서 준거들이 형성될 수 있고, 각 준거점에서 이익과 손실이 구분된다. 이는 효용함수의 여러 지점에 준거를 설정하는 것과 같다. 그리고 각 준거에서 이익분면과 손실분면에서 각기 체감이 일어난다.

무엇보다 표준이론은 사람들이 전체 영역에서 언제나 위험을 회피한다고 주장한다. 이에 비해 행동이론은 이익과 손실의 구분에 따라, 민감성을 체감하기 때문에 위험을 회피할 수도 있고 위험을 추구할 수도 있다고 생각한다. 행동이론의 입장에서는 작은 손실이 높은 확률로 발생하는 전망보다 큰 손실이 낮은 확률로 발생하는 전망을 선택할 수 있다. 그리고 위험회피와 위험추구를 함께 고려해야 비로소 복권과 보험 등을 종합적으로 설명할 수 있다.[12]

의사결정가중치_불가능성과 확실성은 확률과 다르다

전망이론에서는 확률이 그 자체로 인식되지 않고 결정가중치로 변형된다. 특히 불가능에서 가능으로의 변화나 가능성에서 확실성으로의 변화는 확률의 변동을 넘어서는 무게를 가진다. 전반적으로 결정가중치는 극단적인 확률이 과대평가되고 중간적인 확률이 과소평가되는 것을 반영한다. 이런 차이는 지불할 돈의 액수, 즉 지불할 의사로도 나타난다.

예를 들어 0%에서 5%로의 확률 변동이 30%에서 35%로의 확률 변동보다 훨씬 크게 인식된다. 또한 60%에서 65%로 늘어나는 확률보다 95%에서 100%로 늘어나는 확률이 훨씬 더 크게 인식된다. 카너먼은 이를 각기 가능성효과possibility effect와 확실성효과certainty effect라고 불렀다. 0%에서 5%로 변해 비로소 가능성이 생긴 것이어서 그 확률이 과장되고, 또한 95%에서 100%로의 변동은 보수를 보장하므로 과장된다.

이런 효과들은 당연히 기대효용이론이 의존하는 기대치나 이에 근거한 의사결정에서 벗어난다. 카너먼이 제시한 바에 따르면 확률(%)과 의사결정가중치decision weight(%)의 관계는 〈표 2〉와 같다.

모든 사상들의 확률을 합하면 언제나 1이고, 모든 사상들 중 어떤 하나라도 발생할 확률은 1이다. 정상적인 주사위를 던져 [1, 2, 3, 4, 5, 6]이 나올 확률을 모두 합하면 1이고, 이 중 어느 한 사상은 반드시 발생한다. 즉, 확률 0.10 +0.90=1.0이다(〈표 2〉). 이것이 확률의 가합성이고, 어느 사상이라도 반드시 일어나는 것은 확실성이다.

확률	0	1	2	5	10	20	50	80	90	95	98	99	100
가중	0	5.5	8.1	13.2	18.6	26.1	42.1	60.1	71.2	79.3	87.1	91.2	100

그런데 확률에 상응하는 의사결정가중치는 합해도 1보다 적고, 이들 중 어느 하나가 반드시 등장하지도 않는다. 즉, 0.186+0.712＝0.898 ＜ 1.0이다(〈표 2〉). 이것을 의사결정가중치의 준가합성subadditivity과 준확실성subcertainty이라고 부른다. 확률과 가중치의 이런 차이는 〈그림 4〉로도 표시할 수 있다.[13]

행동경제학에 의하면, 확률이나 상금은 수량이지만 사람들이 수시로 이것을 질적으로 파악하여 선택을 달리한다. 수량이 질이나 범주로 파악될 수도 있고, 질이나 범주가 수량으로 파악될 수도 있다는 뜻이다. 사실 질과 양의 관계는 언제나 중요하고 복잡하다. 경제사회 현상에 국한하더라도 이 관계는 아주 다양하게 나타나고 한국 사회에서는 더욱

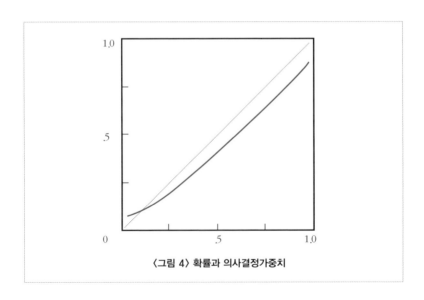

〈그림 4〉 확률과 의사결정가중치

복잡하다.

일반적으로 권력은 신분, 직책, 지위로 나타나므로 불연속적이다. 영의정과 판서 혹은 대통령과 장관은 권력에 있어 차이가 나는데 그 차이를 수량으로 표시하기는 힘들다. 이에 비해 재력은 주로 화폐로 표시되는 재산의 액수로 나타나므로 연속적이다. 땅 4,000평은 2,000평의 2배이고 40억원은 20억원의 2배로서 연속적이다.

물론 연속적인 수량이 불연속적인 질이나 범주로 전환되거나 그렇게 인식될 수도 있고, 반대로 불연속적인 질이나 범주가 연속적인 수량으로 전환되거나 인식되기도 한다. 그런데 정치의 장에서는 대개 수량이 질로 전환되고 시장의 평가에서는 대체로 이와 반대이다. 대통령이나 국회의원 선거에서 유권자들의 투표는 연속적인데, 이것이 특정인을 직위에 올려놓으면서 불연속적인 것이 된다. 당선된 사람이나 낙선한 사람은 자신의 득표수나 득표 비율에 따라 권력을 가지는 것이 아니라, 당선자가 전체 권력을 가지고 낙선자는 전혀 권력을 가지지 못한다. 가령 [0.6, 0.4]의 득표 비율이 [1, 0]으로 전환된다.

시장에서는 모든 것이 가격으로 표현되므로 온갖 질적인 구분이 양적인 차이로 전환된다. 모든 사람들이 재화나 서비스에 대해 가지고 있는 관심이나 이해 혹은 선호가 모두 가격이라는 하나의 숫자로 전환된다. 사람들의 다양한 개성이나 능력을 비롯해 골동품이나 지리산, 장기, 아

러시안 룰렛 여섯 발까지 장전할 수 있는 총으로 벌이는 치킨게임인 러시안 룰렛을 생각해보자. 여기서 다 같이 한 발의 총알이 줄지만 4발→3발과 1발→0발은 다르다. 후자에서는 생존이 확실해지기 때문이다. 이것이 확실성효과이다. 이 경우에도 확률이 의사결정자에게 그대로 전달되지 않고 의사결정가중치로 변형되어 전달된다. 이 때문에 양자에 있어 확률이 증가하는 정도는 같지만 결정가중치가 감소하는 정도는 다르다. 동시에 한 발을 줄이기 위해 지불할 의사도 달리 나타난다.

기 등도 마찬가지다. 이런 점에서 시장은 정치의 장과 반대라 할 수 있다. 물론 양과 질의 전환이 반대방향으로 움직이기도 한다. 권력이나 명예가 돈으로 환산되고, 돈이 권력과 명예가 되기도 한다. 또한 돈 그 자체의 양이 커지면 질적인 변화를 겪기도 한다.

한국인들의 일상에서 나타나는 연속과 불연속은 서양의 경제학이나 사회과학과는 부합되지 않는 것들이 많이 있다. 기본적으로 연속적인 수량이 불연속적인 질이나 범주로 바뀌는 경향이 강한 것 같다. 돈이 '있다', '없다'는 표현은 강력하게 수량을 질로 전환시키고 있다. 실제로는 돈을 많이 가지고 있거나 또는 많이 가지고 있지 않은 것인데, 이것을 돈이 '있다', '없다'로 인식한다. 이는 한국 사회에서 돈이 신분이나 권력 등 질적 범주로 쉽게 전환될 수 있는 가능성을 시사하는 듯하다. 물론 '유산자有産者'와 '무산자無産者'는 자본가 계급과 노동자 계급의 이분법을 정확히 반영한 번역어이다.

그렇다면 명예와 관련된 '유명有名'이라는 말을 보자. 이름이 널리 알려져 있다는 의미이지만 '이름이 있다'고 표현한다. '무명無名'은 이름이 별로 알려지지 않았다는 의미인데 '이름이 없다'라고 표현한다. 정도상의 차이를 종류의 차이로 바꾸어 생각하는 셈이다. 신분이나 권력이 있거나 없다는 주장은 타당하지만 이름이 있거나 없다는 주장은 타당하지 않다.

이런 것들이 바로 양이 질로 전환된 것이라면, 반대로 질이 양으로 전환되기도 한다. 권력이나 명예 혹은 명망이 돈으로 환산되기도 한다. 해방 이후로 끊이지 않는 권력형 부정부패가 그것의 대표적인 예다. 공무원에 대한 산하기관 파견, 낙하산 인사, 전관예우 등은 이보다 은폐된 유형의 환전換錢이다.

한국 사회의 입시는 극단적인 수량화와 극단적인 질적 구분의 결합이다. 이 점에서 한국의 입시는 권력과 돈의 결합, 정치의 장과 시장의 결합과도 같다. 전국의 수없이 많은 학생들을 모두 하나의 척도에 놓고 단일한 점수로 표시할 수 있다는 것은 시장의 가격에 가까운 수량화이다. 그런데 여기에 그치지 않고 점수를 석차나 순서로 바꾸고, 대학이나 전공별로 합격자와 불합격자로 나누어 분류한다. 이렇게 질적으로 구분되고 나면 학생들이 대학이나 전공 사이를 이동하는 것은 거의 불가능하다. 그리고 이런 분류가 권력과 신분, 돈, 명예의 차등을 가져온다.

03 표준이론의 공준들에 대한 비판
행동이론은 표준이론의 어떤 부분을 비판하는가?

카너먼과 트버스키에 의하면 표준이론은 비교가능성comparability, 연속성continuity, 소거가능성cancellation, 이행성transitivity, (확률적인) 지배성, 절차 관련 불변성 등을 가정한다. 이 중 비교가능성과 연속성은 기술적이고 부차적이므로 소거가능성, 이행성, (확률적인) 지배성, (절차적인) 불변성이 중요하다. 그리고 소거가능성보다 이행성이, 이행성보다 지배성이, 그리고 그보다 절차 관련 불변성이 더욱 중요하다.

　표준이론은 소거가능성과 이행성은 포기할 수 있어도 지배성과 불변성은 포기할 수 없다. 실제로 행동경제학은 이러한 중요도를 따라간다. 그렇더라도 역사적으로 소거가능성과 이행성에 대해서도 적지 않은 논의가 있었고, 비교가능성도 간단히 처리될 사항은 아니다. 무엇보다 절차 관련 불변성에 대한 설명이 필요하다.

이행성과 비교가능성_모든 재화에 대해 호불호를 가릴 수 있다

인간은 제한된 인지 능력으로 인해 사물들의 여러 차원에 일관되게 가중치를 부여하여 이들을 골고루 파악하는 일이 쉽지 않다고 행동경제학은 주장한다. 사물을 제시하는 방식이 변하면 특정 차원이 크게 부각되고 다른 차원이 경시되거나 아예 고려되지 않을 수 있다. 이같이 비교의 차원이나 비중이 바뀌면서 선호의 일관성과 이행성이 파괴될 수 있다.

세 종류의 자동차 A, B, C가 있는데 연비 차원에서는 A > B > C이고, 수명으로는 A < B < C라 하자. 선전이나 광고를 통해 A와 B를 비교할 때 연비를 부각시키면, 사람들이 A를 B보다 좋아하고 B를 C보다 좋아한다. 즉, A > B > C이다. 그런데 A와 C를 비교할 때 수명을 부각시키면, C > A가 되어 이행성이 깨질 수 있다. 이로 인해 발생하는 극단적인 현상이 나중에 설명하는 선호역전preference reversal이다.

비교가능성에 대해서는 행동경제학이 명시적으로 이의를 제기하지는 않는 것 같다. 그렇지만 이것은 표준이론의 가정인 완전성completeness과 연결된다. 완전성은 선택의 대상들이 완전히 비교 가능하고 이들 모두에게 가치나 점수를 부여할 수 있다는 것을 의미한다. 완전성은 환경, 장기, 아기, 마약, 매춘과 같은 것을 시장의 가격 등으로 환산할 수 있다는 통약가능성commensurability이나 비교가능성comparability과 연결된다.

이같이 완전성은 모든 것이 상품화되어 그 가치를 가격으로 환산할 수 있다는 이상적인 시장을 그리고 있다. 비교가능성이나 완전성에 대해 행동경제학은 여러 차원들 사이의 비교가 어려워 선택이 일관되지 않다고 주장한다. 이 주장도 선호역전이나 선호의 불안정성으로 이어진다.

소거가능성_대상의 공통요소는 제거해도 선택에 영향을 미치지 않는다

이미 지적한 바와 같이 표준이론은 여러 종류의 독립성을 내세운다. 그러나 행동경제학은 그 독립성들 중 상당수가 비현실적이라고 반박한다. 소거가능성도 그런 독립성 중 하나이다. 소거가능성은 알레 역설Allais paradox에서 '독립성 공준' 혹은 '대체 공준'이라는 이름으로 등장해 공격을 받는다. 또한 엘즈버그 역설Ellsberg paradox에서는 새비지의 '공통요소의 원리'로 불리며 역시 공격을 받고 있다.[14]

(1)알레의 역설

알레M. Allais가 새비지나 새뮤얼슨 등의 미국학파에게 던진 역설은 기대효용이론의 독립성에 대한 반박 사례였다. 그리고 카너먼 등이 창안한 의사결정가중치는 이를 해결하기 위해 고안되었다고 생각된다. 카너먼이 제시한 다음의 예를 통해 이 역설을 설명해보자.

- 상황 1
  도박 A: 2400달러를 벌 확률이 1이다.　[82]*
  도박 B: 2500달러를 벌 확률은 0.33이고, 2400달러를 벌 확률은 0.66이며, 아무것도 벌지 못할 확률은 0.01이다.　[18]*

- 상황 2
  도박 C: 2400달러를 벌 확률이 0.34이고, 아무것도 벌지 못할 확률이 0.66이다.　[17]
  도박 D: 2500달러를 벌 확률은 0.33이고, 아무것도 벌지 못할 확률이 0.67이다.　[83]*

첫 번째 선택상황에서 하나를 고르라고 하면 대부분이 A를 선택한다. 그 이유는 2400달러라는 액수가 작지만 확실하기 때문이다. 두 번째 상황에서는 대부분이 D를 선택한다. 그 이유는 어차피 모두 확률이 적으므로 상금이 훨씬 더 큰 대안이 낫다고 생각하기 때문이다. 그런데 첫 번째 선택상황에서 A를 선택하고 두 번째 선택상황에서 D를 선택한 것은 기대효용이론의 독립성 공준에 어긋난다. 그 이유는 다음과 같다.

첫 번째 상황에서 A$\gtrsim$B이면, 이는 u(2400) > 0.33×u(2500)+0.66×u(2400)+0.01×u(0). 그런데 기대효용이론의 독립성 공준에 따르면, 양변에서 동일한 구성요소인 0.66×u(2400)을 소거해도 이 부등식이 여전히 성립해야 한다. 즉, u(2400)=0.34×u(2400)+0.66×u(2400)이므로, 0.66×u(2400)을 양변에서 소거하면, 0.34×u(2400)+0.66×u(0)>0.33×u(2500)+0.67×u(0). 이는 C$\gtrsim$D를 의미한다. 그러나 이것은 위 실험의 결과와 반대이다. 따라서 이 사례는 기대효용이론의 소거가능성에 배치된다.

행동경제학은 확률을 변형시킨 의사결정가중치(π)를 통해 이를 해명한다. 즉, π(1)×u(2400)>π(0.33)×u(2500)+π(0.66)×u(2400)+π(0.01)×u(0)과 π(0.34)×u(2400)+π(0.66)×u(0)<π(0.33)×u(2500)+π(0.01)×u(0)을 동시에 설명한다. 첫 번째 상황에서 확률이 1이어서 확실했다가, 두 번째 상황에서 1 이하로 떨어지면서 결정가중치가 줄어든다. 즉, π(1) - π(0.34)>0.66. 이 경우 확률이 1일 때 결정가중치는 확실성효과를 나타낸다.

표준이론이 생각하는 바를 보다 쉽게 이해해보자. 언제나 20>10이고, 20 - 5 > 10 - 5이다. 20과 10에 5를 더하거나 빼더라도 원래의 부등관계가 유지되어 '가합적'이다. 또한 20이나 10과 5는 상호작용이 없이 분리되어 있다. 이 간단한 등식은 가합적인 분리가능성을 충족시킨다.

그런데 이미 1장에서 설명한 바와 같이 재화에 대한 선호에 있어서는 대체보완관계 때문에 일반적으로 이 속성을 내세우기 힘들다. 어떤 사람에게 [책 1권, 빵 1개]가 [우유 1병, 빵 1개]와 무차별하다고 하자. 즉, [책 1권, 빵 1개]~[우유 1병, 빵 1개]. 그런데 우유와 빵의 보완관계로 인해, [책 1권]~[우유 1병]이 아니라 [책 1권]≳[우유 1병]일 가능성이 높다.

반면 확률적인 위험이 수반된 전망은 이런 대체보완관계를 내포하지 않으므로 분리 가능하다고 표준이론은 주장한다. 확률적인 대안에서는 대안의 구성요소들 중 사후적으로 어느 하나만이 실현되므로, 구성요소들 사이의 대체보완관계나 상호의존성을 염두에 둘 필요가 없다는 것이다. 그래서 $[v; w; z] ≳ [x; y; z] \rightarrow [v; w] ≳ [x; y]$. z를 소거해도 원래 관계가 유지되므로 소거가능성이 충족된다.

이같이 새비지나 새뮤얼슨을 위시한 기대효용이론의 주창자들은 선택대안의 구성요소들이나 선택대상들 자체의 독립성과 선형성을 강조한다. 여기서 선택의 대안은 $A = [x_1, p_1; x_2, p_2]$와 $B = [x_3, p_3; x_4, p_4]$이고, 대안의 구성요소들은 $(x_1, p_1), (x_2, p_2), (x_3, p_3), (x_4, p_4)$이다. 만약 $x_2 = x_4$, $p_2 = p_4$이면, A와 B를 비교하는 것이나, 이들을 소거하고 $[x_1, p_1]$과 $[x_3, p_3]$만 비교하는 것이나 마찬가지라는 것이다.

반대 입장에 있는 알레는 선택대상들의 구성요소들이나 선택대안들 사이의 보완성 및 의존성을 강조하면서, 이들에 대해 여러 제한을 부과하고 있다. 그는 구성요소들, 특히 확실한 요소와 불확실한 요소들이 서로 독립적이지 않고 보완적임을 들어 독립성 공준을 반박한다. 이 보완성은 재화들(예를 들어 가구들) 사이의 보완성과 다르지 않으며, 심리적 가치가 이에 따라 변동하기 때문에 독립성은 유지되지 않는다.

(2) 엘즈버그의 역설

엘즈버그D. Ellsberg는 모호성ambiguity이 존재하는 경우 공통요소의 원리가 깨질 수 있다는 것을 예시했다. '위험'이 확률분포를 완전히 아는 상황에 해당된다면, '모호성'은 확률분포를 부분적으로 모르는 상황을 나타낸다.[15] 흥미로운 것은, 본래 공통요소의 원리를 말한 새비지 자신도 이 실험에서 그 원리에 위배되는 대안을 선택하는 혹독한 고초를 겪었다는 것이다.

> 항아리에 90개의 공이 있는데 이 중 30개는 붉은 공이고 60개는 검은 공과 노란 공의 혼합이다. 60개 중 검은 공과 노란 공이 어떤 비율로 섞여 있는지는 알지 못한다. 이 상황에서 다음과 같은 상금을 주는 도박이 있다면 어느 것을 선택할 것인가?

	30	60	
	붉은 공	검은 공	노란 공
I	100\$	0\$	0\$
II	0\$	100\$	0\$

> 이제 다시, 노란 공이 나오면 두 대안 모두에 100달러를 주는 요소를 추가했다. 이번에는 어느 쪽을 선택할 것인가?

	30	60	
	붉은 공	검은 공	노란 공
III	100\$	0\$	100\$
IV	0\$	100\$	100\$

첫 번째 선택상황에서는 대부분 I을 선택하고 두 번째 선택상황에서

는 IV를 선택했다. 첫 번째 상황에서는 검은 공이 몇 개나 되는지 모르므로 II가 아닌 I을 선택한다. 두 번째 상황에서는 III의 경우는 노란 공이 얼마 있는지가 문제되는 데 비해 IV에서는 그런 문제가 없다. 따라서 IV를 선택했다. 그런데 여기서 I을 선택하고 IV를 선택하는 것은 공통요소의 원리에 위배된다. III과 IV는 각기 I과 II에 노란 공이 나올 경우 100달러를 준다는 요소를 공통적으로 추가한 것에 불과하다. 그러므로 첫째 상황에서 I을 택한 경우 둘째 상황에서 III을 택해야 이 원리를 충족시키는 것이다.*

부차적이지만, 트버스키 등은 투명함transparency과 불투명함이라는 개념도 사용하고 있다. 투명성은 선택상황이 그대로 드러나는 경우를 가리키고, 불투명성은 어떤 방식으로든 가려진 경우를 가리킨다. 특히 확률적인 선택대안들의 확률적인 지배성이 선택의 당사자들에게 그대로 전달되지 않는 상황이 불투명한 경우이다.[16]

---

* 이와 관련해 모호성의 개념이 '모호'하므로 그 의미를 명확히 할 필요가 있다. 이와 비슷한 개념들을 열거하면 확실성certainty, 위험risk, 모호성ambiguity, 불확실성uncertainty, 무지ignorance 등이 있다. 엘즈버그 자신은 케인스와 나이트F. H. Knight를 인용하면서 '모호성'과 '불확실성'을 동일시했으나, 이는 타당하지 않을 수도 있다. 케인스는 '불확실성'과 '무지'를 동일시한 것 같다. '확실성'은 '위험'이 없는 것과 같다. '확실성'과 '위험'의 차이는 확률의 개입 여부에 달려 있다. 그런데 '위험'은 확률이 개입되어 있지만 확률분포를 완전히 알고 있는 것에 해당된다. '모호성'은 확률에 대해 부분적으로 모르는 것에 해당된다. '불확실성'은 확률뿐만 아니라 가능한 사상이나 상금 자체를 부분적으로 모르는 경우로 상정할 수 있다. 일반적으로 '위험'은 숫자로 계산 가능하지만 '불확실성'은 그렇지 못하다. 그렇다면 '무지'는 사상이나 상금이든 확률이든 아무것도 모르는 경우로 규정할 수 있다. 역사적으로는 '위험'에 대한 관념에 이런 요소들이 모두 존재했다. '위험'을 운명처럼 인간이 그저 받아들인 적도 있고, 확률로 계산 가능해서 관리하려고 노력한 적도 있다. 전자는 감성이나 본능에 의존하던 인류 초기에 부합되고, 후자는 문예부흥 이후로 인간의 이성을 강조하는 경향에 부합된다. 전자는 '불확실성'과 가깝고, 후자는 표준이론과 위험관리 등에 내포된 '위험'에 가깝다. 그렇다면 경제학이 의존하는 연역적이고 수리적이고 결정론적인deterministic 모형뿐만 아니라 귀납적이고 확률적인stochastic 모형도 세상에 대한 통제를 목표로 하는 셈이다.

대안 A	90% 흰 공	6% 붉은 공	1% 초록 공	1% 푸른 공	2% 노란 공
	0$	45$ 상금	30$ 상금	15$ 벌금	15$ 벌금

대안 B	90% 흰 공	6% 붉은 공	1% 초록 공	1% 푸른 공	2% 노란 공
	0$	45$ 상금	45$ 상금	10$ 벌금	15$ 벌금

이 상황에서 같은 확률의 더 높은 상금과 같은 확률의 더 낮은 벌금이 들어 있는 B가 A를 능가한다는 것이 확연하다. 이에 비해 더욱 단순한 다음 상황에서는 D가 C를 능가한다는 것이 확연하지 않다.

대안 C	90% 흰 공	6% 붉은 공	1% 초록 공	3% 노란 공
	0$	45$ 상금	30$ 상금	15$ 벌금

대안 D	90% 흰 공	7% 붉은 공	1% 초록 공	2% 노란 공
	0$	45$ 상금	10$ 벌금	15$ 벌금

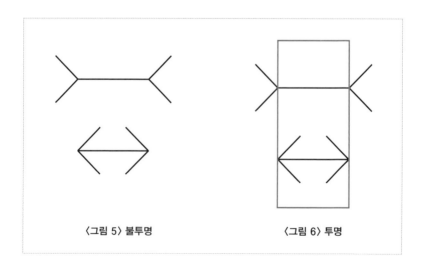

〈그림 5〉 불투명   〈그림 6〉 투명

C는 A에서 푸른 공을 노란 공으로 바꾸어 합쳤으나 확률과 상금은 그대로 유지되었다. D는 B에서 초록 공을 붉은 공으로 바꾸어 합치고, 푸른 공을 초록 공으로 바꾸었으나 역시 상금과 확률은 그대로 유지했다. 그런데 앞의 투명한 상황에서는 A보다 B가 낫다는 것이 확연한 데 비해, 뒤의 불투명한 상황에서는 C보다 D가 낫다는 것이 확연하지 않다.

트버스키와 카너먼에 의하면 불투명한 상황은 〈그림 5〉와 같고 투명한 상황은 〈그림 6〉과 같다. 착각을 낳는 것으로 유명한 왼쪽 그림에서는 두 개의 길이가 달라 보이지만, 오른쪽 그림에서는 두 개의 길이가 같다는 것이 드러난다.

절차 관련 불변성_선택상황에 대한 서술이 변해도 선택은 변하지 않는다

행동경제학은 선택상황이 객관적으로 주어지는 것이 아니라 이에 대한 서술, 해석, 이해에 따라 변동하며 그리하여 선택의 결과가 달라진다고 주장한다. 이에 비해 기대효용이론은 과정에 대한 불변성을 내세우므로 선택상황에 대한 서술이나 이로 인한 맥락의 영향을 인정하지 않는다.

행동이론에 의하면 사람들은 선택의 대안이나 선택상황에 대해 스스로 해석하고 편집edit하는 과정을 거친다. 이 과정을 통해 상황을 특정 방식으로 이해하고 규정하며, 이를 통해 실제로도 상황이 바뀐다. 또한 선택주체들은 다른 사람들이나 혹은 선택상황 외부에서 그것을 제시하는 방식, 규정하는 방식, 이름짓기labeling, 선택을 유도하는 방식, 선택 대안들을 제시하는 순서나 방식 등에 따라 객관적으로는 외견상 동일한 선택상황을 달리 이해하고 파악한다. '제시'는 주어진 선택상황을 말과 글 등을 통해 관련자들에게 서술하거나 설명해 전달하는 것을 의미한다. '유도'도 이와 비슷하게, 사람들의 선호나 선택을 끌어내는 방식

을 의미한다.

이런 방식들이 여럿 존재한다는 것은 우리가 일상적으로 활용하는 자연 언어의 풍요로움, 그리고 그것의 모호성과 밀접하게 연관되어 있다. 이에 비해 전문용어에 근거하는 자연과학, 경제학이 주로 의존하는 수학, 그리고 형식논리는 제시 방식이나 해석 방식의 다양성을 별로 허용하지 않는다. 그렇지만 이들에서도 편집과 해석의 여지를 배제할 수는 없다. 결론적으로 행동경제학의 세계에서는 특정인이나 특정 자아가 특정 선택상황을 맞아 스스로 여러 가지로 해석하고, 주변이나 사회에서도 여러 방식으로 상황을 해석해 만들어낸다.

넓게 보면 기업인, 정치인, 관료, 언론인, 학자, 외교관, 검사, 변호사, 시민단체 등이 특정 상황이나 사건에 대해 전개하는 담론들이 이와 다르지 않다. 북한의 핵 문제, 천안함 사건, 4대강 개발, 세월호 사건 등이 이런 담론의 대상들이다. 이에 따라 선택주체의 선호나 인식이 변동하거나 심지어 요동쳐서, 결과적으로 선택도 바뀌게 된다. 여기서 변하는 것은 사람들의 인지나 선호이지 시장의 가격이나 개인의 소득이 아니다.

이와 대조적으로 표준이론은 선택주체의 선호와 선택대안 등에 의해 선택상황이 객관적으로 주어져 있다는 전제 아래, 가격변동에 따른 선택과 수급의 변동에 초점을 맞춘다. 이에 의하면 경제주체들은 선택상황이나 경제상황에 대해 하나의 올바른 해석이나 제시 방법을 가지고 있다. 설령 이로부터 벗어나더라도 이것은 실수나 일탈이며, 계량경제모형의 잔차殘差일 뿐이다. 말하자면 표준이론은 재화 및 자원의 다양성과 이들에 대한 선택의 다양성은 인정하지만, 다양한 제시 방식이나 다양한 해석 그리고 방식이나 해석에 대한 '선택'은 인정하지 않는다.

04 준거가격과 준거임금

가격과 임금에도 준거가 있다

앞서 논의한 준거는 개인, 기업조직, 시장 등 여러 차원에서 여러 경제현상과 결합되어 준거거래, 준거가격reference price, 준거임금reference wage 등으로 구체화된다. 이들은 습관적으로 당연하다고 생각하는 수준이거나, 혹은 수요 등 단기적 요인들로부터 영향을 받지 않고 비용 등 장기적 요인에 의존한 수준이다.

우선 재화시장의 준거가격은 목표가격이거나 오래 지속된 정가list price이다. 표준이론에 의하면 경제주체들은 가격이나 물가에 대해 합리적 기대를 형성하고 시장에서는 수요변동을 예민하게 반영한 균형가격이 형성된다. 이에 비해 준거가격은 '생산비용에 통상적인 이윤율을 부가한 가격cost plus'에 가깝다. 균형가격이 시장의 장단기적인 변동을 모두 고려해 수시로 변동한다면, 준거가격은 어느 정도 안정성을 지닌다.

준거가격에 익숙한 소비자들은 단기적인 상황의 변동으로 인한 가격의 변동을 부당하다고 생각한다. 따라서 수요변동을 이용한 소매점의 가격인상에 저항할 수 있다. 또한 동일한 회사에서 만들었고 비용이 비슷하게 들었지만 시장에서 달리 평가되는 제품들의 가격 차이를 수용하지 않을 수 있다. 그런데 이것은 소매점이 이윤을 늘릴 수 있는 기회를 소비자들이 인정하지 않는 것이고, 기업의 기회비용을 무시하는 것이다.

준거가격에는 과거의 시장가격이 반영되므로, 준거가격이 시장가격과 언제나 배치되는 것은 아니다. 또한 비용이나 도매가격의 인상으로 인한 소매가격의 인상에 대해서는 소비자들이 부당하다고 생각하지 않는다. 생산자의 비용뿐만 아니라 중간상인의 비용에 대해서도 소비자들은 수용적이고, 더불어 환율변동에 의한 수입품의 가격변동도 소비자들은 거부하지 않는다. 결국 소비자들은 기회비용보다 실제비용을 중시하는 것이다. 동시에 소비자들은 가격인하보다 가격인상에 더 예민하다.

설문조사에 의존한 연구들을 보면, 제품의 가격인상에 대해 인상의 근거에 따라 사람들이 정당하다거나 정당하지 않다고 판단했다.[17] 공장의 출하가격이 올라 대리점에서 제설기의 가격을 인상한 경우 사람들은 정당하다고 판단했다. 이에 비해 그 전날 폭설이 내려 제설기에 대한 수요가 갑자기 늘어난 상황에서 가격을 인상한 경우 대부분 부당하다고 생각했다. 시장경제의 논리에 부합되지 않는 이런 판단이 현실경제에서는 지배적이다.

- 선택상황 1: 유명 자동차 모델의 공급이 부족한 상태여서 고객들이 두 달을 기다려야 차를 받을 수 있다. 그런데 어떤 대리점이 이런 상황을 이용해 부착된 가격보다 200달러 가격을 인상했다. 이에 대해 어떻게 생각하는가?

조사대상=130　　수용 가능하다 29%　　부당하다 71%

- 선택상황 2: 유명 자동차 모델의 공급이 부족한 상태여서 고객들이 두 달을 기다려야 차를 받을 수 있다. 그런데 정가보다 200달러 할인해주고 있었던 대리점이 이제 다시 200달러를 인상해 원래 가격을 받겠다고 했다. 이에 대해 어떻게 생각하는가?

조사대상=123　　수용 가능하다 58%　　부당하다 42%

재화시장의 가격뿐만 아니라 노동시장의 임금에도 이런 논리를 적용할 수 있다. 표준이론은 일관되게 균형임금을 내세운다. 균형임금은 노

- 한국의 기업들은 오랫동안 국내시장에서 정찰가격 제도를 실시해왔 **한국의 정찰가격 제도** 다. 이것은 시장의 경쟁을 억제하는 행위이지만 강한 의미의 준거가격 을 낳았다. 이 때문에 정가의 인상은 소비자들의 저항을 받아왔다. 따 라서 일시적인 수요변동에 따른 가격인상은 일반적으로 불가능하며 원가상승 요인들에 근거한 설득만이 호소력을 지닐 수 있다.
- 한국의 소비자들은 환율이나 원료 비용의 하락으로 인한 초과이익에 대해 그간 둔감했었다. 그 러나 최근에는 휘발유 가격 등과 관련해 환율변동을 이용해 정유회사들이 비대칭적인 행태로 이익을 취한다는 지적이 비등하고 있다. 또한 여론을 의식해 한국의 대기업이 가격인상을 미루 는 일도 드물지 않다. 이 때문에 여론이나 사회적인 명성을 의식한다는 행동경제학의 지적은 한국 사회에서는 새롭지 않다.
- 아파트에 대한 한국의 원가공개 요구는 표준이론보다 행동이론에 부합된다.

계란과 커피의 탄력성 계란의 가격이 오를 때와 내릴 때 가격탄력성이 다르게 나타났다.[18] 가 격이 오를 때는 −1.10이었고, 가격이 내릴 때는 0.45였다. 즉, 가격이 10% 오르면 소비가 11% 줄었으나, 가격이 10% 내리면 소비가 4.5% 밖에 늘지 않았다. 표준이론은 가격탄력성의 비대칭성을 인정하지 않는다. 반면 행동경제학은 이 비대칭성을 손실회피경향으로 설명한다. 즉, 가격인상과 소비감소에 따른 손실로부터 받는 고통 이 가격하락과 소비증가로 인해 얻는 즐거움보다 더 크다. 계란 이외에 커피나 주식에서도 비대칭 성이 발견되었다.

동시장에서 수요곡선과 공급곡선이 만나 형성되는 임금이다. 물론 노동 시장 수요공급의 배후에는 합리적으로 선택하는 개인이 있다. 노동에 대 한 수요는 기업의 채용이고, 노동의 공급은 구직이다. 노동자에게 여가 는 쾌락이고 노동은 고통이다. 또한 이 고통은 노동시간이 늘수록 늘어 나므로 더 높은 임금을 받아야 더 많은 노동을 제공한다. 반면 기업에서 는 노동시간이 늘거나 노동자가 늘어날수록 생산성이 체감하므로 더 낮 은 임금에서만 고용을 늘린다.

압축하면 표준이론은 시간당 임금과 노동시간 사이에 정의 상관관계 를 예상한다. 그런데 행동경제학은 이와 반대로 임금과 노동시간 사이에 부의 상관관계를 발견했다. 시간당 임금이 올랐는데 노동시간이 줄고, 임금이 내렸는데 노동시간이 늘었다. 그렇다면 노동자들이 일정 기간 동안에 어느 수준의 임금을 확보하려고 노력한다는 해석이 가능하다. 표준이론이 균형임금을 내세운다면, 행동경제학은 사이먼의 만족수준 개념에 부합되는 목표임금target wage을 내세우는 것이다. 가령 하루에 10만 원이라는 목표를 달성하려고 노력하며, 이를 위해 노동시간을 조정한다. 초기 경제학에서도 재화와 달리 노동에 대해서는 그 특수성을 인정한 바 있는데, 임금이 시장의 균형이 아니라 생계비에 의해 결정된다는 생계비 이론이 그러한 예이다.

뉴욕의 택시 기사들은 표준이론과 반대되는 행동을 보였다.[19] 하루를 단위로 시간당 임금이 높아질수록 노동시간이 줄었다. 여기서 시간당 임금의 증가는 오전에 손님이 많은 경우를 나타내고 시간당 임금의 하락은 오전에 손님이 없는 경우를 말한다. 쉽게 말해 오전에 손님이 많을수록 (적을수록) 더(덜) 일하는 것이 아니라 적게(많이) 일하고 일찍(늦게) 귀가한 것이다.*

이에 대한 행동이론의 설명은, 각자 하루별로 준거임금이나 목표임금이 있어 이 목표를 달성하면 더 이상 일하지 않는다는 것이다. 가령 하루에 100달러가 목표라면 손님이 많은 경우 이 목표가 더 빨리 달성되므로 노동시간이 줄어든다. 목표저축도 이와 같다. 2억원의 주택자금이나

---

* 표준이론에 따르면 노동시장의 임금과 노동 공급량이 서로의 변동에 따라 자유롭게 움직이거나 선택될 수 있다. 현실에서는 노동시간과 임금 등의 근로조건이 계약에 따라 일정 기간 고정되어 있는 경우가 많다. 이런 경우에 표준이론은 처음부터 설명력을 잃게 된다. 이에 비해 뉴욕의 택시 운전은 노동시간과 임금을 선택하는 표준 상태나 자연실험natural experiment에 가깝다. 그렇기 때문에 이는 표준이론에 가장 유리한 상황에서 그것의 유효성을 검증하는 것이 된다. 자연실험이란 실험실에서 인공적으로 부과하는 표준적인 조건들이 현실에서 충족되는 상황을 일컫는다.

2,000만원의 교육비를 마련하기 위해 저축하는 사람의 경우, 이자율이 오르면 동일한 목표를 보다 적은 저축으로 더 빨리 달성하므로 오히려 저축을 줄인다.

이에 대한 약간 다른 설명으로, 제번스W. S. Jevons가 처음 내세운 후방굴절backward bending 공급곡선을 고려할 수 있다. 임금이 상승하면서 처음에는 노동의 공급량이 늘어나지만 임금이 어느 수준을 넘어서면 공급량이 오히려 줄어든다는 것이다. 표준이론도 경우에 따라 노동시장에서 공급곡선이 후방으로 굴절될 가능성을 인정하는데, 이는 재화시장에서 공급곡선의 굴절 가능성을 고려하지 않는 것과 대비된다. 임금이 어느 수준을 지나면 사람들은 노동보다 여가를 즐기는 방향으로 움직인다. 임금상승으로 인한 소득증가의 효과가 (여가를 노동으로 바꾸는) 대체효과를 압도한다고 볼 수 있다. 그런데 이것은 임금과 소득이 상당히 높은 수준에 이르러서야 가능하다. 뉴욕의 택시 기사들이 이런 소득수준에 있다고 보기 힘들므로 노동공급의 후방굴절을 통해 해당 사례를 해명하기는 어렵다.*

표준이론의 옹호자들은 측정 방법이나 연구대상을 달리하면서 위의 결과를 반박하는 연구들을 제시하고 있다.[20] 가령 택시 기사와 비슷하지만 약간 다른, 운동경기장의 핫도그 판매원의 경우를 보면 표준이론에 부합되는 결과가 나온다. 택시 운전사로 시작된 표준이론과 행동이론 사이의 논쟁은 당분간 지속될 것으로 보인다.

---

* 표준이론에 부합되는 또 다른 설명 방식은 택시 임대료 지불 등을 위해 현금을 확보해야 하기 때문에 기사들이 유동성제약을 겪고 있다는 것이다. 이 상황에서 기사들은 시간당 임금이 하락하면 이것을 메우려고 노력한다. 그런데 택시를 임대한 기사들이 택시를 소유한 기사들보다 더 유동성제약에 시달릴 것이므로 임금이 변동하면 더욱 민감하게 노동시간을 변화시켜야 한다. 해당 연구에서는 반대로 차를 소유한 기사들이 더 민감했다. 따라서 유동성제약이 임금과 노동공급 사이에 관찰된 부의 관계를 설명한다고 주장할 수 없다.

물론 이런 상황은 택시 운임체계와 노동조건에 따라 달라진다. 한국과 같이 높은 사납금이 요구되는 경우 생계비를 벌기 위해 무조건 오랜 시간 일해야 한다. 이 경우에는 오히려 외견상 표준이론이 주장하는 바와 같이, 손님이 많은 날이 '운수 좋은 날'이고 그런 날 더 많이 일할 가능성이 높다.

> 복사점에서 일하는 노동자가 현재 시간당 9달러를 받고 있다. 그런데 불경기로 여러 복사점들이 문을 닫아 노동에 대한 초과공급이 생기면서 시장에서 임금이 7달러로 떨어졌다. 이 경우 해당 복사점에서도 7달러로 임금을 내리는 것이 정당한가에 대해, 대부분 약간 부당하거나(34%) 아주 부당하다고(49%) 대답했다. 이에 비해 기존 노동자의 고용연장이 아니라 신규로 노동자를 고용하는 경우에는 7달러를 주는 것이 부당하지 않다고 생각했다.[21]

위의 경우를 보면, 법으로는 허용되지만 거래 당사자가 공정하지 않다고 판단하여 거래·가격·임금 등을 거부했는데, 표준이론은 흔히 이들이 경제나 경제학을 몰라서 이같이 판단한다고 주장한다. 그러나 행동경

• 뉴욕과 같은 미국의 대도시에서는 월세에 대한 규제가 강력하다. 그 이유는 밍크코트와 달리 주거는 생계와 직접 관련된다는 사회적 합의가 있기 때문이다. 이에 따라 매년 건물주 대표들과 거주자 대표들이 **뉴욕의 월세** 만나 협상을 통해 아파트 등 집단거주주택에 대해 월세 인상률을 결정하고 이를 법으로 강제한다. 그런데 이렇게 결정된 인상률은 기존 거주자에게만 적용된다. 신규 임차인에게는 건물주가 자신이 원하는 수준의 월세를 부과할 수 있으며 이것은 시장의 균형 월세에 가깝다.

• 이 때문에 뉴욕에서는 아파트를 옮겨 다니면 옮겨 다닐수록 손해를 본다. 따라서 소득이 낮은 계층이나 인종은 한 지역에 머물러 살게 된다. 결과적으로 이동성에 수반된 금전적인 손실이 인종별로 거주지역을 분리하는 경향을 낳는다.

제학은 교육이나 소득수준과 무관하게 같은 결과가 나타난다고 반박한다. 이는 (기업조직의) 내부자insider와 (기업조직 밖에 있는) 외부자outsider에 대한 (아마도 정당한) 차등이나, 주거와 관련하여 기존 거주자와 신규 임차인에 대한 차등으로 이어진다. 단, 내부자/외부자의 구분은 행동경제학이 등장하기 이전부터 존재했던 개념이다.

준거가격을 결정하는 요인은 적응수준 이외에 기대나 갈망, 규범적인 공정성 등으로 다양하다.[22] 이에 더해 (나중에 설명하는) 사회적 비교social comparison를 고려할 필요가 있다. 사람들은 흔히 동일한 물건에 대해 친구가 지불한 가격을 확인하고 희비를 겪는다. 그리고 친구가 지불한 가격이 자신이 지불한 가격보다 더 높아서 기뻐하거나 안심하는 경향보다, 더 낮아서 괴로워하거나 격분하는 경향이 더 강하다.

이같이 친지가 지불한 가격이 자신이 지불한 가격보다 낮을 경우, 그 물건으로부터 얻는 즐거움이 감소된다. 또한 소비자는 해당 상점을 비난하고, 이 상점에 다시 가지 않으며, 해당 제품을 추후의 선택에서 배제할 수 있다. 이런 감정에는 가격이 너무 높았다는 공정성에 대한 판단이 개입되어 있다. 이 상황에서는 주변 사람이 지불한 가격이 사회적 비교를 통해 준거로 기능하는 셈이다. 임금에 대해서도 주변 사람이 받은 액수가 준거가 될 수 있다.

05 정박효과
사람들은 출발점에서 크게 벗어나지 못한다

행동경제학에 따르면 사람들은 논의나 선택의 출발점으로 주어진 것을 우선시하고 이에 얽매인다. 또한 대안을 제시하는 순서에 따라 선택이 바뀐다. 이와 달리 절차 관련 불변성procedural invariance을 전제하는 표준이론에서는 출발점이나 제시하는 순서에 관계없이 사람들이 적정한 수준에 도달하고 자신이 원하는 것을 골라낸다고 말한다.

- 유엔 가입국가 중 아프리카 국가가 몇 개국인지를 맞히는 퀴즈를 생각해 보자. 처음 출발점을 제공하고 이보다 높은가 낮은가로 찾아가게 하면, 출발점에 따라 그 결과가 달라진다. 가령 30개국에서 시작하면 40개국 정도로 끝나고, 70개국에서 시작하면 60개국 정도로 끝난다. 출발점은 추첨 등을 통해 순전히 자의적으로 결정되고 참여자들에게 이런 자의성을 충분히 알려준 경우에도 결과는 이와 같았다.[23]
- 공공재에 대한 평가에서도 질문 순서에 따라 선택의 결과가 달라진다. 예를 들어 청계천을 복원한다는 정책을 첫 번째 대안으로 설정하는가, 아니면 복원하지 않는 정책을 첫 번째로 놓는가에 따라 선택의 결과가 달라질 수 있다.

이같이 사람들이 출발점 부근에서 맴돈다는 것은 출발점에 적응이 되어 이로부터 완전히 벗어날 수 있을 정도로 충분히 조정하지 못한다는 뜻이다. 이에 비해 표준이론은 이런 출발점이나 적응을 인정하지 않고, 합리적인 사람이면 누구나 충분히 적정화 등의 조정을 통해 최상의 상태에 이를 수 있다고 본다.

한국의 경우에는 유엔 가입국가의 숫자를 외우고 있는 학생들이 많아 이런 실험은 성립되기 힘들지도 모른다. 앞에서 나온 야구방망이와 야구공에 대한 계산도 이와 비슷하다. 한국보다 덜하지만 미국과 독일 사이에도 교과서적인 지식에 있어서는 차이가 있는 것으로 알려져 있다. 역사문화적인 차이가 설문조사나 실험 결과에 영향을 미치기 때문에 이런 차이가 발생하는데, 그 때문에 외견상 서양인보다 한국인이 합리적이고 표준이론이 서양에서보다 한국에서 더 타당하다는 결론으로 이어질 수도 있다. 그런데 이런 판단이 속단이 되지 않으려면, 한국 등에서 설문조사나 실험에서 교과서적인 문제를 피하는 것이 바람직할 것으로 생각된다.

• $8 \times 7 \times 6 \times 5 \times 4 \times 3 \times 2 \times 1$과 $1 \times 2 \times 3 \times 4 \times 5 \times 6 \times 7 \times 8$은 동일한 크기의 숫자가 된다. 그런데 빨리 답하라고 요구하면 많은 사람들이 전자가 후자보다 크다고 말한다.[24] 전자에서는 처음에 등장하는 큰 숫자들에 적응이 되어, 뒤에 줄어드는 숫자를 보고도 충분히 조정하지 못해 실제보다 큰 값이라 착각한다. 후자에서는 반대로 처음의 숫자가 작고 나중에 커지는데 이에 대해 조정하지 못해 실제보다 작은 값이라 생각한다.

• 빨간색 돌과 흰색 돌이 50%씩 섞인 자루로부터 한 번 돌을 꺼내는 단순사상simple event에서 빨간색 돌이 나올 확률은 0.5이다. 빨간색 돌이 90%이고 흰색 돌이 10%인 자루에서 일곱 번 돌을 꺼내는 복합사상compound event에서 일곱 번 모두 빨간색 돌이 나올 확률은 $0.9^7 = 0.48$이다. 이 교집합적인conjunctive 복합사상의 확률은 0.5보다 작다. 그런데 어느 쪽에 도박을 걸지 물어보면 후자로 몰린다. 0.5와 앞에 등장하는 0.9를 비교해 후자를 선택하는 것이다. 그렇다면 빨간색이 10%인 자루에서 일곱 번의 시도 중 빨간색이 한 번 이상 실현되는 확률을 생각해보자. 이것은 합집합적인 disjunctive 복합사상이다. 앞의 단순사상과 이것을 비교하라고 하면 전자로 몰린다. 0.5와 0.1이 비교된 셈이다. 일곱 번에서 한 번이라도 빨간색이 나올 확률은 한 번도 빨간색이 나오지 않을 확률을 계산하여 1에서 빼면 된다. 즉, $1 - 0.9^7 = 0.52$로, 이는 0.5보다 크다.

다른 예로 복합사상을 단순사상으로 쪼개 보는 경향으로 인해 교집합적인 복합사상의 확률이 실제보다 크다고 생각한다. 반면 합집합적인 복합사상은 그 확률이 실제보다 작다고 오판한다. 두 가지 경우 모두 정박효과anchoring로 인해 나중에 등장하는 확률을 수용하지 못하여 발생하는 현상이다.

거래, 협상, 공공정책, 법원의 판결에서도 첫 제안이 최종 결정에 상당한 영향을 미친다.[25] 이는 객관적인 근거, 관련된 전문가의 능력, 금전적인 유인 등과 별도로 선택에 변화를 가져온다. 나아가 출발점은 판단뿐 아니라 작업의 실적에도 차이를 낳는다. 출발점이 높으면 달성하는 실적도 그만큼 높아진다.

경매에서도 최초로 제안된 가격이 최종적인 경매가격에 영향을 미친다. 미술품 등에 대한 경매에서 출발점이 되는 가격은 이전 경매에서 거래된 가격이나 거래 이전의 추정치이다. 이런 것들이 통상 미술품의 가치를 규정하는 요인인 작가, 연도, 작품의 크기 등과 별도로 영향을 미친다.

그런데 경매에서 출발점이 작용하는 방식은 유엔 가입국가의 숫자를 맞히는 퀴즈에서만큼 단순하지 않다. 높은 수준의 초기가격이 아니라 낮은 수준의 초기가격이 더 높은 낙찰가격을 낳을 수도 있다. 왜냐하면 초기가격을 낮게 설정하면 가격을 부르는 횟수가 늘어 가치의 증가라는 판단을 낳으면서 보다 많은 사람들이 참여하게 되기 때문이다. 이렇게 되면 이미 참여했던 사람들이 쉽게 벗어날 수 없는 매몰비용sunk cost이 발생하는 셈이다. 그 결과 최종적인 경매가격이 높아질 수 있다.

만약 사람들이 첫 번째 대안에 특별히 끌린다면, 선거에서도 기호 1번이나 처음 등장하는 후보자가 유리할 수 있다. 실제로 미국 캘리포니아 주 선거에서 이것이 확인되었으며, 이는 대통령이나 국회의원 선거에서 누가 기호 1번인가가 결과에 영향을 미친다는 의미가 된다.

역사문화적인 현상들에서도 이와 비슷한 흐름을 찾아낼 수 있다. 흔히

1975년 캘리포니아 대법원은 선거에서 알파벳 순서로 후보자를 제시하는 것과 현직자를 먼저 제시하는 것이 모두 위헌이라고 판결했다. 이에 따라 추첨에 의해 후보자들의 순서를 정하고 있다. 실제 선거라는 자연실험의 결과에 의하면, 예비선거와 본선거에서 먼저 등장하는 사람이 최대 3% 유리했다. 다만, 본선거에서 주요 정당의 후보자에게는 이런 순서가 중요치 않았다.

필자가 미국에서 유학할 때 일어났던 이상한 일이다. 필자는 오이지도 피클도 별로 좋아하지 않는다. 그런데 어느 날인가 슈퍼마켓에서 식품을 사서 나왔는데, 나와서 보니 손에 피클이 들려 있었다. 그야말로 "피클을 들고 있는 나 자신을 발견했다"는 영어 표현이 그대로 실현되었다. 돈은 없지만 시간은 많은 유학생이다 보니 왜 이런 짓을 했는지를 고민했고, 며칠 후 그럴듯한 이유를 찾아냈다. 그 시점에 일주일 이상 김치를 전혀 먹지 않았더니 몸에서 김치와 가장 가까운 식품을 '선택'하도록 명령한 것이었다.

말하는 '꿈에 본 내 고향'에서와 같이 태어난 고향, 처음 살았거나 자라난 지역에 대한 향수도 이와 비슷하다. 처음 먹어본 음식이나 음악, 처음 산 자동차, 처음 접한 문화 등도 모두 나중에 접하는 것들보다 사람을 지배하는 경향이 있다. 처음 먹어본 음식이 지니는 결정력은 문화나 습관이 결합된 생리라고 생각된다. 어쨌든 이것을 표준이론이 말하는 '합리적' 선택으로 설명하기는 어려운 것 같다.

06 초기대안의 구속력 default sensitivity
그간 선택했던 것을 계속 선택할 가능성이 높다

행동경제학에 의하면 인간은 처음 등장하는 대안을 우선적으로 고려하여, 자신의 이익에서 벗어나는 경우에도 초기대안에 집착하는 경향이 있다. 반면 표준이론에 의하면 경제주체들은 대안이 등장하는 순서에 관계 없이 이들을 균형 있게 고려하여, 자신의 이익이나 목적에 가장 부합되는 대안을 선택한다.

- 보험가입 1

자동차, 연금, 의료, 실업 등 각종 보험의 가입과 관련해 두 가지 선택상황을 생각할 수 있다. 하나는 특별히 가입하지 않겠다고 적지 않는 한 가입되는 방식opt-out이다. 이것은 자동적인automatic 가입이다. 다른 하나는 특별히 가입하겠다고 기재해야 가입되는 방식opt-in이다. 미국의 펜실베이니아 주와 뉴저지 주에서 두 가지 방식으로 보험가입 여부를 물어보았다. 그 결과 기재 가입 방식보다 자동 가입 방식에서 더 많은 사람들이 보험에 가입했다.

- 보험가입 2

의료나 자동차 보험에서 보험료를 많이 내고 보상의 범위도 넓은 A라는 보험과 보험료가 낮고 보상의 범위도 적은 B라는 보험 중 고르는 경우를 생각해보자. 첫 번째 상황에서는 A를 기본으로 삼아, 특별히 B를 원한다고 말하지 않는 한 A를 선택한 것으로 취급한다. 두 번째 상황에서는 반대로 B를 기본으로 놓고, 특별히 A를 원한다고 기재하지 않는 한 B를 선택한 것으로 취급한다. 이렇게 상황을 설정했을 때 사람들은 첫 번째 경우에는 A를 더 많이 선택했고, 두 번째 경우에는 B를 더 많이 선택했다.

이 사례는 선택의 결과가 가입 방식과 무관하다고 생각하는 표준이론에서 벗어난다. 반면 이런 사례에 근거해 행동경제학은 선택상황이 선택의 결과에 영향을 미친다고 생각하므로 선택의 구조architecture를 어떻게 설계design할 것인지를 진지하게 고민한다.

> 피자가게에서 주문을 받는데 12가지 토핑을 다 올려놓고 원치 않는 토핑
> 을 빼는 방식과, 반대로 아무런 토핑도 올려놓지 않고 원하는 토핑을 올리
> 는 방식을 비교했다. 후자(2.5가지)보다 전자(6가지)에서 사람들이 유의미
> 하게 많은 숫자의 토핑을 선택했다. 당연히 전자에서 매상이 더 높았다.[27]

여기서도 양자 사이에 아무런 차이가 없다는 기대효용이론의 예상은
빗나갔다. 제법 많이 알려지면서 이 사례의 이름은 디킨스C. Dickens의
《두 도시 이야기A Tale of Two Cities》를 본뜬 '두 피자 이야기A Tale of Two
Pizzas'가 되었다.

> 법에서는 적극적으로 저질러서 생긴 잘못과 소극적으로 하지 않아서 생긴
> 잘못을 구분해 작위commission와 부작위omission라고 부른다. 살인은 작위
> 이고, 사고를 당한 사람을 도와주지 않아 죽게 내버려 둔 것은 부작위이다.
> 작위는 의도와 노력을 필요로 하는 데 비해 부작위는 단순히 무지 등에 기
> 인하므로, 부작위에 수반된 책임이 덜하다.

이것을 초기대안에 대한 집착으로 해석할 수 있다. 법학자이면서 행동
경제학자인 선스타인C. Sunstein은 법을 적용하는 데 있어 특별한 이유가
없으면 의존하는 통상적인 해석이 있다고 주장한다. 그리고 이런 해석을
행동경제학이 강조하는 초기적인 대안과 동일시한다. 주식거래와 관련
해서도 이와 유사한 구분이 가능하다. 작위는 주식을 적극적으로 구매한
경우에 해당하고, 부작위는 소극적으로 기존 주식을 보유하고 있는 경우
에 해당한다.

특정 주식의 가격하락은 이 주식의 보유자 모두에게 동일한 손실을 낳는다. 그런데 최근에 다른 주식을 팔고 이 주식을 새로 구매한 사람이 이 주식을 계속 보유해왔던 사람보다 더 자책할 뿐만 아니라 타인으로부터 더 큰 비난을 받는다. 동일한 손실이지만 가만히 있었던 경우보다 저지른 경우에 더 비난을 받는 셈이다.

초기대안의 중요성, 그리고 작위와 부작위의 구분은 통계에서 가장 흔히 알려진 α오류(혹은 제1종 오류)와 β오류(혹은 제2종 오류)의 차이와 비슷한 점이 많다.

> α오류는 귀무가설(H_o)이 사실인데 이를 기각하고 대안가설(H_a)을 채택할 때 발생한다. 이와 반대로 β오류는 H_a가 사실인데 이것을 기각하고 H_o를 채택할 때 발생한다. α오류에 대한 회피는 H_o에 대한 집착을 의미하고, β오류에 대한 회피는 반대로 H_a에 대한 우호적인 입장을 담고 있다. 작위와 부작위, 그리고 (나중에 설명하는) 부존자원효과나 현상유지편향은 특별한 이유가 없으면 귀무가설을 거부하지 않는 인식이나 인지의 보수성 혹은 전통에 대한 옹호와 비슷하다.[*]

이 모든 예에서 처음 제시되는 대안이 선택과 의사결정에 중요한 영향을 미치는 이유는 초기대안이 모종의 준거나 기준이 되기 때문이기도 하다.

----

[*] 신고전학파와 친화적인 인식론적 자유주의자 포퍼K. R. Popper에게서도 이를 발견할 수 있다. 그의 비판적 합리주의에 의하면, 기존 가설은 반박되지 않는 한 계속 인정된다. 이 입장에서는 기존 이론이 귀무가설이 되므로 β오류의 회피보다 α오류의 회피를 중시한다. 이런 인식의 보수성이 사회에서 부분적으로 만들어지는 것이라면 문제는 심각해진다. 그리고 이 점에서는 행동경제학이 신고전학파와 별로 구분되지 않는 것 같다.

3 장

행동경제학이 심리학에서 빌려 온 대표?

해결방법과 편향이다. 일상적인 해결방1

구체적인 문제들을 신속하게 처리하는 1

수반되는 편견이나 편의 등을 포괄한다.

아닌 I 체계와 연결되어 있다

일상적인 해결방법과 편향

개념이 인간의 인지와 관련된 일상적인
복잡한 생각이나 계산 없이 매일 만나는
을 가리킨다. 편향은 이런 해결방법들에
적인 해결방법과 편향은 모두 II 체계가

행동경제학이 심리학에서 빌려 온 대표적인 개념이 인간의 인지와 관련된 일상적인 해결방법heuristics과 편향biases이다. 일상적인 해결방법은 매일 만나는 구체적인 문제들을 복잡한 생각이나 계산 없이 신속하게 처리하는 방법을 가리킨다. 편향은 이런 해결방법들에 수반되는 편견이나 편의 등을 포괄한다. 일상적인 해결방법과 편향은 모두 II체계가 아니라 I체계와 연결되어 있다.

01 부존자원효과

일단 소유하고 나면 더 소중하게 느껴진다

부존자원endowment은 시장이나 법률 등 합법적인 경로를 통해 각자가 소유하게 된 재화나 자원, 지위나 권리를 말한다. 이 중 각자 누리고 있는 지위나 자격은 특별히 부존자격entitlement으로 불리기도 한다. 부존자원효과endowment effect는 경제주체들이 자신이 소유하고 있는 것에 집착해 이에 대한 평가가 상대적으로 높아지는 것을 뜻한다. 이는 현재 가지고 있는지 여부가 특정 재화나 자원의 평가와 선택에 영향을 미친다는 점에서 준거의존성이나 손실회피경향과 통한다.

부존자원효과는 표준이론의 개념인 지불할 의사willingness to pay, WTP와 수용할 의사willingness to accept, WTA의 차이로 나타난다. 지불할 의사는 특정 재화나 자원을 얻기 위해 최대로 지불하려는 돈의 액수이다. 반대로 수용할 의사는 이미 소유하고 있는 특정 재화나 자원을 팔 때 받으려는 최소한의 액수이다. 양자가 동일하지 않고 수용할 의사가 지불할 의사보다 유의미하게 높다는 것이 부존자원효과를 나타낸다.

대표적인 예로, 머그잔에 대해 지불할 의사를 묻고 이것을 나누어준 뒤 얼마 있다가 수용할 의사를 물었다. 이 실험에서 지불할 의사와 수용할 의사는 동일하지 않았다. 수용할 의사가 지불할 의사의 2배 이상으로 나타났다. 이런 부존자원효과는 일상적인 소비재를 위시한 사적인 재화, 공공재, 숲이나 호수 등의 자연환경, 그리고 운전면허증이나 사냥면허증 등 광범위한 대상과 관련해 확인되었다.

지불할 의사와 수용할 의사는 재화나 자원에 대한 개인의 평가이므로 사람마다 다를 수 있다. 그런데 표준이론은 특정인의 지불할 의사와 수용할 의사가 다를 수 없다고 말한다. 예를 들어 갑의 지불할 의사가 3달러이고 을의 지불할 의사가 6달러일 수는 있지만, 갑의 지불할 의사가 3달러인데 갑의 수용할 의사가 5달러일 수는 없다는 것이다. 그 이유는 앞서 지적한 표준이론의 두 번째 전제에 따라 개인의 합리성은 일관성을 포함하고 있기 때문이다. 합리적이라면 특정 개인이 동일한 물건에 대해 살 때든 팔 때든 일관되게 하나의 가치를 부여해야 한다. 부존자원효과는 살 때보다 팔 때 더 높게 평가하는 것이므로 일관성에서 벗어난다.

부존자원효과는 표준이론이 신봉하는 코스 정리Coase theorem에도 위배된다. 이 정리에 의하면 부존자원이나 재산이 처음에 어떻게 분배되어 있든 사람들이 교환을 통해 최종적으로 효율적인 배분 상태를 찾아간다. 부존자원효과는 사람들이 초기의 부존 상태에 더 집착해 이후의 선택과 배분이 적정 상태에 도달하지 않을 수 있다는 것을 보여주므로 이 정리에서 벗어난다.

시장에서 가격이 형성되지 않는 자연환경이나 공공재(청계천 복원)에 대해 흔히 비용편익분석cost-benefit analysis을 실시해 비용 대비 편익의 비율BC ratio을 구한다. 그리고 이에 근거해 보존이나 공급 여부를 결정한다. 그런데 행동경제학의 부존자원효과는 통상적인 비용편익분석이 기존 상태에 대한 주민들의 집착을 간과해 비용을 과소평가할 가능성이 있음을 보여준다.[1]

가령 어느 마을에서 주민들에게 친숙한 호수를 메워 공장을 세우려는 경우, 호수를 없애는 데 대한 보상액이 의외로 높을 수 있다. 지역주민의 소유인가 아니면 특정인의 소유인가에 따라 지역주민이 특정 환경조건이나 유적에 부여하는 가치가 달라지므로 결과적으로 이들에 대한 보존에도 영향을 미칠 수 있다. 이런 이유로 재산권이 문제가 된다.

이런 결과를 부존자원(가령 머그잔)에 생긴 변화나 소유자의 전략적인 행동 탓으로 돌릴 수는 없다. 먼저 소유 기간이 길지 않고 대상이 머그잔과 같은 내구재이기 때문에 그 사이에 머그잔이 손상되거나 마모되지 않았고 동시에 어떤 질적인 개선도 없다. 또한 살 때보다 팔 때 더 비싸게 부르는 사람들의 전략은 실험을 잘 고안하여 제거할 수 있다. 부른 가격들 중 최고치나 최저치에 의한 거래를 금지해 터무니없이 높거나 낮은 가격이 실현되지 않게 만들면 애당초 그런 가격을 부르지 않게 된다. 머

〈표 3〉여러 대상에 대한 부존자원효과

	지불할 의사	수용할 의사	비율(평균이나 중위수)
(가상) 늪지(1974)	247$	1,044$	4.2
(가상) 낚시(1978)	35$	100$	2.9
(가상) 낚시부두(1979)	43$	120$	2.8
(가상) 우편업무(1979)	22$	93$	4.2
(가상) 거위수렵면허(1979)	21$	101$	4.8
(가상) 시야(1980)	1.33$	3.49$	2.6
(가상) 엘크 사냥(1980)	54$	143$	2.6
(가상) 사슴 사냥(1985)	31$	513$	16.5
(실제) 복권(1984)	1.28$	5.18$	4.0
(실제) 사슴 사냥(1985)	25$	172$	6.9
(실제) 자당의 맛(1987)	3.45$	4.71$	1.4
(실제) 공원 나무(1987)	10.12$	56.60$	5.60

〈표 4〉재화의 종류에 따른 부존자원효과

	양자의 비율(평균)	표준편차	실험횟수
공공재, 비시장적 재화	10.41	2.53	46
건강 및 안전	10.06	2.28	32
사적 재화	2.92	0.30	59
복권	2.10	0.20	25
전체	7.17	0.93	201

그간의 변화나 호가전략의 결과가 아니므로 부존자원효과는 표준이론을 연장하더라도 해명할 수 없다.

여러 대상에서 부존자원효과를 확인한 연구들의 시기와 결과를 살펴보면 〈표 3〉과 같다.[2] 그런데 최근의 연구를 보면 지불의사와 수락의사의 차이가 재화의 종류에 따라 달리 나타났다. 이 차이가 사적인 재화에서 가장 크게 나타났고, 공공재에서는 이보다 작았으며, 대상이 화폐에 가까워질수록 줄었다.

표준이론의 입장에서 행동경제학에 대해 제기하는 가장 흔한 반박은 학습과 경험의 효과이다. 즉, 여러 차례 경험하면 실험의 결과가 표준이론이 주장하는 바에 근접하게 된다는 것이다. 부존자원효과도 사람들이 거래를 여러 차례 경험하여 소비자가 상인에 가까워지면 줄어든다는 연구가 있다.[3] 그런데 이 연구는 아무리 시장경제가 발전하더라도 누군가는 상인이 아니라 소비자여야 하고 어느 시점에서는 누구라도 소비해야 한다는 점을 간과하고 있다. 이렇게 보면 부존자원효과를 배제하기는 어렵다.

부존자원효과를 보다 명확히 이해하기 위해서는, 표준이론에서 '부존자원이 미치는 영향'과 행동경제학이 말하는 '부존자원효과'를 구분해야 한다. 우선 표준이론에서도 선호뿐만 아니라 선택의 범위에 대한 제약으로 소득이 선택의 결과나 균형에 영향을 미친다고 본다. 소득은 부존자원의 크기나 구성으로 간주할 수 있다. 당연히 행동경제학도 이런 영향을 부인하지 않는다.

중요한 것은 부존자원과 선호가 서로 독립적이라는 표준이론의 네 번째 전제이다. 이 전제에 의하면 부존자원이 규정하는 선택의 범위와 무차별곡선이나 효용함수가 나타내는 선호가 서로 무관하다. 이 때문에 표준이론의 부존자원은 선택의 범위를 결정할 뿐, 그 범위 안에서 어떤 대안을 선택하는지에 영향을 미치지 않는다. 다시 말해 부존자원과 선호가 모두 선택에 영향을 미치지만 그 영향이 서로 독립적이다. 즉, $\boxed{\text{부존자원}}$ $\rightarrow \boxed{\text{선택}}$ 의 경로와 $\boxed{\text{선호}} \rightarrow \boxed{\text{선택}}$ 의 경로가 따로 존재한다.

이에 비해 행동경제학의 부존자원효과에 의하면, 부존자원의 구성과 배열이 선택의 범위를 제한할 뿐 아니라 무차별곡선으로 표현되는 선호에 변화를 가해 대안의 선택에 영향을 미친다. 이것은 위의 두 가지 경로 이외에 부존자원의 구성과 배열 → 선호 → 선택 의 경로가 존재한다는 의미로 이해할 수 있다. 즉, 부존자원효과는 특히 표준이론의 네 번째 전제에 위배된다. 또한 부존자원효과는 이른바 부존자원에 의존적인endowment-dependent 선호의 가장 중요한 근거이다.[4]

이렇게 되면 표준이론의 효용함수에 굴절이 생기고, 통상적인 무차별곡선상의 이동이 비가역적irreversible으로 된다. 표준이론의 무차별곡선 위의 두 점을 상정하자. $a=[x_1, y_1]$, $b=[x_2, y_2]$, $x_1>x_2$, $y_1<y_2$. 손실회피가 있으면 a, b 중 어느 것을 부존자원 혹은 출발점으로 삼는지에 따라 a와 b에 대한 평가가 달라진다. a를 출발점이자 기준으로 평가하느냐, b를 기준으로 평가하느냐에 따라 손실이 달라져 x와 y의 한계대체율이 변동하기 때문이다. 따라서 a에서 보면 b가 a보다 낮은 수준의 효용을 낳고, b에서 보면 a가 b보다 낮은 수준의 효용을 낳는다.

손실회피로 인해 특정 재화(차원)의 손실을 보상하기 위한 다른 재화(차원)의 이익이 통상적인 무차별곡선에서보다 더 크게 나타난다. 이것

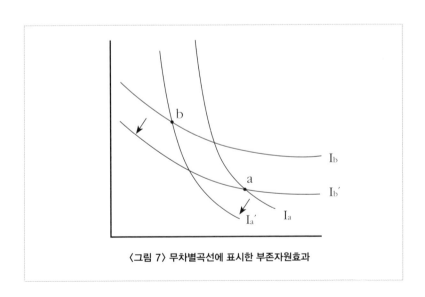

〈그림 7〉 무차별곡선에 표시한 부존자원효과

은 표준이론이 생각하는 것보다 재화들 사이의 대체가 쉽지 않음을 의미한다. '재화 획득'과 '화폐 지출'은 재화 구매라는 동전의 양면이어서, 재화들 사이의 대체가능성과 화폐의 전용가능성이 합리적 선택의 전제가된다. 부존자원효과는 이미 보유하고 있는 재화를 다른 재화로 대체하는것이 생각보다 쉽지 않다는 점을 지적해 재화의 대체가능성에 제한을 가한다.[5] 또 뒤에서 설명하는 정신적 회계mental accounting는 화폐의 전용가능성에 제한을 가한다.

결국 부존자원과 관련된 표준이론과 행동경제학의 차이는 부존자원(의 구성과 배열)이 선호에 영향을 미치는지 여부로 압축된다. 부존자원효과뿐 아니라 행동경제학의 많은 주장들이 표준이론의 둘째 전제인 선호의 안정성에 집중한다.

부존자원효과는 모든 물체가 아니라 주로 내구성이 있는 소비재와 관련해 발생한다. 재화/자원 중에서도 식료(사과, 생선)와 같이 내구성이 없거나 오래 보관할 수 없는 경우 이 효과가 발생하기 어렵다. 또한 유형적인 재화가 아닌 무형적인 서비스(교육)는 재화와 같이 소유할 수 없으므로 이에 대해 수용할 의사를 정의하기 힘들다.

내구성이 있더라도 전적으로 재판매를 위해 구입하는 재화(강남의 상당수 부동산)에 관해서도 부존자원효과를 생각하기 힘들다. 부존자원효과는 주관적이고 심리적인 요인에서 발생하기 때문이다. 나아가 소비재가 아닌 생산재나 자본재(기계)는 그것의 (효용이 아니라) 생산성이 거의모두 가격이나 화폐로 전환되므로 부존자원효과를 생각할 수 없다.

끝으로, 소유로 인한 집착을 말한다면 화폐가 으뜸이지만, 화폐는 동질적이므로 이에 대해 지불할 의사와 수용할 의사를 구분하기 어려울 뿐만 아니라 지불할 의사나 수용할 의사를 규정하기조차 힘들다. 구체적으로 말해, 내 호주머니 안의 100달러와 시장에 유통되고 있는 100달러 사

우리 속담 중에 "남의 집 금송아지가 우리 집 송아지만 못하다"가 부존자
원효과에 가깝다. 그렇다면 "남의 떡이 커 보인다" 혹은 "남의 밥에 든 콩
이 굵어 보인다"라는 속담은 부존자원효과와 반대인가? 일단 부존자원효
과는 나의 x와 남의 x를 비교한다기보다 나의 x와 시장에 있는 x를 비교한다. 이 속담들은 질투,
분배의 공정성, 사회적 선호 등과 더 관련이 있어 보인다.

이에 어떤 차이가 있는지 명확치 않다. 더구나 이들을 포기하게 만드는
재화나 서비스의 양을 산정하는 것도 쉽지 않다. 이 점에서는 금융자산
도 마찬가지다. 따라서 지불의사와 수용의사의 구분은 금융이나 재무보
다 소비재의 마케팅과 관련되어 있다.

내구성이 있는 소비재에 대해 효용가치 이외에 소유가치를 부여하기
때문에 부존자원효과가 생기는 것으로 이해할 수 있다. 혹은 사용가치
use value와 교환가치exchange value를 통해 이 효과를 해석할 수도 있다.
사용가치는 물건의 쓸모를 나타내고, 교환가치는 시장에서의 교환비율
을 나타내는 고전학파의 용어들이다. 이 구분은 원래 객관적인 측면을
강조하지만 멩거C. Menger와 같이 주관적으로 해석할 수도 있다. 부존
자원효과는 주관적으로 해석한 교환가치에 대해 사용가치를 중시하는
것으로 이해할 수 있다. 반면 신고전학파의 모태인 한계효용학파의 제
번스는 사용가치와 교환가치의 구분을 총효용과 한계효용으로 해소시
켰다.

(뒤에서 설명하는 바와 같이) 행동경제학은 구성요소들의 관계나 전
체가 이루는 맥락context을 중시한다. 부존자원효과도 맥락에 따라 변동
한다. 재화의 사용가치가 부각되는 맥락이나 상황에서는 부존자원효과
가 발생하고, 교환가치가 부각되는 맥락에서는 이 효과가 약화되거나 발
생하지 않는다. 고용관계와 같은 주인-대리인 관계에서는 교환가치가
부각되거나 회사를 위해 사원이 자신의 사용가치를 드러내지 않을 수 있

다. 이 때문에 부존자원효과가 관계 속에 묻힐 수 있다. 이런 연구는 인간 관계가 중요한 한국 경제사회에서 부존자원효과를 적용할 때 고려할 사항이다.

부존자원효과는 행동경제학의 손실회피경향뿐 아니라 소유물에 대한 자아의 연장을 강조하는 인류학적인 견해에도 부합된다.[6] 또한 자본주의에서의 소유욕이나 애착 때문에 동일한 물건이라도 소유 여부에 따라 가치가 변한다는 사회학적인 해석도 가능하다. 그런데 이것은 상당한 소유 기간을 전제한다. 그렇지만 소유 기간이 짧더라도 부존자원효과가 발생하여, 소유 자체나 애착에 의존하는 해석에 동의하지 않는 행동경제학자들도 있다.

물론 표준이론은 부존자원효과 자체를 부정한다. 실험경제학의 대가이지만 동시에 합리성을 표방하는 플롯C. Plott이 부존자원효과에 대해 반박한 사례가 대표적이다.[7] 플롯은 실험 대상자들이 질문을 던지는 구체적인 방식 등에 예민하게 반응하므로 부존자원효과가 실험 대상자들의 주관적인 오해에서 비롯되었다고 주장한다. 가령 실험자들에게 머그잔을 주는 과정에서 머그잔이 다른 것보다 소중하다는 인상을 심어줄 수 있다. 또한 "이것은 당신의 것입니다"라고 강조하면 소유의식이 강화될 수 있다.

이런 오해를 배제하기 위해 플롯은 가치를 제대로 표시하도록 유인을 설계하고, 실험을 완전히 이해시켜야 한다고 주장했다. 특히 실험에 제대로 임할 수 있도록 돈으로 보상해주면서 연습을 시키고, 전략적인 행동이 이익이 되지 않는다는 것을 인식시키며, 끝으로 다른 사람을 의식하지 않도록 익명성을 보장해야 한다. 이렇게 하면 지불할 의사와 수용할 의사의 차이가 사라진다고 그는 주장했다.

이에 대해 행동경제학자들은 유인에 맞게 실험을 하면 오히려 그 효과가 커졌다는 결과를 제시하며 맞서고 있다. 결론적으로, 논란은 존재하지만 지난 30년 동안 특히 공공재나 환경과 관련하여 부존자원효과는 무시하기 힘든 중요한 현상으로 인정받고 있다.

물론 표준이론에 대해서 행동경제학보다도 더 비판적인 관점들도 존재한다. 비판적인 경제학과 사회학은 부존자원효과에 수반된 것보다 훨씬 더 폭넓게 선호와 부존자원의 상호의존성을 지적해왔다. 이에 따르면 동태적으로 부존자원이 선호에 영향을 미칠 뿐 아니라 거꾸로 선호가 부존자원에 영향을 미친다. 나아가 선호와 소득 자체가 사회적 성격을 지닌다.

구체적으로, 가난한 사람은 생선회를 먹어본 적이 별로 없으므로 생선회에 대한 선호를 가지고 있지 않을 수 있다. 혹은 생선회를 먹을 수 없으므로 생선회에 대한 선호를 미리 접었을 가능성이 있다. 이것은 소득제약이 선호에 영향을 미친 경우이다. 여기에 생선회 대신 유럽 여행이나 대학 진학을 대입해도 상관없다. 이솝우화에 나오는 여우는 높은 나무에 달려 있어(제약) 닿지 않는 포도를 포기하면서 이를 정당화하기 위해 "나는 신 포도sour grapes를 싫어한다"(선호)고 말한다. 혹은 생선회를 먹고 싶어 열심히 일하고 이것이 소득을 증대시킬 수도 있다. 이는 선호가 소득에 영향을 미친 경우이다.

선호와 소득 모두 사회적 계층이나 계급에 의해 결정될 수 있다. 가난한 사람은 생선회를 먹을 수 없을 뿐만 아니라 생선회를 먹을 줄도 모른다. 여기서 대용품이나 모조품의 병리도 나온다. 소득제약으로 명품을 살 수 없는 경우 명품에 대한 기호를 접는 것이 아니라 자신의 소득제약 안에 있으며 명품과 유사한 제품을 선택한다. 부존자원효과에서는 '소득제약 안의' 부존자원 혹은 재화가 선호에 영향을 미치는 데 비해 이 경우에는 '소득제약 밖의' 재화가 선호와 선택에 영향을 미쳤다. 이런 대용代用은 대체代替와 달리 합리적이지 않으므로 표준이론에 부합되지 않는다. 이런 경우 선호나 소득뿐만 아니라 선택 자체가 사회적이다. 현재로서는 부존자원효과에 이런 전면적이고 사회적인 의존성을 담기는 어려워 보인다.

행동경제학의 손실회피경향이나 정박효과 등은 현상유지편향status quo bias으로 이어진다. 이는 의사결정을 할 때 현 상황을 고수하려는 경향을 의미한다.[8] 의료보험이나 연금 등의 선택에 있어서는 이미 가입되어 있는 것을 다른 것으로 바꾸려는 경향이 거의 없다. 그동안 살던 동네를 떠나는 것은 쉽지 않으며, 식당도 대부분 변경을 꺼린다. 어쩌다 구입한 특정 종류의 샌드위치가 수십 년 동안 반복해서 선택되기도 한다.

> 다음 네 가지의 투자 가능성이 있다. 아무 데도 투자하지 않다가 네 가지 중 하나를 선택하는 상황과, 원래 A에 투자하고 있다가 다른 데로 옮길지를 선택하는 상황을 생각해보자. 양자 사이에 선택의 결과에 차이가 있었다. 전자보다 후자에서 사람들이 A로 몰렸다.

> A: 어느 정도의 위험이 수반된 주식(가치가 30% 상승할 가능성은 50%, 변치 않을 확률은 20%, 20% 하락할 가능성은 30%)
>
> B: 높은 위험의 주식(가치가 2배로 오를 가능성은 40%, 변치 않을 확률은 30%, 40% 하락할 가능성은 30%)
>
> C: 재무성 공채(1년 후에 9%의 수익 보장)
>
> D: 시정부 공채(1년 후에 무과세로 6%의 수익 보장)

정해놓은 수준 이하로 효용이 떨어지지 않는 한 사람들은 그간 선택해온 상표를 계속 선택한다. 한 회사의 자동차를 계속 구입하거나, 매년

- 미국의 대표적인 맥주는 버드와이저Budweiser와 밀러Miller이다. 버드와이저만 마시는 사람들에게 버드와이저와 함께 다른 맥주 슐리츠Schlitz를 주고 어느 것이 더 나은지 가려내도록 실험했다. 55%~45%가 슐리츠를 선택하여, 결과적으로 버드와이저를 가려내지 못하는 것으로 나타났다. 밀러의 소비자들도 이와 비슷했다. 그동안 이들은 맛이 아니라 상표를 보고 맥주를 고른 셈이다. 이는 상표라는 현상에 대한 집착이다.

> **너희들이 맥주 맛을 아느냐?**

- 포도주의 경우는 이보다 더 심각했다.[9] 소비자들에게 여러 포도주에 대해 구입한 사유를 물어보자 대부분 자신의 의견이 아니라 신문이나 잡지에 나온 전문가들의 평가와 의견을 반복해서 말했다. 구입한 이유가 확실치 않으니 소비자의 합리성이나 소비자주권의 근거가 박약하다고 판단할 수 있다.

같은 휴양지에 가고, 유행이 지난 의상에 집착하는 것도 그와 같다. 기업에서 공짜로 제품을, 특히 과거보다 향상된 품질의 고가품 같은 것을 시험적으로 사용하도록 유도하는 것은 이 제품이 소비자의 현상status quo이 되게 만들려는 노력이다. 공짜로 주행거리mileage를 얹어주는 것도 같은 의도를 갖고 있다.

에스페란토가 기존 언어들을 대신하거나, 통상적인 키보드가 사라질 가능성은 거의 없다. 미국에서는 전통적인 도량형이나 대통령의 4년제 임기가 바뀔 가능성도 없다. 특별한 이유가 없으면 기존 구매자와 판매자를 그대로 유지하므로 장기적인 거래관계가 형성된다. 이것은 정책, 이념, 체제 등에 대한 보수성으로도 이해할 수 있다. 다른 대안을 시도하는 데 수반되는 의사결정 비용, 이행 비용이나 불확실성이 이 같은 보수성을 낳기도 한다.

더 이상 이윤을 낳지 못하는 생산 라인에 대한 집착에는 자신의 의사결정이 정당하다는 것을 확인해 자긍심을 유지하기 위한 심리적 요인도 작용한다. 비행기 제조회사 록히드마틴은 가망이 없는 계획에 지출한 자금을 회수하기 위해 더욱 많이 투자했다. 이 때문에 무기를 더 쓰기 위해 베트남전을 지속시켰다고 주장하는 역사학자들이 많이 있다. 또 2차대전을 종식시킨 일본 원폭투하가 없었다면 미국은 수백억 달러의 손실을 피할 수 없었을 것이라고 말한다.

후회나 죄의식을 회피하려는 경향 때문에 이런 타성이 생길 수도 있다. 자신의 일관성을 유지하거나 심리학이 강조하는 바와 같이 인지적인 부조화를 피하려는 경향도 원인일 수 있다. 특히 기업 등의 조직에서 자신의 이미지를 관리해야 하는 의사결정자에게 이런 경향이 두드러진다. 이 때문에 논쟁에서의 승리가 아니라 기존 학자의 죽음을 통해서 비로소 새로운 이론이 도입될 수 있다. 비슷한 이유로 새로운 사상은 언제나 이단으로 시작해 미신으로 끝난다.

현상유지편향도 새로운 것을 얻기보다 자신이 지닌 것을 유지하는 경향을 나타내므로 손실회피와 관련되어 있다. 어떤 것이 현상인지는 객관적으로 주어지지 않고 어떻게 규정하느냐에 따라 달라질 수 있다. 더불어 현상에 대한 집착의 정도는 다른 대안들의 숫자가 늘어나면 더 강해진다. 예를 들어 대개의 경선에서는 현직자가 유리한데, 다른 후보자의 숫자가 늘어나면 늘어날수록 더욱 유리해진다. 나아가 조직에 속해 있으면 현상유지의 경향이 더욱 커진다.

부존자원효과와 현상유지편향과 관련해서는 선택상황을 두 가지로

전력공급 캘리포니아에서 전기회사에 대한 선택을 연구한 결과, 사람들은 특별한 이유가 없으면 이미 전기를 공급받고 있는 회사로부터 다른 회사로 옮겨가지 않았다. 주민들이 두 회사로부터 전기를 공급받고 있다. 회사 A는 요금이 비싸지만 안정적으로 전력을 공급하는 데 비해, 회사 B는 요금이 30% 싸지만 공급이 불안정하다. 이 상황에서 현재 공급받는 회사에서 다른 회사로 옮기겠는지를 물어보았다. 원래 A를 사용하던 사람들은 60.2%가 여전히 A를 선택했고, 5.7%만이 B로 바꾸겠다고 말했다. 원래 B를 사용하던 사람들은 58.3%가 여전히 B를 선택했고, 5.8%만이 A로 바꾸겠다고 말했다.

중립국! 최인훈의 소설 《광장》은 이념 대립으로 인해 중립국을 택하는 주인공을 그리고 있다. 표준이론과 달리 행동이론에서는 현재 선택의 주체가 어디에 있는지가 중요하다. 현재 미국에 사는 사람이면 계속 미국을 선택할 가능성이 높고, 한국에 사는 사람이면 한국에 남을 가능성이 높다. 물론 이들 국가가 아닌 '중립국'에 살던 사람이라면 이들과 선택이 다르다. 이것은 일상의 선택에서 구매자, 판매자, 선택인의 구분에 상응한다.

나누어 보아야 한다. 표준이론은 현재 이용하거나 보유한 것이 없이 여러 대안들 중에 하나를 선택하는 상황을 주로 다룬다. 그런데 어떤 대안을 선택해 이용하고 있는데 이것을 다른 대안으로 변경할지를 결정하는 상황이 생길 수 있다. 전자에서 완전히 중립적인 위치에서 선택하는 사람을 판매자seller나 구매자buyer와 구분하여 선택인chooser이라 부른다. 그런데 행동경제학에 따르면 선택인의 평가는 구매자의 지불할 의사에 가깝지만, 이들은 모두 판매자의 수용할 의사보다 적다.

02 정신적 회계
머릿속에도 소비항목들에 대한 계정이 있다

행동경제학은 재화의 대체가능성과 화폐의 전용가능성을 부정하지는 않지만 이들 모두에 대해 제한을 가한다. 부존자원효과가 재화들 사이의 대체가능성에 대한 제한이라면 정신적 회계mental accounting는 화폐의 전용가능성에 대한 제한이다. 그리고 궁극적으로 두 가지 모두 표준이론의 합리적인 선택이 목표로 삼는 효용극대화에 제한을 가한다. 행동경제학이 정신적 회계를 들고 나오면서, 표준이론이 당연시했기 때문에 그동안 묻혀 있던 표준이론의 전제가 비로소 겉으로 드러났다.

세일러R. Thaler가 강조한 정신적 회계란 정부나 기업의 예산관리와 비슷하게 소비자들이 스스로 설정한 항목별 계정과 한도에 따라 지출하고 판단하는 것을 말한다.[10] 식비, 집세, 광열비, 교육비, 교통비, 유흥비 등이 그런 항목이다. 이같이 정신적 회계는 지출에 대한 규격화이고 범주화이다. 1960~70년대에 한국인들이 즐겨 활용하던 가계부가 이 정신적 회계의 객관적인 실체라 볼 수 있다.

소비자는 스스로 여러 용도별로 자신의 소득을 배분해 이런 항목들 사이의 전용가능성에 제한을 가한다. 이런 절제 때문에 예를 들어 자녀의 교육에 할당한 예산을 유흥비나 오락비로 사용하기는 힘들다. 여기서 항목이나 계정별로 배정된 예산액이 지출의 준거가 되고, 그 준거에 따라 이익과 손실을 따지게 된다. 항목에 설정해둔 액수를 넘어서는 지출은 손실이 되고, 이에 대해 손실회피가 발생한다. 이 때문에 정해놓은 한도를 넘어 물건을 구입할 때 소비자는 커다란 고통을 느끼게 된다.

정신적 회계는 표준이론에서 인정하는 포괄적인 예산제약 이외에 항목별 제약을 추가하고 있다. 항목별로 예산액이 정확하게 정해져 있지는 않더라도 일종의 상한선이나 하한선이 있는 셈이다. 정신적 회계의 관점에서는 선물이 지출의 고통을 덜어주는 기능을 지니고 있다. 평소 사고 싶었지만 사치스럽다고 판단해 자기 돈으로 살 수 없었던 물건을 아는 사람이 선물로 주면 지출의 고통에서 풀려난다. 사람들은 이런 한도를 넘어서는 물건을 선물로 받을 때 마치 사치품을 얻은 것처럼 큰 가치를 부여한다.

예를 들어 300달러짜리 유명 포도주를 누군가 사서 준다면 선물을 받은 사람은 300달러의 현금이나 300달러의 상품권보다 이것을 더 좋아할 수 있다. 그 이유는 300달러를 현금이나 상품권으로 받았을 때에는 이 포도주를 구입할 엄두를 내지 못하기 때문이다. 반면 포도주를 선물로 받으면 정신적 계정으로 인해 생길 지출의 고통을 손쉽게 면할 수 있다. 이것은 부존자원효과로 인한 지불의사와 수락의사의 차이와 구분된다.

정신적 회계에 따르면, 현금보다 상품권이 나을 수 있고, 상품권보다 특정 상품이 더 나을 수 있다. 즉, 현금 < 상품권 < 특정 상품(유명 포도주)의 순서가 된다. 이와 대조적으로 표준이론에서는 선택의 자유를 최대로 허용하는 현금이 언제나 제일이므로, 특정 상품 < 상품권 < 현금의 순서다. 상품권은 돈과 재화의 중간이다. 표준이론의 이런 생각에는 현금의 전용가능성이 전제되어 있다.

표준이론은 첫 번째 전제에 따라 각자 좋아하고 원하는 것을 타인보다 자기 자신이 더 잘 안다고 전제한다. 그런데 선물은 특정인이 무엇을 좋아할지를 타인이 짐작해서 선택하고 구입해서 주는 것이다. 그런데 다른 사람이 나 자신만큼 내가 원하는 것을 잘 알지 못하기 때문에, 가격에 대비해 가장 가치 있는 선택 혹은 가성비價成比가 가장 높은 선택이 이루어지지 않는다. 따라서 타인이 선택해서 주는 선물에는 대부분 사중손실deadweight loss이 수반된다.* 나아가 표준이론은 선물을 시장의 재화와 구분하지 않으며 시장 교환market exchange과 선물 교환gift exchange도 구분하지 않는다.

표준이론과 행동이론의 이런 주장들은 물론 선물에 대한 통상적인 시각과는 다르다. 흔히 선물을 통해 애정이나 우정 혹은 호의가 표현되거나 교환되어 인간관계가 유지된다는 긍정적인 생각이 있고, 또 선물이 부정부패로 이어져 선물gift은 곧 독das Gift이라는 부정적인 생각도 있다.

---

* 일반적으로 소비자는 재화를 구입해 소비자잉여consumer surplus를 얻는다. 소비자잉여는 재화에 대해 개인이 부여하는 가치, 즉 지불할 의사와 실제로 지불한 가격의 차이이다. 잘못된 교환은 이런 소비자잉여를 잃게 만들거나 최대화하지 못하게 만든다. 이것이 사중손실이다.

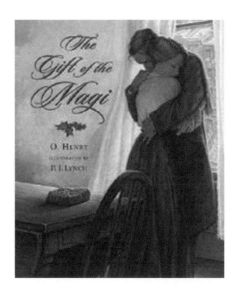

〈그림 8〉 오 헨리의 〈매기의 선물〉

• 성탄절에 사중손실이 발생한다는 연구 결과는 표준이론에 부합된다.[11] 많은 사람들이 선물을 주고받는 성탄절에 사중손실이 대량으로 발생한다는 것이다. 이에 따라 특정 재화를 선물로 주는 것보다 현금으로 주는 것이 효율적이라는 것이 표준이론의 냉정한 결론이다.

• 행동이론은 정신적 회계에 근거하여 현금보다 선물이 효용을 높일 수 있다고 주장한다. 더 극단적으로 오 헨리의 단편소설 〈매기의 선물 The Gift of the Magi〉을 보면 가난한 부부의 순수한 사랑이 성탄절의 선물을 통해 묘사된다. 자신의 금발을 팔아 남편의 시곗줄을 사 오는 부인과 자신의 시계를 팔아 부인의 아름다운 금발을 위한 빗을 사 오는 남편이 그 주인공들이다. 표준이론에 따르면 이 경우 부부는 모두 사중손실을 극대화했다. 과연 이들은 멍청한 사람들인가?

통상적인 회계가 정신적 회계의 현실화된 모습이다. 정부 예산, 기업 예산, 연구 예산의 항목들 사이에는 전용에 대한 제한이나 금지 등 객관적인 회계의 규정이 부과되어 있다. 이것은 가계부와 비슷하지만 차이도 있다. 가계부에 기록된 사적인 소득의 전용이 주로 윤리나 규범 혹은 절제에 의해 억제되는 데 비해, 공적인 예산의 지출에 대한 제한은 법이나 규정에 의해 강제된다.

전용에 대한 제한은 여러 가지 방식으로 등장한다. 항목 간의 이동을 완전히 금지하는 경우도 있고, 항목들의 우열이나 비대칭을 설정할 수도 있다. 상위 항목들 사이의 이동은 금지하되 하위 항목들 사이의 이동은 허용할 수도 있다. 혹은 어떤 항목으로부터의 이동은 허용하나 그 항목으로의 이동은 금지하기도 한다. 정부기관이나 기업에서 인건비를 자료비로 활용할 수는 있으나 그 반대는 금지하는 경우 등을 예로 들 수 있다. 또 정상적인 가계에서 유흥비를 줄여 교육비를 늘리기는 해도 그 반대의 경우는 드물다.

정신적 회계 역시 표준이론인 현시선호이론이나 기대효용이론에 수용되지 않는다. 우선 경제학은 외견상 서로 다른 용도의 이질적인 재화들이 모두 효용을 주는 동질적인 존재라고 보아 서로 대체될 수 있다고 생각한다. 자동차와 사과가 모두 효용을 주므로 동일하다는 것이다. 이는 다양한 재화나 서비스들을 동질화한다. 재화가 그렇다면 이들과 교환되는 화폐를 그리 여기는 것은 더욱 당연하다. 다양한 용도의 재화와 달리 화폐는 이미 동질적이다. 자동차와 사과는 다르지만 1,000만원과 1만원은 수량이 다를 뿐 완전히 동질적이다.

이같이 표준이론은 화폐로 표시되고 화폐로 집행되는 예산을 동질적이고 유동적인 하나의 덩어리로 간주한다. 이것이 소비자 선택에서 고려되는 소득제약에 내포된 의미이다. 이 때문에 화폐를 자유자재로 전용할 수 있다고 여긴다. 이처럼 표준이론에서는 재화의 대체가능성과 화폐의 전용가능성이 함께 간다. 다만 표준이론에서 대체가능성은 명시되어 있는 데 비해 전용가능성은 묵시적인 전제이다. 이것이 묵시적으로 전제되는 이유는 그에 대해 확신이 없기 때문이 아니라 오히려 지당하다고 생각하기 때문이다.

반면 정신적 회계의 원리는 예산과 지출을 연속적인 하나의 덩어리로 보지 않고 유형화하거나 범주화해 서로 다른 질적인 성격을 부여한다. 이런 흐름이 강화되면 '용돈', '쌈짓돈', '비상금', '여행비' 등을 아예 이질적인 화폐들로 간주할 수 있다.[12] 이런 견해는 화폐에 대한 표준이론의 견해에 보다 극단적으로 의문을 제기한다.

표준이론은 개인 차원에서 재화들 사이의 부드러운 대체를 가정해 '정신적' 교환을 상정한다. 정신적 교환이 통상적인 교환의 내면화라면, 정신적 회계는 통상적인 회계의 내면화이다. 따라서 표준이론의 '정신적 교환'과 행동경제학의 '정신적 회계'가 대립을 이룬다. 정신적 회계뿐 아니라 경제적인 합리성을 대변하는 통상적인 회계조차 경제학에서 상정하는 합리성의 엄격한 기준에서 벗어난다.* 표준이론은 효용과 돈을 모두 '흐름'으로 생각하기 때문에, 설정하는 항목이 상세해지고 항목 간의 전용이 제한될수록 경제학의 합리성에서는 벗어나는 것이다.

행동경제학은 돈뿐만 아니라 재화, 자원, 시간의 사용에도 제한이 있다고 생각한다. 이는 신고전학파와 달리 행동경제학에서는 대체가 아니라 보완이 지배적임을 의미한다. 지출이나 소비항목에 인간의 욕구나 필

---

*   표준이론과의 거리에도 불구하고 일반적으로 복식부기는 계산적이고 도구적인 합리성을 대변한다. 이것의 등장을 설명하는 일이 사회학에서는 중요한 작업이어서 Accounting for Rationality라는 제목의 논문도 등장했다. 복식부기는 중세 이후 북부 이탈리아와 영국에서 주로 발전했고, 괴테J. W. von Goethe가 극찬했으며, 베버M. Weber나 짐멜G. Simmel이 중시했다. 이는 통약commensuration을 통한 추상화와 수량화에 의존해 객관성을 앞세우고, 여러 종류의 상충들을 상정하며, 대차의 균형과 동등성을 내세운다.

요가 대응되므로, 이것은 욕구나 필요의 순서나 우열을 시사한다. 이 역시 모든 욕구들을 동등하게 취급해 중립성을 표방하는 표준이론에서 벗어난다.

정신적 회계는 추가적인 예산제약으로 선택대안들의 범위를 좁혀 선택에 변화를 가져오지만 선호와는 무관하다. 선호에 영향을 미치지 않는다는 점에서 정신적 회계의 효과는 부존자원효과나 대안들의 맥락효과와는 다르다. 부존자원효과와 맥락효과에서는 선택대안들의 숫자, 위치, 배열, 관계가 선호를 변경시켜 간접적으로 선택에 영향을 미친다. 이 둘은 예산제약과 선호가 독립적이라는 표준이론의 전제와 충돌하는 데 비해 정신적 회계는 이 전제와 배치되지 않는다.

표준이론이 상정하는 합리성과 이에 대한 행동경제학의 비판을 조망해 보자. 교환 및 거래는 구매와 판매로 나뉜다. 구매는 ①효용극대화를 위한 재화 및 자산/자원에 대한 선택, ②화폐의 지출로 나뉜다. 표준이론에서 경제주체들의 합리성은 경제활동의 자유이며, 그중에서도 교환 당사자인 구매자와 판매자가 누리는 선택의 자유이다. 구매자가 누리는 재화선택의 자유와 화폐 지출의 자유는 대체가능성과 전용가능성에 근거한다.

반면 행동경제학은 재화 선택과 화폐 지출의 양 측면에서 선택의 자유가 제한되어 있다고 주장한다. (효용이나) 가치와 화폐는 물과 같이 흐르지 않는다. 트버스키 등에 의하면, ①재화들이나 여러 차원들의 대체와 정신적 교환에는 여러 제한이 있어 재화의 선택이 생각보다 자유롭지 못하다. 이에 더해 일부 행동경제학자와 심리학자들은 선택의 자유 대신 과잉선택이나 과도한 다양성의 고통을 지적하기도 한다. 또한 ②정신적 회계로 인해 화폐의 전용에 여러 제한들이 있으므로 전반적으로 지출에 어려움과 고통이 수반된다고 세일러 등은 주장한다.

전용에 대한 자발적이거나 강제적인 제한은 표준이론의 기회비용과 명목비용 개념에 대한 유보를 낳는다. 기회비용은 어떤 대안을 선택하면 다른 대안들을 선택하지 못해 겪는 비용을 뜻한다. 표준이론은 선택의 범위가 넓다고 보기 때문에 하나의 대안을 선택하면 여러 대안들을 포기해야 한다고 전제한다. 행동경제학에서는 선택의 범위가 미리 제한되므로 그만큼 기회비용의 중요성은 줄어들고, 대신 일상적으로 확인되는 바와 같이 주머니에서 실제 지불되는 비용out-of-pocket cost이 중요하다. 나아가 개인의 선택과 재화들 사이의 대체에 제한이 생기면 경제 전체 수준에서 자원의 배분이나 이동에도 제한이 생길 것이다.

지금까지 예산이 항목별로 범주화되어 지출에 제한이 있다는 정신적 회계의 첫 번째 내용을 다루었다. 이제 다룰 두 번째 내용은 통상적인 회계와 달리 정신적 회계에서는 항목이나 범주들이 고정되어 있지 않고 상황에 따라 편집되어 변동한다는 것이다. 정신적 회계에서 지출은 계정의 존재로 인해 표준이론보다 경직적이다. 그렇지만 동시에 통상적인 회계에서보다 계정의 설정과 분류가 주관적이고 가변적이다.

앞서 사람들이 선택상황을 편집한다는 점을 지적했다. 선택대안들에 대한 편집은 여러 항목이나 계정을 나름대로 통합하거나integrate 분리하는separate 것을 의미한다. 이에 따라 선택의 주체나 대안들에 변동이 없음에도 불구하고 이런 해석과 편집으로 인해 대안들의 가치가 달라지고 선택도 달라진다. 정신적인 회계에 따르면 사람들이 계정들을 편집하고 특정 지출이 어떤 계정에 속하는지를 나름대로 선택한다.

정신적 회계의 목표는 수입의 쾌락을 최대화하고 지출의 고통을 최소화하는 데 있다. 여기서 수입과 지출은 각기 이익과 손실이 된다. 개인이 이런 목표를 가지고 있다는 데 대해서는 행동이론과 표준이론 사이에 이견이 없다. 그런데 표준이론의 효용함수와 달리 행동경제학의 가치함수에는 손실회피경향과 민감성의 체감이 관여되어 있다. 이 때문에 정신적 회계를 통해 수입이나 지출을 합치거나 분할하면 이익의 즐거움이 늘고 손실의 괴로움이 줄 수 있다.

여기서 통합과 분리의 단위는 예산상의 항목이나 계정(교육비와 유흥비), 지출 일시, 소비행위 자체와 지출에 대한 구분(카드구매와 연불) 등이다. 우수리나 푼돈은 커다란 이익과 손실을 낳지 않으므로 통합이나 분할 혹은 분리의 일차적인 대상이 아니다.

규칙 1. 하나의 이익을 분할해 여러 개로 만든다

가치함수의 오목성으로 인해, 이익이 늘어나면 이익에 대해 둔감해진다. 따라서 이익이 주는 즐거움을 늘리려면 이를 쪼개야 한다. 가령 100만원을 받아서 얻는 즐거움이 100이라면, 200만원을 한꺼번에 받을 때 즐거움은 180이다. 이와 달리 100만원씩 두 번에 나누어 받으면 그 즐거움이 200이 된다.

규칙 2. 여러 개의 손실을 통합해 하나로 만든다

가치함수의 볼록성으로 인해, 손실이 늘어나면 이에 대해 둔감해진다. 따라서 손실이 주는 고통을 줄이려면 손실들을 합쳐야 한다. 가령 100만원을 지불해야 하는 고통이 (−)200이라면, 100만원을 두 번 지불하는 경우 고통은 (−)400이 된다. 만약 200만원을 한꺼번에 지불하면 그 고통이 (−)360으로 줄어든다. 물론 이런 주장은 예산제약을 고려하지 않은 것이다. 만약 예산제약으로 인해 어떤 사람에게 한꺼번에 200만원을 갚는 것이 부담이 된다면 할부로 지불할 수밖에 없다. 이렇게 되면 지불의 고통을 회피하는 일은 어려워진다.

규칙 3. 작은 손실을 큰 이익에 통합한다

가치함수에서 어떤 수량의 손실이 주는 고통이 (절대량으로) 같은 수량의 이익이 주는 즐거움보다 크다. 또한 민감성의 감소로 인해, 이익의 감소로 인한 쾌락의 감소는 그만큼 크지 않다. 따라서 큰 이익에 작은 손실을 합하면, 이익 자체는 줄지만 손실이 없어지면서 전체적으로 즐거움이 늘어난다. 가령 500만원의 이익이 주는 쾌락이 350이고 100만원의 손해가 주는 고통이 (-)200일 때, 이들을 이익과 손실로 분리하지 않고 합쳐서 400만원의 이익으로 간주하면 쾌락이 늘어난다. 그 이유는 100만원에 해당되는 고통의 감소(200)가 (절대치로) 100만원의 이익 감소에 수반된 즐거움의 감소(50)보다 언제나 크기 때문이다.

규칙 4. 작은 이익을 큰 손실로부터 분리한다

가치함수에서 같은 양이라면 손실이 주는 고통이 (절대량으로) 이익보다 크고, 민감성의 체감으로 인해 손실의 증가로 인한 고통의 증가는 크지 않다. 따라서 큰 손실에서 작은 이익을 분리해내면 (미세하게) 손실이 늘지만 이익이 생기면서 즐거움이 늘어난다. 가령 510만원의 손실이 주는 고통이 (-)710이고 10만원

- 유명한 경제학자 새뮤얼슨이 생전에 동료 교수에게 0.5의 확률로 200달러를 따고 0.5의 확률로 100달러를 잃는 도박을 제안했다. 그

새뮤얼슨의 도박[13]

랬더니 동료 교수는 이를 거절하면서, 같은 도박을 백 번 정도 반복해서 시행하는 것이라면 돈을 걸겠다고 답했다. 새뮤얼슨은 한 번의 도박에 응하지 않았다면 이 것들로 구성되는 여러 번의 도박에도 응하지 않아야 한다고 주장하면서 자신의 동료가 비합리적이라고 판단했다.
- 세일러에 의하면, 표준이론으로는 이를 설명하기 어렵지만 행동경제학으로는 설명이 가능하다. 손실회피를 고려해 가치함수에 준하도록 두 부분으로 나누어진 선형의 효용함수를 상정한다. $U(x) = x$, if $x \geq 0$, $U(x) = 2.25x$, if $x < 0$. 한 번 돈을 걸면 기대효용 혹은 기대가치가 $200 \times 0.5 + 2.25(-100) \times 0.5 = -12.5 < 0$이므로 이를 거절한다. 반면 두 번 돈을 걸면 기대효용이 $400 \times 0.25 + 100 \times 0.50 + 2.25(-200) \times 0.25 = 25 > 0$이므로 수락할 수 있다. 이 경우 두 번 다 200달러를 딸 확률은 0.25, 한 번 200달러를 따고 한 번 100달러를 잃을 확률은 0.5, 두 번 다 100달러를 잃을 확률은 0.25이다. 그리고 세 번 이상이 되면 기대가치가 더 커진다. 두 번을 넘어가면 손실이 이익과 합쳐져 손실에 수반된 고통이 줄어든다는 것이 중요하다. 이같이 가치함수에 의존하면 설명이 가능하다.

의 이익이 주는 쾌락이 20일 때, 10만원의 이익을 손실에서 분리해내면 고통이 약간 늘지만, 손실이 워낙 크다면 이 손실은 경미하다. 반면 이익은 처음 생기는 것이므로 쾌락이 커서 이를 압도할 수 있다.

패키지 여행에서는 여러 재화와 서비스들을 일괄적으로 구매하고 이에 대해 일괄적으로 지불한다. 여행경비 250만원을 한꺼번에 지출하는 고통이 50만원씩 다섯 번 지출하는 고통보다 적을 수 있기 때문이다. 공항, 호텔, 기차역, 박물관, 식당 등에서 여러 차례 지불하는 것보다 이들을 다 뭉쳐 한 번 지출하는 것이 지출의 고통을 줄인다. 이것이 정신적 회계의 관점에서 패키지 여행의 존재 이유를 설명하는 방식이다. 코스 메뉴의 경우에도 정식을 구성하는 하나하나의 음식을 선택하고 이에 대해 지불하는 대신, 이들로 구성된 묶음을 선택하고 이에 대해 일괄적으로 지불한다. 이 경우 여러 번의 지불에 수반되는 고통을 회피하는 것으로 이해할 수 있다.

이 논리는 모든 패키지 상품이나 일괄구매에 적용될 수 있다. 여러 음식으로 구성된 식당의 정식이나 코스 메뉴, 여러 과목들로 구성된 학교의 교과과정(코스워크), 일련의 검사로 구성된 건강검진, 여러 주식과 채

신용카드의 무이자 할부 한국의 신용카드 회사들은 슈퍼마켓 등에서 구매할 때 최대 12개월까지 무이자 할부를 제공한다. 한 연구에 따르면 이에 대한 이용률은 의외로 낮다.[14] 20%가 할부를 신청했고 그것도 대부분 10개월 이하의 기간 동안 이용했다. 표준이론에 의하면 이렇게 무이자일 때는 할부를 이용하고, 그것도 최대로 장기간 이용하는 것이 합리적이다. 표준이론에서 볼 때 장기간의 무이자 할부를 피하는 현상은 이변이라 할 수 있다. 그렇지만 정신적 회계에 의하면 손실을 회피하기 위해 여러 번 지불하는 것보다 일시불을 택한 것으로 이해할 수 있다. 특히 할부를 택하더라도 단기에 그쳤다는 것은 신용카드 청구서에 여러 달에 걸쳐 등장하는 지불내역에 여러 차례 고통을 겪고 싶지 않다는 것을 의미한다.

권들로 구성된 펀드 등이 다 해당된다. 이 모든 경우에 외견상 소비자 선택은 제한되어 있다. 물론 이런 상품에는 정보를 제공하거나 판단이나 선택을 도와주는 기능이 끼어 있다고 볼 수 있다. 이것은 표준이론에서 벗어나지 않는다. 그러나 화폐 지불의 고통 때문에 패키지 상품을 찾는다면 행동이론이 설득력을 얻게 된다.

정신적 회계는 거래에 수반된 화폐 지불에 초점을 맞추는데, 거래의 다른 측면은 재화와 서비스의 획득이다. 비록 행동경제학이 그다지 강조하지는 않지만 이 측면에서도 패키지 상품을 이해할 필요가 있다. 이와 관련해서는 선택의 자유와 반대되는 선택의 고통을 말할 수 있다. 표준이론은 선택의 자유를 주장하지만, 이와 달리 선택에는 시간과 노력이 들어가고 선택 자체가 고통이 될 수 있다. 이를 회피하기 위해 사람들이 관광회사나 식당 주방에 선택을 포괄적으로 위임한다고 이해할 수 있다.

패키지 관광이나 코스 메뉴 등의 패키지 상품은 경제학의 전통적인 개념인 보완·대체관계에 부합되는가? 보완·대체관계에 있는 재화들은 독립성을 유지하고 있는 데 비해 패키지 상품을 구성하는 재화들은 독립성을 상당히 상실했다고 보아야 한다. 패키지 상품은 많은 사람들의 습관이나 관행으로 인해 재화들 사이의 보완관계가 강화되고 사회적으로 표준화되면서 생긴 묶음이다.

재화들이 독립성을 유지하면서 보완관계를 지닐지, 아니면 묶음으로 엮일지는 이들이 지닌 연계의 빈도와 강도에 달려 있다. 일차적인 연계는 끼워팔기bundling, tying나 제품들의 부합성compatibility이다. 특정 피자에 특정 음료수를 함께 팔 수 있다. 또한 특정 컴퓨터의 인쇄기에는 특정 토너만을 함께 쓸 수 있다.

빈도나 강도가 더욱 커지면 패키지 상품을 넘어서 여러 재화들의 결합을 통해 새로운 제품이 나올 수도 있다. 컴퓨터에 문서작성기, 음악/영화재생기 등이 결합되어 새로운 제품이 등장한다. 결합의 내용은 경제, 사회, 문화, 기술에 의존한다. 제품들은 동등하게 결합될 수도 있고 위계적으로 결합될 수도 있다. 묶음은 이미 예시한 바와 같다. 물론 소득이나 시간 혹은 영양 등에 대한 고려가 묶음 전체의 가격이나 분량에 부과하는 제한으로 대체관계가 개입할 여지가 있다. 이런 제약들로 인해 구성요소들에 대해 부분적인 선택과 대체가 가능하다.

따라서 재화나 제품들의 진화에 대해 독립 → 대체(적인 보완) → 연계 → 묶음 → 결합 을 구분할 수 있다. 결과적으로 제품들이 결합해 하나의 새로운 제품이 될 수도 있고, 반대로 한 제품이 쪼개져 여러 제품들로 독립할 수도 있다. 행동이론을 연장하면 지출과 관련된 손실회피가 이런 모든 제품의 진화를 촉진할 수 있다.

• 한국의 식당에서는 식사 내역과 그것의 비용을 적은 계산서를 해당 손님의 식탁에 가져다 놓는 일이 흔하다. 그런데 많은 경우 종업원이 계산서를 식탁의 구석에, 그것도 액수가 보이지 않게 뒤집어놓고 간다. 손님은 이렇게 놓은 계산서가 흉물이나 되는 것처럼 이것도 참지를 못해 완전히 눈에 띄지 않는 위치에 옮겨놓는 경우도 적지 않다. 왜 그럴까? 우리는 아직도 돈을 정면으로 대할 수 없는 것인가? 예상되는 지출의 고통이 미리부터 식사의 즐거움을 손상할까 봐 식사와 지불을 공간적으로 격리시키는 것으로 이해한다면 이는 정신적 회계에 가깝다.

• 한국인들은 함께 식사할 때 미국인이나 일본인들처럼 각자 자신이 먹은 음식에 대해 지불하지 않는다. 그러므로 식사 전체를 누군가 계산해야 한다는 '위험'이 도사리고 있다. 그리고 그런 위험이 궁극적으로 누구의 현실이 될지가 식사 중에 결정되는 최악의 상황도 적지 않다. 이것이 지출의 고통을 더욱 크게 만들기 때문에 계산서를 엎어놓을 추가적인 이유가

생긴다.

• 일본의 '오마카세おまかせ, 御任せ'는 지출의 고통과 선택의 어려움을 회피하는 사례가 될 수 있다. 오마카세는 요리사에게 생선의 선택과 음식의 제조를 포괄적으로 위임하는 관행이다. 이것은 참치회나 김치찌개와 같이 특정의 구체적인 요리라기보다 추상적인 음식의 선택이고 관행이므로 제도에 가깝다. 세일러가 자신의 공저《넛지Nudge》에서 소개한 미국 시카고의 최고급 식당에서도 매일 메뉴가 A, B 두 가지뿐이고 나머지는 모두 요리사에게 맡긴다. 특정 식당과 그 식당의 요리사를 선택하기는 했지만 그 이후의 소비자 선택은 정지되어 있다. 그러므로 이 제도는 소비자 선택에 대한 부분적인 포기이다. 모든 것이 개인의 선택을 통해 이루어져야 하고 실제로도 그렇다는 표준이론의 주장에서 이 사례는 벗어난다.

오마카세에서 소비자 선택이 부분적으로 정지되어 있다면 이를 대신하는 다른 장치가 있다고 추정할 수 있다. 그렇다면 여기서 소비자 선택을 대신하는 장치는 무엇인가? 오마카세라는 관행에는 장인에 대한 신뢰trust가 개입되어 있다. 의사에게는 어느 정도 자신의 몸을 맡기듯이, 요리사에게 좋은 음식에 대한 선택과 제조를 맡기는 셈이다. 소비자의 정보나 상식에 의존하지 않고 장인의 전문지식이나 기술과 직업윤리에 의존하는 것이다. 일본이나 독일과 같이 장인을 존중하는 유형의 자본주의경제에서 흔히 생길 수 있는 관행이다.

또한 유형적인 재화와는 다른 서비스의 특수성도 개입되어 있다. 이 경우 주어진 음식에 대한 선택뿐 아니라 음식이 만들어지는 생산 과정도 포함되어 있다. 생산 과정이나 노동 과정에는 불확실성이 크다. 때로는 개인의 선택이나 가격기구가 아니라 장인에 대한 신뢰를 통해 이런 불확실성이 해소될 수 있다. 특히 서비스업 중에서도 교육, 의료, 금융 등과 같이 전문지식이 요구되는 경우 생산자에게 많은 부분을 맡기게 된다.

극단적인 시장주의자로서 표준이론을 대표하며 시카고학파의 비조인 프리드먼M. Friedman은《자본주의와 자유Capitalism and Freedom》,《선택의 자유Free to Choose》등을 통해 선택의 자유를 강조하면서 이를 자유 일반과 동일시한다. 그래서인지 경제학자들은 선택을 중시하다 못해 몸소 선택의 중요성을 보여주려고 노력하는 경향마저 지니고 있다.

그런데 행동이론에 따르면, 너무 많은 대안들을 부여하거나 각각의 대안에서 너무 여러 차원이나 속성에 대한 정보를 제공하는 것이 오히려 선택에 방해가 될 수 있다. 소위 정보의 과부하information overload가 걸리면 '더 많은 것이 부족한 것More is less, 過猶不及'이 된다. 따라서 어떤 선택상황에서는 공급자들에게 필요한 정보만을 제공하도록 강제하고, 소비자는 관련이 없는 정보를 가려낼 수 있는 능력을 갖출 필요가 있다.

민감성의 체감으로 인해, 상금에 대한 태도는 패키지 관광의 일괄지불과 반대로 움직인다. 사람들은 상금을 여러 차례로 나누어 받기를 원한

선택의 자유인가 선택의 고통인가?

- 한국의 경제학자들도 선택을 중시한다. 여러 명의 경제학자들이 함께 식사를 하러 가면, 특히 미시 분야 학자들이 많으면 식사를 고르는 데 상당한 시간이 걸리고 과도하게 다양성이 늘어난다. 시간이 오래 걸려 주문을 받으러 왔던 종업원이 돌아가는 경우도 있고, 제각각의 주문에 종업원의 얼굴이 어두워지기도 한다. 과거에는 종업원이 '메뉴를 통일해주세요!'라고 압박을 가하는 경우도 있었다. 반면 다른 사람의 결정을 따라 하면서 선택이라는 고민거리를 덜었다는 안도감을 보이는 경제학자도 있다.

- 사실 심리학자나 사회학자들은 선택의 자유가 진정 그렇게 중요하냐고 의문을 제기해왔다. 심리학들의 최근 실험에서도 소비자들이 반드시 선택을 좋아하지는 않으며 때로는 선택의 부담이나 선택의 피로를 겪는 것으로 나타났다. 선택의 고통으로 인해 사람들은 선택을 하지 않기로 선택하거나, 선택을 미루거나, 아니면 기존 대안을 그대로 유지한다. 6가지의 잼을 시식하고 선택하라고 했더니 30%가 그중 하나를 구입했다. 이에 비해 24가지를 놓고 선택하라고 했을 때는 3%만이 그중 하나를 구입했다.[15]

다. 200만원의 상여금을 한꺼번에 받기보다 100만원씩 두 번으로 나누어 받기를 원한다는 것이다. 혹은 커다란 상을 한 번 받기보다 작은 상을 두세 번 받기를 원한다.

하지만 사람들이 언제나 상금을 아주 잘게 쪼개기를 원하는 것은 아니다. 사람들은 웬만큼 작은 숫자는 상금이든 확률이든 '0'으로 처리하는 경향이 있기 때문에 상금이 푼돈, 잔돈, 우수리로 전락하지 않아야 한다. 특히 돈은 양으로 말하기 때문에 어떤 수량 이상을 유지해야 한다. 이것이 마르크스의 《자본론Das Kapital》과 짐멜의 《돈의 철학Die Philosophie des Geldes》이 모두 전하는 바이다.

이를 뒤집으면 기업의 광고가 소비자의 지불액을 잘게 쪼개는 경향을 이해할 수 있다. 보험료가 1년에 30만원이라고 말하는 것보다 한 달에 3만원이나 하루에 단돈 1,000원도 안 된다고 표현하는 것이 이 보험을 파는 데 유리하다. 하루 1,000원이라면 비록 수없이 많은 지불 횟수를 상정하지만 지불 액수가 워낙 작아 '0'으로 처리되므로 손실로 간주하지 않을 수 있다. 신문대금이나 동창회나 모임의 회비 등이 1년에 얼마가 아니라 1개월에 얼마로 제시되고 실제로 그렇게 납부되는 것도 이에 해당된다. 할부 판매도 이와 비슷하다.

결국 이익은 아주 큰 덩어리로 만들거나 아주 작은 크기로 쪼개지 않고 그 사이의 크기로 나누는 경향이 높다. 반면 손실은 중간 크기로 쪼개지 않고 아주 큰 덩어리로 만들거나 반대로 아주 작게 분할하는 것이 받아들이기 쉽다.

이와 관련해 확률을 결정가중치로 변환시켜 인식한다는 행동경제학의 앞선 주장을 상기하자. 의사결정가중치는 확률에 질적인 성격을 부여한다. 그런데 확률이나 결정가중치뿐 아니라 숫자 자체를 사람들이 인식할 때 이와 비슷한 일이 발생할 수 있다. 특히 확률보다 쉽게 파악할 수

9.99달러와 10달러

슈퍼마켓에 가보면 유난히 9.99달러, 99.95달러 등의 가격이 눈에 띈다. 이것은 가격책정에 있어 10달러, 100달러 등이 쉽게 넘어설 수 없는 문턱threshold임을 뜻한다. 상인들은 통상 이 수준에서 불연속적으로 수요가 감소할 것으로 예상한다. 예를 들어 7달러에서 8달러로 오르는 것과 9달러에서 10달러로 오르는 것을 소비자들이 달리 인식한다. 푼돈의 지출을 유도하기 위해 1980년대 뉴욕에는 1달러 미만의 물건만 파는 상점도 있었다. 여기서는 1달러가 문턱이었다.

있는 돈이나 점수 등 일상적으로 만나는 숫자들에 대해 이런 인식을 확인할 수 있다. 돈의 액수는 무한정이어서 최대치가 1로 제한되어 있는 확률과 그 성격이 다르며 이 점에서는 오히려 시험점수가 확률과 비슷할 수 있다. 이 모든 경우 양적인 차이가 불연속적인 차이나 등급이나 범주 등 질적인 구분으로 전환된다. 십진법에서는 숫자 0과 1, 그리고 이로 이루어진 10, 100 등에서 양이 질로 전환된다.

가격이 0에서 양이 되는 경우는 가격이 오른 것이라기보다 비로소 가격이 붙어 상품이 된 것을 나타낸다. 그리고 가격이 처음 부과되어 상품이 되는 것은 사람들의 반응이나 시장의 결과에 있어 기존 상품의 가격이 오르는 것과는 다르다. 더구나 확률과 달리 가격이나 돈은 사회적이어서 그 반응이나 결과가 훨씬 더 복잡하다. 확률에 대한 반응에서는 주로 양적인 왜곡이 문제되는 데 비해, 가격에 대한 반응에서는 크기나 정도가 아니라 방향 자체가 문제된다.

이스라엘의 탁아소에서 실시한 현장실험을 소개한다. 직장에 가면서 탁아소에 맡긴 아이들을 정해진 시간에 부모들이 데려가게 되어 있었다. 그런데 이 시간을 제대로 지키지 못하는 부모들이 많았다.[16] 이 문제를 해결하기 위해 탁아소에서는 지각하는 부모들에게 벌금을 부과했다. 벌금을 부과하면 부모들이 지각을 하지 않을 것으로 예상했던 것이다. 그런데 실제 벌금을 부과한 결과는 그 반대였다. 지각하는 부모들이 늘었고, 지각하는 부모들이 더욱 당당해졌다.

지각이 이제 상품이 되었으므로 돈만 내면 늦어도 된다고 부모들이 판단한 것으로 이 연구 결과를 해석할 수 있다. 만약 이미 지각에 대해 벌금을 받고 있었는데 이 벌금을 인상했다면 지각이 줄었을 수도 있다. 그런데 이 경우에는 처음으로 벌금이라는 가격이 부과되었으므로 반응이 반대방향으로 나타났다. 새로운 벌금의 부과가 벌금이나 가격의 통상적인 인상과 같지 않음을 보여준다. 벌금이 없을 때는 지각을 부끄러워했으나, 벌금이 부과되면서 사람들이 지각을 돈만 내면 얼마든지 살 수 있는 상품과 같이 취급하게 된 것이다.

0인 경우도 별도의 의미를 지닐 수 있다. ∞와 달리 0이 어떤 어려움을 통해 서양 사회에 오랜 시간을 거쳐 정착되었는지는 논외로 하고, 경제·경영·심리에 등장하는 효용과 자극, 상금과 가격, 그리고 확률에 집중하자.[17] 이런 것들이 0이 되는 영역에서 사람들은 양의 영역에서와는 다른 행동을 보인다. 그 이유는 0으로부터의 변동뿐 아니라 0으로의 변동도 수량적인 변동이 아니라 질, 종류, 범주, 개념의 변동이기 때문이다.

특히 가격이 0인지의 여부는 시장 안의 상품으로 존재하는가, 아니면 시장 밖의 물체인가를 나타내는 것이다. 이 때문에 가격을 지불하지 않다가 적은 가격이라도 지불하게 되는 경우는 이미 존재하던 양의 가격이 오르는 것과는 다르다. 자유재는 공짜라는 의미를 넘어서 시장, 소득, 가격으로부터의 자유로움을 내포한다. 노동시장에서도 임금이 0인 경우는 낮은 수준의 임금이 아니라 실업이나 여가가 된다.

• 헌혈을 독려하기 위해 돈을 지불했더니 오히려 헌혈이 줄었다. 많은 사람들이 매혈과 달리 헌혈을 돈과 결부시킬 수 없는 희생이나 환자에 대한 선물이라 생각한다. 이 때문에 돈의 지불이라는 외적인 유인이나 동기extrinsic motivation가 내적인 동기intrinsic motivation를 몰아냈다. 돈이 아니라 문화상품권을 주었다면 이런 구축효과crowding out가 나타나지 않았을 수 도 있다.

• 대학교에서 캔디를 공짜로 줄 때는 하나씩 가져가다가, 1센트라는 하찮 은 수준이지만 가격을 붙였더니 평균적으로 네 개씩 가져갔다. 비싸졌으니 공짜일 때보다 적게 가져갈 것이라는 표준이론의 예상이 깨진 것이다. 넓 은 의미의 사회에는 시장을 지배하는 시장규범market norm과 시장 외적인 사회규범social norm이 공존한다. 가격이 부과되지 않았을 때는 사회규범을 따르지만 가격이 부과되면 시장규범을 따르게 된다. 재화의 가격이 0이라 는 것은 재화가 단순히 싸다는 뜻이 아니라 재화가 자유재가 되어 재화로 부터 가격 차원이 사라지고 시장에서 거래되지 않음을 의미한다. 표준이론 은 시장규범만을 강조하기 때문에 이 현상을 해명하기 어렵다.

이런 결과들에 의하면 0이 개입되는 상황에서 개인들은 통상적인 효 용·이윤극대화나 비용·편익분석을 수행하지 않는다. 가격이 올랐는데 수요를 늘리고(탁아소의 지각), 가격이 올랐는데 공급을 줄인다(헌혈). 그 럼에도 불구하고 표준이론은 0의 효용, 가격, 확률에 특별한 의미나 가치 를 부여하지 않는다. 가격 등이 0이 되는 상황에서도 개인들이 통상적인 계산을 수행한다고 보기 때문이다. 이는 표준이론이 재화를 위시한 경제 현상의 양적인 측면에 집중해 질, 종류, 범주, 개념을 중시하지 않는 경향 과 합치된다.

03 매몰비용에 대한 미련
과거에 투입한 돈을 잊지 못한다

매몰비용sunk cost은 이미 투입되어 생산을 중단하더라도 회수할 수 없는 비용이다. 가령 단기에 생산량을 줄인다면 노동이나 원료에 투입된 가변비용variable cost은 줄일 수 있지만 구조물과 장비에 투입된 고정비용fixed cost은 줄일 수 없다. 고정비용과 같이 변경하거나 회수하는 것이 불가능한 비용이 매몰비용이다. 생산뿐만 아니라 소비와 관련해서도 이미 지불하여 회수할 수 없는 경비를 매몰비용으로 간주할 수 있다.

표준이론은 사람들이 합리적이므로 매몰비용에 연연하지 않는다고 주장한다. 표준이론의 합리성에 수반된 극대화나 극소화는 마지막 한 단위의 비용과 수익, 즉 한계비용과 한계수익이나 한계편익을 일치시키는 한계원리를 따른다. 고정비용 등 매몰비용은 생산량이나 소비량과 무관하게 지출되므로 한계비용에 영향을 미치지 않는다. 달리 보면, 고정비용은 과거에 지불했지만 다른 용도로 전환할 수 없으므로 얼마가 투입됐든 기회비용으로는 0이다.

이같이 한계원리에 따르면 매몰비용을 고려하지 않아야 한다. 표준이론에 의하면 실제로도 경제주체들은 매몰비용을 고려하지 않는다. "과거는 흘러갔다Let bygones be bygones"거나 "쏟아진 우유를 두고 울지 마라Don't cry over spilt milk"와 같은 것이다.

그러나 행동경제학은 사람들이 이런 비용에 상당 기간 얽매인다고 반박한다.[18] 자존심 등으로 인해 사람들은 자신의 의사결정이나 선택이 잘못되었다는 것을 인정하기 싫어하기 때문이다. 또한 특정 항목에서 비용이 발생했다는 것은 정신적 회계에 따라 계정을 열어놓은 후 마감하지 않은 것이 되어 이에 집착한다. 과거가 현재에 영향을 미치는 셈이다.

나아가 경제주체들에게는 기회비용이 아니라 실제로 지불한 비용이 중요하다. 더구나 전망이론에 의하면 손실회피와 민감성의 체감으로 인해 이미 지불한 비용 혹은 손실에 비용을 부가하는 것은 추가되는 손실이 적다.

구두를 사 왔는데 예상과 달리 발에 잘 안 맞아 불편하다. 바꿀 수 있는 시간도 지났다. 이 경우 사람들은 잘못 산 것으로 간단히 처리하게 될까? 대체로 그렇지 않다. 일단 억지로 신에 발을 맞추려고 여러 차례 노력한다. 그런 연후에 신발장의 눈에 보이는 곳에 올려놓는다. 그다음에는 신발장에서 눈에 보이지 않는 곳으로 밀어 넣는다. 그리고 시간이 상당히 흐른 후에야 드디어 이 애물단지를 내다 버린다.

신발에 대한 계정과 이로부터의 지출, 그리고 이에 따른 매몰비용이 이런 행위를 낳는다. 잘 맞지 않거나 어울리지 않는 것으로 판명된 (혹은 남들이 그렇다고 말하는) 옷이나 장신구 등도 이와 같은 경로를 거친다. 반면 표준이론은 사람들이 매몰비용을 고려하지 않는다고 보기 때문에 잘못 산 상품들이 곧바로 쓰레기통에 들어간다고 예측할 것이다.

- 야구장 관람권을 자기 돈으로 구입했다.[19] 야구장에 가려면 장시간 운전해야 한다. 그런데 경기가 있는 날 눈보라가 몰아쳐 위험한 상황이다. 이런 상황에서 사람들은 어떻게 행동할까? 물론 환불은 안 된다. 이 상황에서 지불한 돈 때문에 대부분의 사람들은 눈을 헤치고 장시간 운전해 경기장에 가고야 만다.
- 어떤 사람이 입장권을 공짜로 얻어서 친구에게 같이 가자고 제안했고, 친구는 자기 돈을 주고 입장권을 샀다고 하자. 그런데 공연하는 날 날씨가

몹시 좋지 않을 때 이들의 반응은 동일할까? 그렇지 않다. 자기 돈으로 사지 않은 본인은 쉽게 안 갈 수 있다. 이에 비해 그의 친구는 자기 돈을 주고 샀기 때문에 굳이 가야 한다고 고집할 것이다.

표준이론의 관점에서 보면 눈보라 속의 운전이 비효용을 낳으므로, 이런 한계비효용이 야구장에 가서 얻는 한계효용보다 크면 야구장에 가지 않는다. 이때 경제주체들은 이미 지불해서 회수 불가능하고 한계비용이나 기회비용이 0인 매몰비용을 고려하지 않는다. 이와 달리 행동경제학은 자기 돈으로 구입해 계정이 열렸고 야구경기를 구경해야 이 계정이 닫히므로, 기필코 갈 것이라고 예측한다. 매몰비용이 행위에 영향을 미치는 셈이다. 만약 누가 준 표였다면 자기 돈이 들지 않았으므로 이같이 필사적으로 가려 하지 않는다. 표준이론의 입장에서는 선물로 받은 표든 자기 돈으로 구매한 표든 사람들이 똑같이 취급한다.

매몰비용은 소비자 개인의 지출뿐 아니라 기업조직의 투자지출에도 적용된다. 어떤 회사가 기술개발을 위해 이미 많은 액수를 투자했다. 그

- 어떤 사람이 보고 싶었던 영화의 관람권을 가지고 있다가 잃어버렸다면 어떻게 행동할까? 자기 돈으로 극장표를 구입한 경우와 공짜 표인 경우 동일하게 행동할까? 표준이론은 영화감상이 주는 효용을 고려해 전체 예산제약을 넘어서지 않는다면 표를 다시 구입할 것으로 예측한다. 회수 불가능한 매몰비용을 생각하지 않기 때문이다. 표준이론에서는 이 표를 본인 돈으로 샀든 누구로부터 선물로 받았든 상관이 없다.
- 행동이론은 자기 돈으로 산 경우 극장표를 다시 사지 않을 것으로 예측한다. 다시 사는 경우 오락비 계정의 한도를 넘을 수 있기 때문이다. 만약 이 극장표를 누가 준 것이라면 상황은 다르다. 정신적 회계에서 계정도 열리지 않았고, 원래 지출의 고통도 없었으므로, 오락비 계정의 고갈도 없다. 따라서 자기 돈으로 샀다가 잃어버린 경우와 달리 표를 구입해서 극장에 갈 가능성이 높다고 예측한다.

잃어버린 극장표

런데 경쟁사에서 이보다 나은 기술을 시판하게 되었다면 그 투자는 무의미해진다. 하지만 이런 경우에도 회사는 기존 투자를 포기하지 않고 추가적인 투자escalation를 감행할 수 있다. 만약 그 기술에 이미 투자하지 않은 상태였다면 쉽게 포기했을 것이다.

매몰비용이 과잉투자를 유발하는 근거로 자신의 초기투자가 낭비가 아니었다고 정당화하려는 심리를 지적할 수 있다. 혹은 초기투자가 일종의 책무를 낳았거나 인질이나 덫이 되었을 가능성도 있다. 나아가 초기투자가 '맛보기the first foot in the door, the low ball'의 역할을 수행했을 수도 있다.[20] "바늘 도둑이 소 도둑 된다"는 속담을 일반화하면 이에 부합한다. 이는 일종의 심리적인 대마불사大馬不死,too big to fail일 수도 있다.

물론 많이 투자하지 않았다면 적정 수준보다 덜 투자de-escalation하는 방향으로 갈 수 있다. 이 경우 정신적 회계로 인해 특정 부문에 대한 투자지출액에 상한이 정해져 있어 이 선을 넘지 않으려 하기 때문이다. 과잉투자를 낳든 과소투자를 낳든 이런 의사결정은 표준이론의 한계원리에서 벗어난다. 소비로부터 얻은 효용과 달리 투자로부터 예상되는 수익이 불확실하다는 것은 한계원칙에서 벗어나는 경향을 설명하는 추가적인 근거이다. 이보다 중립적인 경로의존성 개념은 표준이론에 어느 정도 수용되고 있다.

한계원리에 대해 보다 이론적인 비판도 있다. 비둘기나 쥐 등의 동물들이 한계량이 아니라 평균량에 따라 움직인다는 주장이다. 동물들은 매 순간마다 효용, 먹이, 혹은 효과에 있어 더 나은 대안이나 전략을 채택한다. 사람들이 테니스를 칠 때 공을 띄울지 아니면 빠른 공을 보낼지를 선택하는 것도 이와 비슷하다. 대부분 사람들은 공을 띄우다가 효과가 없으면 빠른 공을 보내고, 그것이 효과가 없으면 다시 공을 띄운다.

이런 행동을 대응matching이나 개선melioration 원리라고 부른다. 이 원리는 여러 차례 이루어지는 선택들의 분포distributed choice로 나타낼 수 있다. 반복되는 점심식사, 음주, 마약 등의 선택들도 이런 분포를 이룬다. 중요한 것은 이러한 분포로 이루어진 선택들이 한계이익이 아니라 평균 이익을 따른다는 점이다.[21]

이미 사이먼이 만족화satisficing 개념을 통해 한계량에 따른 적정화가 현실이 아님을 지적한 바 있다. 만족화란 자신이 만족할 만한 수준이 이미 정해져 있어 그 수준을 충족시키는 대안이 나오면 더 이상 탐색하지 않고 그것을 선택한다는 원리이다. 또한 행동경제학은 선택상황이 선택주체들의 편집과 해석에 따라 변동한다는 점을 지적했다. 위 연구는 경제주체들이 한계량을 평균량으로 해석하거나 오해하는 상황에 해당된다.

04 선택의 규격화choice bracketing
상황을 어떻게 분류하느냐가 선택에 영향을 미친다

선택이 여러 개로 쪼개져 주어질 수도 있고, 여러 개의 선택들이 하나의 덩어리로 주어질 수도 있다. 또한 객관적으로 이같이 주어질 수도 있고, 선택의 주체들이 주어진 선택상황을 주관적으로 이같이 편집하거나 변형시킬 수도 있다. 가령 한 달 동안의 점심식사를 월초에 모두 선택할 수도 있고 매일 선택할 수도 있다. 이런 차이를 선택규격bracketing의 넓음broad과 좁음narrow으로 표현한다.[22]

선택상황을 전체적 혹은 장기적으로 파악할 수도 있으며, 국지적 혹은 단기적으로 파악할 수도 있다. 이에 따라 선택의 결과가 달라지는 이유는 여러 개의 작은 선택들이 결합되거나 합쳐지면서 부분들에서는 숨겨져 있던 성격이 드러나고, 혹은 여러 선택들이 서로 상호작용해서 새로운 성격이 생기기 때문이다. 흔히 선택을 넓은 시야에서 보지 않고 좁은 시야에서 여러 개의 선택들로 쪼개어 보는 경우 비일관성이 발생한다. 이런 비일관성은 I체계의 영향이다. 동시에 이런 차이가 선택대상에 대한 분석적인 시각과 총체적인 시각의 차이에서 발생할 수도 있다.

이와 관련해 출현적 속성emergent properties을 언급할 필요가 있다. 출현적 성격이란 부분들이 모여 이룬 전체가 부분들에서 발견할 수 없는 새로운 속성을 갖는 것을 말한다. 이른바 전체는 부분의 합을 넘어선다. 기업조직이나 노동조합은 구성원들로 분해될 수 없는 고유한 성격을 지닌다.

선택을 전체적으로 조망하면 개별적으로 조망할 때와는 다른 성격이 드러나거나 생길 수 있다고 행동이론은 주장한다. 또한 습관이나 중독에서와 같이 현재의 선택이 미래의 선호에 영향을 미치는 상호작용도 있을 수 있다. 나아가 선택들의 전체를 보면 부분들 사이의 대체보완관계를 보다 정확하게 파악할 수 있다.

따라서 전체적이거나 장기적인 파악이 합리성을 제고하는 데 비해 국지적이거나 단기적인 파악은 비일관성과 비합리성을 낳는 경향이 있다. 특히 시간적으로 선택을 잘게 나누는 것이 이러한 오류를 낳는다. 그런 점에서 좁은 규정화narrow framing와 마찬가지로 좁은 규격화도 근시안myopia과 비슷하다.

여기서 근시안과 도박장효과house money effect를 함께 예시할 수 있다. 사람들은 도박장이나 경마장에서 장기간에 걸친 기대치나 수익을 생각하지 않고 하루별로 나누어 이익과 손실을 판단한다. 예를 들어 어느 날 오전에 돈을 많이 잃었다면 그것을 이날 모두 회복하기 위해 오후에 높은 위험을 안고 있는 판에 많은 돈을 거는 경향을 보인다.

주가변동에 대해서도 일, 주, 월, 연 중 어느 기간을 기준으로 관찰하고 파악하느냐에 따라 거래의 종류나 수량이 달라진다. 점심식사도 매일 점심시간에 이르러 선택하느냐, 아니면 주나 월별로 한꺼번에 선택하느냐에 따라 그 결과에 차이가 있다. 만남이나 방문의 경우도 어떤 기간을 단위로 삼아 파악하느냐에 따라 배치나 선택이 달라질 수 있다. 현실의 인간들은 이같이 근시안적이기 때문에 표준이론이 내세우는 완벽한 합리성에서 벗어난다.

물론 어떤 경우에는 인지적인 능력이나 자금력의 한계 등으로 인해 넓은 규격이나 시야가 오히려 비합리적이거나 부적절한 결과를 낳을 수 있다. 이런 경우 선택의 덩어리를 쪼개서 보고 실제로 그렇게 쪼개는 것이 작업을 가능케 할 수 있다.

다음의 예를 보자.

(1) 다음 중에서 하나를 고르세요.
   A: 240달러를 얻을 확률 100%.   [84%]
   B: 1,000달러를 얻을 확률 25%, 아무것도 얻지 못할 확률 75%.
                                                              [16%]
(2) 동시에 다음 중에서도 하나를 고르세요.
   C: 750달러를 잃을 확률 100%.   [13%]
   D: 1,000달러를 잃을 확률 75%, 아무것도 잃지 않을 확률 25%.
                                                              [87%]

A+D: 25%의 확률로 240달러를 얻고 75%의 확률로 760달러를 잃음.
B+C: 25%의 확률로 250달러를 얻고 75%의 확률로 750달러를 잃음.*

이미 설명한 민감성의 체감에 따라 사람들은 이익에서는 위험을 회피하고 손실에서는 위험을 추구한다. 따라서 분할해 두 개로 규정하면 다수가 A와 D를 선택한다. 그런데 다수가 선택한 것을 합친 A+D는 소수가 선택한 B+C보다 열등하다. 혹은 B+C가 A+D에 대해 지배적이다. B+C를 A+D와 비교하면, 확률은 같고 이익은 약간 크며 손실은 약간 작다. 합쳐놓으면 모두가 B+C를 선택한다. 이같이 선택을 분할해 둘로 제시하느냐, 아니면 뭉쳐서 하나로 제시하느냐에 따라서도 선택이 달라질 수 있다.

이와 유사하게 주관적이거나 객관적으로 대안들을 어떻게 분류하거나 범주화하느냐가 선택에 영향을 미친다. 분할의존성partition dependence이라 부르는 이 현상은 일단 범주들이 주어지면 사람들이 범주들 각각에 대해 (1/n)씩 균등하게 자원을 배분하려는 편향에서 비롯된다.[23] 제품이나 사물을 하나의 기준으로 같은 수준에 놓으면 이 수준의 범주들이 동등하게 취급되는 경향이 있기 때문이다. 분할의존성은 여러 항목에 분산시키려는 경향을 나타내므로 다양성의 편향과 연관되어 있다.

• 여름의 날씨에 대해 아무런 정보를 가지고 있지 않은 사람들에게 돌아오는 일요일에 더워질 확률을 묻는다. 먼저 "일요일이 다른 날보다 더 더울까?"라고 물으면, 일주일이 일요일과 일요일이 아닌 날로 양분되어 각기 1/2의 확률을 기준으로 답변들이 분포되는 경향이 있다. 이에 비해 "일요

---

* 확률과 상금의 두 차원으로 구성된 선택대상들 사이의 합산은 확률이나 상금 중 하나가 같아야 가능하다. 즉, 확률이 같으면 상금을 더하거나 뺄 수 있고, 상금이 같으면 확률을 더하거나 뺄 수 있다. 그렇지만 확률과 상금이 모두 다르면 더하거나 뺄 수 없다.
A:[240$, 1.00]=[240$, 0.75]+[240$, 0.25], C:[-750$, 1.00]=[-750$, 0.75]+[-750$, 0.25]이다. 이 것들을 각기 D:[-1,000$, 0.75]+[0$, 0.25]와 B:[1,000$, 0.25]+[0$, 0.75]에 확률 차원에서 같은 구성요소별로 합하면 이 결과가 나온다. 즉, A+D=([240$, 0.75]+[-1,000$, 0.75])+([240$, 0.25]+[0$, 0.25]), B+C=([0$, 0.75]+[-750$, 0.75])+([1,000$, 0.25]+[-750$, 0.25]).

일이 일주일 중 다른 날보다 더 더울까?"라고 물으면, 일요일이 일주일 중 하루가 되어 1/7의 확률이 기준이 된다.

• 보유자산을 [현금, 부동산, 금융자산]으로 분할하면 사람들은 이들에 각기 1/3씩 투자하는 경험규칙rule of thumb이 있다. 이에 비해 [현금, 부동산, 채권, 주식]으로 분류하면 각기 1/4씩 투자할 가능성이 높다. 결과적으로 후자에서 금융자산에 대한 투자가 늘어난다. 현금이나 부동산과 같은 수준에 상위 범주인 금융자산을 놓느냐, 아니면 하위 범주인 채권과 주식으로 나누어 두 가지를 놓느냐에 따라 자금배분이 달라진다. 비슷한 예로, 자선기금을 보내는데 자선단체들을 [국내, 해외]로 나누면 이들에 1/2씩 배분될 것이다. 이에 비해 [지방, 도시, 해외]로 나누면 1/3씩 배분되는 경향이 있다.

• 식품점에서 식품을 다음과 같은 두 가지 방식으로 분류하고 배열했다. [야채, 과일, 생선, 고기]와 [야채 및 과일, 생선, 쇠고기, 돼지고기, 닭고기]. 같은 원리에 따라 전자에서는 상대적으로 야채와 과일이 많이 선택되고, 후자에서는 육류가 많이 선택될 수 있다.

• 부모의 소득에 따라 장학금을 나누는 제도를 생각해보자. 연소득을 기준으로 [1,000만 이하, 1,000만~2,000만, 2,000만~3,000만, 3,000만 이상]으로 분류하느냐, [3,000만 이하, 3,000만~5,000만, 5,000만~7,000만, 7,000만 이상]으로 분류하느냐에 따라 장학금의 할당이 바뀔 수 있다. 하위 소득계층이 세분화되어 있는 전자에서는 하위 계층에게 더 많이 배정될 가능성이 높다. 반면 상위 소득계층이 세분화되어 있는 후자에서는 상위 계층에 더 많이 배정될 수 있다.

• [학교, 정부, 기업]에 비해 [학교, 정부, 대기업, 중소기업, 영세기업]은 기업을 부각시킨다. 비슷한 이유로 [학교, 기업, 중앙정부, 도정부, 시정부]와 [정부, 기업, 대학교, 중고등학교, 초등학교]는 각기 정부와 학교의 비중을 높인다. 정당 등 여러 단체들이 연합회를 구성하는 경우 단체들의 명칭을

나란히 적으면 단체의 크기나 이념의 차이에 관계없이 이들이 동등한 위치에 놓일 수 있다. 잘 모르는 모임에 초청을 받으면 한국인들은 모임의 성격뿐만 아니라 모임에 초청받은 다른 사람들이 누구인지도 알고 싶어 한다. 누구와 동등해지는지 알고 싶어 하는 것이라고 해석할 수 있다.

무엇이든 세분화하면 사람들은 그만큼 중요하게 여긴다. 거꾸로 어떤 것이 사회적으로 중요해지면 그만큼 세분화된다. 시장의 확대로 인한 분업의 발전은 익히 알려진 바이다. 여러 음식을 공급하던 동네 음식점이 수요와 시장이 커지면서 전문식당들로 분화되는 것도 그러한 예이다.

표준이론은 열째 전제의 절차 관련 불변성에 따라 선택상황과 선택대안에 대한 서술이 선택의 결과에 영향을 미치지 못한다고 생각한다. 대안들에 대한 분류를 선택대안에 대한 서술로 간주한다면, 분할의존성은 표준이론이 상정하는 불변성 그리고 합리성에 위배된다. 표준이론이 강조하는 대체성도 산업이나 제품의 분류에 따라 변동하지 않는다. 이 입

- 중요도와 세분화가 서로 작용할 뿐만 아니라 사람이든 사물이든 이름이 많을수록 중요하다.[24] 생태, 북어, 동태, 명태, 황태 등의 많은 이름은 이 생선의 중요성을 말해준다. 두견새, 소쩍새, 귀촉도, 자규 등의 이름을 가진 새도 우리에게 그만큼 가까운 것이다.

이름이 많을수록 중요하다!

- 왕조시대의 절대권력자인 왕을 지칭하는 말은 짐, 상감마마 등 여럿이다. 양반들도 아명, 자, 호 등 여러 이름을 가지고 있었다. 정약용, 다산, 여유당은 모두 같은 사람을 부르는 이름이다. 반면 하인은 이름이 하나뿐이고 그것도 돌쇠, 마당쇠 등으로 거의 비슷해 다른 집 하인과 잘 구분되지 않는다. 한국에서는 여자의 이름보다 남자의 이름이 더 다양하다. 사회적 정체성social identity에서 양반과 하인 사이에는 차이가 있다. 이렇게 보면 유명有名과 무명無名의 이분법은 역사적인 기원을 가지고 있는 셈이다.

- 한문과 우리말에서 집을 나타내는 한자어는 가家, 헌軒, 당堂, 루樓, 각閣 등 여럿이다. 또한 여유당, 오죽헌, 매월당, 무슨 댁 등 사람을 가리킬 때도 사용되며 양반과 하인, 남녀의 구분이 없다. 한국과 동양에서 집이나 가정이 그만큼 중요하다는 것을 말해준다.

장을 따르면 대안들에 대한 분류 방식에 관계없이 소비자가 자신의 선호에 부합되게 재화나 자원들을 선택한다.

　분할의존성은 분할이나 분류에 대한 선택의 의존성을 내세우므로 정신적 회계와 비슷하다. 이런 분류는 범주화해 사물을 파악하려 하는 인간의 인식구조에서 비롯된다. 분할의존성이 선택대상에 대한 분류라면, 정신적 회계는 대안을 구입하기 위한 화폐 지출에 대한 분류이다. 또한 생활비, 교육비, 유흥비, 오락비, 여행비 등으로 나뉘는 정신적인 회계의 항목들이 분할의 기준보다 객관적이고 자의성이 적다. 표준이론은 재화를 위시한 선택대상들의 대체가능성과 화폐의 전용가능성을 내세운다. 그러므로 분할의존성은 대체가능성과, 정신적 회계는 전용가능성과 각각 대립된다.

　여섯째 전제에서 드러나듯이 표준이론은 질적인 경제현상까지 수량으로 파악하는 데 반해 행동이론은 양적인 경제현상까지 질적인 존재로 파악한다. 구체적으로 표준이론은 화폐, 확률뿐 아니라 재화도 효용을 통해 동질적인 수량으로 파악한다. 이에 비해 행동이론은 재화뿐만 아니라 화폐, 확률도 범주화해 질적으로 파악하는 경향이 있다. 표준이론이 내세우는 대체가능성과 선택의 자유, 전용가능성, 통상적인 확률이론 등에 맞서 행동이론은 선택의 고통, 정신적 회계, 그리고 의사결정가중치를 내세운다.

　시간에 대한 생각에서도 이와 비슷한 차이를 확인할 수 있다. 근대사회에서 개인에게 시간은 돈이나 노력과 함께 자원으로 여겨졌다. 더구나 화폐만큼이나 시간도 외견상 수량적이고, 화폐의 절약만큼 시간의 절약도 근대사회의 합리성과 효율성을 대변한다. '시간은 돈이다.'

　표준이론은 시간을 연속적인 흐름의 수량으로 파악한다. 이 입장에서는 1년은 다 같은 12개의 달로 구성되고, 다 같은 365개의 날로 구성된다. 또한 1개월은 30일이며, 하루는 24시간, 1시간은 60분이다. 그리고 2013년 6월부터 2014년 5월, 2014년 1월부터 12월, 2014년 6월부터 2015년 5월이 모두 같은 길이의 동일한 1년이다. 월, 주, 일, 시간도 마찬가지다. 이 입장에서 주말, 월말, 연말, 성탄절이나 설날 등은 특별하지 않다. 표준이론에서 시간은 동질적이고 추상적이다.

반면 행동이론은 시간을 분류해 질적으로 규정하여 시간을 범주화한다고 추론할 수 있다. 이 입장에서는 동일한 기간이라도 해, 달, 주, 날이 바뀌는 것에 질적인 차이를 둔다. 그리고 이같이 의미나 가치가 달라지는 것은 이런 변화를 낳는 시점이 심리적으로 부각되기 때문이다. 이런 시점들은 다른 시점보다 계획의 수립과 실행에 대한 의사결정이나 선택에 질적으로 다른 영향을 미친다.

이 입장에서는 성탄절이나 새해의 새로운 결심은 다른 날의 결심과 다르다. 또한 매월의 말일이나 보름날은 계획의 수립이나 실천과 관련해 마감일이 될 수 있다. 이 경우 특정 시점 이전은 현재와 비슷하게 범주화

성탄절과 설날

미국인에게 성탄절은 특별하여 그 이전과 이후에 금연이나 절주 등 여러 가지를 결심하게 만든다. 한국인의 경우 새해 첫날 혹은 설날 전후가 중요하다. 또한 어떤 달의 말일은 특별하다. 이에 더해 한국에서는 한 달의 중간에 있는 보름이 특별한 시점일 수 있다. 이는 한국에서 '시작이 반'이고 특정 목표나 액수의 중간을 중히 여기는 것과 통할 수 있다.

주중과 주말

모든 직장인은 일주일이 동일한 7개의 날로 구성되어 있다고 생각하지 않는다. 우선 사람들은 근무하는 주중과 근무하지 않는 주말을 구분한다. 물리적인 수량으로는 다 같은 하루이지만, 월요일과 금요일은 여타 근무일들과는 다르다. 또한 한 주가 시작되는 월요일과 한 주가 끝나는 금요일도 서로 다르다. 더불어 매주 수요일이나 목요일과 같이 동일한 요일에 특정 업무를 수행하는 경우가 많다. 이런 유사성이 작업의 시작이나 종료를 유도한다. 유사성은 상식적으로 생활의 규칙을 낳을 수 있다.

시간에 대한 회계

하루 중에도 출근, 근무, 퇴근, 식사, 휴식, 운동, 수면에 시간을 할당하고 각 항목을 계정과 같이 관리한다고 생각할 수 있다. 이는 돈의 지출에 대한 정신적 회계와 비슷하다. 교육비를 오락비로 전용할 때 상당한 고통이 따르듯이, 공부 시간을 오락 시간으로 활용하는 데는 상당한 고통이 따를 것이다.

금년의 일인가 내년의 일인가?

연, 월, 주, 일의 단위에 따라 시간이 나뉜다.[25] 이에 따라 사람들은 작업을 올해 안에 마무리하게 되어 있으면 현재형으로 취급하여 이 작업을 미루지 않지만, 마감일이 이듬해로 되어 있으면 미래의 일로 취급하여 미루게 된다. 가령 6개월이 걸리는 작업인데 이것을 금년 6월에 시작해 12월에 끝내는 것으로 정해놓으면, 이는 현재의 일이 된다. 반면 같은 작업이지만 금년 8월에 시작해 내년 2월에 끝내도록 설정하면, 해를 넘기므로 미룰 가능성이 높다. 인도의 한 마을에서 실시한 저축진흥운동은 마감일이 해를 넘기는지에 따라 그 성과가 달랐다. 월, 주, 일을 넘기는지 넘기지 않는지 여부도 이같이 생각할 수 있다.

시작이 반이다!

- 시간의 범주는 한국의 현실에 정확히 맞는다. 한국인들은 매일 하는 식사와 운동, 매년 받는 건강검진, 매년 하는 납세신고 등에서 시간의 유사성이나 반복성을 피부로 느낀다.

- '시작이 반'이라는 우리의 격언도 이런 상황에 적확하다. 그렇지만 "시작이 반이다"에서는 중간이나 과정에 대한 중요도가 느껴진다. 이와 가까운 독일 속담으로는 "모든 시작은 어렵다Aller Anfang ist schwer"가 있다. 독일의 사상에서는 언제나 시작이 어렵다. 칸트, 마르크스, 짐멜, 브람스가 모두 그러하다. 다만 여기에는 '반'에 대한 의식이 없어 보인다. 관련 속담으로 "시작이 좋으면 모든 것이 좋다Anfang gut, Alles gut"나 아리스토텔레스에서 나온 "시작이 좋으면 반은 이룬 것이다Well begun is half done"는 이와 약간 다르다. 그렇지만 이 속담들은 모두 중간이나 과정 그리고 끝보다는 시작을 중시하여, 준거나 초기대안을 중요시하는 행동경제학에 부합된다.

- 이와 달리 영국의 속담은 시작도 아니고 중간이나 과정도 아닌 끝을 강조하는 것 같다. 셰익스피어W. Shakespeare가 17세기 초에 쓴 희곡 제목 《끝이 좋으면 모든 것이 좋다All's good that ends well》는 이를 말해준다. 영국에서 등장해 미국에서 번성하고 있는 신고전학파 경제학과 그것의 사회철학인 공리주의가 모두 끝이나 결과를 강조하는 사실이 그저 우연은 아닌 것으로 보인다.

되고, 그 이후는 현재와 다르게 분류된다. 그렇게 보면 이것도 일종의 선택 규격화로 간주할 수 있다.

많은 사람들이 쉽게 계획을 수립하지만 의지의 부족으로 실행에 옮기지는 못하는 경향이 있다. 그리고 계획을 실행하는 데 수반되는 어려움은 대부분 시작이 어렵다는 데 있다. 따라서 계획의 실행을 위해서는 일단 시작하는 것이 필요하다. 그런데 이런 시작에는 시간을 어떻게 간주하는지에 대한 신호가 중요하다. 결과적으로 말해 작업, 식사, 운동, 휴식, 건강검진, 저축, 납세신고 등에 이 점을 유도장치nudge로 활용할 수 있다.

우선 오늘의 일인가 내일의 일인가를 가르는 시점이 중요하므로 시작을 유도하기 위해서는 현재의 일이라는 신호를 만들어놓을 필요가 있다. 즉 그날, 그주, 그달, 그해를 넘기지 않도록 자신과 타인에게 당부한다. 또한 반복되어야 할 활동이나 선택이라면 시점상의 유사성을 강화시켜 매일 x시간, 매주 x날, 매월 x주, 매년 x월 x일로 설정할 필요가 있다.

05 대표성의 편향과 부각현상
부각되는 속성에 집착한다

대표성의 편향representativeness bias은 사물의 특정 차원에 과도하게 집착해 이것을 사물 자체와 동일시하는 것을 의미한다.[26] 이는 부분이 전체를 완전히 재현할 것으로 예상하는 것이기도 하다. 그 예로 임의의 어떤 표본이 모집단의 특징을 그대로 반복하리라고 예상하는 편향이 있다. 이 경우 비율이나 평균은 중시하지만 표본의 크기는 중시하지 않는다.

통계학에서는 모집단을 직접 조사할 수 없으므로 모집단(한국의 모든 가구)에서 일정 크기의 표본(임의의 1,000가구)을 추출해 모집단의 특징을 추정한다. 모집단의 평균이나 편차가 모수parameter이고, 표본의 평균이나 편차는 관찰치나 추정치estimate이다. 모집단에서 추출될 수 있는 모든 표본에 담긴 정보는 모집단에 담긴 정보와 같다. 그렇지만 특정 표본 하나는 모집단과 동일하지 않으며 모집단의 정보 중 일부분을 담고 있을 뿐이다. 따라서 표본의 크기가 늘거나 표본의 숫자가 늘어야 비로소 모집단에 가까워진다.

표본의 평균이나 분산이 표본의 숫자가 커지면서 모집단에 가까워진다는 대수의 법칙law of large numbers은 이를 반영하는 통계학의 기본 법칙이다. 이런 이유로 통계로부터의 추정치에 대한 신뢰도는 표본의 크기에 따라 달라진다. 이것이 표준이론이 생각하는 올바른 관념이다. 행동이론이 지적하는 대표성의 편향은 이런 통계의 원리에서 벗어난다.

미국인 남자와 여자의 평균 신장은 각각 5피트 10인치와 5피트 4인치이다. 분포의 표준편차는 2.5인치 정도이다. 어떤 표본에서 나온 관찰치가 다음과 같았다. 어느 쪽이 미국 남성의 신장을 측정했을 가능성이 높을까?

I: 1명의 표본에서 얻은 5피트 10인치의 신장
II: 6명의 표본에서 평균치로 얻은 5피트 8인치의 신장

낙엽 한 잎과 제비 한 마리 영국 속담 "제비 한 마리가 왔다고 여름이 온 것이 아니다One swallow does not make a summer"는 여러 마리의 제비를 필요로 해 표본의 크기를 의식하므로 표준이론을 반영한다. 반면 동양 속담 "나뭇잎이 한 장 떨어지는 것을 보고 가을이 온 것을 안다—葉落今天地秋"는 낙엽 한 장 속에서 천하를 파악해 여러 장의 낙엽을 필요로 하지 않는다. 이것은 행동이론이 지적하는 인지 방식의 극단적인 모습이다. 분명 이것은 통계학의 세계가 아니다.

115명 중 86명이 주관적인 확률에 따라 첫 번째가 평균과 일치하므로 미국 남성의 신장을 대표한다고 생각했다. 그러나 표본의 크기와 편차를 고려하면 두 번째가 더 가능성이 높다고 판단해야 한다. 여성 중 1명이 5피트 10인치일 가능성은 있지만, 여성 6명의 평균이 5피트 8인치일 가능성은 적기 때문이다. 또한 6명의 남성이 평균치보다 약간 낮을 가능성도 적지 않다. 적은 표본에서도 평균이 언제나 실현되리라고 기대하는 것이므로 이는 대표성의 편향에 해당된다.

표준이론은 현실경제에서 경제주체들이 통계적인 계산을 필요로 하고 이것을 어느 정도 제대로 수행한다고 본다. 이 점을 놓치지 않아야 한다. 따라서 합리적 선택이 요구하는 계산에는 확률적인 계산도 포함되어 있다. 행동경제학은 이런 계산 능력이 이상일 뿐 경제주체들이 실제로 이 수준에 이르기 힘들다고 생각한다. 통계적인 계산이나 추정이 제대로 이루어지지 않기 때문에 경제주체들은 완전히 합리적이지 않다. 특히 확률이론에서 주장하는 바와는 달리 사람들은 모집단의 속성을 나타내는 기저율base rate과 표본의 크기를 무시한 채 대표성이나 표본의 비율에만 집착한다.

이같이 일상에서 사람들은 작은 표본 안에서도 모집단의 평균이나 분산 등 그것의 기본성격이 그대로 재현될 것으로 기대하는 편향을 지니고 있다. 현실의 사람들이 표본의 크기에 관계없이 동일한 신뢰를 자료에 부여하기 때문이다. 확률과 관련된 이 비합리성을 소수의 법칙law of small numbers 혹은 도박사의 오류gambler's fallacy라고 부른다.

소수의 법칙은 여러 번 겪은 후에 판단해야 할 확률을 소수에 대해서도 적용하는 것을 의미한다. 소수의 법칙은 대표성의 편향에 해당된다.

• 미국의 경우 신생아 중에서 남아와 여아의 출생 비율은 모집단인 남녀

의 비율에 따라 반반이다. 그런데 하루에 신생아가 200명 정도 되는 큰 병원에서는 남아와 여아의 비율이 반반에 가깝다고 생각할 수 있으나 하루에 신생아가 20명 정도 태어나는 작은 병원에서는 여아와 남아가 반드시 10명씩으로 나뉜다고 기대하기 힘들다. 그렇지만 사람들은 작은 병원에서도 남녀가 반반일 것으로 쉽게 확신한다.

• 더 극단적인 예로 하나의 가족에서 6명의 아이가 태어났다고 하자. 여기서 6명의 아이가 태어난 순서와 비율을 따질 때, [여, 남, 여, 남, 남, 여]일 가능성은 대단히 높고 [남, 여, 남, 남, 남, 남]일 가능성은 대단히 낮다고 생각한다. 겨우 하나의 가족만 보고 이렇게 생각하는 것은 오류이다.

신생아 비율의 예는 소수의 법칙을 보여준다. 하루에 신생아가 20명 정도 태어나는 작은 병원에서는 여아와 남아가 반드시 10명씩으로 나뉜다고 기대하기 힘든데 사람들은 작은 병원에서도 이렇게 되리라고 추측한다.

기저율 경시의 오류base rate fallacy는 모집단에 대해 사전적으로 알려진 확률이나 비율을 무시하고 주어진 표본이나 사례에 집착하는 것을 가리킨다. 이는 사람들이 사전적인 확률을 경시하고 사후확률에만 집착해 베이지안Bayesian 추론을 제대로 수행하지 않는다는 것을 의미한다.[27] 표본의 크기와 관계없이 모집단의 대표성을 당연시하거나 비율이나 분모를 무시하고 분자로 나타난 도수나 숫자에 집착하는 것도 이와 비슷하다. 통계학적인 추론이 합리적인 사고의 전제이므로 이 역시 합리성의 부족으로 이해할 수 있다.

모두 합해 100명의 변호사와 공학도로 구성된 모집단이 있다.[28] 이 중 한 사람에 대해 일견 공학도를 연상시키는 다음과 같은 묘사를 제시하고, 그 사람이 변호사인지 공학도인지 맞히는 실험을 심리학자들에게 실시했다. "잭은 45세의 기혼자로 네 명의 자녀가 있다. 그는 보수적이고 조심스러우며 야망이 있다. 정치적이거나 사회적인 문제에는 관심이 없으며, 여가시간을 여러 가지 취미활동으로 보낸다. 집수리, 배타기, 수학적인 수수께끼 풀기 등이 그것이다."

첫 번째 상황(A)에서는 모집단을 공학도 70명, 변호사 30명으로 구성했고 두 번째 상황(B)에서는 거꾸로 30명과 70명으로 구성했다. 그리고 답변자들에게 이를 알려주었다. 실험의 결과, 모집단이 바뀌어도 잭이 변호사인가 공학도인가에 대한 답변 비율에 유의미한 차이를 보이지 않았다.

공학도와 변호사의 예는 모집단의 구성 비율, 즉 기저율이 표본에 대한 판단에 영향을 미치지 않음을 보여준다. 기저율을 고려하는 베이지안 법칙에 의하면 공학도가 나올 가능성은 A와 B에서 크게 차이가 난다. 우선 A에서 골랐을 때 어떤 사람이 공학도일 가능성과 변호사일 가능성의 비율은 0.7/0.3이다. 그리고 B에서 골랐을 때 어떤 사람이 공학도일 가능성과 변호사일 가능성의 비율은 0.3/0.7이다. 이에 따라 공학도가 A와 B에서 나왔을 가능성의 상대적인 비율은 $(0.7/0.3)/(0.3/0.7) = 0.7^2/0.3^2 = 5.44$.

모집단의 차이에 따른 이런 차이가 사람들의 판단에 영향을 미치지 않았다는 것이 이 실험의 결과이다. 심리학자와 같이 통계학을 아는 사람들조차 7대 3인가 혹은 3대 7인가의 기본 비율을 고려하지 않았다는 뜻이다. 통계학을 잘 모르는 일반인들이 이런 오류를 범할 가능성은 더욱 높다. 이것이 카너먼과 트버스키가 제기한 변호사·공학도의 문제이다.

항아리에 붉은색과 흰색의 공이 섞여 있고 그들의 구성 비율은 각기 2/3, 1/3이다. 그러나 어느 쪽이 붉은색의 비율이고 어느 쪽이 흰색의 비율인지는 알 수 없다. 상황 I에서는 이 항아리에서 5개의 공을 꺼냈더니 4개가 붉은색, 1개가 흰색이었다. 상황 II에서는 이 항아리에서 20개를 꺼냈더니 12개가 붉은색, 8개가 흰색이었다. 두 표본에서 모두 붉은색이 흰색보다 많이 나왔으므로 모집단의 2/3가 붉은색이고 1/3이 흰색이라는 가설(A)을 세울 수 있다. 모집단의 1/3이 붉은색이고 2/3가 흰색이라는 가설은 (B)이다.

문제는 I과 II 중 어느 것이 이 가설에 대한 보다 강력한 근거인가 하는 것이다. 이에 대해 흔히 사람들은 I이라고 말한다. 그렇지만 객관적인 계산에 따르면 II가 맞다. 사람들이 표본 크기를 고려하지 않고 표본 비율에만 집착하는 편향으로 인해 오류를 범한 것이다.[*]

성별이나 인종 등에 관한 고정관념stereotyping도 이와 비슷하다. 고정관념은 사물을 손쉽고 신속하게 파악하는 데 도움을 주지만, 사물의 많은 부분을 생략하기 때문에 오류를 낳기도 한다. 모집단과 표본의 유사성similarity이 대표성의 편향을 낳을 수 있다. 그리고 유사성은 일반적으로 비교대상들 중 어느 것을 기준으로 삼느냐에 따라 달라진다. 이것은 A와 B를 비교할 때 A∩B는 주어지지만 A-(A∩B)와 B-(A∩B)가 다르기 때문이다.[29]

어떤 집합 A는 다른 집합 B와의 교집합 C=A∩B와 적어도 같거나 대

---

[*] I의 경우 A라면 $(2/3)^4(1/3)^1$이고, B라면 $(1/3)^4(2/3)^1$이다. 따라서 A와 B의 상대적인 가능성은 $(2/3)^4(1/3)^1/(1/3)^4(2/3)^1 = (2/3)^{4-1}/(1/3)^{4-1} = [(2/3)/(1/3)]^{4-1} = 8$. II에서도 마찬가지로 $(2/3)^{12}(1/3)^8/(1/3)^{12}(2/3)^8 = (2/3)^{12-8}/(1/3)^{12-8} = [(2/3)/(1/3)]^{12-8} = 16$. 모집단에서 그 구성비가 각기 p와 (1-p)이고, 표본에서 붉은색과 흰색이 나온 횟수를 각기 r, w로 표시하자. A와 B를 비교해 $[p/(1-p)]^{r-w}$. 따라서 객관적으로 II가 가설에 대한 더 강력한 근거인데, 사람들은 I이 더 강력한 근거라고 말한다. 이는 표본의 크기를 고려하지 않았기 때문이다.

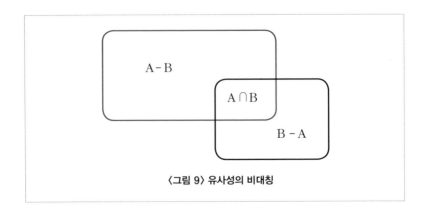

〈그림 9〉 유사성의 비대칭

부분 그보다 크다. 달리 말해 A는 C를 포함하고, C는 A의 부분집합이다 (A⊇C). 따라서 어떤 사상이 A에 속할 확률은 C에 속할 확률보다 크다. 또한 설문조사를 실시하면 사람들이 A가 C보다 더 가능성이 높다고 답해야 한다. 이는 확률의 기본원리이므로 표준이론이 내세우는 합리성의 전제이다. 그런데 실험 결과 대표성의 편향 등으로 인해 더 많은 사람들

고정관념 우리 주변에 널려 있는 여러 편견들도 대표성의 편향에 해당된다. "기술자나 공학도는 꼼꼼하다", "변호사는 말을 잘한다", "이탈리아 사람은 노래를 잘한다", "브라질 사람들은 축구를 잘한다", "한국인은 손재주가 좋다", "공부를 잘하면 운동은 못한다", "유태인은 머리가 좋다", "아시아인은 중국인이거나 일본인이다", "중국인은 통통하고 말을 많이 한다", "일본인은 마르고 안경을 끼고 있다" 등.

심판의 인종차별 미국의 사회문제 중 인종차별도 고정관념에서 비롯된다. 최근의 한 연구에 따르면 프로야구에서 투구에 대한 판정에도 인종차별이 존재한다.[30] 투수의 인종이 심판 자신과 동일하지 않은 경우 동일한 경우에 비해 스트라이크를 외치는 횟수가 유의미하게 적었다. 이는 인종적인 유사성에 근거한 평가이다. 심판의 90%는 백인이다. 물론 판정들을 객관적으로 재검토하는 제도가 있거나 관중이 많은 경기에서는 이런 차이가 없었다. 야구의 판정에는 주관적 요소가 많이 개입된다. 이것을 성별, 지역, 학벌, 장유에 따른 한국 사회의 평가에도 적용할 수 있다.

이 A보다 C를 선택한 경우가 있다.

- 린다는 바른 소리를 잘하며 매우 명석한 31세의 미혼 여성이다. 그녀는 대학에서 철학을 전공했다. 학창시절에 그녀는 차별과 사회정의 등의 문제에 관심이 많았고 반핵 시위에도 참여했다. 이렇게 서술된 린다가 은행원일 확률과 여성주의자 은행원일 확률을 물어보았다. 그 결과 85%가 린다는 여성주의자 은행원이라고 답변했는데, 이는 은행원이라는 답변보다 훨씬 더 많은 숫자였다. 은행원일 확률보다 여성주의자 은행원일 확률이 더 높게 나온 것이다.

- 미국의 애리조나 대학 학생들에게 디트로이트 시의 연간 살인 건수와 미시건 주의 살인 건수를 물어보았더니, 각기 200명과 100명이라고 대답했다. 범죄율이 미국에서 가장 높다고 해도 디트로이트는 미시건 주에 속한 한 도시에 불과하다.

'린다 문제Linda problem'로 알려진 이 사례에 수반된 오류를 교집합의 오류conjunction fallacy라고 부른다. 이는 교집합 C의 확률이 그것을 포함하는 원래 집합 A의 확률보다 클 수 없다는 공리에 위반된다. 동시에 이것은 지배성에도 위배된다. 은행원(A) 중 일부가 여성주의자(B)일 것이므로, 일반적으로 은행원일 확률(A)이 여성주의자 은행원일 확률(C)보다 높다. 대학 시절의 린다에 대한 서술이 린다에 대한 대표성이나 고정관념을 낳아 이런 결과가 나온 것이다. 디트로이트 시와 미시건 주의 관계도 이와 비슷하다. 이 예도 선택대상에 대한 제시 방식에 따라 선택의 차원이 바뀌어 결과가 달라진다는 사실을 보여준다.

근접성과 대표성은 부각현상salience과 상통한다.[31] 가격을 드러내지 않고 감추면 사람들은 이에 대해 둔감해진다. 고속도로에 전자자동계산기가 설치된 이후 요금이 더 많이 걷혔고, 요금이 인상된 후에도 이에 대한 사람들의 의식이 희박했다. 이것은 전자장치로 인해 요금을 지불한다는 사실이 약화된 결과이다.

세금을 가격에 포함시켜 표시하면 사람들이 가격이 인상된 것을 인식했다. 이에 비해 가격에 포함시키지 않고 나중에 계산대에서 세금으로 추가하면 이것을 별로 의식하지 못했다. 이 때문에 동일한 액수의 세금이 부과되었음에도 불구하고 전자보다 후자에서 수요의 감소가 적었다. 나아가 납세자들은 복잡한 세율 구조로 인해 한계세율, 즉 늘어난 소득에 대한 세율의 변동을 감지하지 못하는 경향도 있다. 이와 성격이 약간 다르지만 어떤 호텔들은 방값만을 요금으로 표시하고 이에 수반된 주차장, 인터넷 사용료, 수영장, 아침식사 등 부대사항add-on의 요금을 가격에 포함시키지 않는다. 이럴 경우 비용이 적게 드는 것처럼 보일 수 있다.

부각 여부에 따른 소비자의 인식 차이를 기업들이 이용한다는 점도 널리 알려져 있다. 인쇄기와 잉크처럼 부합성이 중요한 재화들에서 이런 관행이 두드러진다. 기업은 시간적으로 먼저 사야 하는 인쇄기의 가격을 낮추고, 나중이지만 몇 년 동안 지속적으로 필요한 잉크의 가격을 높게

한국의 교통카드와 신용카드 서울을 위시해 전국적으로 이제 교통비를 교통카드, 신용카드, 스마트폰 등으로 결제하고 있다. 이것은 분명 현금을 직접 내고 거스름돈을 받는 불편함을 해소시켜준다. 그런데 이에 수반된 화폐의 비물체화 dematerialization로 인해 사람들이 돈을 내고 있다는 감각을 상실할 수 있다. 그러면 교통비가 인상되더라도 그에 대한 저항이 과거보다 덜할 것이다. 실제로 교통비 인상에 대한 저항은 과거보다 줄었다. 물론 과거보다 소득이 올라 교통비의 비중이 줄어든 것이 원인일 수도 있다. 만약 소득에서의 비중이 작으면서도 저항이 큰 경우(아마도 수돗물 값)를 찾는다면, 소득에서의 비중과 독립적으로 현금지불 여부가 수요에 영향을 미친다고 판정할 수 있다.[*]

---

[*] 이 예를 제공해준 박명수 박사께 감사드린다.

책정한다. 이 관행은 인쇄기의 낮은 가격을 부각시키면서 나중에 지속적으로 드는 잉크의 비용을 과소평가하게 만들어 소비자들이 가벼운 마음으로 인쇄기를 구입하도록 유인한다. 이렇게 해서 기업은 이윤을 극대화할 수 있다.

대출해줄 때 초기에는 미끼로 낮은 이자teaser rate를 부과하고 나중에 많은 이자나 수수료, 그리고 미상환에 대한 과태료 등을 물리는 관행도 이와 비슷하다. 급전이 필요한 사람들은 초기의 낮은 이자율에 집착해 나중에 이행할 많은 채무를 경시하는 경향이 있다. 이로 인해 과도한 융자와 파산의 나락에 빠져드는 경우가 생기기도 한다. 이런 관행은 상품이 지닌 속성들을 은폐하는 것이고, 이런 정책이 다차원적인 가격책정multidimensional pricing이다.

표준이론은 시장에서 기업들 사이에 경쟁이 일어나기 때문에 이런 은폐가 유지될 수 없다고 반박한다. 그렇지만 기업들이 서로 담합하거나 묵계하고 있다면 이런 은폐가 사라지지 않을 수 있다. 또한 경쟁이 있더라도 합리적 소비자들이 대체수단을 강구하지 않는 한 부대사항에 대한 은폐된 요금이 사라지지 않을 수 있다.

신용카드의 경우 이자율이 인상되더라도 고객점수나 주행거리 등에 묶여 다른 카드로 이동하는 것이 생각보다 어렵다. 고객의 채무불이행을 바라는 금융기관은 없다는 주장이 있지만 파산하기 전까지 '우리 속에 가두고sweat box' 최대한 수익을 뽑아내는 금융업자가 적지 않다. 나아가 특정 분야의 공급자들이 공유하는 문제나 약점은 쉽사리 발견되거나 제거되지 않는다. 금융업자, 변호사, 의사, 교수 등 전문직에서 이런 일은 흔하다.

06 근접성, 접근가능성, 후광효과, 회고의 편향
최근에 발생한 일이 더 중요하게 느껴진다

근접성availability에 대한 집착은 일반론이나 통계적인 자료보다 최근에 발생한 주변의 구체적인 사건이나 경험을 중시하는 것을 의미한다. 주변에서 사례를 쉽게 찾을 수 있거나 쉽게 떠올릴 수 있으면, 사람들은 그것의 확률이 낮더라도 높게 평가하는 편향을 지니고 있다. 반면 예를 쉽게 발견할 수 없거나 떠올릴 수 없으면, 확률이나 위험이 높더라도 그것을 낮게 평가한다.[32]

가령 방송매체에서 많이 보도한 것들은 쉽게 기억하고 그렇지 않은 것은 잘 기억하지 못한다. 많은 미국인들은 자살보다 살인이 더 많다거나, 익사보다 화재로 인한 사망이 더 많다고 기억한다. 영어 단어에는 첫 글자가 k인 단어보다 세 번째 글자가 k인 단어가 3배 정도 많지만 사람들은 전자가 더 많다고 말한다.

자신이나 자신의 친지가 지진을 경험한 사람은 객관적인 통계수치가 알려주는 것보다 지진의 위험이 더 크다고 생각한다. 또한 주변에서 누가 암에 걸리면 건강에 더 주의하고, 건강검진을 더 자주 받으며, 의료보험에도 쉽게 가입한다. 더불어 최근에 비행기 사고가 발생했다는 뉴스를 접한 경우에는 한동안 여행을 자제하기도 한다. 이것을 생생함vividness의 오류로 규정하기도 한다. 이는 일반론을 개별 사례에 적용하기보다 개별 사례에서 일반론을 발견하는 것과 같다.

대표성이나 근접성의 편향은 속성의 대체attribute substitution와 연결되어 있다. 이는 복잡하거나 추상적이어서 이해하기 어려운 속성을 구체적이고 쉽게 떠올릴 수 있는 속성으로 바꾸어 생각하는 것을 말한다.[33] 사람들은 어려운 질문을 받으면 이것을 쉬운 질문으로 바꾸어 답변한다.

- 대학에서 승강기의 고장 횟수와 관련해 학생들에게 물어보았다. 고장이 나면 걸어서 교실까지 가야 한다.[34] 그런데 한 부류의 학생들은 승강기만으로 교실에 도착하고, 다른 부류는 승강기에서 내려 다시 계단으로 올라간다. 동일한 승강기의 고장 횟수에 대해 전자가 후자보다 더 많이 고장이 발생한 것으로 기억했다.
- 사람들에게 식품 등에 대해 '주문한 것과 다른지' 여부를 물어보면 문제가 없었던 경우보다 문제가 있었던 경우를 더 쉽게 떠올린다. 이 때문에 사람들은 판단의 균형을 유지하지 못하고 불량비율을 과장되게 생각하는 경향이 있다. 반면 '주문한 것과 같은지'를 물어보면 주로 문제가 없었던 경우를 떠올린다.

불량품이 더 쉽게 기억된다

- 자주 사는 물건의 가격이 기억에 강하게 남아 물가변동에 더 많이 반영된다.
- 시장에 자주 가서 가격에 더 자주 노출되는 여자가 남자보다 물가상승을 더 크게 생각했다.
- 가까운 과거의 물가변동은 크게 생각되는 데 비해 먼 과거의 물가변동은 축소되었다.

자주 사는 물건의 가격을 더 잘 기억한다[35]

조합

10명에서 2명씩 조를 짜서 생기는 조의 숫자는 10명에서 8명씩 조를 짜는 경우 생기는 조의 숫자와 같다.[36] 이 경우 순서가 중요치 않으므로 순열이 아니라 조합이다. 10명에서 순서를 가리지 않고 8명을 고르는 것은 10명에서 2명을 제외하는 것과 같고, 이것은 10명에서 2명을 고르는 것이 된다.* 그런데 사람들은 10명에서 2명을 고르는 경우의 숫자가 10명에서 8명을 고르는 경우의 숫자보다 더 많다고 착각한다. 그 이유는 전자는 쉽게 상상할 수 있는 데 비해 후자는 그렇지 않기 때문이다.

질문의 왜곡

최근에 행동경제학자들을 위시한 많은 경제학자들이 인간의 행복에 대해 연구하고 있다. 대학생들을 대상으로 '자신의 인생이 전체적으로 얼마나 행복하다고 생각하는가?'를 질문한 후, '지난달 몇 번 데이트를 했는가?'를 물어보았다.[37] 양자의 상관계수는 당연히 0.12로 낮았다. 그런데 다른 학생들에게는 질문의 순서를 바꾸어 물었더니 상관계수가 0.66이 되었다. 두 번째 집단의 학생들은 자신도 모르게 인생의 전반적인 행복에 관한 질문을 데이트에서의 낭만으로 대체한 것으로 추정할 수 있다.

---

* 즉, $_{10}C_2 = {}_{10}C_8$. 그리고 일반적으로 $_nC_k = {}_nC_{n-k}$, $_nC_k = n!/k!(n-k)! = n!/(n-k)!k! = {}_nC_{n-k}$, $n! = n \times (n-1) \times ... \times 1$.

이런 전환에 일상적인 해결법이 개입된다.

　기저율이나 표본의 크기를 무시하는 것도 눈에 보이는 구체적인 표본이나 비율에 집착한다는 점에서 속성의 대체로 간주할 수 있다. 속성대체는 외견상 대체되는 질문들이 서로 연결되어 질문이 왜곡되는 경우이다. 이 점에서 속성대체는 완전히 엉뚱한 답변을 하는 동문서답東問西答과는 차이가 있다.

　범위나 시간 등 외연을 고려하지 않는 것도 이와 비슷하다. 예를 들어 사람들은 대체로 자연환경이나 공해회피 등 공공재의 공급 여부에 예민할 뿐 얼마나 많은 공공재가 얼마나 넓은 지역에 공급되는지에 대해서는 둔감하다. 환경에 대한 애정 등 일상적인 해결법이 경제적 가치에 대한 차가운 계산을 대신하기 때문이다.

- 석유 유출로 죽는 철새를 구출하는 데 대한 지불의사를 물었다. 대상을 2,000마리, 2만 마리, 20만 마리로 바꾸어 물어본 결과 각기 80달러, 78달러, 88달러로 별 차이가 나타나지 않았다.
- 토론토의 주민들은 온타리오 호수의 특정 지역에서 오염을 없애는 것과 이 호수 전체에서 오염을 없애는 것에 대해 거의 동일한 지불의사를 제시했다.
- 미국 서부 4개 주의 주민들이 하나의 야생지대를 살리는 데 지불하려는 의사와 57개 지역을 살리는 데 지불하려는 의사를 비교했더니, 그 차이가 28%에 불과했다.

　사람들에게 비슷한 길이에 대한 평균을 구하는 것은 손쉬운 데 비해 합계를 구하는 것은 어렵다. 크기·거리·소리 등의 물리적 속성과 유사성, 감성적인 가치 등은 I체계에서 거의 자동적으로 처리된다. 나아가 사물을 어떻게 배열하고 제시하느냐에 따라 사물이 지닌 여러 차원들 중에서 특정 차원이 눈에 띄고 다른 차원은 무시된다. 이런 것들을 접근가능성accessibility으로 규정한다. 접근가능성의 편향은 인간이 사물의 여러 차원들을 종합적으로 파악하지 못하기 때문에 발생한다. 접근가능성은 두드러짐prominence effect과 연결된다. 표준이론은 인간의 종합적인 인지 능력을 전제하므로 접근가능성을 인정하지 않는다.

• 정육면체로 된 여러 개의 나무토막이 있다. 이들을 세워놓으면 이들의 높이가 눈에 띄고, 펼쳐놓으면 이들의 넓이가 눈에 들어온다. 선분이나 숫자나 문자들을 어떻게 배열하느냐에 따라 평균이 두드러질 수도 있고, 합계가 두드러질 수도 있다.

서로 다른 배열과 키스[39]

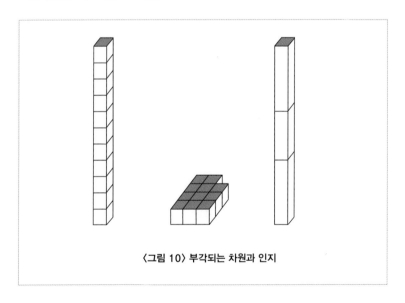

〈그림 10〉 부각되는 차원과 인지

• 강력한 감정은 계산을 어렵게 만든다. 돈이 걸렸을 때보다 키스나 전기충격을 받았을 때 사람들은 확률적인 계산을 어려워한다. 시간 제약이 있는 상황에 처한 사람들은 동시에 여러 대안을 고려하기 힘들다. 당장 화재를 진압해야 하는 소방관이나 응급환자를 치료해야 하는 의사는 단지 한두 개의 대안을 놓고 잠시 고민할 뿐이다.

후광효과halo effect는 사람이나 물건에 대해 한 차원을 보고 다른 모든 차원도 이에 부합할 것이라고 손쉽게 판단하는 성급한 일관성을 의미한다.[38] 이에 관한 초기 연구에서 어떤 사람의 신체적인 조건, 지성, 지도력, 실적 등이 높은 상관관계를 보였다. 그런데 그 높은 상관관계는 실제로 서로 관계가 있어서가 아니라 사람들이 평가할 때 한 차원의 우열을 다른 차원으로 근거 없이 연장하는 편향에서 발생하는 것으로 밝혀졌다. 어떤 사람이 잘생겼으면 그 사람이 성격도 좋고 직장생활도 잘할 것이라고 판단하는 경우가 이에 해당한다.

이 효과는 긍정적으로 작용할 수도 있고 부정적으로 작용할 수도 있다. 사람뿐만 아니라 집단이나 조직, 회사, 상표 등에서도 이런 효과가 나타날 수 있다. 기업의 경우 한 제품을 잘 만들면 다른 제품도 잘 만들 것이라고 예상하는 것이 이에 해당한다. 물론 후광효과는 어느 정도 근거를 가지고 있지만 오류도 내포하고 있다.

"하나를 보면 열을 안다"라는 한국의 속담에 후광효과를 적용할 수 있다. 한국 사회의 현실에서는 공부 성적이나 출신 대학 등 교육과 관련된 속성이 다른 속성들에 대한 판단으로 손쉽게 이어진다. 후광효과는 재벌기업의 다각화와도 연결될 수 있다. 기존 업종과 관련된 업종에 새로 투자한다면 후광효과에 의한 판단이 타당할 수 있다. 그러나 (한국의 재벌 등과 관련해 논쟁이 있지만) 비관련 다각화에 대한 후광효과는 오류를 낳을 것이다. 라면과 주스는 관련될 수 있으나 술과 컴퓨터는 관련이 없다.

후광효과는 자신이 가진 믿음이나 관념을 확인하고 정당화하려는 확인편향confirmation bias, myside bias에 속한다.[40] 이것은 자신 위주의 편향이고, 각자의 내부에 있는 복종적인 존재yes man로 규정된다. 나아가 이는 자신의 정체성이나 자긍심과 연결되어 있다.

한국의 외환위기

1987년의 민주화와 1997년의 외환위기는 한국 경제사회에 커다란 변화를 가져왔다. 특히 외환위기 이후 한국 경제에는 비정규직과 소득불평등 증가, 자살률 및 이혼율 증가 등 많은 변화가 생겼다. 그런데 외환위기가 터졌을 때 "그럴 줄 알았다"고 말한 경제학자들이 예상 외로 많았다. 나아가 어떤 학자들은 이미 예측했었다고 주장했다. 그런데 이런 주장들에 대한 증거는 쉽게 찾을 수 없었다.

회고의 편향hindsight bias은 본래 잘 모르고 있었거나 예상이 달랐으면서도 사건의 결과가 나오면 원래부터 그것을 예상하고 있었던 것처럼 착각하는 것을 의미한다. "내가 그럴 줄 알았어!"라는 말이 이 편향에 대한 정확한 표현이다. 회고편향으로 인해 사람들은 자신의 정보나 지식을 과장함으로써 최근의 정보를 수용하지 않을 수 있다. 가령 주가변동에 대한 최근의 정보를 수용하지 않아 주가 예측에서 오류를 범할 수 있다.[41] 또한 이 편향으로 인해 예측가능성을 과장하고 결과에 필연성을 부여한다. 이미 발생한 범죄에 대한 판결을 할 때, 범죄라는 결과에 합당하지 않은 정보나 증거가 나와도 이를 잘 고려하지 않는 오류도 이에 해당된다.

4장

행동경제학에 따르면 인간은 인지 과정·
상황이라도 어떻게 제시하고 규정하느ㄴ
따라 선택도 달라진다

맥락과
규정

상황을 편집하고 해석한다. 또한 동일한
라라 달리 받아들인다. 물론 이런 것들에

01 규정효과
동일한 상황이라도 규정하기에 따라 다른 상황이 된다

앞서 열째 전제로 제시했듯이, 신고전학파의 표준이론은 선택상황이 특정 서술이나 제시와 무관하게 객관적으로 주어져 있다고 생각한다. 그러나 행동경제학은 이런 절차 관련 불변성을 완전히 부정한다. 행동경제학에 따르면 인간은 인지 과정에서 상황을 편집하고 해석한다. 또한 동일한 상황이라도 어떻게 제시하고 규정하느냐에 따라 달리 받아들인다. 물론 이런 것들에 따라 선택도 달라진다.[1]

무엇보다 사람들은 언제나 사물의 모든 측면을 파악하는 것이 아니라 자신이 그 시점에 지니게 된 인식의 틀에 비추어 정형화된 차원이나 두드러진 측면만을 선별적으로 파악한다. 특히 자극stimulus이나 동작신호cue가 바뀌어 사물이나 선택대상의 특정 차원이 부각되면서 대안들을 달리 파악할 수 있다. 이런 서술과 해석은 개별적인 대안들, 여러 대안들의 관계, 또 모든 대안의 전체적인 모습에 대한 이해에 영향을 미친다.

선택상황에 대한 이해는 선택주체의 내부와 외부에서 형성된다. 즉, 선택주체 스스로 내부에서 해석하고 편집할 뿐만 아니라 선택주체의 외부에서 선전이나 광고 등을 통해 선택상황을 서술하거나 제시하고 규정한다. 내부의 해석이나 외부의 규정이나 모두 표준이론에 부합되지 않는다. 외부에서 형성되는 측면을 강조하는 경우 규정효과framing effect라고 부른다. 이런 해석과 규정이 특정의 준거나 특정의 맥락을 부과한다. 이는 준거의존과 손실회피가 선택상황에 대한 경제주체들의 인지와 이해 방식에 따라 달라짐을 의미한다. 언론, 정치, 외교 등의 분야에서는 규정효과를 당연시하고 있다.

인물(대통령 후보), 사건(세월호), 현상(전세금 폭등), 정책(이자율 인하)에 대한 사회구성원의 판단, 의사결정, 그리고 선택은 민주주의와 시장경제 모두에 중요한 영향을 미친다. 행동경제학은 시민이나 경제주체들이 개별적으로 편집하고 이해하며 해석하는 것이 현실이자 인식 과정의 중요한 일부라고 생각한다. 이는 많은 경우 주어진 자료를 놓고도 상당 기간 동안 진실이나 진상이 쉽게 밝혀지지 않고 여러 해석이 공존할 수 있음을 의미한다. 천안함, 성추행, 땅콩 사건 등의 최근 사건들만 보아도 당사자든 당사자가 아니든 사람들의 해석과 이해가 일치하지 않는 경우가 많다.

보다 적극적으로 특정 사건이나 현상에 대해 서로 자신의 이해나 해석의 방식을 설득하고 자신의 해석을 지배적인 것으로 만들기 위해 노력하는 과정이 있다. 제품에 대해서도 해당 기업과 소비자, 행정부, 언론 등의 이해가 다를 수 있다. 그리고 이들은 필요하면 자신들의 해석이나 견해가 사회담론을 지배하도록 공식적이거나 비공식적인 방법을 통해 노력한다. 재화나 제품에 대한 기업의 광고와 선전도 그 제품의 이미지를 특정 방식으로 사회에 정착시키려는 노력이다. 선거에 나온 후보자도 국민들에게 자신에 대한 유리한 해석과 선택을 유도하기 위해 치열하게 노력한다. 이 지점에 이르면 정책 결정 및 시행과 관련해 행동경제학이 강조한 규정을 사회적인 차원으로 격상시켜 사회적 규정social framing으로 취급하는 것이 보다 타당해 보인다.

규정효과는 서술이나 수사에 의존하므로 선택상황의 내용(이라는 차원)뿐 아니라 그 내용을 담거나 전달하는 형식과 외양(이라는 차원)을 중시한다. 표준이론은 선택상황의 변치 않는 내용을 강조할 뿐 그것이 담기거나 전달되는 형식을 중시하지 않는다. 행동이론은 내용만이 아니라 형식도 중시하고, 양자 모두를 질과 양의 두 가지 측면에서 강조한다.

표준이론은 수학이나 통계자료에 대한 검증에 친숙한 반면 문맥에 대한 이해나 해석은 생경하게 취급한다. 이는 표준이론이 수사나 설득과 거리를 두고 있음을 뜻한다. 경제학자는 수사나 설득이 연설이나 정치 등에 국한된 것으로 간주한다. 이에 비해 사례연구와 해석에 치중하는 (심리학과) 행동경제학은 실증경제학에 자부심을 가지고 있지 않다.*

규정효과를 낳는 가장 외형적인 행위는 형식이나 이름을 부여하는 것이다. (나중에 설명하는 바와 같이) 명목소득이나 명목임금은 문자 그대로 수량적으로 형식이나 이름이 중요한 경우이다. 물체의 무게를 측정하는 것과 달리 선호를 표현하고 측정하는 일에서는 불변성이 유지되기 힘

---

* 미국의 경제학자 맥클로스키D. McCloskey는 *The Rhetoric of Economics*(1985)라는 저서를 통해 회귀분석 등이 과학성을 표방하나 각자의 입장을 설득하기 위한 수사에 불과하다고 주장했다. 이론적인 공헌이 상당한 그의 주장은 많은 호응을 얻고 있다. 이런 비판을 거쳐 경제학에서 인문과학belles lettres으로 이행하는 과정에서 그는 그녀로 바뀌었고, 이름도 'Donald'에서 'Deidre'로 바꾸었다. 그의 글과 달리 그녀의 글은 현란하고 현학적이다. 그(녀)의 말이 맞다면 표준이론이 강고하게 믿고 있는 과학성이 흔들리게 된다. 따라서 물리학과 경제학이 인문학뿐 아니라 생물학, 인류학, 사회학 등보다 과학적이라는 생각을 재고해야 할지 모른다.

들다. 더구나 돈이 평가 단위로 끼어드는 경우 절차 관련 불변성이 쉽게
붕괴된다.

다음 사례[2]를 보자.

> 600명의 주민이 있는 마을에서 높은 치사율의 전염병이 발생해 이에 대한
> 방역대책을 선택해야 하는 상황이다. 동일한 대안에 대해 다음과 같이 두
> 가지 방식으로 서술했다.

> • 규정 방식 I
> A를 택하면 200명을 살린다.   [72%]
> B를 택하면 600명을 살릴 확률이 1/3이고, 아무도 살지 못할 확률이 2/3
> 이다.   [28%]

> • 규정 방식 II
> C를 택하면 400명이 죽는다.   [22%]
> D를 택하면 아무도 죽지 않을 확률이 1/3이고, 600명이 죽을 확률이 2/3
> 이다.   [78%]

규정 방식 I에서는 A로 몰리고, II에서는 D로 몰렸다. 결과적으로 동
일한 내용이지만 서술 방식이 달라지면서 의사결정과 선택에 변화가
생겼다.

폐암 치료법을 선택하는 것에 관한 또 다른 사례[3]를 살펴보자.

> • 규정 방식 I(생존형)
> 수술: 수술받으면 100명당 90명이 수술 직후 살아남고, 1년 후에 68명이

살아남으며, 5년 후에는 34명이 살아남는다.

방사선치료: 방사선치료를 시행하면 100명이 일단 모두 살고, 1년 후에 77명이 살아남으며, 5년 후에는 22명이 살아남는다. [18%]

• 규정 방식 II(사망형)

수술: 수술받으면 100명당 10명이 수술 직후 죽고, 1년 후에 32명이 죽으며, 5년 후에는 66명이 죽는다.

방사선치료: 방사선치료를 시행하면 100명 중 일단 아무도 죽지 않고, 1년 후에 23명이 죽으며, 5년 후에는 78명이 죽는다. [44%]

I과 II는 같은 내용인데 방사선치료에 대한 선택이 18%에서 44%로 늘어났다. I에서는 수술 직후 90%가 사는 데 비해 방사선치료 직후 100%가 산다. II에서는 수술 직후 10%가 죽는 데 비해 방사선치료 직후 아무도 죽지 않는다. 표현상 전자보다 후자에서 방사선치료가 더 우월하게 이해된 것이다.

준거를 설정하는 데 있어서도 실제 내용뿐 아니라 제시 방식이나 규정 방식 또한 중요하다. 동일한 요금체계인데 현금에 대한 할인과 신용카드에 대한 할증 중 어느 것으로 표현하고 이해하느냐에 따라 선택이 달라졌다. 즉, 같은 상황이지만 '현금으로 지불하면 깎아준다'고 표현하느냐 '신용카드로 지불하면 더 내야 한다'고 표현하느냐가 선택에 영향

하루에 단돈 7,000원 동일 액수의 의료보험료이지만 '연간 240만원', '월 20만원', '하루에 단돈 7,000원'의 세 가지 중 어느 것으로 표현하느냐에 따라 선택의 결과가 달라졌다. 하루 단위로 표현하는 경우 부담이 없어 보여 더 많이 선택한다. 물론 이것은 동일한 화폐액을 파악하는 방식에 불과하며, 실제로 매일 얼마씩 지불한다는 의미는 아니다.

선택상황에 대한 규정	현금지불	카드지불
A (현금지불에 대한 할인)	이익획득	이익포기〈준거〉
B (카드지불에 대한 할증)	손실회피〈준거〉	손실감수

을 미쳤다.[4]

'현금지불에 대한 할인'(A)은 신용카드 지불액을 준거가격으로 삼아 현금지불에 이익이 발생한다고 이해한다. 여기서 카드로 지불하는 것은 현금지불에 수반된 이익을 포기하는 것이 된다. 이에 비해 '신용카드지불에 대한 할증'(B)으로 규정한 경우 현금지불액을 준거가격으로 삼아 카드로 지불하면 손실을 겪는 것이 된다. 이 경우 현금지불은 손실회피이다.

현금지불이 A에서는 이익의 획득이고 B에서는 손실의 회피이다. 카드지불은 A에서 이익의 포기이며 B에서는 손실의 감수이다. 행동경제학에 따르면 이익의 획득보다 손실을 회피하려는 경향이 더 강하므로, 이익을 포기한 고통보다 손실을 겪는 고통이 더 크다. 따라서 A보다 B에서 더 많은 사람들이 현금으로 지불하고, 반대로 B보다 A에서 더 많은 사람들이 카드로 지불한다.

세금공제와 추징에 관한 다음의 두 방식을 비교해보자.[5]

· 제시 방식 I (추징)

저소득층은 아이가 있으면 100만원을 내고, 아이가 없으면 20만원을 추가해 120만원을 낸다. 그리고 고소득층은 아이가 있으면 200만원을 내고, 아이가 없으면 40만원을 추가해 240만원을 낸다.　　　　　　　[찬성]

· 제시 방식 II (공제)

저소득층은 아이가 없으면 120만원을 내고, 아이가 있으면 20만원을 공제해 100만원을 낸다. 그리고 고소득층은 아이가 없으면 240만원을 내고, 아이가 있으면 40만원을 공제해 200만원을 낸다. [반대]

이 조세체계는 저소득층보다 고소득층이 세금을 더 내고 소득계층에 관계없이 자녀가 있으면 세금을 적게 내도록 설계되어 있다. 그런데 자녀가 있는 가정에 대한 세금감면을 공제라고 부르느냐 아니면 자녀가 없는 가정에 대한 추가세금으로 부르느냐에 따라 동일한 조세에 대한 대학생들의 반응이 달랐다. 추징으로 불렀을 때는 저소득층보다 고소득층에 더 많이 세금을 부과하는 데 찬성했다. 그러나 공제라고 불렀을 때는 저소득층보다 고소득층을 더 많이 공제해주는 것에 반대했다.

02 맥락특정성 context specificity
맥락이 바뀌면 대안들에 대한 선택이 바뀐다

특정 대상에 대한 이해와 해석은 그 대상의 주변을 포함하는 맥락context을 전제한다. 고전 해석이 문맥文脈을 전제로 하는 데서 알 수 있듯이 인문학은 포괄적으로 맥락을 중시해왔다. 행동경제학이 선택상황에 대해 여러 해석을 허용한다는 것은 맥락을 인정한다는 뜻이다. 일반적으로 맥락은 개별적인 구성요소들의 속성이 아니라 이들이 모여 이루는 관계나 이들이 구성하는 전체의 형상에서 비롯된다. 그리고 행동경제학에서 맥락은 행동과 선택의 맥락이다.

분석적인 개체주의에 근거해 맥락을 인정하지 않는 표준이론의 사전에는 맥락이라는 단어 자체가 없다고 말할 수 있다. 또한 표준이론은 수학이나 검증의 방법과 친하고 통계자료와 같은 정보를 중시한다. 이에 비해 행동경제학은 맥락에 대한 이해와 해석의 방법을 중시한다. 주식시장에 돌아다니는 것이 정보가 아니라 소문, 소식, 그리고 무엇보다 이야기story라는 실러R. Shiller의 주장은 행동경제학의 이러한 성격과 맞닿아 있다.[6]

행동이론이 중시하는 선택의 맥락은 소비자 등 선택주체의 편집과 인지, 선택대안들의 범위 및 구성과 배열, 선택상황에 대한 서술 방식이나 제시 방식, 선택주체와 대상들이 모여 이루는 선택의 환경이나 배경이나 분위기 등으로 결정된다. 앞서 논의한 규정효과도 맥락형성에 포함된다. 선택 이외의 행위에 대해서도 이같이 말할 수 있다. 당연히 선택과 행위의 맥락을 결정하는 요인들은 다양하여, 표준이론이 인정하는 가격·소득·선호 등 주어진 정보를 넘어선다.

맥락의 의미는 준거의 의미보다 더 다양하다. 맥락의 의미는 그야말로 맥락에 따라 다르다. 그리고 이러한 어려움은 어느 정도 원초적이다. 여러 요소들이 관계를 이루거나 전체적으로 모여 개별 요소들로 환원할 수 없는 출현적인 성격을 보이는 것이 맥락이므로 이를 쉽게 설명하기는 어렵다. 행동경제학에 의하면 이런 맥락에 따라 선택상황에 대한 이해가 바뀌어 선택의 결과가 달라진다.

열째 전제로 제시한 바와 같이, 표준이론은 선택상황이 객관적으로 주어진다고 생각한다. 또한 대안들의 독립성에 집착한다.(54쪽 ②) 표준이론에서는 독립적인 개인, 개별 재화나 자원이 모여 선택의 주체와 대안들을 구성하므로 이들이 주어지면 선택상황이 객관적으로 주어지게 된다. 동시에 대안들 사이의 관계나 위치도 중요치 않다. 이는 선택상황이 가격, 소득, 선호, 주체와 대안 등으로 분해되거나 환원될 수 있음을 의미한다. 표준이론은 선택상황의 맥락이나 이에 대한 해석의 여지를 허용하지 않는다.

행동경제학에서는 적어도 두 가지 종류의 맥락을 이야기한다. 주로 재화나 대안들이 형성하는 좁은 의미의 맥락과, 분위기 등 선택상황 전체가 형성하는 넓은 의미의 맥락이 그것이다. 트버스키는 좁은 의미의 맥락을 강조했으며 세일러와 선스타인은 넓은 의미의 맥락을 강조했다. 후자는 인문학이 말하는 맥락에 가깝고, 선택상황의 내외 요인들을 포괄한다. 행동경제학이 주로 집중하는 것은 좁은 의미의 맥락으로, 마케팅 연구에서 더욱 그러한 경향이 나타난다.

좁은 의미의 맥락은 개별 대안들이 바뀌지 않은 상태에서 이들의 공간적·시간적 구성 혹은 배치로 결정된다. 구성이나 배치가 바뀌면서 대안들의 의미나 가치가 달라진다. 무차별지도에 놓여 있는 여러 재화들이나 몇 가지 속성을 지닌 제품들이 독립적으로 존재하지 않고 상호의존적인 관계를 이루면서 맥락을 형성한다. 또한 대안이 추가되는 경우 단순히 대안의 숫자가 늘어나는 데 그치는 것이 아니라, 기존 대안들의 관계나 상대적인 위치가 바뀌면서 이들의 의미나 가치가 변경된다.

대리점에서 제품을 제시하거나 진열하는 방식에 따라 선택의 결과가 달라진다. 성능이 좋으면서 가격이 비싼 컴퓨터 x[150기가, 150만원], 성능이 떨어지면서 가격이 싼 컴퓨터 y[100기가, 100만원]의 두 대안을 놓고 소비자들이 고민하고 있다. 일단 이에 대해 선택했다고 하자. 이어서 y보다 성능이 크게 떨어지면서 가격이 조금 더 싼 z[50기가, 80만원]가 대안으로 추가되었다고 하자. 소비자들은 x와 y를 놓고 고민할 뿐 z에 대해서는 별로 관심이 없다. 그런데 선택의 대안이 [x, y]에 국한되었을 때와 z가 추가되어 [x, y, z]로 늘어났을 때, x와 y에 대한 소비자들의 선택 비율에 변화가 생겼다.

이 경우 가격과 용량의 두 가지 차원이 제품을 규정하면서 이들 사이에 상충이 생긴다. 그런데 z가 추가되면서 기존의 두 가지 컴퓨터에 대한 선택 비율이 바뀔 수 있다.[7] 예컨대 원래 [0.5, 0.5]로 나뉘었던 소비 비율이나 판매 비율이 [0.4, 0.55, 0.05] 혹은 [0.3, 0.6, 0.1]로 쪼개질 수 있다. 그 이유는 단위가격당 용량의 차이를 보면 x와 y의 차이보다 y와 z의 차이가 커서 y가 z보다 상대적으로 훌륭하게 보이기 때문이다. z가 y를 부각시켜준다는 의미에서 이것을 대비효과contrast effect라고 부른다.

관심의 대상이 아닌 특정 대안이 끼어들면서 맥락이 바뀌어 x와 y의 위치와 이들에 대한 상대적인 평가에 변화가 생긴 것이다. 이 상황에서 z는 선택의 대상이라기보다 y를 선택하도록 유도하는 미끼일 수 있다. 여기서 제품의 가치가 그 자체로 결정되지 않고 주변의 재화들이나 제품들로부터 영향을 받는다는 점이 무엇보다 중요하다. 이것이 맥락이 낳는 상호의존성이다. 이 현상은 재화들이 개별적으로 의미와 가치를 지닌다고 보는 표준이론의 전제에서 벗어난다.

맥락이 중요한 또 다른 경우로 극단적인 대안의 회피extremeness aversion를 들 수 있다. 다른 것을 고려하지 않고 중간 위치에 있는 대안을 선택하는 것이다. 일반적으로 [w, x, y, z]의 전체 집합 중에서 고려되는 대상의 집합consideration set으로 [w, x, y]를 보여주면 x를 고르고, [x, y, z]를 보여주면 y를 고른다. 재화뿐만 아니라 어떤 의견이나 입장에서도 사람들은 중간으로 가는 경향이 있다. 회의장에서 두 가지의 극단적이고 대립되는 견해가 등장하면 다수의 사람들이 타협안으로 중간을 택하는 경우가 적지 않다. 이들은 좋게 보면 온건파이고 나쁘게 보면 기회주의자이다.

극단적인 대안들에 대한 회피는 경제경영뿐 아니라 법원의 판결에서도 중요하다. 흔히 가장 무거운 형량이 선택의 대안으로 끼어들면서 중간

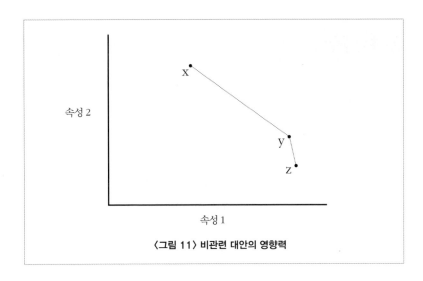

〈그림 11〉 비관련 대안의 영향력

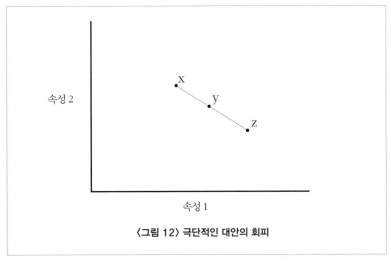

〈그림 12〉 극단적인 대안의 회피

의 형량이 가혹하지 않다는 인상을 주기 때문에 이 형량으로 선택이 몰린다. 이는 대안이 되는 개별 형량들을 독립적으로 고려한 결과가 아니라 여러 형량들 사이의 관계나 위치에 비추어 형량이 선택됨을 의미한다.

만약 컴퓨터를 선택하는 상황에서 새로 등장한 z가 x에 지배되지만 y

한국 식당의 정식

식당에서 저녁식사로 가장 비싼 x(5만원), 중간 가격의 y(4만원), 그리고 가장 저렴한 z(3만원)를 제공할 수 있다. 대부분의 사람들은 너무 싸서 자신의 품위를 깎는 z나 너무 비싸 부담이 되는 x를 피하고 y로 몰릴 가능성이 높다. 식당에서는 y로 몰리게 하는 역할을 x나 z에 부여한다. 만약 [6만원, 5만원, 4만원]의 저녁식사를 보여주면 5만원짜리 식사를 선택할 가능성이 높다.

에는 지배되지 않는 경우, x가 돋보여 y에 대한 지지가 x로 옮아갈 수 있다. 반면 z가 y에 지배되지만 x에는 지배받지 않으면, y가 돋보여 선택이 x로부터 y로 옮아갈 수 있다. 하나의 대안과는 지배관계에 있지만 다른 대안과는 그렇지 않다는 점에서 이 경우를 비대칭적인 지배asymmetrical dominance라고 부른다. 다음의 컴퓨터들을 비교해보자.

x[150기가, 150만원], y[100기가, 100만원]

x[150기가, 150만원], y[100기가, 100만원], z[130기가, 160만원]

→x에만 지배되고 선택은 x로 몰린다.

x[150기가, 150만원], y[100기가, 100만원]

x[150기가, 150만원], y[100기가, 100만원], w[80기가, 110만원]

→y에만 지배되고 선택은 y로 몰린다.

z는 개인의 선호에 관계없이 x보다 확연히 열등하다. 반면 z가 y보다 열등하다고 말할 수는 없다. 이 상황에서 z는 자신에게 소비자들을 끌어들이는 것이 아니라 상대적으로 x를 돋보이게 하고 y를 퇴색시킨다. 이에 따라 선택이 x로 몰린다. 반면 w가 추가되면, w는 y에 지배되지만 x에는 지배받지 않는다. 이 경우에는 비슷한 원리로 선택이 y로 몰릴 수 있다. v[90기가, 160만원]와 같은 것은 x, y 모두에게 지배되는 대안이므로 비대칭적이 아니며 아예 고려대상이 아니다.

일단의 사람들에게 6달러의 현금과 이에 상당하는 좋은 펜을 놓고 고르게 했다. 64%는 현금을, 36%는 펜을 선택했다. 다른 집단에게는 6달러의 현금과 좋은 펜뿐 아니라 질이 약간 떨어지는 펜을 추가하여 모두 세 가지를 놓고 선택하게 했다. 결과는 52%, 46%, 2%였다. 좋지 않은 펜을 선택한 사람은 2%에 불과했지만, 좋은 펜을 선택한 사람은 46%로 늘고 현금을 택한 사람은 52%로 줄었다.

이런 결과가 나온 이유는 새로 등장한 펜이 기존의 좋은 펜에는 압도되지만 현금에는 압도되지 않기 때문이다. 결과적으로 새로 등장한 펜이 좋은 펜을 돋보이게 하는 반면 현금은 퇴색시켰다. 이 역시 비대칭적인 지배의 예다. 이 경우 두 번째 펜이 등장하면서 국지적으로 맥락이 바뀌어 첫 번째 펜과 현금에 대한 상대적인 평가가 변했다.

위의 사례들을 보면 관련 없는 대안이 기존 대안들의 선택 비율에 영향을 미쳤다. 즉, 비관련 대안의 독립성, 비례성, 규칙성 등 표준이론의 가정들이 충족되지 않는다. 경영학의 판매전략에서는 비례성, 그리고 특히 규칙성이 표준이론의 합리성을 대변한다. 이들은 모두 재화가 개별적으로 존재하고 평가된다는 전제에서 파생되는 원리들이다.

만약 세 번째 제품이 등장하면서 첫 번째와 두 번째 제품에 대한 선택이 [0.5, 0.5, 0]이나 [0.4, 0.4, 0.2]처럼 같은 정도로 영향을 받았다면 비례성을 충족시키는 것이 된다. 그렇다면 이보다 더 약하지만 더 중요한 규칙성도 충족시킬 것이다. 적어도 A나 B의 선택 비율이 늘어나지 않는다는 것이 규칙성이다.

대비효과나 극단적 대안의 회피, 그리고 비대칭적 지배는 비례성은 물론이고 규칙성에도 벗어난다. x와 y에 대한 선택이 같은 비율로 줄지 않을 수 있고, 심지어 x나 y에 대한 선택 비율이 오히려 늘어날 수도 있다.

z의 등장이 x나 y에 대한 상대적인 지지를 잠식한 것이다. 이러한 경우는 규칙성을 충족시키지 못하므로 표준이론이 상정하는 합리성에서 벗어난다.

표준이론은 대안이 추가되면 그만큼 선택의 범위가 넓어져 후생이 늘어난다고 생각한다. 그렇지만 추가되는 대안이 맥락을 형성하거나 이로 인해 선호가 변경된다고 생각하지는 않는다. 그 이유는 선호가 대안들로부터 독립적이며 안정적이라고 전제하기 때문이다. 특히 비관련 대안들로부터의 독립성을 상정해 별로 중요치 않은 제3의 대안이 추가되더라도 기존 대안들에 대한 선택이 영향을 받지 않을 것으로 예상한다.

위의 경우에서 z라는 대안은 선택의 범위를 넓혀 후생을 증진시키는 것이 아니라 맥락을 형성해 선호에 영향을 미치고 이를 통해 선택 자체를 변화시켰다. 표준이론이 규칙성을 내세운 근거는 선호의 안정성이라는 둘째 전제였는데, 맥락특정성으로 선호의 안정성이라는 전제는 반증된다. 이같이 표준이론의 주장과는 달리 주어진 부존자원과 가격에서 맥락에 따라 선택은 변할 수 있다.

신고전학파에서 중요한 숫자는 1, 2, n이다. 2가 중요한 이유는 n의 주체, 재화, 가격, 산업을 둘로 단순화할 수 있기 때문이다. 그런데 행동경제학에서는 3명의 경제주체나 3개의 재화 등 '3'이라는 숫자가 별도의

포도주의 진열 형태

컴퓨터뿐만 아니라 포도주도 진열하는 데 따라 판매량이 달라진다. 전통적인 미시경제학자였다가 행동경제학에 관심을 갖게 된 맥패든D. McFadden은 보스턴에서 해물식당을 경영하는 친구에게 자신이 새로 익힌 이론을 알려주었다.[8] 그는 친구의 찬사를 기대했으나 돌아온 대답은 예상과 달랐다. "내가 모르는 것을 좀 알려줄 수는 없겠나?" 친구는 호텔 서비스 수업을 통해 이러한 효과를 이미 알고 있었다. 이는 경제이론이 현실보다 크게 앞서갈 수 없다는 것과, 표준이론보다 행동이론이 현실을 더 잘 설명할 수 있다는 것을 보여준다.

의미를 지닌다. 대비효과 등에서 세 번째 재화는 단순히 추가적인 대안이 아니라 맥락을 형성하고 선호와 선택 전체를 변화시킨다. 두 개의 재화만으로는 이러한 대비나 맥락을 상정할 수 없다. 여기서 세 번째 재화가 나머지 (n-2) 전체를 대변한다고 이해할 수도 있다. 부존자원효과와 관련해 구매자나 판매자 이외에 중립적인 선택인이 별도의 역할을 지니는 것도 이에 부합된다.

선거는 사회적 선택이지만 여기서도 선택의 주체는 여전히 개인이라고 표준이론은 생각한다. 그러나 이 선택에서 각 후보는 개별적으로 평가되지 않고 흔히 다른 후보들과의 관계 속에서 상대적으로 평가된다. 진보적인 후보와 보수적인 후보가 경합을 벌이는 상황에 중도적인 후보가 끼어들면, 진보적인 후보나 보수적인 후보가 모두 극단적으로 보이지 않아 선거 결과가 이들에게 유리하게 변할 수 있다.

이런 경향은 한국의 선거에서도 흔하다. 어차피 당선 가능성이 없는 어떤 후보의 등장이 다른 후보들의 당락에 영향을 미칠 수 있다. 우리는 이를 흔히 '선거판'이 바뀐다고 말한다. 선거판은 선거 전체의 형세나 맥락을 의미한다. 한 후보의 참여가 이 후보의 당락과 무관하게 선거 전체의 성격을 바꾸는 것이다. 표준이론은 독립성을 내세워 각 후보가 개별적으로 존재하고 개별적으로 평가받는다고 생각하므로 '선거판'과 같은 맥락을 인정하지 않는다.

대통령 선거에서 서로 다른 이념이나 이력을 지닌 두 명의 대통령 후보가 백중세로 경합하고 있다고 하자. 이 경우 [A, B]에 대한 지지율은 [0.5, 0.5]이다. 여기에 더 극단적인 이념이나 이력을 가졌지만 어차피 당선 가능성이 없는 세 번째 후보가 끼어들었다고 하자. 이때 A와 B의 백중세가 유지될 것인가, 아니면 C의 등장이 앞선 A와 B를 차별적으로 돋보이게 만들어 이들에 대한 선택을 변화시킬 것인가? 예를 들어 [0.48, 0.48, 0.04]가 될까, 아니면 [0.56, 0.40, 0.04]가 될까?

위의 상황에서 세 번째 후보는 사람들에게 관심의 대상이 아니므로 비관련 대안이다. 그런데 행동경제학에 의하면 비관련 대안이 기존 대안들의 상대적인 위치에 여러 경로로 변화를 가져오고 선호와 평가에 영향을 미쳐 선택을 바꾼다. 다시 말해 A와 B의 백중세가 어느 한쪽으로 기울어질 가능성이 있다. 반면 표준이론은 사람들이 모든 대안들에 대해 독립적으로 평가하므로, 비관련 대안의 포함 여부가 기존 대안들에 대한 평가에 영향을 주지 않는다고 주장한다. 이에 따르면 C가 개입한 후에도 A와 B의 백중세는 유지되어야 한다.

행동경제학이 강조하는 맥락 속에서의 상호의존성과 표준이론이 강조하는 대체보완이 일견 비슷해 보이지만 양자는 동일하지 않다. 그리고 양자의 차이를 파악하는 것이 행동경제학을 이해하는 데는 중요하다.

먼저 표준이론이 주로 다루는 선택상황 ①에서 선택대상은 [사과 x개, 책 y권]과 같이 특정 수량의 소비재 묶음이다. 여기서는 부드러운 대체보완을 설정해 무차별곡선을 그릴 수 있다. 이 경우 대체보완은 묶음을 구성하는 서로 다른 재화들 사이에 성립한다. 이에 비해 행동경제학이 주로 맥락을 논의하는 선택상황 ②에서 선택대상은 동일 용도에 쓰이는 단일 재화, 가령 컴퓨터 [A, B, C]이다. 이 경우 [사과, 책]과 같이 여러 제품들이 함께 선택되지 않고 하나의 제품이 선택된다. 여기서 상호의존적인 것들은 한 제품의 여러 차원이나 속성, 가령 가격이나 용량이다. 표준이론에서는 특정 수량의 재화들이 차원을 이루는 데 비해 행동경제학에서는 가격과 용량이 차원을 이룬다.

①에서와 같은 부드러운 대체보완과 무차별곡선을 ②의 가격과 용량

에는 설정하기 힘들다. ①에서는 동일한 효용을 얻기 위해 사과 하나 없이 책만 선택할 수도 있고 그 역도 성립한다. 반면 ②에서는 아주 높은 가격을 높은 용량으로 대신하기 힘들고 그 역도 마찬가지다. 자동차의 연비가 아무리 좋아도 이것으로 공간의 협소함을 대신하는 데는 한계가 있다. ①에 비해 ②에서는 대체성이 제한되어 있고 주로 보완성이 부각된다. 이런 이유로 ②에서는 (여러 차원들 사이에) 상호의존성을 설정하는 것이 올바르다. 달리 보면 ①과 ②는 각각 표준이론과 행동이론에 우호적이다.

이보다 핵심적인 차이는 맥락의 변동이 개인의 평가기준 자체를 바꾼다는 것이다. 행동경제학에서 맥락의 변동은 대비효과나 극단회피 등을 통해 차원들의 중요도나 가중치를 바꾼다. 제3의 재화가 끼어들어 가격과 용량에 대한 선호나 평가기준 자체가 새로 형성되면서 두 차원 사이의 대체비율이 변동한다.

A와 B를 비교할 때 단위당 용량 감소에 가격이 10달러 감소한 데 비해 B와 C를 비교하면 단위당 용량 감소에 가격이 5달러 감소했다고 하자. 확고한 대체비율을 견지하고 있지 않았던 다수의 소비자들이 1:10의 대체비율이 나쁘지 않다고 생각하게 되어 B가 좋은 대안이라고 판단한다. 이는 소비자가 가격과 용량에 부여하는 가중치가 변했음을 의미한다.

이에 비해 표준이론의 대체보완은 주어진 효용함수와 무차별곡선이 부여하는 평가기준을 충실하게 따르므로 이런 변동을 수용할 수 없다. 특히 예산제약과 선호가 서로 독립적이라는 네 번째 전제 때문에 이런 선호의 변동이나 선호의 생성을 인정할 수 없다. 정보가 완전치 않아 처음에는 모든 대안들이 포함되지 않다가 나중에 포함되는 상황은 있을 수 있다. 그런데 표준이론에서는 예산제약이나 선택대상과 관련된 사항들이 직접 선택에 영향을 미칠 뿐, 간접적으로 선호에 영향을 미쳐 다시 선택을 변화시킨다고 생각하지는 않는다. 가게에서 몇 가지 포도주를 진열했는지, 그리고 이들을 어떻게 배열했는지가 사람들의 선호에 영향을 미치는 상황을 표준이론은 용인할 수 없다. 반면 행동경제학은 맥락의 중요성 등을 들어 대안들의 숫자, 배열, 제시되는 순서 등이 선호에 변화를 가져온다고 생각한다.

결론적으로 말해 행동경제학은 예산제약과 선호 사이의 독립성을 인정하지 않고, 여러 대안들의 배열이나 관계 등이 맥락을 변화시켜 선호에 영향을 미친다고 본다. 즉, 대안들의 구성과 배열 → 선호 → 선택 이다. 앞서 부존자원효과와 관련해서도 표준이론과 행동경제학의 차이로 이와 비슷한 점을 지적했는데, 이 모든 경우 대안들의 소유 여부, 숫자, 구성, 배열, 순서 등 대안과 관련된 것들이 부분적으로 선호에 영향을 미쳐 선택을 변경시킨다.

맥락효과와 부존자원효과 사이에는 물론 차이점이 있다. 부존자원효과에서는 현재 보유하고 있는 재화(머그잔)와 대안(현금)의 '양자' 사이의 거리나 관계가 문제가 된다. 이에 비해 맥락특정성에서는 현재 고려하고 있는 두 가지 이상의 대안들(컴퓨터 A와 B)과 추가된 대안(C)의 '삼자' 사이의 거리나 관계가 문제이다.

이런 차이에도 불구하고 부존자원효과와 맥락효과는 모두 표준이론의 핵심인 예산제약과 선호의 독립성을 반증한다. 손실회피, 현상유지편향, 그리고 부존자원효과와 맥락특정성 등 행동경제학의 다양한 논리들은 모두 표준이론의 선호안정성을 겨냥하고 있다. 이는 선호의 안정성이 표준이론의 금과옥조임을 거꾸로 확인시켜주는 것이다.

부존자원과 선호의 독립성에 대한 의문은 두 방향으로 나타날 수 있다. 하나는 부존자원이나 선택대상들이 선호에 영향을 미치는가이고, 또하나는 선호가 부존자원이나 대상들에 영향을 미치는가이다. 행동경제학이 주로 관심을 두는 것은 전자이지만 후자에 대해서도 고려할 필요가 있다. 만약 선호가 관심이나 이익을 낳고, 관심이 정보에 영향을 미치며, 정보가 선택대안들의 숫자와 질에 영향을 미친다면 선호는 선택대상들의 집합에 영향을 미칠 것이다. 또한 선호가 노력과 능력을 낳고, 그것이 선택대안들의 내용에 영향을 미칠 수 있다. 이렇게 되면 선호는 예산제약과 별도로, 그리고 간접적으로, 고려할 선택대안들에 변화를 가져오는 것이다.

등산에 관심이 많은 사람은 그렇지 않은 사람보다 등산에 관한 지식과 정보가 많아 등산장비를 구입할 때 동일한 소득수준에서도 고려할 대안들을 더 많이 가지고 있다. 책을 좋아하는 사람은 책에 대한 정보가 풍부하여 더 많은 책들 중에서 선택할 것이다. 이같이 특정 분야에 대한 관심의 차이가 대안들의 차이를 낳을 수 있다. 통일, 원자력, 생태계 등 이보다 복잡한 문제에 관해서는 더더욱 그러하다.

넓게 보면, 소득이 주어지면 이 범위 안에서 이용 가능한 모든 대안들이 주어진다는 표준이론의 가정은 비현실적일 수 있다. 오히려 소비자들은 자신의 관심과 지식에 따라 모든 대안들의 집합 중 부분집합을 자신의 선택대안으로 삼는다. 그렇다면 고려할 대안들의 부분집합을 찾는 단계와 이 중에서 하나를 선택하는 단계로 선택 과정을 나누어볼 수 있을 것이다.[9]

이제 소득과 선호 사이의 독립성에 대한 행동경제학의 비판 방식을 조망해보자.

첫째, 예산제약이나 선택대안들이 선호에 영향을 미치지만 그 반대방향으로의 영향은 생각하지 않는다. 만약 선호를 넓게 해석해 준거나 목표로 간주하고 여기에 인적자본이나 능력을 추가한다면, 이런 준거나 목표에 따라 소득이 변동한다고 주장할 수 있을 것이다.

둘째, 행동경제학이 소득과 선호 사이의 독립성을 비판한 방식은 미시적이고 국부적이다. 행동경제학은 표준이론과 함께 '개인의 선택'이라는 미시적인 장을 공유하고 있다. 그리고 이런 선택 공간의 특정 영역에서 선호가 바뀔 수 있음을 보여주고 있다. 선택 공간의 나머지 부분에서의 선호는 언급하지 않으므로 행동경제학자들 다수가 국부적인 설명에 머물러 있다.

셋째, 행동경제학은 표준이론과 '개인의 선택'이라는 공간을 공유하고 있으면서도 표준이론의 전제가 유지되기 힘들다고 비판한다. 이 점에

한 단어이자 한 글자인 "물!"이라는 간단한 표현의 의미도 맥락에 따라 크게 달라진다.

① "물 가져와!"(양반이 하인에게 물을 가져오라는 명령)

② "물이다!"(사막에서 오아시스를 만났을 때의 환희)

③ "또 물이냐?"(방주에 갇혀 뭍에 오를 날만을 기다리며 비둘기를 날리고 있는 노아)

④ "물! 물!"(역사의 현장, 12·12사태)

글자인가 숫자인가? 옆의 기호가 글자인가 숫자인가에 따라 문제의 기호가 글자(B)가 되기도 하고 숫자(13)가 되기도 한다.[10]

〈그림 13〉 글자인가 숫자인가

서 행동경제학의 비판은 내재적이다. 마르크스나 베블런의 외재적인 비판 방식과 대비해보면 이 점은 뚜렷해진다. 마르크스 등은 계급이나 계층마다 소득이 다를 뿐만 아니라 이로 인해 기호나 소비행태가 다르다고 지적했다.

이제 넓은 의미의 맥락을 살펴보자. 다음은 행동경제학과 친화적인 제한적 합리성의 주창자 사이먼에 의해 제시된 예이다.[11] 이 영문에 대해 세 가지 해석이 가능하며, 이 세 가지 중 어느 것이 맞는지는 맥락에 따라 다르다.

'I saw the man on the hill with the telescope.'
'나는 망원경을 가지고 산 위에 있는 그 사람을 보았다.'
'나는 산 위에서 망원경을 지닌 그 사람을 보았다.'
'나는 망원경을 갖춘 산 위에서 그 사람을 보았다.'

여기서 여러 해석이 가능한 이유는 문장을 구성하는 단어들 사이에 여러 가지 결합이 가능하기 때문이다. 구성요소인 단어들이 상호의존적인 것이다. 자연 언어에서 맥락은 중요하다. 만약 구성요소들이 독립적이라면 이러한 다양한 해석의 여지는 줄어들 것이다. 따라서 글 전체의 흐름에 집중하면 맥락을 중시하는 해석解釋에, 단어 하나하나에 집중하면 표준이론의 분석分析에 각기 가까워진다.*

---

* 　1. the parts of a discourse that surround a word or passage and can throw light on its meaning
　2. the interrelated conditions in which something exists or occurs: environment, setting
웹스터 사전의 정의를 보면 'context'는 '정치·사회·문화의 현실의 맥락脈絡'이라는 의미와 '언어로 된 담론의 문맥'이라는 의미를 함께 지니고 있다. 이는 현실의 맥락 자체가 언어적인 문맥에 의존한다는 의미로도 이해할 수 있다. 또한 맥락이든 문맥이든 모두 부분성과 전체성

해변의 추억
잘 정비되고 시설도 좋은 해변과 별로 정비되지 않았고 시설도 좋지 않은 해변에서 동일한 맥주에 대해 얼마면 살지 지불할 의사를 물어보았다. 실험 결과 후자보다 전자에서 가격이 훨씬 높게 나타났다. 해변의 분위기가 선택상황의 맥락을 바꾸었기 때문이다. 표준이론은 선택상황의 맥락을 인정하지 않으므로 비슷한 사람이 동일한 맥주에 대해 동일한 가격을 제안할 것으로 예상한다.

인문학이 자연 언어로 된 글을 대상으로 삼는다면, 경제학은 주로 숫자나 기호 등 인공 언어로 표현된 공식이나 모형을 대상으로 삼는다. 표준이론이 의존하는 수학과 같은 인공 언어에서는 맥락이 별로 중요하지 않다. 가령 어떤 재화의 수요량(Q)은 서로 독립적인 그 재화의 가격(p)과 소득(Y)에 의해 결정된다. 즉, $Q = F(p, Y)$ 혹은 $Q = \beta_1 + \beta_2 p + \beta_3 Y + u$. 비판적인 사람들은 수학에 대한 과도한 의존으로 표준이론이 마땅히 중시되어야 할 맥락을 무시하거나 억압한다고 반박한다. 결과적으로 선택 대상인 재화들 그리고 차원들을 어느 정도 독립적이거나 상호의존적으로 볼 수 있느냐에 따라 표준이론과 행동경제학의 우열이 결정된다.

시카고 대학교 경영대학의 경제학자인 세일러와 하버드 대학교 법과대학의 법학자인 선스타인은 모두 대표적인 행동경제학자들이다. 이들은 자신들의 논리를 대중화하기 위해 식사와 건강에 행동이론을 적용했다.[12] 표준이론이 주장하는 바와 같이 사람들이 합리적이라면, 자신의 건강과 그것을 좌우하는 식사에 대해서도 합리적이어야 할 것이다. 세일러와 선스타인은 이에 대한 반증으로 미국인들의 비만을 들었다. 사실 디즈니월드 등 미국의 유원지를 가보면 먼저 눈에 띄는 것은 아이들의 손을 잡고 커다란 콜라 통을 입에 물고 다니는 거대한 체구의 미국인들이다.

이라는 두 가지 측면을 지니고 있다. 독일어Kontext는 이와 비슷하며, 불어contexte는 전체성 Ensemble을 보다 강조하는 편이다.

세일러와 선스타인에 의하면 식사에 대해 미국인들이 비합리적인 중요한 원인은 식사량이 맥락에 따라 변동해 이를 잘 조절하지 못하기 때문이다. 그러니 신고전학파에 어느 정도 부합되는 다윈의 적자생존the survival of the fittest이 아니라 '뚱뚱한 사람들의 생존*the survival of the fattest*'이 문제된다고 이들은 주장한다.

> 미국 사람의 경우 혼자 먹을 때 식사량을 100%라고 하면, 친구 네 명 정도와 함께 식사하는 경우 170%를 먹는다. 한국의 직장인들이 경험하는 회식의 즐거움 혹은 회식의 공포를 떠올리면 이것을 쉽게 이해할 수 있다. 또한 미국 남자는 혼자 먹을 때보다 여자와 데이트할 때 현저히 더 많이 먹는다. 많이 먹으면 여자가 자신을 남자답다고 느낄 것으로 착각해 이런 행태를 보이지만, 여자들은 실제로 그렇게 생각하지 않는다고 한다. 반면 미국 여자는 남자와 식사할 때 평소보다 적게 먹는다.

이같이 음식의 내용물뿐만 아니라 식사의 환경이 식사에 영향을 미친다.[13] 이 환경에는 음식과 직접 관련된 좁은 의미의 환경과 식사라는 행위와 관련된 넓은 의미의 환경이 있다. 전자에는 음식의 부각되는 측면, 구조, 포장, 용기의 크기, 보관식품인지 여부, 제공 방식 등이 포함된다. 후자에는 음식 자체와는 구분되는 요인들로 분위기, 식사 시간대, 식사를 얻기 위해 필요한 노력, 함께하는 사람, 집중의 정도 등이 포함된다. 이들에는 식사와 관련된 여러 사회적 규범이 깔려 있다. 식사 환경의 두 가지 의미는 맥락의 두 가지 의미와 비슷하다.

표준이론에 따르면 분위기가 아무리 좋고 음식이 맛있고 많더라도 사람들이 합리적이어서 자신에게 적정한 양 이상으로 먹지 않는다. 그리고 표준이론은 행동과 선택의 규준이란 것을 인정하지 않으므로 과도한 식

맥도날드와 전문식당

맥도날드에서는 빠른 음악이 나오고 실내 장식도 현란해 손님들이 서둘러 배를 채우고 스스로 떠난다. 햄버거의 단가가 싸므로 회전율이 높아야 채산을 맞출 수 있다. 이에 비해 이탈리아 식당 등 전문식당에는 은은한 음악이 흐르고 실내 장식도 고상해 오랜 동안 이야기하면서 식사를 즐길 수 있다. 이런 식당은 단가가 높아 회전율을 높이지 않아도 채산성을 유지할 수 있다. 이 경우 음악이나 장식 등이 이용객에게 신호cue로 작용한다. 이런 모든 경우에 있어 식사의 맥락은 우리말로 분위기와 비슷하다.

음식보다 용기가 더 중요하다!

- 극장의 관람객들은 소량의 신선한 팝콘을 작은 통에 넣어주어도 다 먹고, 오래된 팝콘을 큰 통에 많이 담아주어도 다 먹는다. 크든 작든 한 통을 다 먹는 것이 규범이나 규준norm으로 정착되어 있기 때문이다. 대화를 하면서 수프를 먹는 사람 중 한 사람의 접시 밑에 구멍을 뚫어서 그가 모르게 계속 수프를 공급해 수프가 떨어지지 않게 만들었다. 그러자 그 사람은 정지하지 않고 계속 수프를 먹었다.
- 한국에서는 과거 밥 한 그릇이 식사의 표준이 되어 크든 작든 한 그릇을 다 비웠다. 한국인이 없어서 못 먹던 시절인 1960년대에는 밥을 남기는 일이 죄악처럼 여겨졌다. 따라서 손님에 대한 대접은 '고봉밥'으로 나타났다. 그런데 이 현상에는 밥그릇이 하나의 규준으로 작용한 측면도 있는 것 같다. 나아가 그릇뿐만 아니라 접시 등 음식물을 담는 모든 용기가 규준으로 작용할 수 있다.

사를 설명하기 힘들다. 인간이 먹기 시작해서 포만감을 느끼기까지 시차가 있다는 점으로는 식사의 모든 행태들을 설명할 수 없다. 이것은 한국경제에서 논란이 되었던 과소비를 표준이론으로 설명하기 힘든 것과 마찬가지다.

최근에 경제학자들은 힘이 넘쳐 경제 이외의 영역에서 벌어지는 현상들에도 손을 대고 있다. 이런 연구에서는 식사뿐 아니라 운동경기에도 규준이 중요하다는 점이 드러난다. 그리고 이러한 규준은 표준이론이 아니라 주로 행동이론에서 강조하고 있다.

어떤 경제학자는 축구경기의 승부차기를 연구해 골키퍼가 적정하게 움직이는지를 따져보았다.[14] 여기서 적정한 움직임이란 날아 들어오는 공을 가장 잘 막을 수 있는 행동이다. 이 연구에 따르면 골키퍼들은 적정 수준 이상으로 뛰고 있다. 일단 공의 속도와 승부차기의 거리로 볼 때 골키퍼의 가장 적절한 행동은 중간에 그냥 서 있는 것이라고 이 연구는 전제한다. 이 기준에 비추어 보면 골키퍼들은 쓸데없이, 그리고 과도하게, 이리 뛰고 저리 뛰고 있는 것이다.

그렇다면 왜 이들은 과도하게 움직이는가? 특별한 이유가 없다면 가만히 있기보다 움직이는 것이 축구 경기장의 규준이기 때문이다. 골을 먹더라도 뛰면서 먹으면, 그대로 있으면서 먹을 때보다 골키퍼나 선수들 전체, 그리고 코치 등이 비난을 적게 받는다. 축구경기에서는 아무것도 안 하고 지는 것(부작위)보다 저지르고 지는 것(작위)을 더 존중하는 규준이 작동하고 있는 것이다. 주식과 관련해서도 기존 주식의 가격하락으로 인한 손실(부작위)보다 새로 구입한 주식의 가격하락으로 인한 손실(작위)을 더 큰 손실이라고 사람들은 생각한다.

다시 식사 문제로 돌아가서, 사람들은 일상생활 속에서 아무런 생각 없이 먹거나, 텔레비전을 시청하거나, 인터넷이나 스마트폰을 보는 경우가 적지 않다.[15] 이보다 더 병적인 상황도 있다. 다른 영역에서 채우지 못한 욕구불만에 대한 손쉬운 대용품을 먹기, 텔레비전 시청, 인터넷이나 스마트폰에서 찾는다. 먹는 것만큼 각자에게 손쉬운 행위가 없기 때문이다.

앞서 논의한 바와 같이 소유가 재화의 효용이나 가치에 영향을 미친다는 의미에서 부존자원효과는 가격과 관련이 있다. 그런데 애리얼리D. Ariely는 부존자원효과보다 더 근원적으로 사람들의 지불할 의사나 유보가격이 예상되는 효용과 무관하다고 주장했다. 그의 연구에 의하면 사람들은 시장에서 재화를 구입할 때 그것을 소유하거나 소비해서 얻을 것으로 예상되는 효용을 따지는 것이 아니라 다른 대안들의 가격과 비교해 그것의 가격이 공정한지를 따진다.[16] 이렇게 되는 이유는 효용이나 소비 경험과 관련된 자극보다 가격이나 비용 등 거래와 관련된 자극이 부각되기 때문이다.

예를 들어 아파트에 대한 지불의사는 그것의 편리함이 아니라 생산비용에 비추어 그 가격이 어느 정도 타당한가에 따라 결정된다. 한 실험에 따르면 대학 학생회에서 기획한 여름 음악공연을 유치하는 데 대해, 들어간 비용을 부각시키느냐 아니면 공연장의 냉방시설 가동 및 온도를 부각시키느냐에 따라 부르는 가격이 달랐다.

맥락에 따라 부각되는 차원이 변화하면서 대상들에 대한 평가나 선택이 달라진다. 지불할 의사도 맥락에 의존적이며, 이 경우 맥락은 시장 자체가 된다. 사람들의 화폐적인 평가가 같은 차원에 있는 가격이나 비용 혹은 시장의 평가 등에 따라 결정된다. 그래서 화폐적인 평가가 효용이나 쾌락에 대한 평가와 연계되지 않는다. 혹은 시장의 가격이 경험한 효용에 따라 형성되는 것이 아니라 시장에서 이미 형성된 비용이나 가격에 따라 결정된다.

이 연구 결과는 소비자들이 효용을 따져 재화를 선택한다고 주장하는 표준이론에서 벗어난다. 수요곡선이 공급곡선과 만나 시장의 균형가격을 형성하므로, 개인이 효용을 고려하지 않는다면 수요곡선과 시장의 균형가격 자체가 공중에 뜨게 된다. 따라서 이 연구는 개인의 합리성뿐 아니라 시장의 가격형성에 대해서도 이의를 제기하는 것이다.

03 동시적인 선택과 순차적인 선택
대안들의 제시 순서가 유의미하다

동일한 대안들이 동시적simultaneous으로 제시될 수도 있고 순차적se-quential으로 제시될 수도 있다. 사지선다형의 문제를 풀거나 슈퍼마켓에서 장을 볼 때는 대안을 이루는 답안들이나 식품들이 한꺼번에 주어진다. 그렇지만 결혼이나 동물의 짝짓기, 집이나 직장 구하기 등에서는 대안이 동시에 주어지지 않고 하나씩 순차적으로 주어진다.

순차적으로 주어지는 경우 탐색에 시간과 비용이 들며, 시간이 흐르면서 대안들이 사라진다. 집을 구할 때 다른 집을 보고 나서 원래 보았던 집이 더 낫다고 생각해 되돌아오면 그 집이 이미 팔렸을 가능성이 있다. 직장을 구하는 경우에도 이와 비슷하다. 짝 찾기에서는 이런 상황이 더욱 심각하다. 장보기에서도 물건이 부족하거나 한정판매가 실시되는 경우에는 이와 비슷한 상황이 연출될 수 있다.

표준이론은 이런 구분에 둔감하며 동시에 제시되는 상황에 초점을 둔다. 반면 행동경제학에 의하면 동일한 대안들이라도 동시에 제시되는가 순차적으로 제시되는가에 따라 선택의 방식과 결과가 달라질 수 있다. 또한 행동이론에 의하면 일련의 결과들을 한꺼번에 선택하는 경우 손실회피의 경향과 분산시키려는 경향이 겹쳐 나타난다.[17] 이 때문에 좋은 것을 무조건 먼저 소비하지 않고 적절한 지점에 배치하며 일련의 결과를 하나하나 평가하기보다 묶어서 하나로 평가한다. 표준이론은 양의 할인율에 근거해 현재의 소비를 중시한다. 나아가 개체주의라는 전제와 독립성이라는 가정에 따라 일련의 결과라도 개별적으로 평가한다고 주장하므로, 시간이나 배열에 따른 차이를 인정할 수 없다.

대부분의 미국 사람들은 동네 그리스 식당에서 식사하는 것보다 멋진 프랑스 식당에서 식사하는 것을 더 좋아한다. 또한 대부분 프랑스 식당에서 금요일에 식사하기를 원하지만, 2개월 후보다 가까운 시점인 1개월 후에 그렇게 하기를 바란다. 그렇다면 다음들 중에서는 어느 것을 더 좋아할까?

> A: 1개월 후 프랑스 식당에서의 식사와 2개월 후 동네 그리스 식당에서의 식사 [43%]
>
> B: 1개월 후 동네 그리스 식당에서의 식사와 2개월 후 프랑스 식당에서의 식사 [57%]

더 많은 사람들이 A보다 B를 택했다. 좋은 것에 대한 기대를 즐기면서 이를 나중에 맞이하려는 경향이 있었다. 표준이론에 의하면 프랑스 음식과 그리스 음식, 1개월과 2개월을 분리해 개별적으로 평가하므로 A로 몰렸어야 한다. 그렇지 않았으므로 식사들이 분리되어 있을 때와 달리 묶여 있을 때는 전체 구성이나 배열이 식사들의 가치와 이들에 대한 선택에 영향을 미쳤다고 판단할 수 있다.

	금주	다음주	그 다음주	
A	프랑스 식당	집	집	[16%]
B	집	프랑스 식당	집	[84%]

	금주	다음주	그 다음주	
C	프랑스 식당	집	가재요리 식당	[54%]
D	집	프랑스 식당	가재요리 식당	[46%]

첫 번째 상황과 두 번째 상황을 비교하면 C와 D는 A와 B에 공통적으

로 가재요리를 추가한 것이다. 첫 번째 상황에서는 B로 몰렸으나, 두 번째 상항에서는 D로 몰리지 않았다. 외식이 한 번 있으면 B에서와 같이 프랑스 식당을 중간에 놓기를 원한다. 그런데 외식이 두 번이면, 이들이 연달아 등장하지 않는 C를 더 좋아한다. B를 고르면서 D로 몰리지 않은 것은 좋은 식사인 외식을 골고루 배치한다는 점에서 일관성이 있다.

표준이론에 의하면 동일한 요소를 추가했으므로 사람들이 B를 좋아했으면 D도 좋아해야 한다. 따라서 이 조사 결과는 표준이론이 고집하는 독립성 공준에서 벗어난다. 식사들의 가치가 독립적으로 결정되지 않고 전체 속의 부분으로 결정되었다. 이같이 여러 대안들을 놓고 비교하면서 선택하는지, 아니면 이들을 하나씩 보면서 평가하는지에 따라 특정 속성이 부각되어 선택의 결과가 달라질 수 있다. 표준이론의 합리성은 이를 인정하지 않는다.

동시적인 제시와 순차적인 제시가 모두 가능한 경우라도 어떻게 제시하느냐에 따라 선택이 달라진다. 한 달 동안의 점심식사를 미리 고르라고 할 때와 매일 그날의 식사를 고르라고 할 때를 비교하면, 사람들이 후자보다 전자에서 더 많은 다양성을 추구했다. 사람들이 일상적으로 추구하는 것보다 더 높은 수준의 다양성을 추구하는 이 현상을 다양성의 편향diversification bias이라고 부른다. 특히 서양의 개인주의 사회에서는 다

목격자와 범인 목격자가 용의자들 중 범인을 찾는 방법에 관한 연구도 있다.[18] 용의자를 한꺼번에 일렬로 세워놓고 범인을 찾게 하는 경우 무고한 사람을 범죄자로 지목하는 오류가 많았다. 용의자들을 상대적으로 비교하여 범법자에 가깝게 생긴 사람을 고르기 때문이다. 마치 사지선다형 문제에서 제시된 답안들 중 어느 하나는 반드시 답이라고 생각하는 것과 같은 오류이다. 이와 대조적으로 용의자들을 순차적으로 한 명씩 보고 가려내게 했더니 오류가 크게 줄었다. 온타리오 주와 뉴저지 주는 이미 이런 순차적 방식으로 전환하였다.

양성을 추구하려는 편향이 강하다. 표준이론도 선택의 자유를 강조하면서 이러한 다양성을 당연시한다.

동시적인 선택과 순차적인 선택이 각기 규범적인 합리성과 서술적인 합리성과 연결된다고 이해할 수도 있다. 그렇다면 식사, 오락, 저축 등에 대해 선택할 때 순차적 선택보다 동시적 선택이 더 바람직한 결과를 낳을 수도 있다. 주말에 감상할 영화를 고르는 상황에서 대안들을 순차적으로 제시할 때보다 동시에 제시할 때 사람들은 유익한 영화를 더 많이 골랐다.

동시적인 선택상황에서는 표준이론의 극대화나 적정화가 상대적으로 더 타당하다. 반면 순차적인 선택상황에서는 사이먼이 내세운 만족화가 더 타당하다. 이에 따르면 만족할 만한 대안이 나오면 더 이상 탐색하지 않으므로 어느 수준 이후로는 더 이상 여러 차원들 사이의 대체나 상충이 발생하지 않는다. 이는 탐색 비용을 고려해 탐색의 정도를 결정한다는 표준이론에서 연장된 논리와 구분된다.

04 척도와 부합하는 정도
평가척도가 바뀌면 선택도 달라진다

표준이론의 합리적 선택은 개인이 사물을 인식하거나 선택할 때 대상들이 지닌 여러 차원과 속성들을 종합적으로 고려한다고 전제한다. 자동차를 살 때는 가격이나 연비만 보는 것이 아니라 디자인, 색깔, 냉방시설, 음향시설, 타이어, 공간, 수명, 중고차 가격 등을 모두 고려한다. 어떤 차원을 누락한다든지, 혹은 누락하지 않더라도 과도하게 높거나 낮게 가중치를 부여해 잘못 계산하는 일은 별로 없다.

행동경제학과 심리학은 사람들이 실제로 이와 같이 합리적이지는 않다고 주장한다. 사람들은 사물이나 대상의 모든 차원이나 속성들을 골고루 고려하지도 않고, 이들의 중요성이나 가중치를 적절히 부여하지도 않는다. 주어진 상황에서 어떤 자극을 받는가에 따라 어느 차원을 고려하고 어느 차원을 얼마나 중시하거나 부각시키는지가 변동한다.

또한 특정 선택상황에서 사람들에게 어떤 방식으로 평가하라고 요구하면 이에 보다 부합되는 차원에 높은 가중치를 부여한다. 이를 척도의 부합성scale compatibility이라고 부른다.[19] 그렇기 때문에 차원 또는 가중치를 외부에서 어느 정도 조종할 수 있다. 물론 표준이론은 절차 관련 불변성이나 서술적인 불변성에 근거해 이런 현상이 발생하지 않는다고 생각한다.

동일한 대안들에 대한 선택상황choosing, 입찰상황bidding, 대응상황matching이 각각 낳는 결과의 차이를 통해 이 개념을 확인해보자. ① 잘 알려진 선택상황에서는 대안들 중에서 어느 것이 나은지, 못한지, 비슷한지를 가려낸다. ②입찰상황에서는 돈이나 점수로 대안들을 평가한다. ③대응상황에서는 하나의 대안과 다른 대안을 비슷하게 만드는 (화폐의) 수량을 찾는다. 비슷하게 만드는 수량을 찾으면 우열도 가려진다. 예를 들어 사과와 빵으로 구성된 두 대안 $A[10, 5]$와 $B[5, y]$에서 대응하는 수량 y가 7이면, $A[10, 5] \sim B[5, 7]$이다. 이로부터 $A[10, 5] > C[5, 6]$, $A[10, 5] < D[5, 8]$을 도출할 수 있다.

표준이론은 선호와 선택의 일관성에 근거해 선택, 입찰, 대응이 동일한 결과를 낳는다고 주장한다. 예를 들어 $A=[10, 5]$와 $B=[5, 7]$이 선택상황에서 비슷한 효용을 낳아 무차별곡선상에 놓였다고 하자. 이를 입찰상황에서 돈으로 환산하라고 하면 A와 B가 모두 2만원으로 평가된다. 또한 대응상황 $A=[10, 5]$와 $B=[5, y]$에서 y는 7로 나온다. 이상이 표준이론이 예상하는 바이다. 물론 여기서 사과와 빵이 컴퓨터의 성능과 가격, 복권의 상금과 확률, 직원의 능력과 인간관계 등으로 바뀔 수 있다.

그러나 선택과 입찰 혹은 선택과 대응이 다른 결과를 낳을 수 있다는 것이 실험을 통해 확인된다. 선택상황에서 양자가 무차별하게 나왔더라도 입찰에서 평가액이 다를 수 있고, 대응에서 원래의 수량이 나오지 않을 수도 있다. 그 이유는 돈으로 표시하라고 하면 이에 부합되는 상금 등의 차원이 부각되기 때문이다. 여기서도 행동이론은 표준이론이 당연시하는 전제를 끄집어내어 선호와 선택의 일관성에 유보를 표시한다.

> A: 160달러를 얻을 확률이 11/36이고, 15달러를 얻을 확률이 25/36이다.
> B: 40달러를 얻을 확률이 35/36이고, 10달러를 얻을 확률이 1/36이다.

두 개의 확률적인 대안에 대해 먼저 어떤 것이 나은지 선택하는 상황과, 두 개의 대안에 대해 가격을 매기라고 요구하는 입찰상황을 생각해보자. 선택에서는 B로 몰리는데, 입찰에서는 A의 가치가 B보다 높게 나왔다. 표준이론에 따르면 더 낮다고 선택한 대안이 돈으로 환산해도 높게 나와야 하지만 결과는 그렇지 않았다. 그 이유는 다음과 같다.

선택에서는 확률에 집착해 보다 확실한 B로 몰린다. 이에 비해 돈으로 평가하는 입찰에서는 돈과 같은 차원인 상금액이 부각되고 이에 집착해 A의 가치가 B보다 높게 나온다. 이런 해명은 확률이 돈과 같은 차원으로 환원되지 않는다고 전제하는데, 이미 알레의 역설에 등장했다. 도박은 그것의 여러 측면들이 개인의 의사결정 행위에 차등적인 영향을 미치는 다차원적인 자극이다. 결국 선택에서는 확률이, 입찰에서는 상금액이 각기 더 큰 영향을 미쳤다. 이것은 사람들이 상금과 확률을 모두 같은 차원에서 고려해 기대치를 계산하므로 언제나 B를 선택하고 동시에 B에 높은 입찰가를 부여한다고 하는 기대효용이론의 예상과는 다르다.

이스라엘에서는 매년 교통사고로 600명이 죽는다. 사상자를 줄이기 위해 두 가지 계획을 고려하고 있다. 이 계획으로 인해 줄어드는 사망자의 숫자와 비용은 아래와 같다. 이에 대해 먼저 선택하게 한다.

계획1: 사망자 500명, 비용 5,500만 달러
계획2: 사망자 570명, 비용 1,200만 달러

그리고 다시 대응상황에 넣어 대안들에 상응하는 돈을 환산하게 한다. 그 방식은, 사망자를 500명으로 줄이는 첫 번째 계획에 예산액을 비워놓고 지불할 의사를 묻는다. 원래 예산액인 5,500만 달러 이상을 적으면, 첫 번째 계획에 예산보다 더 많이 지불할 의사가 있으므로 이 계획을 선호하는 것이 된다. 반면 그 이하를 적으면 첫 번째 계획이 아닌 두 번째 계획을 선호하는 것이 된다.

선택상황에서는 68%가 계획1을 택했다. 그런데 비용을 환산하게 만들었더니 4%만이 계획1이 가치가 있다고 생각하는 것으로 나타났다. 선택상황에서는 어느 계획이 사망자를 많이 줄이는지에 집중해 사망자를 많이 줄인 계획1을 선택하는 데 비해, 비용을 환산하는 상황에서는 사망자보다 돈이 부각되어 비용이 덜 드는 계획2를 선호하게 된 것이다. 사람들이 '사망자'라는 차원과 '비용'이라는 차원을 골고루 고려해서 어떤 방식으로 질문을 던지든 일관되게 선택한다는 표준이론의 주장이 이 실험에서 반박되었다.

이와 비슷하지만 다른 상황으로, 여러 대안들을 놓고 비교하면서 선택

종업원 채용에서 인간관계와 대학 학점의 두 가지 속성이 기준이라고 하자. 인간관계는 직접적인 비교를 통해서만 그 우열을 가릴 수 있다. 이에 비해 학점은 모든 대졸자에게 표준화되어 있으므로 분리해서 평가할 수 있다. 이에 따라 지원자들을 비교하면서 평가하면 인간관계의 가중치가 더 커진다. 반면 각각에 대해 개별적으로 보수를 책정하라고 지불의사를 요구하면 학점이 부각된다. 그 결과 선택이 바뀔 수 있다.

하는가 아니면 이들을 하나씩 보면서 지불의사나 점수를 부여하는가에 따라 선택 결과가 달라질 수 있다. 그 이유는 대안들이 지닌 여러 속성들 중에서 평가 방법이나 맥락에 따라 이에 부합되는 속성이 부각되기 때문이다. 또한 비교해야만 평가가 가능한 속성이 있고 분리해서 개별적으로도 평가가 가능한 속성이 있다. 전자는 비교 선택에서, 후자는 분리 평가에서 각기 비중이 커진다.

　카너먼은 대안들 중에서 하나를 고르는 선택과 돈으로 환산하는 입찰을 대안들에 대한 종합적인 평가와 개별적인 평가로 해석했다. 개별적인 평가에서는 I체계가 작동하고, 종합적인 평가에서는 II체계가 작동해 보다 일관성이 있다.[20] 선택의 맥락, 비교의 기준, 범주, 규범이 바뀌면서 부각되는 차원이 달라져 이런 현상이 연출된다.

05 다른 차원들 사이의 비교와 대체
서로 다른 차원들의 비교와 대체에는 한계가 있다

척도의 부합성은 서로 다른 차원들 사이의 비교matching across dimensions와 연결되어 있다.[21] 서로 다른 차원들 사이의 비교라는 것은 예를 들어 달리기 후의 고통과 온도를 비교하는 것이다. 1,000미터 달리기가 영하

10도라면 2,000미터 달리기는 영하 몇 도인가를 묻는 식이다. 서로 다른 차원들 사이의 비교나 전환 및 변형은 우리 주변에서도 흔히 발견할 수 있다. 우리가 당연시하고 있어 크게 의식하지 않지만 사람이나 물건에 점수나 가격을 매기는 평가도 그러한 경우이다.

학생들의 능력을 점수로 전환하는 것은 이질적인 학생들의 여러 능력을 하나의 척도로 바꾸기 때문에 차원들 사이의 비교를 수행한 것이다. 전국의 모든 학생들을 같은 척도로 환산해 일렬의 순위를 부여하는 한국의 경우 이런 일이 가장 극단적으로 나타난다. 이질적인 여러 제품들에 모두 가격을 부여하는 것이나 여러 사람들의 다양한 능력을 모두 임금으로 환산하는 것도 이와 비슷하다.

이런 어려운 과정을 거쳤다는 것을 우리가 의식하지 못하는 이유는 우리가 점수 체계나 가격 체계에 익숙해져 이들을 당연시하기 때문이다. 골동품이나 예술작품에 대해 가격을 매기는 상황에서는 아직도 그런 어려움을 확인할 수 있다. 가격을 부여하면서도 과연 고려청자와 이조백자의 미적인 차이를 화폐액으로 전환할 수 있는지에 대해 회의를 가질 수 있다.

표준이론은 두 차원의 대체와 보상이 미세하고 연속적으로 이루어진다고 전제한다. 기대효용이론에서는 대체의 차원이 상금과 확률이다. 그런데 현실에서는 여러 차원들 사이의 대체와 보상이 이같이 연속적으로 부드럽게 이루어지지 않는다. 이 점에서 보다 현실에 가까우면서도 표준이론에 어느 정도 부합되는 것이 가합적인 차이 모형additive difference model이다.

$$A_1 \geq A_2, \text{ if and only if } \sum_{i=1} \varphi_i [u_i(A_{1i}) - u_i(A_{2i})] \geq 0$$

A_1, A_2: 대안들 u_i: 특정 차원에 대한 측정치 φ_i: 특정 차원에 대한 가중치

이 모형에서 개인은 두 대안에 대해 개별 속성이나 차원별로 비교하여 차이를 구하고, 이 여러 차이들에 주관적인 가치나 가중치를 부여한 후, 이들을 합산해 두 대안의 우열을 가린다. 이 이론에는 부드러운 대체와 보상이 아니라 질적인 차이와 사전표기식의 우선순위가 등장한다.

트버스키는 대체가능성을 더욱 배제해 '특정 속성에서 압도된 대안들의 제거elimination by aspects'를 현실적인 선택 방식으로 제시했다. 이 방식에서는 대안들이 여러 차원에서 어느 수준 이상이나 이하라는 제약을 통과하는지 확인한다. 만약 통과하지 못하면 특정 대안을 선택대상에서 제외한다. 여러 차원에 걸쳐 반복해서 이같이 확인하면, 소수의 대안들만이 선택의 대상으로 남게 된다. 이는 특정 차원에서 어느 수준 이상이거나 이하가 되면 다른 차원들로 대체나 보상이 가능하지 않다는 것을 의미한다. 대안의 여러 측면들을 하나씩 고려해 제거함으로써 원하는

아파트와 자동차의 구입

- 아파트를 구입할 때의 고려사항 혹은 그것의 차원으로는 가격, 평수, 위치, 교통, 학군, 환경, 녹지, 주변 상가 등이 있다. 20평 이하의 아파트는 가격이나 다른 요소에 관계없이 고려대상에서 제외한다면, 이는 20평 이하로 아파트가 줄어들어 생기는 어려움을 가격 등 다른 차원의 개선을 통해 보상할 수 없다는 뜻이다. 가격 3억원 이상의 아파트를 제외하는 것은 그 이상의 비싼 가격으로 인한 손실을 다른 차원의 개선으로 보상할 수 없음을 의미한다.
- 자동차에 대해서도 연비, 공간, 냉방, 수명, 디자인, 중고 가격 등을 고려하는데, 공간이 4인승 이상이어야 한다는 조건을 걸었다고 하자. 이 경우 4인승 미만의 자동차들은 모두 고려하지 않는다. 작은 공간을 다른 차원의 좋음으로 대신할 수 없기 때문이다.

도박

[500만원, 0.5의 확률]과 [300만원, 0.7의 확률]의 복권이 있다. 그런데 예를 들어 상금 400만원 이하의 복권은 확률과 무관하게 고려대상에서 제외하는 것이 대안의 제거이다. 이는 목표가 되는 특정 수준의 상금이 낮은 확률을 압도하는 상황에 해당한다. 반대로 확실성에 가까운 확률이 적은 상금을 압도할 수도 있다. 이 상황에서는 웬만한 상금의 차이는 중요치 않다.

대안에 이르는 선택 방식은 앞서 지적한 사이먼의 만족화에 부합된다.

여러 차원들 사이의 비교는 모든 물건에 가격이 붙는 상품화나 시장경제의 확산과 관련이 있다. 가령 한국의 1970년대에는 친절이 돈으로 환산되지 않았고, 물이 상품으로 매매되지 않았다. 넓게 보면 모든 것을 가격이나 점수로 환산하는 것은 통약의 전형적인 예이다. 통약은 이질적인 물체나 이질적인 차원들을 하나의 척도로 환산하거나 환원하는 것이다. 이와 관련된 고민은 예컨대 경제성장과 환경파괴를 하나의 척도로 환산해 비교하고 교환할 수 있는가이다. 표준이론은 대체가능성과 시장의 가격에 의존해 완전성을 내세우면서 광범위한 대상들에 대해 통약가능성을 부여한다.

과목낙제와 특기자

- 입시나 사원 선발에서는 여러 차원들을 평가하고 이들을 합산해서 점수를 내 이에 따라 합격자를 선택한다. 이때 국어, 영어, 수학, 논술 등 능력의 여러 차원들에 미리 가중치를 부여한다. 그런데 이들이 서로 유연하게 대체될 수 있게 허용할 수도 있고, 그러지 않을 수도 있다. 유연한 대체를 허용하는 경우는 표준이론에 부합된다. 이 경우 가령 국어가 모자라면 영어, 수학, 논술로 메울 수 있다.

- 유연한 대체에 제한을 가하는 방식은 과목낙제科目落第를 정해놓는 것이다. 과목낙제는 예를 들어 100점 만점인 모든 과목에 대해 '40점 이상'이라는 제약을 걸어놓는 것이다. 다른 과목을 아무리 잘해도 한 과목에서 40점 이하이면 무조건 불합격이다. 이는 과거 한국의 고등고시 시험에서 사용하던 방식이다. 과목당 3명이 채점하는데 2명이 40점을 주고 1명이 39점을 주어 39.66점이 되었다면 한 과목에서 낙제할 수 있다. 그래서 평균 점수가 합격선을 훨씬 넘으면서도 불합격인 경우가 적지 않았다. 이 경우 다른 과목의 점수로 낙제한 과목의 점수를 대신하지 못한다.

- 이와 반대로 특기자는 다른 모든 과목을 무시하고 특정 영역에서의 탁월함만으로 선발된다. 수학 시험만으로 수학 영재를 뽑는 것이 그런 예이다. 이 경우 한 차원에서 높은 수준을 넘긴 것이 다른 모든 차원에서의 모자람을 완전히 대신한다. 기업의 사원 선발에서 인간성, 사교성, 졸업대학, 전공, 학점, 경력 등의 차원들을 고려한다고 하자. 만약 경험이 3년 이하이면 무조건 뽑지 않는 경우 대체를 허용하지 않는 것이다. 한국에서는 출신 대학 하나가 다른 모든 차원들을 압도하는 경우가 많다.

한국에서는 사물이나 인간을 평가하는 데 모든 것을 하나의 차원으로 환원하는 경향이 강하다. 한국 사회는 평가의 기준이 수시로 하나로 몰리는 사회적 압박에 시달리고 있다. 이 때문에 평가를 위한 정보도 과도하게 표준화되는 경향이 있다. 표준화는 객관화를 표방하지만 흔히 획일화로 치닫는다. 이런 획일화가 반드시 정부의 개입으로 인해 생긴다고 단정하거나 시장에 맡기면 이것이 해결된다고 주장할 수는 없다. 능력이나 가치를 평가하는 데 있어 하나의 척도가 아니라 다차원적인 기준이 마련되어야 한다.

06 선호역전
다른 차원들의 비교나 대체가 선택을 뒤집을 수도 있다

표준이론에 대한 행동경제학의 비판은 선호의 안정성에 집결되어 있다. 행동경제학에서 선호의 불안정성은 여러 가지로 나타난다. 초기대안에 대한 집착으로 인한 더 나은 대안의 거부, 출발점인 현재의 부존자원에 따라 달라지는 선호, 맥락에 따른 선호의 변동, 대상의 모든 차원들을 파악하지 않는 편중, 좋아했던 것을 싫어하고 그 반대도 성립하는 선호역전preference reversal, (나중에 설명하는 바와 같이) 단기와 장기의 선호가 일관성을 유지하지 못하는 쌍곡형 할인 등이 그것이다.

행동이론이 주장하는 선호의 불안정성이 심해지면 선호역전이 발생한다. 선호역전이란 대안 x와 대안 y에 대해 x보다 y를 좋아했다가, 곧 거꾸로 y보다 x를 좋아하게 되는 것을 말한다. 앞에서 제시한 바와 같이 선택, 경매, 대응에 따라 결과가 바뀌는 것이 단적인 예이다. 선호역전은 기대효용이론이 전제로 삼는 선호의 안정성이나 일관성으로부터 가장

극단적으로 벗어나는 경우이다.[22]

표준이론은 완전성과 함께 이행성을 가정해 한 사람이 일정 시간 동안에 x와 y에 대해 자신이 표현했던 선호를 뒤바꾸지 않는다고 생각한다. 즉, x > y이면 거꾸로 x < y일 수 없다는 것이다. 이같이 표준이론은 선호역전을 배제한다. 반면 행동이론은 선호역전을 흔한 현상으로 지적해왔다.

선호역전은 사물의 여러 차원이나 속성들이 하나의 척도로 환원되지 않고 공존하는 경우 선택의 상황에 따라 여러 차원들 중 특정 차원이 부각되면서 선택이 바뀜으로써 발생한다. 규정효과, 맥락, 비교의 기준이나 차원, 척도, 범주, 규범 등이 모두 이런 결과를 가져올 수 있다.

> 원숭이 엉덩이는 빨개, 빨가면 사과, 사과는 맛있어, 맛있으면 바나나, 바나나는 길어, 길으면 기차, 기차는 빨라, 빠르면 비행기, 비행기는 높아, 높으면 백두산, 백두산 뻗어내려 반도 삼천리.

> 원숭이 엉덩이 ≤ 사과 ≤ 바나나 ≤ 기차 ≤ 비행기 ≤ 백두산 ≤ 반도 삼천리
>   (색깔) (맛)   (길이) (속도)   (높이)   (근원)

우리의 전래동요에서 맛으로 따지면 사과보다 바나나가 낫고, 길이로 따지면 바나나보다 기차가 더 길다. 이 동요의 특징은 사물들을 비교하는 차원이 계속 변해 완전성이 '완전하게' 파괴된다는 데 있다.[23] 예를 들어 사과와 바나나는 비교 가능하고 바나나와 기차는 비교 가능하지만, 사과와 기차는 비교 가능하지 않다. 하나의 차원으로 모두를 환원할 수 없기 때문이다.

또한 사과를 바나나와 비교할 때는 사과의 맛이 바나나의 맛과 비교

해 얼마나 좋은지 평가한다. 그러나 거꾸로 바나나를 사과와 비교할 때는 맛이 아니라 길이나 색깔이 부각된다. 바나나는 사과보다 길며 바나나는 사과와 달리 노랗다. 각 차원에서 보다 더 강하거나 나은 것이 그 차원의 기준이 된다. 원숭이 엉덩이보다 빨간 사과가 빨간색의 기준이자 준거이며, 맛이 더 나은 바나나가 맛의 기준이자 준거이다.

이 경우 기차가 사과보다 낫다고 말할 수 없다. 기차와 사과는 서로 비교할 수 없다. x → y라고 해서 y → x가 아니므로, x → y & y → z라고 해서 x → z가 아니다. 따라서 이 예에서는 이행성이 성립하지 않는다. 사물들에 여러 차원이 공존하는데 이들이 하나의 척도나 단위로 환원되지 않기 때문이다. 이로부터 비교의 차원이 바뀌면 우열이나 호불호가 뒤집어질 수 있다는 것을 착안할 수 있다.

표준이론에서는 개인의 선호와 선택이 모여 시장의 교환을 이루고, 소비나 수요가 공급이나 생산보다 우선하므로, 결국 선호가 매우 중요하다. 게다가 선호역전은 신고전학파의 근접 거리에서 제기되었고, 선호의 측정을 넘어서는 문제이므로, 근원적이고 치명적이다. 더구나 행동이론은 표준이론에서 말하는 독립성이나 이행성 등의 공준들 중에서 어느 하나를 완화하더라도 선호역전을 해결할 수 없다고 주장한다. 특히 이 현상이 척도의 부합성 혹은 차원의 동일성과 관련되어 절차 관련 불변성에 위배된다는 것을 강조하고 있다.

이 지점에서 지금까지의 논의를 정리해보자. 신고전학파와 행동경제학의 대립은 개인의 차원과 시장의 차원에서 대칭적으로 나타난다. 일물일가가 차익거래로 인해 시장에서 '일물일가격'으로 나타난다면, 개인의 차원에서는 선호의 일관성으로 인해 '일물일가치'로 나타난다. 이와 비슷하게 개인의 선택이라는 차원에서 이행성은 시장에서 역교환逆交換의 배제로 대응된다. 두 사람이 사과 10개와 책 1권을 교환했는데, 다시 두 사람이 반대방향으로 책 1권과 사과 10개를 교환하는 것이 역교환이다.

이에 비해 행동경제학은 시장 차원에서 일물일가격을 제한하며, 개인 차원에서 일물일가치도 부분적으로 부정한다. 행동금융이 강조하는 바와 같이 주식시장 등에서 차익거래에 대한 제한 등이 전자에 해당되며, 부존자원효과가 후자에 해당된다. 나아가 행동경제학에서는 개인의 차원에서 선호역전을 내세우므로 역교환도 가능하다.

07 논거에 의한 선택
양적인 분석과 질적인 수사는 다르다

일상생활 속에서 인간이 행동하고 선택하는 근거에는 수에 대한 계산도 있고, 언어적인 추론과 주장도 있다. 경제경영에서 강조하는 시장의 계산에서는 모든 차원들을 하나의 수량으로 환산해 가치극대화value maximization에 따라 대안을 선택한다. 가치극대화는 경영학의 개념이지만 경제학의 효용/이윤극대화와 같이 수학적인 계산에 근거한 선택과 의사결정이다.[*]

언어적 추론은 정치적인 토론이나 법정에서 주로 등장한다. 이 경우

---

[*] 경제학도 극대화를 강조하므로 '가치'를 해명해야 한다. 초기 경제학은 가치이론을 중시했으나 오랜 논쟁 속에서 이를 포기하는 방향으로 나아갔다. 그 자리를 부분적으로 효용이나 이윤이 메우고 있다. 이제는 '현재가치present value' 정도의 용어에서 가치라는 표현이 등장할 뿐이다. 효용은 소비자가 재화들로부터 얻은 주관적이거나 객관적이지 않은 그 무엇이고, 이윤은 화폐로 표시되어 객관적인 수량이다. 경영학에서는 이들 모두를 뭉뚱그려 '가치'로 표현한다. '가치극대화'뿐 아니라 '가치연결고리value chain'와 같은 용어에서도 '가치'를 발견할 수 있다. 행동경제학도 가치함수를 내세워 가치를 끌어들인다. 비록 그 의미가 효용과 명확히 구분되지 않지만, 아마도 이런 이유로 행동경제학이 경영학의 가치극대화에 수용적인 것 같다. 결국 신고전학파는 '가치'를 회피하는 데 비해 여타 관점들은 이를 수용하고 있는 것이다.

여러 질적인 근거들이 존재할 뿐 이들의 여러 차원을 하나의 가치로 환산하지는 않는다. 갈등이나 대립이 존재하나 *tradeoff*를 나타내는 대체비율이나 교환비율을 찾기는 힘들다. 여기서는 논거에 의존한 선택reason-based choice, argument-based choice[24]이나 의사결정이 중요하다.

경제학의 표준이론은 수량적인 계산에 근거한 선택에 치중하여 논거에 의존한 선택을 그다지 인정하지 않으며, 논거를 계산으로 바꾸어 생각한다. 이에 비해 언어적 논거에 의한 의사결정 측면에서 보면, 계산이 언제나 가능한 것은 아니며 논거를 계산으로 바꾸는 것도 쉽지 않다. 또 계산에 의한 의사결정이 가능하더라도 논거에 의한 의사결정과 다른 결과를 가져올 수 있다.

적어도 국회나 선거장 등 정치의 장이나 법원에서는 시장과 달리 계산에 근거한 선택이 언제나 가능하지 않다. 정치인의 웅변이나 법관 및 변호사의 변론은 사업가의 계산과 확연히 다르다. 이들에게는 일상적인 상거래에서 사람들이 무차별곡선에 의존해 (사람마다 다르면서 안정적인) 대체비율이나 상대평가를 찾아낸다는 표준이론의 주장이 오히려 생경하다.

그런데 생각해보면 과연 책 한 권이 쇠고기 몇 킬로그램에 해당하는지를 언제나 찾아낼 수 있는가? 학교에서 거리가 가깝지만 월세가 비싼 하숙집과 반대로 거리가 멀지만 싼 하숙집을 놓고 1킬로미터의 거리가 돈으로 얼마에 해당되는지를 환산할 수 있는가? 표준이론은 이런 계산이 현실에서 언제나 가능하다고 너무 쉽게 가정한 것은 아닌가?

실제로 이런 일을 당하면 많은 사람들은 대체비율을 찾지 못해 고민한다. 이 때문에 선택이 자유가 아니라 고통을 준다. 그래서 흔히 이런 대체관계를 없애버리고 지배관계나 우월관계를 찾으려고 노력한다. 즉, 모든 차원에서 우월한 대안을 찾기 위해 대안들 사이에 지배관계를 설정한다. 그것이 쉽지 않으면 고려되는 여러 차원 중 몇 차원의 가중치를 '0'으로 만들어 의도적으로 이 차원들을 없애버리기도 한다.

월세를 중시하는 방향으로 움직이는 학생은 "학교까지의 거리는 중요치 않아!" "나는 젊고, 걸으면 운동도 되니까!" 등을 통해 거리라는 차원을 제거한다. 이렇게 해야 비로소 골치 아픈 무차별곡선이 필요 없어지고 선택의 고통도 사라진다. 한국 사회에서 학벌은 이 점에서 가장 과감하다. 사람들을 평가하는 데 여타 모든 차원들을 일거에 없애 손쉬운 선택을 가져온다.

이와 똑같지는 않지만 논거에 의한 선택도 가치극대화를 추구하지 않으므로 대안들이 지닌 몇 가지 차원들에 집착하게 만든다. 특히 특정의 규정이나 신호 등으로 부각되는 차원에 사람들은 높은 가중치를 부여한다. 그리고 특정 차원이 부각되고 다른 차원이 억압되는 과정은 상당 부분 자신의 선호나 선택을 정당화하거나 합리화rationalization하는 과정이기도 하다.

정당화나 합리화는 자신의 내면과의 관계 그리고 타인과의 외적인 관계라는 양방향으로 나타난다. 즉, 자신의 기호나 의견에 대해 자부심을 유지하면서 동시에 타인의 칭송을 듣거나 비난을 피하려고 노력한다. 이 과정에는 자신에 대한 위로, 기만, 조작, 위장 등이 개입될 수 있다. 지배 관계나 정당성을 찾지 못하면 선택을 망설이거나procrastination 연기하게 된다.

계산이나 논거의 제시는 모두 이성적인 활동이기 때문에, 논거에 의존한 의사결정이 전적으로 I체계의 산물이라고 단정할 수 없다. 그러나 갑론을박에는 맥락이 중요하고 수사가 개입될 여지가 많다. 또한 논거에 의존한 의사결정에는 자신과 타인에게 선택을 정당화하고 합리화하려는 노력이 수반된다. 그러므로 논거에 의존한 선택은 일상적인 해결법,

편향, 습관 등을 수용할 가능성이 높으며 I체계와 친화력을 지닌다.

두 곳의 관광지 A, B가 있다. A는 장점도 크지 않고 단점도 크지 않은 데 비해, B는 장점도 크고 단점도 크다. 이 둘을 놓고 어느 곳에 가고 싶은지 물었다. 이어서 두 개 관광지를 미리 모두 예약해놓은 상태에서 갈 날짜가 다가왔을 때 어느 것을 취소할지를 물었다. 예상컨대 가고 싶은 곳의 예약을 취소하지 않아야 한다. 결과는 A를 좋아한다고 말한 사람이 많지 않았지만, A에 대한 예약을 취소한 사람은 생각보다 적었다. 둘을 합해 85%로 100%에 미치지 못했다. B는 좋아하는 사람이 많았는데, 동시에 예약을 취소한 사람도 적지 않았다. 둘을 합해 115%로 100%를 넘었다.

A	B
그저 그런 날씨	작열하는 태양
평균 수준의 해변	아름다운 해변과 산호섬
중간 수준의 호텔	현대식 호텔
중간 수준의 수온	매우 강한 바람
평균적인 밤의 유흥	밤의 유흥 전무
가고 싶은가(33%) 취소(52%)	가고 싶은가(67%) 취소(48%)

일견 모순적인 선택이 이루어진 이유는 고려하는 관광지의 여러 차원들이 하나의 가치로 환산되지 않아 선택상황에 따라 부각되는 차원이 바뀌기 때문이다. 어디가 좋은지 물어보면 두 장소의 장점이 부각되어 B로 몰린다. 이에 비해 취소 여부를 물어보면 단점이 부각되어 생각보다 많은 사람이 B를 취소한다.

논거에 의존한 선택은 여러 차원들이 하나의 척도로 환산되거나 환원되지 않는 상황에 적절하다. 이 경우 표준이론이 내세우는 바와 같이 두 대안의 여러 차원에 가중치를 주어 수량적으로 대체비율을 찾고 부드러운 무차별곡선을 따라 연속적으로 대체하는 일이 가능하지 않다. 무차별곡선에 등장하는 것이 심리적 교환이라면, 논거에 의존한 선택에서 발생하는 것은 갈등이다. 다음의 상황을 보자.

- 갈등

x : 월세 100만원, 학교에서 25분 거리

y : 월세 130만원, 학교에서 7분 거리

- 지배

x : 월세 100만원, 학교에서 25분 거리

x′ : 월세 110만원, 학교에서 25분 거리

갈등 상황에서는 x를 고를지 y를 고를지 쉽게 결정하지 못한다. 갈등이 생기는 경우 사람들은 흔히 지배관계를 찾거나 결정을 미루거나 다른 대안들을 찾아 나선다. 지배 상황에서는 누구나 x를 택한다. x′는 x보다 열등하지만 y보다 열등하지는 않다.

개인적 선택이 아닌 사회적인 선택에서는 정치인, 언론, 관료, 학자 등 여러 부류의 구성원들이 자신의 의견을 설득하기 위해 노력한다. 설득을 위한 담론과 수사는 시민과 경제주체들이 판단과 선택 기준으로 삼는 차원의 종류, 차원의 가중치, 그리고 이에 수반된 계산을 바꾸도록 유도하는 데 초점을 두고 있다.

예컨대 4대강 개발에 수반된 환경보존의 차원과 경제적 이익의 차원, 남북통일과 관련된 정치·외교·경제·문화·역사 등의 여러 차원이 그런 설득의 부분들이다. 시민이나 경제주체들이 해당 문제에 대해 판단의 차

강점과 약점

강점과 약점이 모두 두드러지는 사람과 강점과 약점이 모두 적은 사람 중 누가 우월한지는 말하기 힘들다. A는 공부(일)를 아주 잘하면서 인간관계가 좋지 않은 학생(직원)이고, B는 공부(일)를 어느 정도 하면서 인간관계도 나쁘지 않은 학생(직원)이다. 이들에 대해 누가 낫다 못하다를 미리 단정할 수는 없다. 그렇다고 이들이 무차별한 것도 아니다. 업무에서는 A를 좋아하지만, 체육대회에서는 A를 싫어할 수 있다. 이런 어려움은 공부(일)와 인간관계라는 두 차원이 하나의 가치로 환산되지 않기 때문에 발생한다. 그래서 입시나 채용에서 누가 좋으냐고 물으면 대부분 A를 선택하고, 누구를 거부하겠느냐고 물어도 많은 사람이 A를 선택할 수 있다. 반면 B에 대해서는 선택하는 비율과 거부하는 비율이 모두 적을 수 있다.

애증愛憎

과연 이 세상에는 그냥 좋거나 싫은 것이 아니라 너무 좋으면서 동시에 너무 싫은 사람도 존재한다. 이는 애정이 아니라 애증에 가까울지 모른다. 연애하기 좋은 사람과 결혼하기 좋은 사람이 다르다는 속설이 이런 상황에 걸맞을 수 있다. 연애가 감성적이고 강렬함을 요구한다면, 결혼은 이성적이고 안정성을 필요로 한다. 그렇다면 연애할 때는 커다란 단점에도 불구하고 커다란 강점을 지닌 사람을 선택할 가능성이 높다. 반면 결혼할 때는 장점과 단점이 모두 두드러지지 않은 무난한 사람을 선택할 가능성이 높다. '내가 그녀와 결혼한 것은, 그녀에게 특별한 매력이 없는 것과 같이 그녀에게 특별한 단점도 없어 보였기 때문이다.'[25]

원들과 가중치를 안정적으로 유지하고 있는지에 따라 설득의 가능성이 결정된다. 이러한 설득은 개인 차원이 아니라 사회 차원에서 특정 입장이나 정책에 대한 정당화나 합리화가 된다.

08 선호의 구성
선호는 주어진 것이 아니라 시장에서 구성되는 것이다

표준이론은 선호가 주어져 있다고 보므로 선호가 어떻게 형성되는지에 관심을 기울이지 않는다. 시장에 이르기 전, 주로 가정과 학교의 교육을 통해 선호가 형성된다고 보기 때문이다. 또한 일단 형성된 선호는 안정적이라고 전제하여 선호가 쉽게 변하지 않는다고 생각한다. 선호가 안정적이므로 누구보다 각자가 자신이 원하는 것을 가장 잘 알고 있다고 여긴다.

이에 비해 여러 방식으로 선호의 불안정성을 강조하는 행동경제학은 선호의 구성construction of preference을 내세우게 된다. 이는 선호의 원초적인 형성보다는 선호의 재구성 혹은 재생산에 가깝다. 선호의 구성이란 소비자가 시장에 가서 물건들을 마주한 상태에서 이들이 구성하는 구체적인 맥락 속에서 물건들에 대한 선호나 평가기준 등이 확정되는 것을 말한다. 일부 경영학자들은 이보다 약화된 입장에서, 소비자의 내재적인 선호와 대안들이 형성하는 맥락이 합해져 선호가 구성된다고 주장한다. 행동경제학은 이 부근에 놓여 있다.

선호의 구성은 표준이론을 담고 있는 현시선호이론과 대립된다. 현시선호이론은 선호를 불러내는 과정에서 안정적으로 주어진 선호가 드러나는revealed 데 불과하다고 생각한다. 이에 비해 행동이론은 선호를 불러내는 과정에서 단순히 주어진 선호가 확인되는 것이 아니라 어느 정도 선호 자체가 구성된다고 주장하는 셈이다. 행동이론의 입장에서는 선호가 표현되는 과정이 동시에 일정 정도 선호가 구성되는 과정이기도 하다.

선호의 구성을 부존자원효과와 연결시킬 필요도 있다. 많은 사람들이 부존자원효과를 현실로 받아들이고 있지만 그것의 원인이나 과정에 대해서는 의견이 모아져 있지 않다. 특정 재화를 소유한 사람의 손실회피가 일차적인 설명이다. 그런데 이는 화폐 소유자가 상실할 것으로 예상되는 화폐 손실의 회피는 고려하지 않고 있다. 그렇다면 손실회피를 판매할 사람 혹은 재화(소유자)뿐만 아니라 구매할 사람 혹은 화폐(소유자)에도 적용해야 할 것이다.[26]

애리얼리 등의 연구에서는 재화를 소유한 판매자와 더불어 화폐를 가진 구매자도 교환을 통해 잃는 것이 있다는 점에서 손실회피를 중시한다. 그런데 판매자와 구매자가 상실할 것으로 예상하는 바는 각기 다르다. 판매자가 거래를 통해 잃게 될 재화의 효용이나 여러 측면들을 우선적으로 고려한다면 구매자는 상실할 화폐의 액수를 고려한다.

야구장 입장권을 지닌 사람은 주로 경기 관람이 줄 즐거움과 흥분을 떠올리는 데 비해 이를 구매할 사람은 얼마를 내야 하는지에 일차적인 관심을 둔다. 각자 상실할 것으로 생각하는 내용이 다르기 때문에 양자에게서 예상되는 거래에 대한 평가도 다르다. 또한 판매자의 평가는 소비와 효용을 고려하지만 구매자는 시장에 존재하는 유사 제품의 가격을 고려한다.

이와 비슷하게 존슨E. J. Johnson 등의 문의이론query theory에 따르면, 판매할 사람은 자신이 소유한 재화에 집착해 재화의 긍정적인 측면은 기억하면서 부정적인 측면은 망각한다. 이와 반대로 구매할 사람은 재화의 부정적인 측면을 떠올리면서 긍정적인 측면을 망각한다. 양자가 어느 측면들을 긍정적이거나 부정적으로 생각하는지는 문의를 통해 확인할 수 있다. 이런 차이로 인해 판매가격이 구매가격보다 커진다. 부존자원효과는 지불할 의사와 수용할 의사의 차이로 나타낼 수도 있고 구매가격과 판매가격의 차이로 나타낼 수도 있다.[*]

이들은 모두 사람들의 선호가 미리 주어져 있다고 보지 않고 시장에서 구성된다고 보므로 선호구성이론에 근거하고 있다. 또한 이들은 모

---

[*] 그런데 문의이론에 의하면, 긍정적인 측면을 먼저 일깨워주면 구매자도 재화를 긍정적으로 생각하게 되고, 부정적인 측면을 먼저 일깨워주면 판매자도 재화를 부정적으로 생각할 수 있다고 한다. 재화의 소유자인가 화폐의 소유자인가 반드시 손실의 내용을 규정하지는 않는다고 보아, 문의이론은 애리얼리 등보다는 융통성을 보인다.

두 재화의 차원이나 속성을 중시하므로 트버스키와 친화력이 있다. 특히 애리얼리 등은 교환에 있어 재화(소유자)와 화폐(소유자)의 비대칭성을 내세우는데, 이 점은 고전학파와 마르크스의 사용가치 및 교환가치의 구분과 친화력을 지닌다.*

최근 들어 경제학의 주변에서 진화심리학이나 진화생물학 등과의 교류로 인해 선호형성preference formation에 관한 연구가 부상하고 있다. 선호형성은 진화론적인 관점, 정치경제학적인 관점, 사회문화적인 관점에서 설명할 수 있다. 경제학과 경영학에 지배적이며 행동경제학과도 통하는 것은 생물학의 진화론적인 설명이다. 대표적으로 사바나 원리가 있다. 초콜릿과 같이 단 것에 대한 서양인들의 기호가 형성된 것은 몇 만년 전 홍적세로, 이 시기 인간은 초원에서 동물들과 섞여 있었으므로 생존을 위해 단것에 대한 기호를 지니게 되었다는 것이다. 현재는 이런 상황이 아닌데도 불구하고 그런 기호가 여전히 남아 당뇨병 등의 성인병을 일으키고 있다.

물론 개인의 선호가 기업이나 자본의 논리에 따라 사회적으로 결정된다는 주장은 마르크스, 베블런 등 여러 군데에서 발견된다. 기업이 광고나 선전을 통해 소비자들의 기호를 창출한다는 것이다. 경영학에서도 이를 부분적으로 받아들여 선호의 구성을 논의하고 있다.[27]

---

* 그런데 재화 소유자의 관심이 재화의 내용에 있고 화폐 소유자의 관심이 화폐 지불액에 있다는 주장은 검토가 필요하다. 마르크스처럼 거래의 대상을 재화가 아니라 상품이라고 보면 정반대가 된다. 판매자가 상인이라면 상품을 팔아야 하므로 상품의 효용이나 사용가치가 아니라 판매가격이나 교환가치에 관심을 가진다. 반면 구매자는 상품의 교환가치뿐만 아니라 사용가치에 관심을 둘 것이다. 나아가 사람들이 과연 얻을 것보다 잃을 것에 더 집착하는지, 행동경제학의 손실회피 자체를 도마 위에 올려놓아볼 필요가 있다.

5 장

애컬로프에 의하면 행동거시경제학은 (
설명할 수 있다. 그는 이러한 현상들로 ㄴ
가속적인 물가하락이 수반되지 않는 높
과도한 주가의 변동, 자기파괴적인 하층

거시경제, 인간, 사회

학파가 설명할 수 없는 거시현상들을
적 실업의 존재, 통화정책의 영향,
률, 연금저축의 부족, 기초여건에 비해
지속적인 존재 등을 들고 있다

지금까지의 논의를 살펴보면, 행동경제학은 심리학에 의존하고 합리적인 선택에 대한 비판에 초점을 맞추므로, 거시경제보다 미시경제로 기울어 있다.* 또한 미시경제 중에서도 기업 대 기업의 관계나 거래보다는 심리가 많이 개입되는 소비자와 기업의 관계 및 거래, 그리고 기업조직 내부에 중점을 둔다.

물론 행동경제학, 그중에서도 행동금융이론은 거시경제에 대해서도 관심을 가진다. 그렇지만 거시경제현상을 다루는 데에도 미시적인 인지의 문제를 끌어온다. 이런 경향은 거시경제학의 미시적인 기초를 강조하는 신고전학파 거시경제학의 변화와 평행을 이룬다. 이 변화는 통화주의monetarism와 새고전학파new classical school가 케인스주의에 대해 미

---

* 신고전학파의 이론은 미시경제학과 거시경제학으로 구성되어 있다. 미시경제학은 가격결정, 시장의 움직임, 자원배분, 소득분배 등을 다룬다. 그런데 개인의 의사결정과 선택에 의존하므로 미시경제학이라 불린다. 이에 비해 케인스 등장 이후 부상한 거시경제학은 고용, 물가, 경제성장과 발전을 다룬다. 집계변수를 다루기 때문에 거시경제학이라 불린다.

시적인 기초가 부족함을 공격하고 이를 새케인스주의new Keynesianism
가 수용한 결과이다. 그러나 이런 평행선상에서 행동경제학이 제시하는
미시적인 기초는 새고전학파와 대립되며 새케인스주의와도 어느 정도
거리를 두고 있다.*

01 이자와 쌍곡형 할인
이자율과 할인율은 시점이 바뀌면 변한다

현재가치를 미래가치로 환산할 때는 이자율이 필요하고, 반대로 미래가
치를 현재가치로 환산할 때는 할인율이 필요하다. 가령 100만원에 대한
이자율이 5%라면, 현재가치 100만원이 1년 후에 지닐 미래가치는 105
만원이다. 거꾸로 1년 후 105만원의 현재가치는 100만원으로, 이 경우
할인율은 5%이다.

  쌀과 같은 재화든 화폐든 빌려주면 이자를 받는다. 이것은 특정 수량
의 현재 재화 및 화폐가 그보다 많은 미래 재화 및 화폐의 수량과 가치가
같다는 것, 즉 등가라는 의미다. 다시 말해 특정 수량의 현재 재화 및 돈
은 미래의 재화 및 돈으로는 더 많은 수량과 무차별하다. 동일한 수량이

---

*   케인스는 시장경제의 불확실성과 불안정성을 지적하면서, 이로 인해 발생하는 실업문제를 재
    정정책과 금융정책 등 정부의 개입을 통해 해결할 것을 주장했다. 이것이 신고전학파 경제학
    에 수용되면서 케인스주의 거시경제학이 형성되었다. 케인스주의는 케인스보다 시장경제에
    대한 신뢰를 강화시켰지만, 여전히 가격기구의 경직성과 시장경제의 불완전함을 지적하면서
    거시정책의 필요성을 내세웠다. 이에 대해 통화주의는 케인스와 케인스주의보다 시장경제의
    안정성과 개인의 합리성을 강조하면서, 정부의 거시정책이 불필요하다고 맞섰다. 새케인스주
    의는 케인스주의의 입장을 유지하면서도 개인의 합리적인 선택이라는 미시적 기초를 강화했
    다. 이에 맞서는 통화주의의 계승자가 시장에 대한 신뢰와 개인의 합리성을 더욱 강화시킨 새
    고전학파이다.

라면 현재 재화나 화폐가 미래 재화나 화폐보다 높이 평가되어 전자가 후자를 지배하는 셈이다. 이자율과 할인율은 여러 재화에 대한 특정 시점의 선호가 아니라 여러 시점에 걸친 시간선호time preference에서 비롯된다. 기간은 선택대상에 따라 일, 주, 월, 연으로 달라진다.

이자율과 관련된 표준이론의 합리성은 할인효용모형discounted utility model에 담겨 있다.[1] 이 모형에 의하면 사람들은 각기 시간에 대해 다른 할인율을 가지고 있지만, 각자 지니고 있는 할인율을 시점이나 자금의 규모 등에 관계없이 일관되게 유지한다.

예를 들어 현재 시점에서 3년 후와 4년 후 사이에 적용된 1년의 할인율은 3년이 지나 3년 후가 현재가 되고 4년 후가 1년 후가 된 시점에도 그대로 유지된다. 다른 예로, 현재 시점인 올해 10월에 내년 1월부터 금연하기로 결심했다고 하자. 이 결심은 몇 개월 후의 흡연으로부터 얻는 단기적인 효용과 이것이 더 장기적으로 초래하는 건강의 손실을 합리적으로 계산한 결과이다. 철저한 계산에 근거했으므로 이 사람은 내년 1월이 현재로 다가와도 흔들리지 않고 일관되게 자신의 결심을 실행한다.

여기서 할인율의 일관된 적용이란, 특정인의 할인율이 γ이면 현재로부터 멀어지면서 임의의 미래 시점에 대한 할인율은 γ^t이어야 한다는 것을 의미한다. 이를 지수형 할인exponential discounting이라고 부른다. 이는 동일한 시간에 동일한 할인율을 일관되게 적용한다는 점에서 일관성 있는 선호이므로 개인의 합리성을 반영한다. 따라서 지수형 할인이 이자에 대한 표준이론의 입장을 대변한다.

여기서 합리성은 일관성으로 나타나므로 표준이론의 둘째 전제나 일곱째 전제에 부합된다. 그런데 이것은 시점 간의 비교 및 선택과 관련된 일관성이므로 동태적인 일관성이다. 동시에 이는 두 시점에 동일한 시간을 더하거나 빼도 선호에 변동이 없다는 '안정성stationarity'을 가정한다.*

이미 지적한 바와 같이 이것은 시간으로부터의 독립성을 의미하므로(55쪽 ⑧), 독립성과 일관성의 연장선상에 있다.

그런데 행동경제학자나 실험경제학자는 인간의 심리적 기반을 검토하는 과정에서 시간선호 및 이자율과 관련된 할인효용모형에 대해 의문을 제기했다. 이들은 새뮤얼슨 이전의 전통으로 복귀해야 한다는 반론과 함께 할인율의 불변성을 부인하는 쌍곡형 할인hyperbolic discounting을 내세웠다.[2]

쌍곡형 할인은 특정 시점으로부터 시간적으로 멀리 떨어진 두 시점에 대한 사람들의 평가가 두 시점이 가까워지면서 바뀌는 것을 의미한다. 시간을 공간으로 바꾸어 생각하면, 멀리서 볼 때는 별 차이가 없어 보이던 두 건물의 높이가 가까이 다가가면 상당히 차이 나는 경우와 유사하다. 행동이론이 기대효용의 독립성 공준에 의문을 제기한 것과 비슷하게, 쌍곡형 할인은 안정성 가정에 의문을 제기한다.

현재 시점에서 3년 후의 100만원과 4년 후의 115만원을 비교하고, 3년이 지나서 3년 후가 현재가 된 시점에서 100만원과 그 1년 후의 115만원을 비교하는 상황을 상정하자. 지수형 할인에 의하면 양자 사이에 이자율과 할인율에 변동이 없다. 따라서 3년 후의 100만원이 아닌 4년 후의 115만원을 선택했다면, 3년이 지난 후에도 현재의 100만원이 아닌 1년 후의 115만원을 선택한다. 이는 현재의 100만원이 1년 후에는 115만원보다 적은 110만원 정도와 무차별한 상황이다.

이와 달리 쌍곡형 할인에 의하면 시점이 가까워지면서 할인율이 커

* 'stationarity'는 원래 시계열 분포의 평균과 편차 등 확률구조가 시간으로부터 독립적이라는 의미로 '정상성'이나 '안정성'으로 번역된다. 선호의 안정성과 달리 확률이 개입되었다는 점을 감안하면 '확률적인 안정성'이 가장 적절한 표현인 것 같다. 이와 관련해 연세대학교 경제학부의 정진욱, 한종희, 조진서, 김선빈 교수님 등으로부터 도움을 받았다.

져, 지금은 4년 후의 115만원을 선택한다 해도 3년이 지나면 1년 후의 115만원이 아닌 현재의 100만원을 택하게 된다. 이는 3년 후의 100만원이 4년 후의 110만원 정도와 무차별했는데, 현재의 100만원은 1년 후의 120만원 정도와 무차별한 상황이라 할 수 있다. 사람들의 할인율이 일관되지 않고 시점이 다가오면서 커진다는 것이다. 즉, 먼 미래에 대해서는 낮은 할인율이 적용되다가 그 시점이 다가오면 할인율이 높아진다. 이렇게 할인율은 변동하고 선택에도 변화가 생긴다.

• 표준이론의 지수형 할인

[시점]	*0*	*1*	*2*	*3*
[이자율]	1	1.1	$(1.1)^2$	$(1.1)^3$
[시점]	*-1*	*0*	*1*	*2*
[이자율]	x	1	1.1	$(1.1)^2$

• 행동이론의 쌍곡형 할인

[시점]	*0*	*1*	*2*	*3*
[이자율]	1	1.2	$\mathbf{0.9}(1.2)^2$	$\mathbf{0.9}(1.2)^3$
[시점]	*-1*	*0*	*1*	*2*
[이자율]	x	1	1.2	$\mathbf{0.9}(1.2)^2$

지수형 할인에서는 시간의 흐름과 독립적으로 할인율이 일정하므로 시간에 따른 일관성 혹은 동태적인 일관성이 유지된다. 이에 비해 쌍곡형 할인에서는, 먼 미래에는 0.9가 붙어 할인율이 하락하다가, 1년 후로 다가오면 이것이 떨어져 나가 할인율이 높아진다. 할인율이 변동하므로 이는 동태적인 비일관성이다. 동시에 이것은 현재라는 차원과 미래라는 차원

중에서 현재가 부각되면서 할인 시점들 사이에 발생하는 선호역전이다.

- 새해 초부터 시행하리라고 다짐했던 금연에 대한 결심이 막상 새해가 되면 흡연 유혹으로 인해 무너져내리기 쉽다.
- 한 달 후부터 매일 한 시간씩 체육관에 가서 운동하겠다고 결심하기는 쉬우나, 시작 시점이 일주일 앞으로 다가오면 그 결심이 무너질 수 있다.
- 오늘은 술을 마시지 않겠다고 아침에는 쉽게 다짐하지만, 업무의 무게로 인해 점심이 지나면 이 다짐이 약해지고, 저녁이 되면 마구 흔들릴 수 있다.
- 미국의 산모들은 산통이 시작되기 전에는 마취제 사용을 거부하다가, 일단 산통이 시작되면 자신의 선택을 뒤집고 마취제 사용을 원한다.

멀리 떨어져 있을 때는 흡연의 유혹, 운동의 고통, 절주의 어려움, 산통을 낮게 평가했다가 임박하면 이들을 예정했던 것보다 훨씬 높게 평가하게 된다. 이는 일반적으로 사람들이 장기적인 의도와 단기적인 유혹 사이에서 갈등한다는 뜻이다. 이는 지수형 할인이 신뢰하는 인간의 동태적 일관성이나 개인의 판단이 지니고 있다는 일관성에서 벗어난다.

환경문제로 인해 1970년대에 발생했던 페루 멸치 어족의 급격한 감소나 1980년대 초에 발생한 캐나다 대구 어족의 급격한 감소는 미래의 어획량과 비교해 현재의 어획량에 과도하게 집착하여 생긴 결과이다. 이 또한 쌍곡형 할인으로 발생한 문제라고 이해할 수 있다.[3] 이런 사례들에서 볼 수 있듯이 쌍곡형 할인에는 인내, 유혹, 자기통제self-control 등의 문제가 수반된다. 인간의 이런 약점을 보완하기 위해 사전적인 속박pre-commitment이 필요하다.

표준이론의 지수형 할인모형에 따르면, 할인율은 보수의 크기나 시간의 길이로부터도 독립적이다. 그런데 현실에서는 대체로 금액이 커지면 할인율이 줄고, 시간이 길어져도 할인율이 줄어드는 것으로 나타난다. 또한 지수형 할인모형은 시점 간 분리가 가능하다고temporally separable 주장한다. 이 조건에 의하면 효용함수를 구성하는 여러 시점의 소비나 임금이 서로 독립적으로 효용에 영향을 미친다. 앞서 논의한 신고전학파의 매몰비용도 여러 시간들 사이의 상호의존성을 부정하는데, 이에 대해서도 행동경제학은 반박하고 있다.

동일한 총액이지만 점증하는 임금(2만$→3만$→4만$)과 점감하는 임금(4만$→3만$→2만$)의 두 대안에 대한 선택을 보자. 전통적인 신고전학파의 입장을 대변하는 할인효용모형에 의하면, 할인율이 양이므로 미리 많은 돈을 받는 두 번째 대안을 선택하는 것이 합리적이다. 그러나 다수의 사람들이 첫 번째 대안을 선택했다. 이에 대해 높은 임금을 받다가 나중에 낮은 임금을 받게 되면 고통이 크기 때문이라고 해석할 수 있다. 여기서 여러 시점들 사이의 임금은 상호의존적이다. 또 다른 예로, 도박장에서는 오전의 이득이나 손실이 오후의 위험에 대한 태도와 도박에 영향을 미친다.

기대효용이론과 지수형 할인모형은 모두 상금, 확률, 할인율이 서로 독립적이라고 생각한다. 이에 비해 행동경제학과 쌍곡형 할인모형은 이들이 상호의존적이라고 말한다. 구체적으로 보면, 미래에 주어지는 보수에 대해서는 큰 액수보다 작은 액수에 대한 할인율이 높게 나타났다. 확률적으로 주어지는 상금의 경우에는 거꾸로 작은 상금의 할인율보다 큰 상금의 할인율이 높게 나타났다. 이런 흐름 속에서 시간선호를 포함한 선호에 대하여 문화라든가 자연선택 등의 생물학적 기반에 의존해 설명하려는 노력도 등장했다.

기대효용이론이 지시하는 바와 같이 지수형 할인은 관련 요소들을 부분으로 쪼개고 수단으로 만들어 다른 자원들과 마찬가지로 취급한다. 지수형 할인도 소비재 선택에서와 마찬가지로 불확실하거나 지연되는 보상이라는 선택대상을 보수의 크기, 획득 시점, 확률이라는 구성요소들로 분해했다가 합산해 시간선호와 이자율을 설명한다. 이 관점에서는 흔히 표준이론의 소비자 선택에서 보는 바와 같이 보수, 시점, 확률이 상충되고 부드럽게 대체된다. 그러나 현실에 나타나는 이례적인 현상들을 설명하는 쌍곡형 할인은 불확실하거나 확률적인 보상이 구성요소들로 완전히 분해되지 않으며 유연한 대체도 언제나 가능하다고 보지 않는다.

신고전학파는 시간을 분할하여 수단화할 뿐만 아니라 시간을 자료와 같이 있는 그대로 받아들인다. 이는 인간의 인지나 해석을 경시하고 사람들이 있는 그대로의 사물을 받아들인다고 보는 실증주의에 부합된다. 이 입장에서는 재화나 노동뿐만 아니라 시간도 추상화된다. 이에 비해 카너먼은 구체적인 실험을 통해, 사람들이 회상하면서 시간과 그 시간의 쾌락이나 고통을 재해석한다고 주장했다. 이러한 해석은 당연히 현재와 미래의 의사결정과 선택에 영향을 미친다.

02 화폐환상과 의사결정
사람들은 화폐의 수량에 현혹된다

미시적인 관심과 거시적인 현상의 접점을 이루는 존재가 화폐이다. 이 때문에 행동경제학이 화폐환상money illusion을 논의의 중심에 놓는 것 같다. 화폐환상은 화폐에 대한 사람들의 맹목적인 집착에서 비롯된 현상으로, 이미 케인스 이전부터 인식되고 있었다. 사람들이 화폐의 수량에 집착해 실질가치의 변동과 무관한 명목적인 변동에 현혹된다는 것이다.

국민총생산, 소득, 임금, 이자율, 환율 등에 있어 명목名目, nominal 변수와 실질實質, real 변수의 차이를 설명하는 것은 물가변동률이다. 따라서 실질가치는 명목가치에서 화폐량의 변동이나 물가변동을 제거한 후의 가치이다. 화폐환상이 없다면 명목임금이 아니라 실질임금에 따라 노동의 공급량 등을 조절하고, 또한 명목이자율이 아니라 실질이자율에 따라 자금을 빌리고 빌려줄 것이다.

표준이론의 입장에서 합리적인 사람은 실질가치를 제대로 파악하므로 화폐환상과 합리성은 서로 부합되지 않는다. 화폐 자체에 대한 집착은 과거 중상주의 시대나 저개발 국가 등에서 나타나는 전근대적인 현상이다. 반면 행동경제학은 화폐환상을 인정하면서 케인스가 제공하지 않았던 인지심리학적인 근거를 제공한다.

구체적으로 말하면, 행동경제학은 실질변수와 명목변수를 경제현상을 제시하거나 규정하는 틀이나 방식 혹은 사물의 차원으로 이해한다. 명목이자율이 5%인데 물가가 3% 증가했다면, 이자율의 명목적인 차원은 5%이고 실질적인 차원은 2%이다. 그런데 명목변수를 표현하는 화폐가 자연스럽고 두드러지기 때문에 실질변수와 다른 별도의 틀이나 차원으로 작용한다. 이에 따라 경제현상의 실질 차원과 명목 차원이 공존한다. 결과적으로 경제주체들은 수시로 명목적인 변동으로부터 실질적인 변동을 가려내지 못해 명목적인 수량 자체로부터 영향을 받는다.

무엇보다 행동경제학은 실험을 통해 화폐환상이 존재함을 보여주면서 비합리성을 지적한다. 예를 들어 명목임금이 8% 증가하고 물가가 5% 증가한 상황, 그리고 명목임금이 3% 증가하고 물가가 변하지 않은 상황을 놓고 선택하라는 조사에서 많은 사람들이 전자로 몰렸다. 실질임금이 모두 3% 증가했기 때문에 사람들이 합리적이라면 양자를 무차별하게 취급하고 비슷한 비율로 선택했어야 한다. 그런데 실험에서는 화폐량의

명목적인 변동이 영향을 미치는 화폐환상이 발생했다.

• 앤과 바버라는 같은 대학을 1년 차이로 졸업해 출판사에서 비슷한 직장을 얻었다. 앤은 1년차에 연봉으로 3만 달러를 받았고, 물가가 상승하지 않아, 2년차에는 2% 오른 3만 600달러를 연봉으로 받았다. 바버라도 1년차에 3만 달러를 받았는데, 그해에 물가가 4% 상승해, 2년차에 5% 오른 3만 1,500달러를 연봉으로 받았다. 2년차를 기준으로 다음과 같이 사람들에게 물어보았다.

누가 경제적으로 더 나은가?   앤(71%)   바버라(29%)

누가 더 행복한가?   앤(36%)   바버라(64%)

다른 회사에서 제안이 들어오면 누가 다니던 회사를 그만둘 가능성이 높은가?   앤(65%)   바버라(35%)

• 애덤, 벤, 칼 세 사람이 20만 달러를 주고 동시에 집을 구입했다. 1년 후에 이들은 모두 집을 팔았다. 다음 상황에서 누가 집을 가장 잘 판 것인가?

물가가 25% 하락했는데, 애덤은 구입 가격보다 23% 적은 15만 4,000달러에 판매했다.

물가가 변하지 않았는데, 벤은 구입 가격보다 1% 적은 19만 8,000달러에 판매했다.

물가가 25% 상승했는데, 칼은 구입 가격보다 23% 더 많은 24만 6,000달러에 판매했다.

이 조사의 결과는 다음과 같았다.

애덤 1위(37%) 2위(10%) 3위(53%)

벤   1위(17%) 2위(73%) 3위(10%)

칼   1위(46%) 2위(16%) 3위(36%)

실질가치로 따져 애덤은 2% 이익, 벤은 1% 손실, 칼은 2% 손실을 기록했다. 명목변수로는 칼이 제일 크고, 그다음은 벤, 애덤이 제일 적다. 실질가치로 보면 애덤, 벤, 칼의 순서여야 하는데 결과는 칼이 제일 높게 평가되었다. 이는 사람들이 명목변수로부터 영향을 받는다는 것을 의미한다.

• 선택상황 1: 이윤을 조금 올리는 회사가 있다. 이 회사가 있는 지역에는 현재 불황으로 실업이 발생했으나 물가는 오르지 않았다. 이 상황에서 이 회사가 임금을 7% 삭감하기로 결정했다. 이에 대해 어떻게 생각하는가?

조사대상 = 125   수용 가능하다 37%   부당하다 63%

• 선택상황 2: 이윤을 조금 올리는 회사가 있다. 이 회사가 있는 지역에는 현재 불황으로 실업이 발생했는데 물가도 12% 상승했다. 이런 상황에서 이 회사는 임금을 5% 인상하기로 결정했다. 이에 대해 어떻게 생각하는가?

조사대상 = 129   수용 가능하다 78%   부당하다 22%

실질임금으로는 동일한데 명목임금의 삭감과 인상이 선호와 선택에 영향을 미쳤다. 이는 실질변수의 차원과 독립적으로 명목임금의 차원이 영향을 미쳤음을 뜻한다.

행동경제학은 상대가격이 개입된 재화나 자원에 대한 선택에서도 화폐환상을 확인하고 있다. 물가상승과 관계없이 제품 가격을 고집하는 것, 시세 가격과 무관하게 과거에 구입할 때 지불한 포도주나 주택 등의 가격에 집착하는 것, 시장가격과 무관하게 재고품의 선입 가격을 고려하는 것 등이 이에 해당한다. 여기서 선입선출FIFO, first in first out인가 후입선출LIFO, last in first out인가 등의 재고관리와 관련된 고전적인 회계 문제가 새롭게 등장한다.* 감가상각을 계산하는 데 있어 과거의 구입 가격에 해당하는 역사적인 비용historical cost과 현재의 시장가격에 해당하는 갱신비용replacement cost 중 어느 것이 기준인가도 이와 관련되어 있다.

표준이론은 소비자를 위시한 모든 경제주체가 자신의 선택대상에 대해 충분한 정보를 가지고 있다고 가정한다. 그래서 포도주와 같이 까다로운 물건에 대해서도 정보가 완벽하다고 여긴다. 그러나 현실에서는 반드시 그렇지는 않은 것 같다.

환율에 따라 여러 나라의 화폐로 수량이 바뀌어도 지출과 선택이 변한다는 연구도 있다. 이 역시 화폐의 실제적인 가치가 아니라 절대적인 크기에 따라 사람들의 선택이 좌우된 것이다.

> • 동일한 구매력이지만 어떤 화폐로 표시하느냐에 따라 상품의 액면가격이 바뀌면서 선택이 달라졌다.[4] 가령 미국인이 싱가포르를 여행하면 미국달러를 싱가포르달러로 바꾸어 지출하게 된다. 이 경우 절대액수가 커지는데(1.3대 1), 이로 인해 싱가포르의 물건들이 비싸다고 생각해 지출을 줄인다. 반대로 미국인이 유럽에 가면 유로로 바꾸어야 하는데, 이 경우 가격들의 액수가 줄어든다(1대 1.3). 이 때문에 유럽의 물건들이 싸다고 착각해 더

---

* 선입선출은 먼저 입고된 것이 먼저 출고된다는 것이고, 후입선출은 먼저 입고된 것이 나중에 출고된다는 것이다. 재고품의 가격에 변동이 있으면 선입선출인가 후입선출인가에 따라 재고의 가치가 변동하고 대차대조표나 손익계산서에도 영향을 미칠 것이다.

많이 산다.

• 표준이론에 의하면 가격/소득의 비율을 따지면 화폐단위가 바뀌어도 지출에 변동이 없어야 한다. 실제로는 주요 상품의 가격과 소득의 차이를 고려한다. 이에 따르면 액면가격이 줄 때 지출이 느는 것이 아니라 줄 수도 있다. 이 경우 비슷한 상품의 가격을 준거로 고려할 수도 있다. 그런데 스페인의 페세타가 유로로 바뀌면서(167대 1) 상품 가격을 표시하는 액수가 크게 줄자 사람들은 고가의 유명상표를 더 많이 찾았다.

• 네덜란드에서는 유로로 통합된 2002년 이후에 거리에서 자선하는 액수가 10% 정도 늘었다. 2.2길더가 1유로로 환전되었는데, 1유로가 1길더와 같이 작은 가치를 지닌 것으로 착각했다고 추정할 수 있다. 한국에서 가끔 등장했던 화폐개혁 논의에서 이에 반대하는 사람들은 화폐개혁 후 과도한 지출과 낭비가 발생할 수 있음을 주장해왔다.

포도주는 얼마짜리? 당신이 1982년산 보르도 포도주를 선물시장에서 한 병에 20달러를 주고 샀다. 이 포도주는 현재 경매시장에서 병당 75달러이다. 이 포도주를 저녁에 곁들여 마시기로 결정했다. 당신은 이 포도주를 마시는 비용이 얼마라고 생각하는가? 조사 대상자들은 경험이 많은 포도주 애호가들이었다.

이 포도주의 가치는 현재의 구입비용(혹은 갱신비용)에 해당되는 75달러이다. (20%)
오래전에 가격을 지불해 기억이 나지 않는다. 아무런 비용이 들지 않는다는 기분이다. (30%)
20달러 들여 75달러짜리를 마시니 55달러를 절약하는 기분이다. (25%)

포도주 전문가 경제학자들은 유난히 포도주에 관심이 많다. 그런데 그렇게 많은 종류가 있는 포도주의 맛을 구분하는 일이 어느 정도 가능할까? 소비자의 지식에 대한 의문이 적지 않다. 일부 심리학자들은 소비자들에게 그들이 특정 포도주를 구입한 이유에 대해 질문한다. 소비자들이 이런저런 이유를 제시했는데 대부분 그들 자신의 의견이 아니라 신문이나 언론에 이미 보도된 전문가들의 의견이었다. 만약 이것이 사실이라면 소비자의 합리성에 근거한 소비자주권은 의심받을 수밖에 없다.

사용기간에 따라 요금이 비례적으로 늘어나는 경우에도 기간의 변동은 고려하지 않고 절대액수에만 집착해 선택이 변동될 수 있다. 일, 월, 연 중 어떤 기간을 기준으로 요금이나 지불액 등 수량을 표시하느냐에 따라 선택이 달라졌다. 심하게 말하면 여섯 개를 '여섯'이라고 표현하느냐 아니면 '반 다스'라고 표현하느냐에 따라 선택이 바뀐 셈이다.

	불량률 (100통화당)	1년 요금		불량률 (1,000통화당)	1개월 요금	
A	4.2	384$	31%	42	32$	69%
B	6.5	324$	53%	65	27$	23%

이 경우 통화중단 등 서비스 불량의 정도를 100통화를 기준으로 표시하느냐 1,000통화를 기준으로 표시하느냐, 그리고 요금을 1개월 혹은 1년 중 어느 것을 기준으로 표시하느냐에 따라 선택이 달라졌다. 100통화를 단위로 불량률을 표시하면 불량률이 적어 보여, (요금이 싸면서) 불량률이 높은 대안 B에 유리했다. 이에 비해 1,000통화를 기준으로 표시하면 (요금이 비싸면서) 불량률이 낮은 대안 A에 유리했다. 또한 1년을 기준으로 요금을 표시하면 요금의 차이가 크게 보여 (불량률이 높으면서) 요금이 낮은 대안 B에 유리했고, 1개월을 기준으로 요금을 표시하면 (불량률이 낮으면서) 요금이 높은 대안 A에 유리했다.

	주당영화편수	월요금		연간영화편수	월요금	
A	7	10$	57%	364	10$	38%
B	9	12$	33%	468	12$	56%

영화 방송을 선택하는 이 상황은 보다 단순하다. 영화 편수를 주 단위

로 표시하느냐 아니면 연 단위로 늘려서 표시하느냐에 따라, 받아 보는 영화 편수의 차이가 작아 보이기도 하고 커 보이기도 한다. 차이가 작아 보이면 영화 편수의 차원보다 요금의 차원이 부각되어 A를 선호했고, 차이가 커 보이면 영화 편수가 부각되어 B를 선호했다.

사람들은 복잡한 분수를 보면 분모는 무시하고 분자만 생각하는 경향이 있다.[*] 이렇게 오판하는 이유는 사람들에게 비율이나 분수 전체가 아니라 절대적인 숫자 혹은 분자의 절대적인 크기가 부각되기 때문이다. 분모는 배경 정보인 데 비해 분자는 전면에 등장하는 정보이다. 이는 기저율을 무시하는 인간의 편향에도 부합된다.

도박에서 열 번에 한 번 나오는 경우보다 백 번에 아홉 번 나오는 경우를 선택하는 것이 이와 비슷한 오류이다. 또한 자신이 받을 치료를 선택하는 미국 병원의 성인 환자들은 위험이나 확률과 관련된 분수뿐만 아니

분모와 분자[5] 일본 학자가 사망원인을 천식, 기관지염, 암, 심장병, 후천성 면역결핍증, 살인, 유행성감기, 교통사고, 폐렴, 자살, 결핵의 열한 가지로 분류했다. 그리고 그것이 발생할 비율을 x/10, 10x/100, 100x/1000, 1000x/10000 등 몇 가지 방식으로 표시했다. 예를 들어 2/10, 20/100, 200/1000, 2000/10000과 같은 식이다. 이렇게 다른 표시 방식들을 보여주고 병의 위험에 대한 사람들의 판단이 변동하는지를 확인했다. 극단적인 경우로, 사람들은 1286/10000이 24.14/100보다 더 큰 위험이라고 판단했다. 그런데 1286/10000은 12.86/100으로 24.14/100보다 확실히 작다.

---

[*] 이런 편향이 동양 사회에서는 보다 약할 것으로 보인다. 분모分母와 분자分子라는 번역어 자체가 이에 대한 방증이다. 분석적인 서양의 관점으로 분수는 두 개의 숫자가 모여 이루어진 것이므로, 분모denominator와 분자numerator가 연결되지 않을 수 있다. 이에 비해 총체적으로 바라보는 동양의 관점에서는 분모와 분자는 분수라는 하나의 숫자를 구성하는 요소이다. 또한 모자母子는 동양에서 모든 밀접한 인간관계의 모태이다. 인류학이나 문화심리학은 서양보다 동양에서 인간관계가 중요하고, 그중에서 모자관계가 핵심이라고 주장한다. 뇌신경경제학의 최근 연구도 이를 뒷받침하고 있다.

라 비율, 백분율, 소수점 등에 대해서도 전반적으로 둔감한 것으로 나타났다.

이 편향은 미시적인 차원뿐 아니라 거시적인 차원에서 경제공황이나 광우병, 원자로시설, 핵폐기물, 홍수, 가뭄, 태풍, 해일, 지진 등 여러 위험들에 대처하는 상황에서도 중요하다. 위험에 대한 판단이 왜곡되면서 위험회피를 위해 지불할 의사도 바뀌기 때문에 자원의 배분이나 예산의 배정이 왜곡될 수 있다. 즉, 커다란 위험에 적은 예산이 배정되고 작은 위험에 많은 예산이 배정될 수 있다. 경제주체의 합리성으로 사칙연산 등 기본적인 계산 능력을 전제하는 표준이론은 이런 현상을 일부 사람들의 미숙함이나 실수로 처리한다.

경제학은 화폐와 친하지 않다. 초기 경제학인 고전학파에서부터 화폐경제를 실물경제와 비슷하게 생각해왔다. 그리고 이런 경향이 현대의 신고전학파에서 극대화되었다. 미시경제학에서는 어떤 임의의 재화라도 화폐가 될 수 있어 실질적으로 화폐가 등장하지 않는다. 효용을 주는 재화와 서비스의 선택에 초점이 맞추어지면서 화폐라는 존재는 극소화된다.

거시경제학에서는 화폐가 무시되거나 수량으로만 존재한다. 케인스주의가 화폐의 중요성을 인정하는 데 비해 통화주의는 이를 인정하지 않는다. '화폐가 경제에서 중요한가Does money matter?'라는 의문이 제기되었던 맥락이 여기에 있다. 특히 '파틴킨 논쟁Patinkin controversy' 등을 통해 고전적인 이분법classical dichotomy을 당연시할 정도이다. 이 이분법에 의하면 경제의 실물 부문과 화폐 및 금융 부문이 분리되어 있고, 화폐 부문은 실물 부문의 기초여건을 반영해 물가를 결정하는 데 그친다. 개가 꼬리를 흔드는 것이 아니라 '꼬리가 개를 흔들고wagging the dog', 비우량 주택담보대출의 유동화로 인한 위기가 발생해도 통화주의자는 기초여건을 강조한다. 이런 입장에서는 명목변수가 그 자체로 영향을 미친다고 생각할 수 없다.

이에 비해 행동경제학은 정신적 회계로 화폐의 전용가능성에 제한을 두고, 더불어 화폐환상을 중시하므로, 표준이론보다 화폐를 의식한다고 할 수 있다. 그렇더라도 화폐를 얼마나 존중하고 있는지는 확실치 않다. 행동경제학도 소비 위주로 경제를 파악하는 경향이 적지 않기 때문이다. 부존자원효과는 화폐에 대한 집착보다 재화에 대한 집착에 초점을 두고 있다.

지불할 의사와 수용할 의사의 차이는 이익과 손실을 화폐가 아니라 재화 위주로 파악한 것이다. '머그잔을 살 때는 돈을 잃게 되는데 이에 대한 손실회피는 어떻게 되나?' '수용할 의사에서는 돈을 얻게 되는데 이 이익은 어떻게 되나?' 이러한 의문은 제기되지 않는다. 이에 따르면 사람들이 자신이 보유하고 있는 재화나 자원에 집착하는 경향은 있어도 자신이 소유하고 있는 화폐나 소득에 대한 집착은 없다. 행동경제학은 돈을 지출해 재화나 자원을 선택하는 데 있어 경제주체들이 비합리적일 수 있다는 점을 강조하나, 경제주체들이 돈에 집착해 비합리적이 되는 것에는 별로 관심이 없다.*

실질과 명목의 구분은 내용과 형식, 본질과 형태·외양, 내용물과 포장, 진짜와 가짜에 대한 구분과 상통한다. 실질적인 임금의 증가만이 진

---

* 화폐에 대한 인간의 집착, 자본주의하에서의 재산축적이나 자본축적에 대한 고려는 행동경제학에서도 쉽게 찾아볼 수 없다. 이에 비해 아리스토텔레스, 중상주의, 마르크스, 베블런, 케인스 등에서는 배금주의가 중요한 사회문제로 인식된다. 물론 표준이론도 이런 점을 인정하지 않기 때문에 수요자와 공급자, 판매자와 구매자, 입찰자와 응찰자가 서로 대등하다고 생각한다. 그러나 재화 및 상품과 화폐 사이의 비대칭성 혹은 우열은 인정해야 할 것 같다. 한국 경제의 미시적인 현상으로 지적하는 교환과 거래의 '갑을甲乙 관계'는 이에 대한 추가적인 증거이다.

짜 증가이고, 명목적인 임금의 증가는 가짜라는 것이다. 표준이론은 합리성을 연장해 사람들이 명목, 형식, 형태, 외양, 포장 등으로부터 영향을 받지 않는다고 주장한다. 이에 비해 행동이론은 사람들이 명목, 형식, 형태, 외양, 포장 등으로부터 영향을 받는다고 반박한다.

표준이론의 합리성에 의하면 사람들은 어떤 물건이 나은지를 구분할 수 있을 만큼 똑똑하다. 그렇다면 이들은 진짜와 가짜도 구분할 수 있다고 보아야 할 것이다. 민주주의에 대한 링컨의 진술과 인플레이션 사이의 유비를 내세운 미제스L. v. Mises와 프리드먼에서 이 점이 확인된다. "모든 사람을 일시적으로 속일 수 있고, 일부 사람을 언제나 속일 수 있지만, 모든 사람을 언제나 속일 수는 없다." 이들에게는 정치적으로 국민을 속이는 것이나 통화의 과도한 공급을 통해 실질가치를 낮추는 것이나 모두 속이는 것이다. 그런데 사람들은 쉽게 속지 않는다는 것이다. 쉽게 속는 사람이라면 합리적일 수 없다.

표준이론에서 경제주체들은 명목적인 변동과 실질적인 변동을 구분할 수 있으므로 진짜와 가짜를 구분하는 것은 당연하다. 표준이론이 열째 전제에 따라 선택상황과 대안들에 대한 해석이나 편집의 여지를 허용하지 않는 것은 형태와 형식을 경시하는 태도와 통한다. 이에 비해 행동경제학에서는 명목적인 것이 그 자체로 영향을 미친다고 보며, 사람들이 의외로 진짜와 가짜를 구분하지 못한다는 점도 지적한다. 더 근원적으로 이 세상에 진짜와 가짜 사이에 엄밀한 구분이 있는지에 대해서도 의문을

진짜 미인과 가짜 미인　새들 중 암컷은 일반적으로 긴 꼬리를 가진 수컷을 좋아한다. 그런데 실험자가 기다란 가짜 꼬리를 달아준 수컷과 진짜로 긴 꼬리를 지닌 수컷을 암컷들이 구분하지 못했다. 사람들도 진짜 미인을 보았을 때뿐만 아니라 그림이나 사진 속의 미인을 보았을 때도 성적으로 자극을 받는다. 이 점에서 사람들도 새와 다르지 않다.

제기할 수 있다. 행동이론이 해석과 편집을 강조하는 것은 형태와 외양을 중시하는 태도와 부합된다.

명목은 (문자 그대로) 이름이므로, 선택상황이나 대안을 '어떻게 부르는가'가 선택에 영향을 미치는지와 관련된다. 표준이론은 사람들이 합리적이기 때문에 상황이나 대안에 붙인 이름이 선택에 영향을 미치지 않는다고 주장한다. 그러나 행동경제학은 사람이든, 기업이든, 제품이든 그것의 이름이 사람들의 선택에 영향을 미칠 수 있다고 생각한다. 여기서는 실질임금과 명목임금의 연속적인 구분보다 '유명무실有名無實'이나 '명실상부名實相符'로 표현되는 불연속적이거나 질적인 구분이 더 의미가 있다.

물론 연속성과 불연속성의 구분이 언제나 선명한 것은 아니다. 성형수술이 확산되면서 수술을 통해 얻은 인공적인 미와 자연적인 미의 차이가 수술 여부의 질적인 구분이 아니라 수술의 정도라는 양적인 차이로 변하고 있다. 명품에 대해 유사품이나 모조품이 인기를 끌며 이제 진짜와 가짜가 아닌 진짜 같은 가짜, 가짜 같은 가짜의 차이가 중요해졌다. 이 역시 진짜와 가짜의 이분법을 부정하는 현실이다. "농담이 진담 된다"는 우리의 속담도 농담과 진담을 양분하지 않고 있다.

특히 포스트모더니즘은 원본과 모조, 진짜와 가짜, 오랜 것과 새것의 구분이 객관성을 가지고 있지 않다고 주장한다. 이 입장에 의하면 독창적인 발명이나 작품, 논문, 특허나 저작권 등이 모두 허구가 된다. 인간이 자연을 변형할 뿐 창조하는 것이 아니라는 아리스토텔레스의 주장이나 태양 아래 새로운 것은 아무것도 없다는 헤겔의 주장은 이에 부합된다.

03 물가와 비합리적 기대
거시경제에 대한 사람들의 기대는 정확하지 않다

거시경제학의 기본 구도를 요약하여 논의의 출발점으로 삼자. 미시경제학과 달리 거시경제학에서는 이론적인 대립이 오래 지속되었다. 통화주의 및 새고전학파(통화주의)와 케인스주의 및 새케인스주의(케인스주의)가 이 대립을 형성하고 있다. 양자의 차이도 시장의 가격기구와 개인의 합리성이라는 두 축으로 설명할 수 있다. 그런데 미시경제학과 달리 거시경제학에서는 가격의 신축성이라는 측면이 보다 중요하고, 합리성은 '합리적 기대'로 발전한다. 거시경제학에서 기대는 예상이나 예측을 의미한다.

통화주의는 가격/임금의 신축성과 합리적 기대를 내세우는 데 비해, 케인스주의는 가격/임금의 비신축성을 내세우고 합리적 기대에 우호적이지 않다. 따라서 통화주의는 표준이론에 완전히 부합되고, 케인스주의는 여기서 벗어난다. 원래 케인스는 기대를 외생적으로 처리했는데, 새고전학파는 무스J. Muth가 제창한 합리적 기대를 통해 기대를 내생화했다. 합리적 기대는 경제주체들의 예측 능력을 극대화해 초합리성super-rationality을 내세운다.

극단적인 합리성을 내세우므로 무스의 합리적 기대는 사이먼의 제한된 합리성과 대립된다. 이들은 같은 시기에 카네기 멜론 대학에 함께 있었으나 이론적으로는 정반대 방향으로 나갔다. 무스는 합리적 기대가 서술적인 합리성과 규범적인 합리성을 일치시킨다는 점을 명확히 지적했는데, 이것은 합리적 기대가 행동경제학과 대립된다는 것을 시사해준다.[6]

거시경제학에서 합리성은 합리적 기대를 통해 거시현상에 대해 잘 예측하고 예상되는 정보를 의사결정과 선택에 충분히 활용하는 것을 말한다. 이는 새고전학파가 케인스의 이론을 반박하는 기반이다. 새케인스주의는 미시적인 기초의 중요성을 인정하면서도 합리적인 기대나 합리성에 대해 여러 가지로 유보한다.

합리적 기대의 핵심적인 대상은 물가변동이다. 물가변동을 잘 예측하고 여기서 얻은 정보를 통해 화폐변수 혹은 명목변수와 실질변수를 구분하고 명목적인 변동과 실질적인 변동을 제대로 가려내는 것이 합리성이다. 이같이 구분하지 못하면 명목변수에 집착하는 화폐환상이 발생한다. 결과적으로 거시현상과 관련된 합리성은 무엇보다 화폐환상이 있느냐 없느냐로 결정되는 것이다.

거시현상에 관련하여 화폐환상이 이렇게 중요성을 가지는 이유는 화폐환상의 존재 여부가 통화주의 진영과 케인스주의의 차이를 함축하기 때문이다. 화폐환상이 없다면 실업은 자연실업일 뿐이고 실물과 화폐금융의 고전적인 이분법도 현실이 된다. 반면 화폐환상이 있으면 이 모든 것이 성립하지 않는다. 또 고전적인 이분법이 성립한다면 화폐금융 부문이 기초여건을 충실하게 반영할 것이다. 이분법이 성립하지 않는다면 화폐금융이 기초여건으로부터 벗어나 자율성을 지닐 것이다.

케인스는 노동자의 의사나 선택과 관계없이 실업이 발생한다고 주장해 비자발적인 실업involuntary unemployment을 내세웠다. 그러나 표준이론은 많은 노동자들이 너무 높은 임금을 요구해 실업자가 된 것이라고 주장한다. 이는 실업을 선택한 것과 다름없으므로 현실의 실업은 상당 부분 자발적 실업voluntary unemployment이라고 케인스에 반박한다.

비자발적인 실업이 발생하는 이유는 임금의 비신축성 때문이다. 임금 경직성의 원인에 대해서는 의견이 분분하며 행동경제학에서도 나름대로 주장하는 바가 있다. 일찍이 화폐환상과 임금경직성을 이론의 출발점으로 삼았던 케인스는 화폐환상의 원인으로 화폐 자체에 대한 맹목적인 집착을 지적했다. 또한 화폐임금과 관련해 노조의 존재, 절대임금이 아닌 다른 노동자들과 대비한 상대임금에 대한 중시 등을 지적했다.

새케인즈주의는 효율임금가설efficient wage hypothesis을 내세운다. 이 이론에 따르면 고용주들이 노동자들의 사기를 유지하기 위해 노동시장의 균형임금보다 높은 수준의 임금을 제공한다. 이는 생산성을 유지하는 데도 도움이 되므로 고용주로서도 합리적인 선택이다. 이 때문에 불황으로 물가가 하락해도 명목임금이 하락하지 않으므로 실질임금은 상승한다. 그리고 실질임금이 균형임금보다 높으므로 노동시장에 초과공급, 즉 실업이 발생한다. 또한 물가인상률에 대한 사람들의 예측력이 떨어지고 시차를 가지고 있기 때문에 단기적으로 명목임금에 집착한다. 이 경우 물가상승은 명목적인 임금의 부분적인 상승과 실질적인 임금의 하락을 가져온다.

물가는 여러 재화들의 가격이 합해져 형성되고 만들어진다. 이같이 물가는 개별 재화의 상대가격보다 추상적인 개념이고 복잡한 현상이기 때문에 파악하기 어려울 수 있다. 주지하듯이 무엇보다 기준 연도, 특정 재화 가격의 중요성 혹은 가중치, 소비재/생산재의 구분 등으로 물가 개념은 예상보다 일목요연하지 않다.* 또한 계층마다 소비재의 구성이나 소득이 차이가 나 물가변동률도 다를 수 있다.

물가 측정과 관련된 위의 문제들이 대개 객관적인 것이라면 행동경제학이 지적하는 문제들은 주관적이고 심리적이다. 경제주체들이 인지적인 편향과 정보처리상의 한계로 인해 현실의 가격변동과 물가변동을 완

---

* 물가지수(라스파레스식)

$I_t = \Sigma_i p_{it} q_{i0} / \Sigma_i p_{i0} q_{i0} = P_t Q_0 / P_0 Q_0$

$I_{t+1} = \Sigma_i p_{it+1} q_{i0} / \Sigma_i p_{i0} q_{i0} = P_{t+1} Q_0 / P_0 Q_0$

$I_{t+1} - I_t = dI = \Sigma_i p_{it+1} q_{i0} / \Sigma_i p_{i0} q_{i0} - \Sigma_i p_{it} q_{i0} / \Sigma_i p_{i0} q_{i0} = (\Sigma_i p_{it+1} q_{i0} - \Sigma_i p_{it} q_{i0}) / \Sigma_i p_{i0} q_{i0}$

혹은 $= P_{t+1} Q_0 / P_0 Q_0 - P_t Q_0 / P_0 Q_0 = (P_{t+1} - P_t) Q_0 / P_0 Q_0$

전히 파악하거나 예측하지 못한다는 것이다.[7] 물가변동과 관련하여 행동경제학은 합리적 기대를 거부하고 제한된 합리성을 내세운다.

그런데 물가는 재화 및 서비스의 가격들로 구성되므로, 물가(변동)에 대한 인식의 문제는 일차적으로 가격(변동)에 대한 인식의 문제이다. 이와 관련해 행동경제학과 경제심리학이 지적하는 여러 가지 불완전함을 논의해보자.

첫째, 과거의 재화 가격이나 물가변동에 대해 손실회피경향으로 인해 비대칭성이 생긴다. 특정 수준보다 가격이 높아지면 손실이므로 크게 오른 것으로 생각하나, 가격이 하락하면 이익이므로 별로 내렸다고 생각하지 않는다. 이는 개별 재화의 가격에 대해 적용되는 가격탄력성의 비대칭성과 비슷하다.

둘째, 거시경제학을 고려한다면 재화의 가격변동에 대한 준거가 재화 가격이 아니라 임금일 수 있다. 동일한 물가상승이라도 임금의 상승이 수반되는 경우에는 적게 느끼는 데 비해 임금이 그대로 있거나 하락하면 물가상승을 더욱 크게 느낀다. 물론 이런 주장은 재화 가격이나 명목임금에 대한 착각 또는 환상이 없다고 전제한다.

셋째, 사람들은 어느 크기를 넘어서야 차이를 지각하므로 특정 수준(쌀 가마당 10만원)이 아니라 일정 범위(9만원~11만원)가 준거가 될 수 있다. 제도적인 차원이 아니라 심리적인 차원에서 가격 상한과 하한이 존재하는 셈이다. 이 경우 손실회피는 가격의 하한(9만원)은 손쉽게 내려가지만 상한(11만원)은 쉽게 올라가지 않는 것으로 나타난다. 단 한 번의 가격하락으로도 준거의 하한은 내려가지만, 상한은 여러 차례 가격이 상승해야 비로소 올라간다. 소비자가 내는 가격이 아니라 노동자가 받는 임금에 대해서는 이와 반대라고 생각하면 된다.

넷째, 자주 사는 물건의 가격은 기억에 남아 물가변동률을 계산하는 데 많은 영향을 미친다. 또한 가격변동의 절대적인 크기가 클수록 더 기억에 남는다. 더불어 시장에 자주 가서 가격에 자주 노출되는 사람들이 물가상승을 더 크게 생각한다. 남자보다 여자가 물가상승에 더 예민하다. 나아가 먼 과거보다 가까운 과거의 가격변동이 더 기억에 남는다. 이 모든 것은 앞서 지적한 바와 같이 근접성에 부합된다.

다섯째, 경제에 자주 접하는 상황에 있거나 교육을 더 받은 사람들이 공식적인 통계에 가까운 물가변동률을 추정한다. 교육을 덜 받았거나 사회계층이 낮은 사람들이 물가상승을 더 크게 생각했다. 또한 물가변동에 대한 소식은 방송매체와 입소문을 통해 확산되는데, 고용이든 물가든 보도 과정에서 좋은 소식보다는 나쁜 소식이 비대칭적으로 많이 보도된다. 이것은 위험의 사회적 확산social amplification of risk과도 비슷하다.

손실회피경향에 따라 가격하락으로 인한 쾌락보다 더 큰 가격상승의 고통이 누적되어 체감물가가 실제 물가보다 높게 인식된다.[9] 어떤 재화의 가격이 1% 하락했을 때 느끼는 쾌락과 비교해 1% 상승했을 때 느끼는 고통은 2배 이상 된다. 1%의 가격하락은 1%로 느껴지는 데 비해 1%의 가격상승은 2% 이상의 가격상승과 마찬가지로 느껴진다. 또한 자주 구입하는 물건의 가격상승일수록 이로 인한 고통을 더 크게 느낀다. 다수의 개인들이 다수의 재화들에 대해 이같이 느낀다면 체감물가는 실제

체감물가 통계상의 물가와 체감물가 사이의 괴리는 한국 경제의 숙제이다. 2015년 7월 30일 한국은행이 발표한 인플레이션 보고서에는 '체감물가와 공식물가 상승률 간 괴리 요인 분석'이라는 글이 실렸다.[8] 이에 따르면 지난 6월 기준으로 일반인의 물가 인식은 2.5%였는데, 이것은 실제 소비자물가 상승률인 0.7%보다 1.8%나 높다. 두 지표는 2013년부터 평균 1.7%의 격차를 보였다. 이에 대해 한은은 독일에서 계산한 체감물가를 원용하면서 개인이 가격하락 품목에는 둔감하지만 가격상승 품목에는 민감하게 반응하는 비대칭성 때문이라고 해명했다.

물가보다 높을 수밖에 없다.

표준이론은 체감물가를 단순히 경제주체들의 오류로 간주한다. 행동경제학은 기존의 설명들보다 우월한 점을 지니고 있다. 소득계층이나 지역에 따라 실제 물가지수가 다르다는 것이 기존의 설명이었다. 그런데 이런 설명은 왜 경제주체 대다수가 여러 재화들의 가격으로 구성된 물가를 실제보다 높다고 느끼는지를 해명하지 못한다.

체감물가를 재화 가격들의 등락에 국한된 문제가 아니라 임금이나 소득까지 개입된 문제로 확장해서 볼 필요가 있다. 임금상승보다 물가상승이 더 쉽게 눈에 띄거나 두드러진다는 행동경제학의 관점에 의탁해볼 수 있다. 소비자들이 동시에 대부분 노동자라고 본다면 소비자들이 장터에서 물건을 구매할 때는 재화 가격뿐 아니라 임금도 고려할 것이다. 이때 재화 가격이 임금보다 더 두드러질 수 있다.

(이후 설명하는 바와 같이) 행동경제학에 의하면 사람들은 오로지 자신의 효용이나 소득을 극대화하려고만 하는 것이 아니라 타인의 효용이나 소득을 의식하고, 가격이나 임금의 공정성에 관심을 가진다. 이에 따라 노동자들은 시장의 균형임금을 그대로 수용하지 않고 공정성을 요구한다. 여기에 화폐환상이 겹쳐 경기 변동이나 생산성 변동에 따른 명목임금의 삭감에 저항할 수 있다. 반면 임금이 공정하다고 생각하면 노동자들은 보다 많은 노력으로 응답한다.

화폐환상이 있으면 물가변동과 무관하게 명목임금이 하락하지 않을 수 있다. 만약 명목임금이 균형임금보다 높으면 노동의 초과공급으로 실업이 발생한다. 이미 고용된 노동자들은 보다 높은 임금을 받는데 노동시장에서는 더 많은 실업자가 존재하게 된다. 이는 노동자들이 너무 높은 임금을 요구하기 때문에 직장을 구하지 못한다는 시장주의적 해석과는 다르다.

행동경제학의 거시경제학은 상당 부분 케인스와 케인스주의 진영에 의탁하고 있다. 거시경제현상의 설명에 행동경제학을 연장시킨 노벨상 수상자 애컬로프G. Akerlof와 실러는 케인스가 자본주의경제의 불안정성을 설명하기 위해 제시한 동물적인 근성animal spirits에 행동경제학의 통찰들을 결합시키고 있다.

애컬로프에 의하면 행동거시경제학은 새고전학파가 설명할 수 없는 거시현상들을 설명할 수 있다.[10] 그는 이러한 현상들로 비자발적 실업의 존재, 통화정책의 영향, 가속적인 물가하락이 수반되지 않는 높은 실업률, 연금저축의 부족, 기초여건에 비해 과도한 주가의 변동, 자기파괴적인 하층민의 지속적인 존재 등을 들고 있다. 이를 설명하기 위해 애컬로프는 미시적 기초를 강조하면서도 통화주의나 새고전학파와 달리 합리성을 제한하면서 행동경제학에 의존한다. 또한 그는 케인스주의와 가까우면서도 새케인스주의와는 달리 심리학, 사회학, 인류학으로부터 폭넓게 미시적인 요인들을 수용한다. 특히 그는 정보의 비대칭성 외에도 사기士氣와 공정성, 내부자/외부자모형, 상호성reciprocity과 선물주기, 집단규범, 정체성 등을 강조한다.

애컬로프는 이러한 논리들을 수용함으로써 비자발적 실업을 설명하는 효율임금가설을 뒷받침했다. 상호성이 경영자와 노동자가 장기적인 관점에서 높은 임금과 높은 생산성을 주고받는 선물주기를 낳는다. 또한 노동자가 공정하다고 생각하는 임금이 존중받는다. 나아가 노동자 집단 전체에 적용되는 규준이 임금 결정의 준거가 된다. 이런 것들은 노동자의 사기에 영향을 미친다. 더불어 기업 내부에 있는 노동자의 임금이 외부자가 수용하는 임금보다 높다. 또한 내부자는 이보다 낮은 임금으로 외부자가 고용되는 것을 방관하지 않는다.

애컬로프에 의하면 통화정책이 국민소득을 늘리는 이유는 기업들이 합리성에서 약간 벗어나는 가격정책을 구사하기 때문이다. 독점적 경쟁에 있는 기업들은 통화량 증가에 반응해 가격을 변화시키지 않더라도 커다란 손실을 보지 않기 때문이다. 이런 기업들의 불완전한 합리성이 경제 전체로 모이면 화폐공급의 증가가 상당한 실질국민소득의 변화를 가져온다. 이런 이유로 통화정책이 무용하다는 새고전학파의 주장은 반박된다.

새고전학파는 자연실업률과 수직적인 필립스 곡선Phillips curve을 내세운다. 필립스 곡선이 수직적이면 팽창기조의 거시정책이 완전히 물가상승으로 이어져 실업 해소에 도움이 되지 못한다. 이같이 수직적인 곡선은 실업과 물가의 상충 혹은 교환가능성을 배제해 케인스주의가 강조하는 실업정책을 거부한다.

이에 대해 행동경제학은 임금이 경직적이라는 케인스의 입장에 미시적인 근거를 제공한다. 손실회피와 화폐환상으로 인해 노동자들이 명목임금의 삭감에 대해 저항한다면, 수직적인 필립스 곡선이 아니라 통상적인 필립스 곡선을 얻게 된다. 이런 상황에서는 어느 정도의 물가상승을 감수하면 거시경제정책을 통해 실업률을 줄일 수 있다.

은퇴용 저축의 부족은 취약한 자기통제로 설명된다. 사람들이 먼 훗날을 위한 저축에 비해 가까운 미래를 위해서는 쉽게 소비를 연기하지 못한다. 이는 이미 설명한 쌍곡형 할인에 근거하고 있다. 또 다른 현상으로 소득분배의 문제와 지속적인 하층민의 존재는 나중에 설명하는 사회구성원으로서의 정체성identity과 관련되어 있다.

애컬로프는 또한 경제학이 선호 이외에도 규범을 고려할 것을 촉구한다. 규범은 인간의 정체성을 구성하는 요소이다. 이에 따라 규범을 지키지 못하는 경우 효용의 감소를 겪는다. 이는 소비자, 노동자, 기업이 선택을 할 때 자신의 기호나 이윤 혹은 시장의 균형수준 이외에도 합당하거나 공정한 수준을 고려한다는 것을 의미한다.

규범의 존재는 표준적인 거시 이론이 케인스주의를 비판하는 근거로 제시한 다섯 가지 중립성과 배치된다. 그 다섯 가지는 소비가 현재소득이 아니라 재산에 근거한다는 주장, 기업의 투자전략이 현금흐름 등으로 나타나는 재무상황과 독립적이라는 밀러·모딜리아니 정리Miller·Modigliani theorem, 자연실업률, 통화정책의 무용성을 내세우는 합리적 기대, 사회보장 등을 위한 조세나 공채 등의 재정조달 방식이 총수요에 영향을 미칠 수 없다는 리카도 동일성 정리Ricardo equivalence theorem이다.

사람마다 자신의 사회적 위치와 나이 등에 따른 응분의 권리와 의무가 규범을 이루고, 이런 권리와 의무가 현재소득과 연결되어 있어, 현재소득이 소비와 저축을 결정한다. 이것이 본래 케인스가 주장했던 바이다. 따라서 현실은 항상소득가설이나 평생소득가설에서 벗어난다. 세일러가 강조하는 행동경제학의 정신적 회계도 소비에 대한 규범 때문에 발생한다.

소비자의 지출이 현재소득에 예민하게 반응하듯이, 기업의 투자도 현재의 현금흐름에 반응한다. 특히 소비자와 달리 기업의 경우 경영자와 소유자의 이익이 다르며, 최고경영자는 일자리에 대한 투자를 자신의 규범으로 생각할 수 있다. 이렇게 되면 기업은 주주가치를 극대화하기보다 현금의 흐름에 예민하게 반응할 수 있다. 여러 세대에 걸친 사회보장을 위한 정부의 재정조달 방식이 경제에 영향을 미치지 않는다는 것은 유산 등에 있어 나눔과 도와주기라는 가족 내의 규범이 작동하고 있다는 것을 간과하고 있다.

자연실업 이론의 주장과 달리 경제주체들에게는 명목가격이나 명목임금의 형식으로 규범이 작동한다. 주어진 가격에 구입하는 것이 습관이 된 소비자는 기업이 가격을 변경해서는 안 된다고 생각한다. 또한 명목임금의 수준뿐만 아니라 명목임금의 인상률에 규범이 부과될 수 있다. 이에 따라 케인스가 강조한 가격과 임금의 경직성이 생기고 비자발적인 실업도 발생한다. 명목가격이나 명목임금에 대한 규범은 실질변수에 집착하는 합리적 기대에서 벗어난다. 행동경제학에서 이미 제시한 화폐환상의 증거들도 이를 뒷받침한다.

애컬로프에 의하면 현실경제의 소비·투자·가격·임금 등에 규범이 작용하고 있지만, 표준이론의 다섯 가지 중립성이 귀무가설을 이루어 통계적인 검증에서는 좀처럼 거부되지 않고 있다. 따라서 경제학자들은 미시적인 구조를 파악하기 위해 사례연구로 옮아갈 필요가 있다.

애컬로프와 실러에 의하면, 표준이론이 내세우는 합리적인 계산이 아니라 여러 비합리적인 요인들이 부동산이나 주식 등에 대한 투자를 결정한다. 그리고 이런 것들이 2008년의 비우량 주택담보대출로 인한 미국의 경제위기 등을 낳았다. 애컬로프와 실러는 다음과 같은 것들이 표준이론에 결여되어 있다고 주장했다.[11]

- 행동경제학이 강조하는 임금협상 등에서의 공정성
- 행동경제학이 다시 부각시킨 화폐환상
- 케인스가 이미 지적한 것으로 사람들 사이에 증폭되는 경기에 대한 자신감confidence
- 엔론 사태와 비우량 담보대출 위기에서 드러난 회계·금융의 부정과 경제윤리의 중요성
- 주식시장 등에서 사람들 사이에 해석되고 규정되어 전파되는 이야기

04 주가와 행동금융재무

주식시장에서 사람들은 가끔 이성을 잃는다

표준이론을 금융과 재무 영역에 적용한 것이 표준금융재무이론standard finance이다. 표준금융이론도 금융자산에 대한 개인의 합리적인 선택과 (주식)시장의 효율성을 내세운다. 당연히 금융재무의 영역에서도 행동경제학은 표준이론과 대립하고 있다. 행동경제학을 연장한 금융재무이론이 행동금융재무이론behavioral finance이다.

다른 영역에서보다도 이 영역에서 표준이론과 행동이론의 대립은 더욱 첨예하다. 세계화 등으로 인해 경제와 개별 기업에서 금융과 재무가 지닌 중요성이 급격히 증가하고 있기 때문이다. 나아가 이 영역에서 행동이론은 표준이론에 대해 상대적으로 우세하다. 적어도 주식시장과 주가변동을 설명하는 데는 더 우월하다고 보아야 할 것이다. 2013년에 행동금융이론의 대가인 실러가 표준금융이론의 대표자인 파마E. Fama와 나란히 노벨 경제학자상을 수상한 것이 그 방증이라 할 수 있다.

행동경제학과 행동금융이론의 공통분모는 사람들의 비합리성에 대한 관심이다. 그렇지만 행동금융이론이 다른 영역의 행동경제학과 구분되는 점도 있다. 행동경제학이 시장의 가격형성이나 가격의 역할에 대해 그리 많은 관심을 보이지 않는 데 비해 행동금융이론은 주로 증시에 국한되어 있긴 하지만 가격(의 변동)에 지대한 관심을 가진다.

이는 재화나 노동에 대한 선택과 주식에 대한 선택에 차이가 있기 때문이다. 일단 소득과 신용의 제약은 재화, 노동력, 주식의 거래에 공통적으로 적용된다. 그런데 주식매매의 유일한 근거가 주가이며 주가는 수시로 변동하는 데 비해, 재화나 노동력의 가격은 거래 당사자들에게 주어져 있고 서서히 변동한다. 아파트 가격이나 임금은 주가만큼 심하게 변동하지 않는다.

또 재화나 노동력은 가격이나 임금 이외에도 안정적인 효용이나 생산성을 지니고 있다. 이에 비해 주식은 금융자산이어서 가격 이외에 다른 효용이나 기능을 가지고 있지 않다. 나아가 재화와 노동력은 보유의 대상이라기보다 소비나 활용의 대상이어서 그다지 재판매되지 않는 데 비해, 주식은 소비의 대상이 아니라 주로 보유의 대상이며 수시로 재판매된다. 물론 집과 같은 내구재는 재판매될 수 있고, 주식의 수익도 재화와 서비스로 전환되어 효용을 낳을 수 있다. 그렇지만 통상적으로 소비재와 주식은 같지 않다.

따라서 재화시장과 노동시장에서는 차익거래가 아닌 거래가 지배적이고, 주식시장에서는 차익거래가 지배적이다. 10만원어치의 사과와 고기는 다르지만 10만원어치의 주가변동이나 배당액을 낳는 주식들은 다르지 않다. 같은 소득으로 사과를 먹다가 고기로 바꾸는 거래는 차익거래가 아니지만 의미가 있다. 이에 비해 동일한 배당을 낳을 것으로 예상되는 주식들 사이를 옮겨 다니는 것은 의미가 없다. 특정 기업에 대한 애정이 수익이나 배당과 무관하게 그 기업의 주식에 대한 집착을 낳는 일은 흔치 않다.

소비자가 재화에 관해 필요로 하는 정보는 가격, 용량, 품질, 성분, 할인판매 정도를 넘어서지 않는다. 또 소비자는 재화 가격의 변동을 그다지 예측할 필요가 없다. 이에 비해 주식투자자에게 주식의 품질은 주식의 가격이나 미래수익이며, 이들을 예측하기 위해서 주가 등 수시로 변동하는 새로운 정보들을 처리해야 한다.

합리적인 개인과 효율적인 시장을 상정하는 표준이론에 따르면, 재화시장이나 노동시장에서 가격이나 임금은 재화의 품질이나 노동자의 생산성 등 내재적 가치를 반영한다. 이와 비슷하게 주식시장에서 주가는 주식을 발행한 기업의 내재적인 가치를 반영하고, 주식시세 전체는 경제의 기초여건을 반영한다. 주가의 근거가 되는 기업의 내재적인 가치는 예상되는 미래의 수익 혹은 배당금으로 규정된다. 표준이론에서는 기초여건이 주가를 결정하고 변화시키는 기반이므로, 주가가 일시적으로나 개별적으로 이로부터 벗어나는 것을 거품으로 규정한다.

길거리에는 100달러짜리 돈이 떨어져 있을 리 없다.[*] 그것이 진짜 100달러짜리라면 누군가 이미 가져갔을 것이다. 가져가지 않았다면 그 100달러짜리는 가짜이거나 무슨 문제를 안고 있을 것이다. 이런 식의 사고가 시장의 가격에 대한 표준이론의 관념이다. 표준이론의 이러한 생각은 주식시장과 관련해 효율시장가설을 낳았다.[12] 효율시장가설도 개인의 합리성과 시장의 효율성을 바탕으로 삼지만 특히 주식과 주식시장의 성격을 반영한다.

이 가설에 의하면 주식시장에서 개인들은 자기 이익을 추구하기 위해 차익거래를 수행하고, 현실적으로도 차익거래가 얼마든지 가능하다. 또한 주식시장이 효율적이어서 개인들이 차익거래를 통해 드러내는 정보가 신속하게 주가에 반영된다. 특정 주식으로 사람들이 몰리는 것은 그 주식이 수익에 비해 낮은 가격을 지니고 있다는 정보이다. 재화시장이나 노동시장에서도 수요공급에 의해 균형가격이 형성되고 일물일가가 지배하지만, 경매시장이나 주식시장에서는 이런 일이 보다 신속하게 장애 없이 진행된다.

신속한 차익거래의 결과로 주가가 형성되므로, 누구도 주가에 담겨 있는 정보 이외에 이익을 얻을 수 있는 다른 정보를 가지고 있지 않다. 재

---

[*] 주역의 "나는 용이 하늘에 있다飛龍在天"라는 점괘는 사업가에게는 나쁜 징조라고 한다. 돈은 있더라도 언제나 땅에 떨어져 있지 하늘에 떠 있지 않기 때문이다. 이것을 알려준 연세대 중문과 정진배 교수님께 감사드린다.

화시장에서 '싼 것이 비지떡'이듯이 주식시장에서도 그러하다. 또 그보다 더 강력하게, 주식시장에서는 누구도 '시장을 능가할 수 없다.' 주식거래자들은 자산과 부채, 손익, 수익률 등 기업과 산업과 경제의 실상에 관한 정보들을 충분히 활용한다. 이것은 경제의 실물부문이 지닌 기초여건에 관한 정보이므로, 금융자산의 시세는 경제의 실물여건을 신속하게 반영한다. 통화주의자가 강조하는 고전적 이분법이 이런 주장의 이론적인 근거이다.

주식시장에서는 새로운 정보와 새로운 정보의 처리가 중요하다. 이에 따라 효율시장가설에는 두 가지 의미의 효율성이 담겨 있다. 그것은 통상 말하는 것과 같이 주식시장과 주가(P_t)가 재화와 자원을 효율적으로 배분한다는 뜻이고, 또 하나는 정보를 최선으로 활용한다는 뜻이다. 이들을 아래 두 식으로 표현할 수 있다.[13]

$$(1) \ E_t \beta [U'(C_{t+1})/U'(C_t)]R_t = 1$$

E_t: 기대치 β: 할인율 U: 효용함수 C: 소비 R_t: 수익($P_{t+1}+D_t/P_t$) D_t: 배당금

$$(2) \ x_{t+1} - E_t(x_{t+1} \mid \Omega_t) = \varepsilon_{t+1}$$

x: 확률변수 Ω: 정보 ε: 독립적이고 동일한 분포의 오차(i.i.d.)

(1)이것은 기대효용이론에 따라 주식으로 획득한 수익을 고려해 시점 간의 효용을 동등하게 만들어 효용을 극대화한 결과이다. 이 조건에 의하면 1만원으로 구입한 현재의 사과 10개(C_t)를 소비해 추가적으로 얻는 한계효용($U'(C_t)$)과 1만원을 투자해 미래에 얻을 1만 1,000원(R_tP_t)으로 구입한 사과 11개(C_{t+1})로부터 얻을 한계효용($U'(C_{t+1})$)을 할인한(β) 것이 일치된다. 이것은 통상적인 소비자 선택의 합리성을 시점들 사이의

선택에 연장한 것이다.

(2)기대효용에 따라 주식을 선택하려면 주식으로부터의 수익(R_t)을 계산해야 하는데, 이것은 주가와 수익의 변동에 대한 예측에 근거하고 있다. 이 예측에서 경제주체가 들어오는 정보(Ω_t)를 최대한 활용하면 임의적인 오차(ε) 수준으로 예측의 오류를 줄일 수 있다. 이것은 주식투자자가 체계적인 실수를 저지르지 않는다는 것을 의미한다. 개인 차원에서 이것은 재화 선택의 효율성이 아니라 정보처리의 효율성을 나타내며, 합리적 기대를 표현한다. 시장 차원에서 이것은 가격에 모든 정보가 담겨있어 차익거래의 여지가 없다는 것을 의미한다. 이같이 차익거래의 기회가 존재하는지는 재화시장보다 주식시장에서 더 중요하다.

파마가 효율시장가설의 기준으로 내세운 약한 효율성, 중간 효율성, 강한 효율성의 세 가지 형태는 모두 정보와 관련되어 있다.[14] 만약 학생들의 수학능력을 속속들이 완벽하게 반영하는 입시가 있다면 바로 그런 입시 성적이 표준이론이 생각하는 주가와 비슷하다. 그런데 이런 의미의 효율성은 통상적인 재화와 관련해서는 그다지 부각되지 않는다.

(2) 없이 (1)이 완결될 수 없으므로 기대효용이론에 (1)뿐만 아니라 (2)가 포함되어 있다고 이해할 수 있다. 그렇더라도 (1)과 (2)의 내용이 동일하지 않다. (1)에서 개인의 합리성이나 시장의 효율성이 재화와 서비스 – 기대효용 으로 연결된다면, (2)에서 합리성이나 효율성은 정보 – 합리적 기대 로 연결된다.

신고전학파 경제학은 합리성이나 효율성이라는 용어들을 방만하게 사용한다. 일반적으로 경제학에서 개인은 합리적이고, 시장은 효율적이다. 이는 개인이 합리적인 선택이론에 따라 움직이고, 시장이 모두의 후생을 극대화한다는 것을 의미한다. 그러나 '시장이 합리적'이라든지, '개인이 효율적'이라고 말하기도 한다. 무엇보다 효용이나 후생의 극대화가 아닌 정보처리를 놓고도 개인이 합리적이라거나 시장이 효율적이라는 말을 사용한다. 이런 방만함은 이미 지적한 바와 같이 대표행위자를 시장과 거의 동일시하는 데서 기인한다.

표준이론에서는 소비자 선택에서도 정보가 처리되고, 합리적 기대의 정보처리조차 궁극적으로 효용극대화에 봉사한다. 또한 이기적이어서 효용을 극대화하는 소비자가 동시에 거시경제의 자료를 제대로 분석하고 예측하는 경제주체일 수 있다. 더불어 후생과 정보처리의 효율성이 모두 시장의 가격기구를 통해 달성된다. 결국 소비자 선택과 관련된 합리성이 거시경제 예측과 관련된 합리성과 통하는 것이다. 그렇더라도 기대효용에 부합되는 합리성 및 효율성과 합리적 기대에 부합되는 합리성 및 효율성은 동일하지 않다.

재화시장이나 생산요소시장과 달리 주식시장에서는 정보가 계속 변화하고 이에 근거해 미래를 예측하기 때문에 위험과 불확실성이 상존한다. 그러므로 사람들이 아무리 합리적이고 시장이 아무리 효율적이라도, 주가가 기업이나 경제의 기초여건이나 기업의 내재적 가치를 매 순간 정확하게 반영할 수는 없다. 주가는 단지 평균적으로 기초여건과 내재적 가치를 반영할 뿐이며 이 평균의 위아래로 벗어날 수 있다.

정보처리상의 효율성은 통상적인 시장경제의 효율성보다 편의 없는 최소 분산의 통계적인 효율성에 가깝다.[15] 사람들의 예측과 주가가 수시로 오차나 이탈을 보이므로 이들이 확률분포를 이룬다. 그리고 사람들의 합리적이고 효율적인 예측은 내재적 가치에 대한 편의 없는 추정치에 불과하다. 비록 임의적인 오차를 지니지만 체계적이고 일관된 오차가 없다는 것이 추정치의 장점이다.

이같이 효율시장가설에 의하면 특정 시점의 주가가 모든 정보를 담고 있으므로 다음 시기의 주가는 그 이전 주가 혹은 여기에 반영된 정보에 근거한 기대치($E_t(x_{t+1} \mid \Omega_t)$)에 단순히 확률적인 변동($\varepsilon_{t+1}$)을 합한 것이된다. 이는 마치 주사위를 던져 나타나는 변동을 합한 것과 같다. 따라서주식투자자들이 과거 시점의 주가를 통해 차기의 주가가 변동할 방향과정도를 예측할 수 없다. 결과적으로 주식시장에 대한 표준이론의 입장을 나타내는 효율시장가설은 소위 마팅게일 속성을 반영한 임의보행모형random walk model과 동일시된다.

주가변동이나 수익의 시점 간 독립성은 자기상관의 부재로 나타난다.이것은 주가가 지체나 타성 없이 짧은 기간 동안에 오르락내리락한다는것을 의미한다. 뒤집어서 주가가 상당 기간 힘momentum을 받아 상승세를 보이다가 다시 반대로 상당 기간 하락세를 보이는 순환을 발견하기힘들다.* 만약 주가변동이나 수익 사이에 상관관계가 있으면 이는 임의적 오차를 넘어서 체계적 오차가 있음을 의미한다. 효율시장가설에 의하면 이는 한편으로 모든 정보가 주가에 반영되지 않아 시장이 효율적이지않은 것이며, 다른 한편으로는 투자자가 아직 반영되지 않은 정보를 이용해 차기의 주가를 다른 사람들보다 더 잘 예측하고 남들보다 더 높은수익을 올릴 수 있다는 것을 의미한다.

여기서 변수들의 상관관계와 동행에 의존해 투자자들이 주가를 예측하는 데 활용하는 모든 것이 정보이다. 이런 정보는 경제학자들이 현상의 인과관계를 설명하기 위해 동원하는 지식과 겹치는 부분이 있지만 그보다 범위가 넓다. 이자율이 하락하면 투자자들은 어떤 경로로 투자가촉진되는지는 몰라도 주가가 상승하리라고 예상하거나 예측할 수 있다.

표준이론의 효율시장가설에 대한 행동금융이론의 비판은 차익거래와

---

* 이는 여러 시점의 임의적인 변동들이 독립성과 분포의 동일성independent and identically distributed, i.i.d.을 보인다는 뜻이다. 즉, 여러 시점 사이의 변동 사이에 공분산이 0이고, 이들 변동의 분산이 시점들 사이에 동일하다. $E(\varepsilon_t)=0$, $Cov(\varepsilon_t\varepsilon_{t+1})=0$, $Var(\varepsilon_t)=Var(\varepsilon_{t+1})$.

관련된 부분과 인식 및 편향과 관련된 부분으로 나뉜다. 여기서 편향은
통계적인 의미의 추정치가 지니는 편의와 통한다.

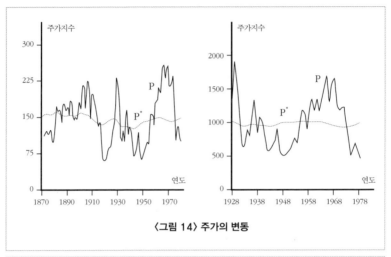

〈그림 14〉 주가의 변동

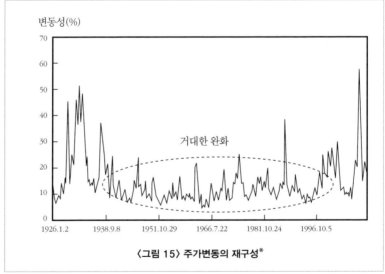

〈그림 15〉 주가변동의 재구성*

---

* 　주식가격에 대한 거대한 완화the great modulation는 금융경제학자 로Andrew Lo가 지적한
　　것이다. 그런데 거시경제학에서는 물가안정 등의 이유를 들어 1980년대 이후를 거대한 완화
　　the great moderation로 규정한다.

우선 행동이론은 표준이론이 설명할 수 없을 정도로 오랜 기간 동안 주가가 과도하게 변동했음excess volatility을 지적한다. 표준이론에서 주가의 기초여건 혹은 기준은 예상되는 주가의 수익을 이자율로 할인해 얻은 현재가치(P*) 혹은 이런 수익이 가능케 해주는 소비가 낳는 할인된 총효용이다. 그런데 이들의 변동이 보이는 편차보다 실제 주가의 편차(P)가 훨씬 더 크게 나타났다.[16] 그리고 역사적으로 보면, 1930년대 이전에는 주가가 불안정했고, 1930년대부터 1990년대까지 안정적이었으나, 1990년대 이후에는 다시 불안정해지고 있다.*

이를 해명하기 위해 행동금융이론은 차익거래에 실질적으로 여러 제한이 있음을 지적한다. 특히 미국 증시에서 예산의 제약이나 부과되는 높은 이자율 등으로 인해 공매도short selling가 쉽지 않고 많이 일어나지도 않는다는 것을 근거로 제시하고 있다.

개인의 인지와 편향에 관해서는 행동금융이론도 행동경제학과 마찬가지로 인지심리학에 의존한다. 행동금융은 개인투자자가 시장보다 앞서간다고 주장하기보다 시장에서 형성된 자산의 가격이 반드시 합리적으로 결정되지 않는다고 주장한다. 이런 측면에서 신고전학파가 설명하기 어려운 현상들은 신속한 문제해결을 위한 축약형 의사결정, 감정과 본능적 욕구의 작용, 선택범위에 따라 달라지는 선택, 확률적이고 맥락

---

* 이와 비슷한 변화는 여러 군데에서 발견된다. 그래서 20세기 서양의 역사를 1차세계대전 이전, 양차 세계대전 사이, 2차세계대전 이후, 1970년대 이후로 나누곤 한다. 소득분배 혹은 경제적인 양극화, 정치적인 양극화, 신자유주의, 세계화 등에 있어 이 시기구분은 유효하다. 1차 대전 이전과 1970~80년대 이후의 시기는 모두 세계화와 신자유주의, 경제적 불평등, 정치적 양극화를 특징으로 한다. 최근의 정치적인 양극화는 한국뿐만 아니라 미국에서도 발견되는 현상이다. 두 시대의 경계를 이루는 것은 변동환율제로의 전환과 브레튼우즈 체제의 붕괴, 달러의 금태환 종결, 스태그플레이션, 통화주의의 부상, 두 번의 유류파동, 대처와 레이건의 집권 등이다. 특히 1차대전 이전과 1970년대 이후는 언제나 중요하다. 피케티의 소득분배론에서는 1차대전 이전과 1970년대 이후를 동일하게 보고, 양차 대전 사이와 2차대전 이후가 합쳐져 있다.

에 의존적인 선호, 준거의존성 등이다.[17]

축약형 의사결정에는 적은 표본에서 과도하게 유추함으로써 발생하는 확률에 대한 오인, 대표성의 편견, 현상 고수의 경향, 집중력의 고갈로 인한 돌출적인 측면에 대한 편집증, 정보의 제공 방식에 따라 속아 넘어갈 가능성, 모호성에 대한 회피 등이 포함되어 있다. 날씨나 숙면 여부가 투자행위에 영향을 주는 이유는 자긍심이나 자신감의 유지 혹은 정서적 안정 등을 위해 감정이나 본능이 동원되기 때문이다. 제시된 선택범위에 대한 민감성은 국부와 전체의 차이, 단기와 장기의 차이에서 나타난다. 이는 화폐환상에서와 같이 물가가 크게 상승하지 않으면 단기적으로 명목변수에 의존해 계산하는 데서 드러난다.

합리적 기대나 시장효율성 등 합리성에 근거한 이론들은 주식시장에서 나타나는 과도한 변동성을 설명할 수 없다. 기초여건과 무관하게 가격변동에 대한 기대가 누적적으로 주가상승이나 주가하락을 가져오거나 합리적인 투자가 비합리적인 투자를 압도하지 못하는 경우 합리성의 가설을 적용할 수 없다. 17세기 중엽 암스테르담에서 발생한 튤립 투기, 대공황 전후의 폰지 게임이나 피라미드식 판매 등이 잘 알려진 과거의 사례들이다.

표준이론은 경제활동의 목표를 소비, 그리고 소비를 통해 얻는 효용에 두기 때문에 소비재뿐 아니라 생산재와 화폐도 모두 소비나 효용으로 바꾸어 생각한다. 이는 금융자산에도 적용된다. 이 입장에서는, 주식거래자들의 일차적인 목표는 현금수익이지만 궁극적인 목표는 그것으로 구입한 소비재가 낳는 효용이다.[18]

물론 금융자산이 여러 기간에 걸쳐 일련의 현금수익을 낳으므로 한 번이 아니라 여러 차례 소비와 효용을 가져다준다는 점에서, 금융자산은 소비재보다 기계나 생산재에 가깝다. 여러 기간에 발생하는 금융자산의 이익을 계산하려면 이들을 할인해야 한다. 따라서 금융자산이 낳는 효용은 각 시기의 현금 액수나 효용의 크기뿐 아니라 할인율이나 이자율에 따라서도 변동한다. 그런데 현금에 대한 이자율과 달리 재화에 대한 할인율은 주관적이다.

주가는 거시적인 현상이므로 미시적인 차원에서 말하는 개인의 합리적인 선택에 완전히 부합되지 않는다. 그렇지만 소비·효용에 근거한 자산가격 결정도 넓은 의미의 합리성에 의존하고 있다. 소비나 효용은 실물에 해당되므로 소비·효용에 근거한 자산가격의 결정은 화폐금융 부문이 실물의 기초여건을 반영한다는 고전적 이분법에 부합된다.

소비와 주가가 이런 관계에 있다면 소비와 주가는 비슷한 움직임을 보여야 한다. 그런데 소비성장률의 변동과 주가의 변동이 동일한 움직임을 보이지 않는다는 것이 거의 정형화된 사실이다. 이 때문에 표준이론의 옹호자들도 소비에 습관형성 등을 도입해 할인율이 변동한다고 주장하면서 이런 괴리를 설명하려고 노력해왔다. 그러나 표준이론의 이런 방어는 아직 불완전해 보인다.

소비가 아니라 배당금의 현재가치를 기준으로 삼더라도 주가가 이것을 반영하지 않는다는 연구가 나와 이 역시 표준이론에 대한 비판으로 등장했다.[19] 주식에 투자해 얻는 수익은 시세차익($P_{t-1}-P_t$)과 배당금(D_t)의 합이다. 이 중에서 배당금이 기업의 기초여건이나 영업실적을 대변한다면, 표준이론에 따라 주가는 배당금들의 현재가치를 반영해야 한다. 이것이 맞다면 할인된 배당금의 합이 주가와 동행해야 한다. 그런데 1871년부터 1979년까지의 다우존스 주가지수는 배당금보다 훨씬 더 큰 변동을 보이고 있다.

표준이론에 부합되는 해명으로 우선 할인율의 변동을 내세울 수 있으나, 주가변동의 급격한 변동을 해명하는 데는 어려움이 있다. 배당금의 비율이 변동한다는 주장도 있다. 이윤 중 사내저축과 배당금의 비율은 회사마다 다르다. 국가별로도 배당의 비율은 차이가 있다. 한국은 다른 국가들에 비해 배당금의 비율이 낮다. 이렇게 배당금의 비율은 기술혁신 등을 위한 내부투자와 주주의 이익이 걸려 있어 기업의 정책 대상이자 자본주의의 유형과도 관련되어 있다. 그렇지만 어떤 경우에도 배당비율이 주가와 같이 요동친다고 보기는 힘들다. 비슷한 이유로 주식시장에 새로운 정보가 등장했다든지 거래비용의 변동 등을 들어 이를 해명하기도 힘들다.

행동금융이론은 소비나 효용에 근거해 주가변동을 설명하려는 표준이론을 비판하면서, 전망이론에 근거하여 이를 설명했다.[20] 이에 따르면 주가는 소비가 주는 효용뿐 아니라 수익 자체의 변동, 즉 이익과 손실에 따라 비대칭적인 손실회피경향으로부터 영향을 받는다. 더구나 이익과 손실로부터 얻는 쾌락과 고통은 단순히 해당 시점이 아니라 누적적으로 경험한 이익과 손실로부터 영향을 받는다. 즉, 최근에 주로 이익을 경험했으면 동일한 손실이라도 그 고통이 적고, 주로 손실을 경험했으면 고통이 크다. 이것은 도박장효과에 가깝다. 이로 인해 주가의 변동이 커졌다는 것이다.

행동금융이 지닌 특징이 손실회피와 도박장효과에 있는지, 아니면 소비와 별도로 화폐가 주는 효용을 고려한 것 때문인지는 분명치 않다. 행동경제학은 화폐가 주는 효용을 그 자체로 고려하지만, 표준이론과 마찬가지로 소비나 효용과 화폐의 관계에 대해서 일관된 입장을 가지고 있지 않다. 피자가 효용을 준다는 의미는 명확하지만 1만원이 효용을 준다는 의미는 명확치 않다.

주식시장의 또 다른 수수께끼는 주식의 과다수익현상equity premium puzzle이다. 고위험, 고수익의 원리에 따라 주식이 채권보다 높은 수익을 얻는 것은 당연하다. 그런데 지난 90년 동안(1889~1978)의 수익 차이는 6% 이상이어서 주식의 위험으로 설명할 수 없는 수준이다.[21] 전통적인 일반균형이론으로 이것을 설명하려면 비현실적일 정도로 높은 수준의 위험회피경향을 가정해야 한다.

행동금융은 손실회피경향과 근시안적인 경향이 결합해 주식의 과다수익현상이 발생했다고 해명한다. 근시안이란 주식의 수익변동을 자주 관찰하고 이에 대응하는 것을 말한다. 여기에 손실회피가 결합되어 근시안적인 손실회피를 낳는다.[22] 정신적인 회계의 두 번째 규칙에 따르면, 손실들을 합쳐야 고통을 줄일 수 있다. 그런데 근시안적인 투자자들이 짧은 기간에 주가와 수익의 변동을 너무 자주 확인하면서 많은 고통을 겪게 된다. 이같이 투자자들은 장기적인 안목을 가지고 주식과 채권을 평가하지 않아, 자금이 상대적으로 주식보다 채권으로 몰리기 때문에 주식의 과다수익현상이 발생한다는 것이다.

보유주식에 대한 평가기간이 짧아 평가가 자주 일어날수록 주가의 등락을 예민하게 받아들이게 된다. 이에 따라 주식에 대한 수요가 줄어들고 상대적으로 재무성 채권에 대한 수요가 늘어난다. 결과적으로 주식의 수익률은 증가하고 채권의 수익률은 감소한다. 행동금융이론은 주식과 채권에 적절히 자금이 배분될 수 있는 평가기간을 1년으로 잡고 있다.

집착성향효과disposition effect도 중요하다.[23] 이는 가격이 상승한 주식을 너무 빨리 팔고 가격이 하락한 주식을 너무 오래 보유하는 성향을 의미한다. 가격이 상승한 주식은 계속 보유할 만하고 가격이 하락한 주식은 팔 만한데 오히려 그와 반대로 움직인다는 것이다. 특히 하락한 주식을 팔지 않는 것은 손실회피경향으로 인해 손실을 입었다는 것을 인정하거나 주식을 매도해 손실을 실현하기를 싫어하기 때문이다. 이것은 투자자가 자부심을 유지하고 후회를 회피하는 방법이기도 하다.

전망이론의 구성요소인 민감성의 체감에 의하면, 투자자들은 이익이 발생하는 국면에서는 위험회피적이지만 손실국면에서는 위험을 감수하는 경향이 있다. 이에 따르면 주가의 추가 하락으로 인한 고통이 상대적으로 적기 때문에 그것을 감수할 여지가 높아진다. 또한 정신적 회계에 따라 손실을 본 주식에 대해 손실이 회복될 때까지 계정을 마감하지 않는 것으로 같은 현상을 이해할 수도 있다. 더 나아가, 자아 속에는 계획자와 행위자의 갈등이 있는데 감성으로부터 영향을 받는 행위자가 계획자를 압도하는 자기통제의 문제로 이것을 해석할 수도 있다.

표준이론에 의하면 주가가 이미 떨어졌고 앞으로 주가가 더욱 떨어져 추가적인 손실이 예상되는 경우 손실을 정지시키기 위해 해당 주식을 팔아야 한다. 손절매損切賣, stop-loss sale가 그것이다. 또 주식의 이익에 부과되는 조세를 고려하면 매각을 통한 이익의 실현은 늦추는 것이 낫다. 즉, 이익은 늦게 실현하고 손실은 빨리 실현하는 편이 나은 것이다. 그런데 집착효과로 인해 사람들은 이와 반대방향으로 움직인다.

현실 자료에서는 장기, 중기, 단기에 관계없이 일정 비율의 손실매매가 나타난다. 이는 집착효과가 납세에 대한 고려를 중화시켰다는 것을 의미한다. 더불어 집착효과는 개별 주식인가 뮤추얼펀드인가와 무관하게 나타났다. 펀드에는 거래비용이 거의 없으므로 이것은 집착효과가 거래비용과 독립적임을 보여준다. 결국 납세에 대한 고려나 거래비용을 인정하더라도 표준이론이 집착효과를 수용하기는 어렵다.

행동금융은 손실회피로 집착효과를 설명하면서 실제 손실과 손실의 실현 및 수용을 구분하지 않고 있다. 본래 손실회피가 실제 입은 손실에 수반되는 고통과 관련된 것이라면, 집착효과에서의 손실회피는 이미 입은 손실을 받아들이거나 실현하는 데 따른 고통을 가리킨다.

05 자아와 정체성
시장에서도 자아는 중요하다

근시안적인 판단이나 쌍곡형 할인 등은 인간이 유혹에 약해 자신을 통제해야 하는 존재임을 보여준다. 이 영역으로 더 나가면 인간의 행동과 선택을 결정하는 비합리적인 요인들로 본능과 충동이 등장한다. 배고픔, 갈증, 수면이나 졸음, 분노, 성, 고통에 대한 회피, 마약중독 등에서 나타나는 본능과 충동은 순간적으로 작동하여 모든 합리성을 무력화시키는 힘을 지니고 있다. 가령 철야심문은 수면에 대한 본능을 활용해 집중력이 떨어지기를 기다려 중요한 자백을 얻어내는 수법이다. 동시에 본능과 충동은 시간이 지나면 기억에서 사라져 미리 선택에 고려하기도 힘들다.

당연히 본능과 충동은 표준이론이 강조하는 선호나 기호와는 다르다. 선호나 기호가 장기적으로 안정적이면서 지속적으로 작용한다면, 본능과 충동은 순간적이면서도 강렬하게 작동한다. 예를 들어 점심을 먹은 후 커피, 차, 청량음료, 우유 등을 고려한 후 그중 하나를 선택해서 마신다면 이것은 표준이론에 부합된다. 그런데 매일 점심 후 거의 자동적으로 커피를 마셨다면 이는 습관에 따른 것이다. 어느 날 바빠서 커피를 전혀 마시지 못하다가 어느 순간 견딜 수 없어서 마셨다면, 이것은 충동이나 중독에 가깝다.

습관이나 충동에 따른 행위는 표준이론에서 벗어나며, 행동경제학에 부합된다. 물론 행동경제학도 판단의 어려움이나 선호의 불안정성에 주로 관심을 두며, 본능과 충동과 같은 극단적인 이탈을 중심에 놓지는 않는다.

본능과 충동의 강렬함은 특정 재화나 좋음을 위해 다른 모든 재화를 희생하게 만들기 때문에 아주 미세하거나 아니면 반대로 무한대의 대체

임산부에게 아기를 낳을 때 마취제를 사용하겠느냐고 물어보면 대개 사용하지 않겠다고 말하지만, 일단 산통이 시작되면 상당수가 마취제를 쓰길 원한다. 이것은 임산부가 산고를 예상하지 못하기 때문이다. 산고가 가까이 다가와도 실제로 산고가 시작되지 않았을 때까지는 변화가 없다. 임신을 여러 번 경험한 사람도 이 점에서는 별 차이가 없었다. 실제 경험을 오래 유지할 수 없다는 점에서 마약이나 술도 이와 비슷하다.

율을 낳는다. 마약중독자는 다른 것은 아무것도 필요로 하지 않는다. 본능과 충동이 자발성과 숙려에 가장 극단적으로 배치되므로, 표준이론의 합리적인 선택에 대해 불완전한 합리성이나 습관보다도 더욱 대립된다.

본능과 충동이 작동하면 사람들은 자신의 이익이 무엇인지 모르게 되는 것이 아니라 자신의 이익에 반하는 것을 알면서도 특정 재화나 행위를 선택한다. 결과적으로 충동과 본능은 자신의 이익을 완전히 충족시키지 못하는 행동이 아니라 사람들로 하여금 자신의 이익에 반하는 행동을 저지르게 만드는 것이다. 가깝게는 술이나 담배가 이에 대한 사례가 될 수 있을 것 같다.

본능이나 충동은 쌍곡형 할인과 겹치는 부분이 있지만 엄밀하게 보면 차이도 있다. 본능이나 충동은 쌍곡형 할인과 달리 마약이나 술 등 특정 소비품목에 집중되어 있다. 또한 냄새, 분위기, 파티 등 정황적인 요인들의 영향이 크다. 나아가 시간적인 근접성(내일이나 다음 달)뿐 아니라 공간적인 근접성(과거에 마약을 하던 장소)이나 신체적인 근접성(특정인과의 접촉)도 본능이나 충동을 자극한다. 이 때문에 한 모금의 술이 폭주로 이어지고, 단 한 번의 마약 섭취가 중독으로 이어진다. 이것을 쌍곡형 할인에 의존해 설명하기는 어렵다.

물론 본능과 충동은 자기통제를 낮으며 자아의 이중성 혹은 다중성을 낳는다. 일반적으로 본능이나 충동은 이성과 가역적으로 경합한다. 이에 비해 다중자아에서는 과거의 한 자아가 잘못한 것을 벌줄 수 없어 비가역적이다. 그러나 이런 차이는 그리 중요치 않다. 이러한 생각은 표준이론보다 행동경제학과 더 가깝다.

다중자아이론에 의하면 인간의 내부에는 하나가 아니라 여러 개의 자아가 공존하며, 이들이 때로는 서로 협조하고 때로는 서로 경쟁하거나 충돌하거나 갈등한다. 단기적인 자아와 장기적인 자아, 계획하는 자아와 실천하는 자아, x를 하고 싶은 자아와 x를 하지 말라는 자아가 공존한다. 이는 마치 인간들 사이에 형성되는 주인대리인관계를 인간의 내부로 끌어들인 것과 같다.

한반도에서 다중자아는 추가적인 측면을 지니고 있다. 개항 이래 한반도는 민주주의, 자본주의, 사회주의, 기타 문물들을 상당 부분 수입해왔다. 고유한 역사와 문화에 이들이 중첩되면서 사회와 인간 모두 동서양의 이중성 혹은 다중성을 지니고 있다. 특히 개인적 자아personal self, 관계적 자아relational self, 집단적 자아collective self가 갈등하거나 협동한다.[24]

넓게 보면 표준이론은 일관되고 일체성이 있는 자아를 지닌 인간을 상정한다. 이에 비해 행동경제학에서 자아는 갈등하고 유혹에 넘어가고 모순에 휩싸여 스스로를 통제하는 데 어려움이 있고 심지어 자신을 조작하거나 기만한다. 현실의 인간도 지식과 실천, 계획과 실행, 의무와 욕망 사이에서 시달리는 존재이다. 한 달 전에 금연과 운동을 결심했지만 시간이 지나면서 무너지는 인간, 아침에 금주를 다짐했지만 오후에는 약해지는 인간이 행동경제학의 인간이다. 때문에 수시로 자신을 위안하고 정당화하고 기만해야 자신의 정체성을 유지할 수 있는 존재이다. 행동경제학은 이렇게 다중적인 자아와 연결된다.

자아와 자아의 내부에 대한 관심이 증대하면서 미시경제학보다 더 미시적인 미세경제학picoeconomics이 등장했다.[25] 미세경제학은 미시경제학이 주어진 것으로 보는 개인의 내부로 들어가 그 안에 존재하는 여러 이해들의 공존과 갈등을 설명한다. 미세경제학이 주로 다루는 문제들은 계획자와 실행자의 갈등, 단기/장기 판단의 공존, 좁은/넓은 규정의 차이, 쌍곡형 할인, 유혹, 인내, 자기통제, 자기구속, 자기신호·기만·조정, 정체성 등이다.

미세경제학은 초자아 - 자아 - 수성 의 갈등과 길항을 주장한 정신분석학자 프로이트S. Freud를 연상시킨다. 실제로 정신분석학자인 앤즐리G. Ainslie가 경제학에 비추어 프로이트의 억압을 연기delay로 약화시켜 논리를 전개한 것이 미세경제학이다. 일부 학자들은 행동경제학, 뇌신경경제학, 미세경제학이 하나의 덩어리를 이룬다고 생각한다.

최근 행동경제학과 심리학에서 논의하는 자아의 여러 측면들은 자아나 정체성의 문제로 수렴되고 있다.[26] 자아 개념에 포괄되는 세부 개념들을 '자기self'라는 접두사를 생략하고 열거하면 다음과 같다.

> 자긍심esteem respect worth regard importance 표현expression 정의definition 관념conception 규정categorization 의식consciousness 평가evaluation appraisal 평가절하devaluation 보상reward 자신감confidence 긍정affirmation 부양enhancement 통제control 정당화justification 합리화rationalization 의심doubt 위협threat 보호protection 신호signaling 인상image 인식perception 조작manipulation 기만deception 존엄성dignity 의지력willpower 자기위주편향self-serving bias 선호위장preference falsification

이같이 행동경제학의 주변에는 행위에 대해 이기심이나 이타심의 이분법에서 벗어나 인간의 존재 자체와 연결시키는 흐름이 있다. 이 흐름

- 가사에 대해 부부가 각자 자신이 처리했다고 말하는 비율을 합하면 언제나 100%를 넘는다.

- 토론의 참여자들에게 각자 자신이 사람들의 관심을 받으며 발언했다는 시간을 모두 합해보면 대부분 100%를 넘는다.
- 대개 사람들은 어떤 작업을 수행하는 데 있어 다른 사람보다 자신이 더 많이 공헌했으므로 임금을 더 받아야 한다고 생각한다.
- 시간에 관계없이 동등한 액수의 총액 임금을 주장하는 측과 시간당 임금을 동등하게 만들자고 주장하는 측은 공정성에 대해 각자 나름대로의 해석을 가지고 있다.

은 표준이론은 물론이고 공리주의와도 잘 연결되지 않는다. 특히 경제활동을 포함한 각자의 선택이 각자 스스로 결정하고 스스로 행위한다는 의미에서 효용이나 가치와 무관하게 자율성, 자기통제, 자기결정, 정체성, 자긍심과 관련된다.

이 중에서 자기위주편향 혹은 자기중심의 편향은 자신의 이익이 정당하다고 믿어 상황을 자신에게 유리하게 해석하는 것을 뜻한다. 이렇게 되면 도덕이나 객관적인 공정성이 허용하는 수준 이상으로 자신의 해석을 고집하게 된다. 객관적으로 합당한 수준을 넘어 자신의 행동이나 주장을 중시하는 것도 이에 해당한다. 이런 편향은 자신의 이익을 객관적인 공정성과 혼동하거나 일치시키는 경향을 낳는다. 따라서 여기에는 공정성에 대한 각자의 해석이 포함되어 있는 것이다.

《맨큐의 경제학 *Principles of Economics*》에서 임금차별과 관련해 지적했듯이 칸트 이래 서양인들은 각자의 권력, 돈, 명예를 결정하는 요인으로 능력 노력, 운을 들고 있다. 그런데 사람들은 이에 대해 자신에게 유리하게 해석하는 편향을 지니고 있다. 자신이 잘하면 능력이나 노력 때문이고 자신이 못하면 운으로 돌리는 것이 바로 자기위주편향이다. 운동경기에서 자신의 팀이 다른 팀보다 반칙을 적게 범했다고 우기는 것도 이런 예이다.

프린스턴 대학과 다트머스 대학의 미식축구를 관람한 두 대학의 학생들에게 각 대학 선수들이 저지른 반칙의 횟수를 물어보았다. 프린스턴 학생들은 다트머스 선수들이 프린스턴 선수들보다 반칙을 3배 정도 많이 저질렀다고 주장했다. 이에 비해 다트머스 학생들은 두 대학 선수들이 비슷하게 반칙을 범했다고 주장했다. 마치 두 대학의 학생들이 전혀 다른 경기를 관전한 것과 같은 결과가 나왔다.

이 경우 적어도 프린스턴 학생들은 자기위주편향을 갖고 있으며, 그런 편향이 각 개인이 아니라 자신이 속한 대학 자체로 연장되었다고 이해할

- 한국인이 도박을 하면 판돈의 합이 언제나 100%보다 모자라는 것도 남에게 별로 피해를 주지 않았다는 자기위주의 해석에서 비롯된 것으로 이해할 수 있다.

한국인의 능력과 운

- 오랫 동안 한국 사회를 지배해온 사상이 남아선호와 장자선호 사상이다. 이런 사상도 능력, 노력, 운에 대한 편향적인 해석에 의존해 형성되고 재생산되었을 가능성이 높다. 장남을 평가할 때 잘한 것은 능력이나 노력으로, 잘못한 것은 운으로 돌려 이를 본인에 대한 유인으로 반복 시행하면, 동태적으로 실제 장남이 우월해질 수 있다. 또한 다른 아들이나 딸을 평가할 때 이와 반대로 하면 원래 그렇지 않았더라도 나중에 이들이 열등해질 수 있다. 인종차별이나 지역차별, 그리고 학력이나 학벌의 차별에 관해서도 이와 비슷하게 생각할 수 있다.

미국 공립학교의 임금 수준

미국 펜실베이니아 주 공립학교 교사들의 임금을 결정하는 근거는 1971년 이래 비슷한 학군에서 지불하고 있는 임금의 수준이다. 그런데 교사들이 비슷하다고 내세운 지역들과 교육청에서 비슷하다고 선정한 지역들이 달랐다. 교사들이 내세운 임금이 교육청에서 내세운 임금보다 높았다. 5% 정도의 인상이 논의되는 상황에서 양자는 2.4% 정도의 유의미한 차이를 보였다. 이 차이가 클수록 협상이 결렬될 가능성이 높았고 파업도 잦았다.

수 있다. 또한 다트머스 학생과 다른 판단이 나온 것은 프린스턴 학생들이 자신의 대학에 대한 자부심이 더 강하기 때문이라고 해석할 수 있다.

미국 사회에서 어떤 개인이 자신을 소속집단이나 조직과 동일시하는 것은 그다지 자연스러운 일이 아니다. 미국은 개인주의와 시장경제에 지배되는 사회여서 이동성이 높고 집단에 대한 소속이 중요하지 않기 때문이다. 이에 비해 한국 사회는 학교, 회사, 교회, 병원 등 집단에 대한 소속이 중요하므로 자기위주편향이 자신이 소속한 집단에 대한 편향으로 보다 쉽게 확산된다.

노조협상, 손해배상소송, 이혼 등의 조정 과정에서는 흔히 서로 각자의 이익에 유리하게 상황을 해석하기 때문에 협상이나 계약의 영역 또는 타협의 여지가 줄어든다.[27] 이 때문에 모두에게 유리한 지점에 이르지 못할 수 있다. 이는 어리석고 비합리적인 결과인데, 이것은 손실회피로 인해 협상의 출발점에 집착해서 생기는 어려움과는 별개이다.

표준이론도 협상에 관해서는 상대방에 대한 정보 등이 사적이거나 불완전하기 때문에 서로에게 이익이 되는 협상이 제대로 이루어지지 않을 수 있다는 점을 인정한다. 그렇지만 표준이론이 내세우는 이기심은 자신의 이익이 어디까지인지 명확히 알고 있다고 전제하므로, 자신의 이익에 반할 정도의 고집을 허용하지 않는다. 결국 표준이론은 정보의 불완전함을 인정할 뿐 자기위주편향은 인정하기 힘들다.

인간의 정체성은 상당 부분 사회적으로 규정된다. 경제학자로서 이 부분을 가장 두드러지게 강조한 학자는 애컬로프이다. 소득수준, 계층이나 계급, 인종, 성별 등이 그것이다. 남자답다거나 여성스럽다는 것도 이에 해당된다. 또한 정체성의 형성과 변동에는 본인뿐 아니라 집단이나 주변인들이 영향을 미친다. 한국 사회의 학벌, 정형화, 낙인, 왕따나 일본의 이지메 등은 이와 연관된다.

표준이론은 이런 요인들을 그 자체로 인정하지 않고 효용을 통해 간접적으로 포착하는 데 그친다. 이에 비해 애컬로프는 이러한 요인들이 효용과는 별도로 사람들의 행위와 선택에 영향을 미친다고 주장한다. 재화의 소비나 이에 근거한 행위와 독립적으로 정체성의 증감으로 인해 효용이 변동한다.

06 내적인 동기와 외적인 동기
활동의 결과가 아니라 활동 자체가 중요하다

정체성은 자기실현과 관련되고 내적인 동기intrinsic motivation와 외적인 동기extrinsic motivation의 구분과 연결된다.[28] 이 구분은 노동이나 공부 등 활동의 목표가 활동 내부에 있는지, 외부에 있는지에 근거한다. 즉, 내적인 동기는 활동 자체나 과정을, 외적인 동기는 돈이나 점수 등의 결과나 외적인 보상을 각각 목표로 삼는다. 표준이론은 경제적 유인 등의 외적인 유인만을 강조해왔다. 이에 비해 행동경제학의 주변에서는 내적인 동기가 보다 근원적으로 생산성, 창조성, 행복을 촉진시킨다는 주장이 대두되고 있다.

스스로 잘하던 자선행위에 대가를 지불하면 자선행위가 오히려 줄어들고, 탁아소에 지각하는 부모에게 벌금을 부과하면 지각이 더 늘어난다. 물론 이런 발견이 외적인 유인을 무시해야 한다는 결론으로 이어지지는 않는다. 이것은 내적인 유인과 외적인 유인, 그리고 외적인 유인 중에서 금전적인 유인과 비금전적인 유인을 적절히 배합하거나 결합시킬 필요가 있음을 의미한다.

또한 외적인 동기는 내적인 동기와 분리되어 각기 독립적으로 행위에 영향을 미치는 것이 아니라 서로 연결되어 있다. 때로는 외적인 유인이 내적인 유인을 구축하고crowding out, 때로는 외적인 유인이 내적인 유인을 끌어들인다crowding in. 실적에 대한 금전적 보상은 내적인 유인을 위축시키지만, 능력을 인정해주는 금전적 보상이나 헌신을 기리는 표창 및 포상은 내적인 유인을 촉진시킨다. 칭찬이나 격려 등 사회적 승인도 내적인 유인을 손상시키지 않는다.

소액의 상징적인 벌금이나 요금은 비용이라기보다 행위에 수반된 사회성을 일깨워 내적인 유인을 증진시킬 수 있다. 또한 내적인 동기는 반복되는 작업보다는 창조성이 요구되는 작업이나 여러 과제가 함께 묶여 있는 작업, 그리고 암묵적인 지식tacit knowledge이 요구되는 작업에 주효한 것으로 알려져 있다.*

이같이 상황에 따라 내적 유인과 외적 유인이 서로 대체적일 수도 있

• 미국 시카고 지역의 중고등학생들을 대상으로 실험한 결과, 외적인 유인이 시험점수를 높이는 데 도움이 되었다.[29] 상장과 같은 비금전적인 유인과 20달러 정도의 금전적인 유인이 모두 성적을 향상시켰다. 상장이나 격려 등 비금전적인 유인이 학업에 긍정적인 유인을 미친다는 것은 이미 심리학 연구에서도 확인된 바 있다. 중요한 것은 금전적인 유인이 영향을 미쳤다는 점이다.

미국 학생들의 성적 올리기

• 저학년 학생보다 고학년 학생이 금전적인 유인에 더 큰 반응을 보였다. 이런 유인들에 대해 여학생보다 남학생이 더 예민하게 반응했다. 보상을 즉각 주지 않고 한 달 정도 있다가 주는 경우에는 효과가 전혀 없었다. 이 결과는 쌍곡형 할인에 부합된다. 반면 보상을 먼저 주고 성적이 향상되지 않을 경우 반납하게 한 경우에는 성적이 개선되지 않았다. 손실회피경향을 부각시키는 방책이 성적 향상에 도움이 되지 못한 것이다.

---

*   명시적 지식explicit knowledge이 교과서나 책에 개념화되어 있다면, 암묵적 지식은 개념화되지 않은 상태에서 노동자, 전문가, 기업조직에 체화되어 현장에서 활용된다. 요리책의 김치 만드는 법은 명시적이고, 숙련된 주부가 김치를 만드는 데 활용하는 지식은 묵시적이다. 암묵적 지식은 기술혁신이나 지식경영에서 특히 중요하다.

고 보완적일 수도 있다. 여기서 인간의 행위는 이기적이든 이타적이든 결과를 극대화하거나 재화를 획득하는 데 목적을 두지 않고 자신의 존재를 확인하고 활동에 참여하는 데 중점을 둔다. 이 상황에는 물질이나 돈에 대한 윤리적인 저항이나 통약의 어려움이 깔려 있다.

표준이론에서 선호와 예산제약은 서로 독립적이다. 그런데 외적인 유인을 상대가격으로 간주할 수 있고, 상대가격은 예산제약의 일부이므로, 외적인 유인과 내적인 동기의 상호작용은 예산제약이 선호에 영향을 미치는 것으로 이해할 수 있다. 따라서 외적인 유인과 내적인 유인의 상호의존성을 표준이론의 독립성에서 벗어나는 또 다른 경우로 이해할 수 있다.

정체성이나 내적인 유인에 대한 지적은 신고전학파에 대한 중요한 비판이자 보완이다. 그런데 내적인 유인을 진작하기 위한 정책적인 노력은 일반적으로 (나중에 설명하는) 행동경제학의 사회철학인 자유온정주의libertarian paternalism보다 더 적극적이다. 내적인 유인을 강조하는 프라이B. Frey는 절차나 과정을 절차상의 효용procedural utility으로 파악하지만, 결과뿐만 아니라 과정이나 절차를 강조한다는 점에서 차이가 있다.[30]

행동경제학과 부합되면서 정교하고 현실적인 동기부여이론은 자기결정이론self-determination theory이다.[31] 이 이론에 의하면 인간은 식량, 물, 성 등에 대한 생리적 욕구 이외에 심리적으로 자율성autonomy, 능력competence, 관계성relatedness을 필요로 한다. 자율성은 자신이 상황을 관리하고 있음을 나타내는데, 경제학이 강조하는 선택과 동일하지는 않지만 이와 통하는 면이 있다. 능력은 환경이 던지는 문제들을 어느 정도 해결할 수 있음을 의미한다. 끝으로 관계성은 누군가 자신을 사랑하고 배려하는 사람이 주변에 있고, 공동체나 지역사회에 속해 있음을 의미한다.

이 세 가지는 재산이나 명예보다 인간에게 근원적이고 내재적이다. 이들이 유기적이며 변증법적으로 통합되어야 인간이 정체성을 유지하고, 의욕도 생기고 활동의 결과도 좋아지며, 궁극적으로 행복해진다. 유년기에 이런 심리적인 욕구가 좌절되는 경우, 나중에 이것을 재산이나 명예 등으로 대체하거나 보상하려는 경향이 나타날 수 있다. 혹은 누구나 마음대로 통제할 수 있는 음식에 대한 탐닉 등으로 이것이 왜곡되어 나타날 수 있다. 그러나 이런 기본 가치들에 대한 대체나 보상은 궁극적으로 가능하지 않다.

이 세 가지는 문화권에 따라 그 모습이 다르지만 보편적으로 등장한다. 특히 자율성을 개인의 독립성이나 고립과 동일시하거나 개인주의 사회에 국한시킬 이유는 없다. 가령 한국과 같은 집단적인 사회에서는 개인의 선택이 아니라 주변 사람의 승인을 받는 개인의 선택이 자율적일 수 있다. 능력이나 관계성도 보편적이므로 문화적인 상대주의를 내세울 필요가 없다.

이들이 충족될 때 인간의 사고, 활동, 발달, 창의, 호기심, 생기를 낳는 내적인 동기가 작동한다. 이와 관련해 내적인 동기와 외적인 동기를 이분법적으로 생각하지 않는 것이 바람직하다. 전혀 동기부여가 되지 않은 상황과 내적인 동기가 부여된 상황을 포함해, 내부화된 정도에 따라 다음 네 가지 동기가 존재한다고 할 수 있다. 외적인 규제external regulation, 내부투사introjection, 동일화identification, 통합화integration이다.

외적 규제는 '누군가 해야 한다고 주장하기 때문에', '이렇게 하면 보상이 있기 때문에' 혹은 '안 하면 벌을 받기 때문에' 등으로 표현할 수 있다. 투사는 '인정을 받거나 죄의식 혹은 수치심을 피하기 위해서'에 해당한다. 동일시는 '이것이 중요하고 가치 있기 때문에'와 부합된다. 통합화는 '여러 대안들을 놓고 고려한 결과 의미 있다고 생각한' 상황에 해당한다.

　이처럼 외적인 동기도 당사자의 자율성과 능력을 존중해 제대로 내부화가 되면 내적인 동기에 가까워진다. 부분적인 내부화, 일체화, 통합화가 이런 경우들이다. 일이든 공부든 아무런 자극 없이 스스로 흥미롭게 생각하면 내적인 동기가 부여된 것이다. 그런데 재미가 있지는 않더라도 중요하다는 것을 인정할 수는 있다. 따라서 내적인 동기와 외적인 동기의 구분보다는, 내부화된 동기와 내적인 동기를 포함하는 자율적인autonomous 동기와 통제된controlled 동기의 구분이 더 타당하다. 이에 상응해 내적인 목표와 외적인 목표를 구분할 필요는 있다. 전자는 개인적인 발전, 관계의 형성, 지역사회에의 공헌 등을 들 수 있으며 후자는 돈, 명성, 이미지 등이 해당될 것이다.

　그런데 외적인 동기가 어느 정도 내부화되느냐는 이미 언급한 자율성, 능력, 관계와 사회부조 등 사회적 환경이나 맥락에 따라 결정된다. 특히 각자에게 흥미롭고 중요한 일을 발견하고 개발하는 데 부모, 교사, 경영자, 친구 등의 역할이 중요하다. 이것은 기업의 작업, 학교의 공부, 병원의 진료, 그리고 종교단체의 교화 등에 두루 적용된다.

　상관이나 동료와 인간관계가 좋고 모두가 기업조직에 소속감을 가진다면 매출이나 수출 등 외적인 목표가 내부화되어 더 많은 노력과 헌신을 낳을 수 있다. 학교에서도 선생님이 학생들의 공부를 격려하고 독려하며 동급생들의 협조적인 경쟁이 있다면, 대학 진학이라는 외적인 목표를 지닌 입시 공부라도 내면화되어 추진력을 지닐 수 있다.

　자기결정이론에 따라 한국의 경제성장과 교육 경쟁을 해석해보면, 내적인 유인이 아닌 외적 유인 혹은 외적인 강제이지만 인간관계와 집단에 의존해 손쉽고 깊게 내부화되어 내적인 동기에 준하는 기능을 발휘했을 가능성이 있다. 주관적인 효용에 의존하는 카너먼이나 프라이와 달리 자기결정이론은 자율성, 능력, 관계성 등 객관적인 요인에 의존한다.

07 사회적 선호와 공정성
선택하는 데 타인을 의식한다

표준이론에서 모든 인간은 개인으로 존재한다. 이는 개인으로 소유하고, 계산하며, 선택하고, 소비하고, 느낀다는 것을 의미한다. 일부 행동경제학자들은 이에 대해 이의를 제기하면서 인간에게 모종의 사회성을 부여한다. 이들에 의하면 사람은 개인으로 존재하면서도 소유, 소비, 계산, 효용획득에 있어 주변 사람들을 의식한다. 이런 사회성에는 사회적 선호social preference, 사회적 비교social comparison, 그리고 사회관계social relationship가 포함된다.[32]

우선 주류 경제학이 상정하는 경제인이 이기적인지에 대해 논란이 있다. 애덤 스미스가 《국부론》에서 이기적인 경제인을 상정한 이래 경제학은 이타적인 인간보다 이기적인 인간에 치중해왔다. 그런데 브렌타노L. Brentano 등 독일의 역사학파가 애덤 스미스 내에 이타적인 인간이 공존한다는 것을 지적하며 '애덤 스미스 문제das Adam Smith Problem'를 불러일으켰다.

신고전학파도 이기적 개인을 상정한다는 해석이 지배적이다. 물론 이에 대해서도 로빈스나 폰 노이만 이래 선택이론이 형식논리로 변하면서 일관성을 요구할 뿐 이기심을 전제하지 않는다고 반박하는 학자도 있다. 그렇지만 신고전학파의 합리적인 선택은 효용극대화나 이윤극대화라는 공준을 간과할 수 없다.

또한 시장의 균형을 존중하고, 균형이 정의와 반드시 일치된다는 보장이 없기 때문에 표준이론은 공정성fairness이나 사회정의를 중시하지도 않는다. 대표적인 시장주의자 하이에크에게 중요한 것은 시장에의 동등한 참여이지 시장에서 나타난 결과에 대한 재분배 등, 소위 사회정의나 경제정의가 아니다. 하이에크에게 이들은 불필요할 뿐만 아니라 해악이다.

실제로 자본주의경제에서 대다수의 개인들이 자신의 이익을 추구하고 있다는 인상은 피할 수 없다. 적어도 상당수의 행동경제학자나 실험경제학자는 기대효용이론이 이기심을 전제하고, 현실의 시장경제도 이기심에 의존한다고 생각한다. 그런데 자신들의 연구 결과에 따라, 인간이 단순히 이기적이지 않으므로 경제학과 경제가 바뀌어야 한다는 의견을 내세우고 있다.

일단 이기적인 행위와 이타적인 행위의 범위를 명확히 하자. 친족선별kin selection과 상호적인 이타주의reciprocal altruism는 이타주의로 보기 힘들다. 이기적 행위는 자신을 위한 행위뿐 아니라 가족이나 친족을 위한 행위도 포함한다. 생물학과 연계된 최근의 경제이론에 의하면 인간은 자신의 유전자를 퍼뜨리기 위해 같은 유전자를 지닌 가족이나 친족을 위해서는 자신을 희생한다. 이런 희생의 순서나 정도는 혈연관계의 친소親疏나 거리에 의해 결정된다. 또한 상호성의 원칙에 따라 장기적으로는 타인이 자신에게 이익을 줄 것으로 기대하고 현재 타인에게 이익을 줄 수 있는데, 이것도 이기주의에서 벗어나지 않는다.

결과적으로 친족 이외의 타인에 대해 보답을 전제하지 않은 희생을 이타주의로 규정할 수 있다. 이에 따라 친족이 아닌 국외자局外者와의 호혜적인 이타주의가 핵심적인 논의 대상이 된다. 동물과 인간에서 이런 이타주의는 수명, 주거이동지역의 분산 정도, 상호의존도, 부모에 대한 돌봄, 위계적인 지배 정도, 전쟁에서의 협동 등에 따라 결정된다. 동물의

경매보다 선착순이 더 낫다

갑자기 인기가 높아진 축구경기의 입장권을 배분하는 방식으로 경매, 추첨, 줄서기 중 어느 것이 제일 나은지 캐나다 밴쿠버 도심권의 주민들에게 물어보았다. 그 결과 줄서기가 가장 높은 지지를 얻었다. 미시경제학에 의하면 경매는 시장에서 결정되는 가격에 맡기는 것이다. 추첨과 줄서기는 모두 가격과 무관하지만, 추첨은 운에 맡기며 줄서기는 선착순이다. 흔히 경제적 효율성으로는 경매>추첨>줄서기의 순서이고, 공평성으로는 줄서기>추첨>경매로 알려져 있다. 조사 결과는 표준이론의 예상과 달리 효율성보다 공정성으로 기울어진 셈이다.

경우 물고기들의 청소를 위한 공생이나 새들의 경고울음 등에서 이것이 나타난다. 이타주의의 근거로 스미스John Maynard Smith가 대표하는 집단선별group selection을 주목할 필요가 있다.

구체적으로, 특정인은 자신의 소득으로부터 효용을 얻을 뿐만 아니라 자신과 타인의 소득의 차이나 분배 비율이 정당하다고 생각하면 이로부터 즐거움을 느끼고, 그렇지 않으면 질투나 부담 등의 고통을 느낀다. "사촌이 땅을 사면 배가 아프다"는 속담은 이를 반영한다. 이런 함의는 상호성에 근거한 인류학적인 접근이나 사회적 교환social exchange이나 선물 교환으로 이어진다.

이미 활용한 예로 폭설이 내린 후 제설기의 가격인상에 대해 부당하다고 판단한 것, 공급이 부족한 인기 축구경기의 관람권을 분배하는 데 다수가 줄서기를 원한 것, 경기침체에도 불구하고 복사점에서 기존 노동자에 대한 임금삭감을 반대한 것 등을 생각해보자. 이 모든 경우 법으로 허용되지만 공정하지 않다고 판단한 거래, 가격, 임금 등을 당사자들이 거부했다. 물론 신고전학파는 이들이 경제나 경제학을 몰라서 이같이 판단했다고 주장할 수 있다. 그러나 행동경제학은 교육이나 소득수준과 무관하게 이런 결과가 나타났다고 반박한다.

경제학은 게임이론에 대한 의존도가 높다. 행동이론도 입장과 해석이 다르지만 게임이론을 현장조사나 실험에 활용한다. 최후통첩게임ultima-tum game을 여러 차례 시행한 결과 사람들은 형평성의 기준에서 과도하게 벗어난 분배를 수용하지 않으며 심지어 이를 징벌한다는 점이 드러났다. 최후통첩게임에서는 제안자가 주어진 액수의 돈 중 얼마를 응답자에게 줄지를 제안한다. 그리고 응답자가 이에 응하면 제안한 대로 나누고, 거부하면 누구도 아무런 보수를 얻지 못한다. 이 상황에서 응답자는 전체 액수의 10%, 심지어 1%라도 받아들이지 않을 이유가 없다. 그러나 20% 이하의 제안은 거의 받아들이지 않았고, 대부분의 제안은 40~50% 사이에 머물렀다.

문화권에 따라 차이가 있지만, 협상이나 흥정이 이루어지는 상황에서는 어디서나 공정성이 끼어들었다. 이 역시 부당한 분배에 대해서는 손실을 보더라도 징벌한다는 결론을 낳았다. 상대방이 제안한 것을 무조건 받아들여야 하는 독재자게임dictator game에서도 0에 가까운 제안은 거의 없었다.

페르E. Fehr 등은 상호성에 근거해 공공재 공급을 위한 모금 등에 있어 이기심을 억제할 수도 있고 이기적으로 행동할 수도 있는 열린 상황에 대해 연구했다. 보다 현실적인 이런 상황에서도 사람들의 선택이 일정 조건하에서는 이기심을 억제하는 방향으로 귀착되었다.[33] 또한 근로계약과 같이 노동자가 투입하는 노력의 수준이 계약 후에 결정되는 상황에서 근로시간 등을 명시하는 경우와 상호성에 근거하는 경우를 비교했다. 전자보다 후자에서 전체 잉여가 늘어나 더 좋은 결과를 얻었다.

노동자의 노력에 대한 감시가 어려운 상황에 있는 여러 기업에서 고용주들은 균형수준 이상의 임금을 주고, 이에 호응해 종업원들은 스스로 노력을 배가했다. 이에 따라 임금뿐만 아니라 노동자들의 노력도 시장에서 보다 더 높은 수준에서 균형을 이루었다. 여기서 상호성이나 선물 교환은 명시적인 계약이 아니라 묵시적인 계약을 낳는다. 그리고 시장은 아니더라도 민간부문인 기업 내에서 자생적으로 묵시적인 계약이 생긴다.

물론 기업 내에 신뢰가 있어야 이런 선순환이 가능한데 신뢰는 역사 문화적인 요건에 의존하고 있다. 신뢰와 상호성에 근거한 사회관계가 강화되고 여기에 연대solidarity라는 가치까지 결합되면, 통상적인 기업에 근거한 시장경제를 넘어서 사회적 기업social enterprise과 협동조합으로 구성되는 사회적 경제social economy를 낳게 된다. 행동경제학에는 사회적 경제와 부합되는 부분도 적지 않다.[34]

화폐적 시장인지 사회적 시장인지에 따라 행동이 달라진다는 점도 주목할 필요가 있다. 화폐적 시장은 금전적인 보상에 따라 움직이는 화폐적 교환에 근거한다. 이에 비해 사회적 시장은 상호성에 따르는 사회적 교환에 의존한다. 전자에는 통상 말하는 교환관계가, 후자에는 권위적 관계, 동등한 관계, 공동체적 관계가 포함된다.[35] 예를 들어 이사하기 위해 짐을 날라야 할 때 이삿짐 센터에 연락하는 것은 화폐적 시장에 호소하는 것이다. 이에 비해 친구에게 도와달라고 부탁하는 것은 사회적 시장에 의존하는 것이다.

화폐적 시장의 성격이 개입되면 사람들은 금전적인 보상에 따라 노동이나 노력을 제공했다. 상호적인 관계에 의존하는 경우에는 사람들이 금전적인 보상 없이도 열심히 일했다. 또한 사회적 교환에서는 소량의 금전을 제공하는 경우 노동이 늘지 않고 오히려 줄어들었다. 나아가 시장

돈이냐 선물이냐 돈을 더 주는 것도 선물일 수 있지만 문자 그대로의 선물은 돈이 아니라 물건이다. 그리고 선물의 형태가 생산성에 영향을 미칠 수 있다. 독일 대학의 도서관에서 도서를 정리하는 작업에 대해 돈을 더 주는 경우에는 생산성에 변동이 없었다.[36] 그러나 동일 가치이지만 보온병을 준 경우에는 생산성이 25% 높아졌다. 돈이라도 곱게 접은 종이에 넣어서 준 경우에는 보온병을 준 경우와 비슷한 효과를 나타냈다.

적 요소들이 조금만 섞여들어도 관계가 순식간에 금전적인 시장의 교환으로 바뀌었다.

시장적인 관계인가 공동체적인 관계인가에 따라 규범이 달라지고, 사람들은 달라진 규범을 자신이 구입하는 제품이나 상표에 투사한다. 은행과의 거래관계가 시장의 교환관계였으면 사소한 추가 서비스(송금상의 착오)에 대해서도 수수료가 부과될 것으로 예상한다. 이에 비해 공동체적인 관계를 맺고 있었으면 같은 것에 대해서도 수수료를 지불하리라고 예상하지 않는다. 은행도 규범을 깨뜨리지 않기 위해 실제로 수수료를 부과하지 않는다.

표준이론으로는 이런 상황을 해명하기 어렵다. 주지하듯이 표준이론이 근거하는 생산함수는 기업 내의 노력 추출 등 생산 과정의 불확실성을 고려하지 않고 명시적이며 완전한 계약complete contract을 상정한다. 그리고 그 이전에 표준이론은 인간의 상호성 자체를 인정하지 않는다. 행동경제학은 표준이론을 비판하면서 고립적인 경제인Robinson Crusoe이 아닌 상호 협조하는 인간homo reciprocans을 내세우고 있다.[37]

상호성은 약화된 형태의 정의로, 공정성에 대한 관심을 낳는다. 그 이유는 개인의 효용이 자신의 소득뿐 아니라 타인의 소득과의 차이나 비율에 의존하고, 타인이 어떤 의도로 특정 액수를 제안했는지 등을 사람들이 고려하기 때문이다. 애컬로프는 이런 맥락에서 준거집단을 내세웠다. 자신의 임금이 준거집단의 평균 수준보다 높지도 낮지도 않을 때 비로소 사람들은 공정하다고 간주해 자신의 생산성을 유지한다.

타인과의 차이가 발생한 원인이 자연환경 때문이나 우연인지, 아니면 어떤 사람의 의도나 사회에 있는지에 따라 이런 차이를 수용하는 정도도 달라졌다. 또한 실제로는 어떻든 간에 이것을 어떻게 서술하고 포장하는가도 중요했다. 자연적 요인이 아니라 인위적이거나 사회적 요인에 의한 경우, 그리고 타인의 이타적인 의도라기보다 이기적인 동기에서 비롯된 경우에 그 차이를 더 참지 못했고 그 고통도 더 크게 나타났다.

표준이론에 근거한 포스너R. Posner의 법경제학에 의하면, 사람들은 소송을 결정할 때 기대이익이나 기대효용의 극대화 원칙에 따라 소송 비용을 제외한 예상 배상금을 계산해 소송 이전의 협상과 소송 여부를 선택한다고 한다. 이에 대해 행동경제학은 사람들이 절대액수보다 상대적인 크기에, 즉 기대수익보다 쌍방 간의 공정한 이익과 손실의 분배에 더 초점을 맞춘다고 반박한다.

사회적 선호에서는 타인을 고려하긴 하나 여전히 개인과 개인의 효용이 중심에 있다. 그리고 표준이론과 마찬가지로 사회적 선호에서의 개인도 소비자이지 시민은 아니다. 타인과의 관계도 그 자체로서가 아니라 개인에게 효용이나 비효용을 낳는 수단으로 등장한다. 이 때문에 공정성을 사회적 규범이 아닌 사회적 선호로 간주하는 것이 문제될 수 있다. 끝으로 행동경제학조차 준거나 맥락에 대한 서술을 사회 심리나 사회 차원에서 이해하는 데 그다지 관대하지 않다.

08 사회적 비교와 사회관계
타인의 소득과 관계에 예민하다

미국의 심리학자 페스팅거L. Festinger는 사회적 비교social comparison를 강조한다. 사람들은 자신의 정체성을 확인하기 위해 지위가 낮거나 높은 주변 사람과 자신을 비교한다는 것이다. 이에 근거해 경제학자 프랭크R. Frank는 지위재positional good 개념을 내세웠다. 이에 따르면 특정인의 소득과 소비 그 자체뿐 아니라 주변 사람들의 소득이나 소비와 비교해 그

의 소득이나 소비가 차지하는 상대적인 지위나 순위가 그 사람의 효용에 영향을 미친다.[38]

프랭크에 의하면 사람들이 지위나 순위를 따지는 대상은 모든 재화가 아니라 사람들의 눈에 잘 띄는 종류의 재화이다. 집, 자동차, 의류와 장신 구에서는 지위가 중요하나 의료보험, 은퇴를 위한 저축, 휴가 계획에서 는 지위가 드러나지 않는다. 이런 제한에도 불구하고 소득불평등의 증 가에 따른 상대적인 박탈감 등을 보면 이 현상은 보다 광범위할 수 있다. 이런 생각은 마르크스, 베블런, 듀젠베리J. Duesenberry 등의 학자들과도 통하는 것이다. 특히 한국 사회에서는 지위나 석차를 따지는 일이 지극 히 광범위하고 일상적이라는 점을 주목할 필요가 있다.

- 다른 사람들이 50평 아파트에 사는데 자신은 40평에 사는 상황과 다른 사람들은 25평에 사는데 자신은 35평 아파트에 사는 상황을 비교해보자. 절대적으로는 전자가 낫지만 상대적으로는 후자가 낫다.

- 주변 사람들이 모두 6만 달러를 받는데 자신만 5만 달러를 받는 직장과 다른 사람들은 3만 달러를 받는데 자신은 4만 달러를 받는 직장 중 어느 곳 을 택할 것인가? 이 경우에도 절대적으로는 전자가 낫지만 상대적으로는 후자가 낫다. 이 때문에 사람들이 후자를 택할 수 있다. 재화와 달리 소득은 그 자체로 사회적이고 상대적일 수 있다.

- 미국 캘리포니아 주에서는 2008년 초에 주민들의 알 권리를 존중하기 위해 주정부 공무원들의 연봉을 누구나 확인할 수 있도록 제도화했다.[39] 공 개 이후 중간 이하의 급여를 받는 사람은 직장에 대한 만족도가 감소하여 이 중 일부는 이직했다. 이에 비해 중간 이상의 연봉을 받는 사람들은 공개 이후 만족도에 변함이 없었다.

- 한국 사회에서 더 잘 적용되는 예는 성적이다. 다들 100점을 받았는데

본인만 90점을 받은 상황과 다들 70점을 맞았는데 본인만 80점을 맞은 상황 중 어느 것이 더 나을까? 역시 절대적인 차원과 상대적인 차원이 엇갈린다. 상당수는 후자가 낫다고 생각할 수 있다. 다만, 시장에서 결정되는 재화나 소득과 달리 시험장에서 결정되는 점수는 순서나 석차로 변환되기 전부터 이미 상대적일 수 있다.

행동경제학의 기본 개념인 준거의존성에 의하면, 사람들이 과거에 누린 소비나 과거에 받은 소득에 적응해 이것이 습관화되면서 개인 차원에서 준거를 이룬다. 준거는 소득이나 소비를 상대적으로 평가하는 기준이다. 이와 비슷하게 사회적 비교도 준거와 준거의존성을 상정한다. 그런데 이 경우는 개인의 습관이 아니라 사회나 집단의 차원에서, 혹은 주변 사람들에 비추어 준거가 형성된다.[40]

지위재는 대개 사적인 재화들이다. 지위재를 놓고 경쟁하고 질투하면서 공공재가 경시되어 자원배분이 왜곡될 수 있다. 즉, 남들의 눈에 보이지만 후생을 증대시키지 못하는 지위재에 비해 모두가 필요로 하는 대중교통 등의 공공재가 적게 공급될 수 있다. 이 주장은 미국의 자본주의에

사적인 재화와 공공재

A사회에서는 주민들이 400㎡의 집을 가지고 있으며, 교통체증이 심한 도로로 한 시간 출퇴근해야 한다. B사회에서는 주민들이 300㎡의 집을 가지고 있으며, 통근하는 데 고속의 도시 대중교통으로 15분 걸린다. 어느 쪽을 선택할 것인가?

집이냐, 인간관계냐?

A사회에서는 주민들이 400㎡의 집을 가지고 있으며, 한 달에 한 번 저녁에 친구들과 함께 지낸다. B사회에서는 주민들이 300㎡의 집을 가지고 있으며, 한 달에 네 번 저녁에 친구들과 함께 지낸다. 어느 쪽을 선택할 것인가?

대해 비판적이었던 갤브레이스J. K. Galbraith가 이미 제시했었다. 공공재 이외에 운동, 휴가, 인간관계, 민주주의에의 참여, 직장에서의 자율성 등 눈에 잘 띄지 않는 상위의 가치들이 경시될 수 있다.

행동경제학 부근의 학자들은 지위재 이외에도 인간관계나 한국의 연줄과 같은 관계재, 그리고 절차상의 효용을 강조한다. 한국의 학벌은 전형적인 지위재이다. 친구는 관계재이다. 관계를 위한 재화(회식을 위한 쇠고기)나 집단적인 재화(아파트단지의 노인정)도 고려할 필요가 있다. 이렇게 보면 사적인 재화와 공공재라는 표준이론의 구분은 과도한 이분법일 수 있다. 이들 사이에 집단적인 재화나 관계적인 재화 등을 설정할 필요가 있다.

행동경제학을 보다 적극적으로 해석하면 사회관계social relationship의 존재와 중요성을 인정할 수 있다.[41] 특히 사회적 선호에 근거해 상호성을 지니고 협동하는 인간은 인간관계를 중시하게 된다. 또한 행동경제학과 상당 부분 겹치는 행복에 대한 논의에서는 민주적인 절차, 어느 정도의 국민소득, 제대로 보존된 환경 등과 함께 인간관계나 사회관계가 언제나 행복의 요인으로 포함된다.[42] 나아가 행동경제학과 가까우며 경쟁과 협동의 결합을 시도하는 협동조합 등의 조직이나 체제는 인간관계를 무시할 수 없다.

인간관계가 보편적으로 인간의 인지, 감정, 행위를 낳는 중요 기제라

동료의 압박peer pressure 대형 슈퍼마켓에서 어떤 직장 동료들과 함께 일하느냐가 생산성에 영향을 미치는 것으로 나타났다.[43] 대형 슈퍼마켓은 여러 개의 계산대가 있고 처리 건수가 정확하게 파악된다는 특징을 지니고 있다. 생산성이 높은 직원들을 투입하면 이것이 다른 직원들의 생산성을 높이는 결과를 가져왔다. 또한 자주 만나는 동료들이 주변에 있으면 노력을 늦추지 않아, 친한 동료들이 무임승차를 줄이는 사회적 압박으로 작용했다.

고 주장하는 심리학자들도 적지 않다. 특히 사회자본social capital의 주창자들은 인간관계가 정치, 경제, 사회 발전에 긍정적인 영향을 미친다고 주장한다.

제대로 작동하는 안정적인 인간관계나 사회관계에서는 사람들이 지속적으로 교류한다. 관계는 있으나 상호작용이 없거나(만나지 않는 친척), 상호작용은 있으나 상대가 수시로 바뀌어 장기적이지 않으면(칵테일파티의 만남) 진정한 인간관계가 아니다. 이에 더해 서로에 대한 배려나 상호성이 있어야 한다. 이것이 인간관계가 유지되거나 재생산되기 위한 요건들이다. 물론 인간관계도 여섯 명 정도를 넘어서면 포화나 수확체감과 대체를 초래한다.

이같이 제한된 숫자의 진정한 인간관계가 인간에게 소속감을 부여한다. 사회적 명성, 권력, 종교에 대한 추구도 이런 소속이나 공동체에 대한 갈망에서 비롯된다. 나아가 서양에서조차 인간관계가 단순히 인간을 행복하게 해주는 요인이 아니라 인간의 존재 자체를 규정한다는 주장도 있다.

흔히 한국을 포함한 동양에서는 인식이나 인지에 있어 총체성이 두드러지고 사회관계나 인간관계가 중시된다. 서양은 분석적인 형식논리에 근거해 사물을 분해해 개별적으로 파악한다. 이것은 인간과 재화를 분해해서 파악하는 경제학의 표준이론에 가깝다. 이에 비해 동양의 사고체계는 총체적이어서 사물을 파악하는 데 있어 사물들의 배경이나 환경, 사물들의 관계나 맥락을 중시한다.[44] 수렵사회인 서양에서는 달리는 사슴을 그것의 배경이 되는 숲과 구분한다. 이에 비해 농경사회인 동양에서는 벼를 논밭과 구분하지 않는다.[45] 행동경제학은 부분적으로 동양적인 사고에 우호적이다.

서양보다 동양과 한국 사회에서 인간관계와 사회관계를 중시한다.[46]

특히 한국 사회에서는 사회적 선호나 사회적 비교가 사회관계와 분리되지 않는 것으로 보인다. 주위 사람들보다 너무 많은 소득을 받거나 너무 잘되는 것이 공정성에 위배된다기보다는 인간관계에 부담을 준다. 이보다 덜하지만 너무 소득이 적거나 너무 못되는 것도 인간관계 때문에 문제될 수 있다.

인간관계는 인간과 재화의 관계와 쉽게 결합되거나 재화에 대한 평가에 끼어들 수 있다. 동일한 식사이지만 친근한 사람과 함께 하는 경우 친하지 않은 사람과 같이 하는 경우보다 효용이나 가치가 높다. 더 넓혀서 대상이나 정보가 인간관계와 분리되지 않을 수 있으며, 인간관계를 선택 상황에 포함시켜야 할 필요도 있다. 오스트롬E. Ostrom은 집단재나 지역재toll goods를 네 번째 재화로 꼽았으며, 공유자원을 공동자원으로 바꾸어 소유 형태와 자연적인 속성을 구분했다.[47] 지역재는 인간관계와 연결되어 있다.

09 국민소득과 행복
소득이 높아진다고 반드시 행복해지는 건 아니다

경제학은 전통적으로 인간의 행복happiness이라는 문제에 관여하는 것을 피해왔다. 이는 경제학의 대상이 인간의 물질생활이므로 그 이상의 논의는 경제학의 범위를 벗어난다는 겸손함에서 비롯되었다. 철학과 윤리학의 좋음the good이 복잡한 주제인 데 비해 경제학의 대상인 재화goods는 단순하다. 이 때문에 행복에 대한 논의는 오랫동안 철학자나 윤리학자의 몫이었다.

그런데 최근 들어 경제학자들은 소득수준 등의 물질과 행복의 관계를 적극적으로 논의하기 시작했다. 그리고 이 논의에 행동경제학자들이 참여하고 있다. 물질적인 문제를 넘어 행복에 대해서도 논의할 수 있는 자료와 기법을 갖추게 되었다고 판단하는 듯하다. 또한 이것은 그동안 인류의 생활에서 물질이나 경제가 그만큼 중요해졌다는 증거일 수도 있다.

좋은 삶good life이나 복지wellbeing에 관해서는 예전부터 객관주의와 주관주의의 두 가지 견해가 공존해왔다.[48] 객관주의는 인간의 이상적인 모습을 상정하고 이들이 추구하는 가치 있고 의미 있는 자기실현을 좋은 삶의 근거로 삼는다. 아리스토텔레스, 롤즈J. Rawls, 누스바움M. Nussbaum, 센A. Sen 등이 이런 입장에 가깝다. 이 입장은 있는 그대로의 욕구를 추구하는 것이 인간을 저열하게 만들 수 있다고 주장한다.

이에 비해 주관주의는 인간이 있는 그대로의 다양한 욕망을 충족하는 데 초점을 맞춘다. 이 입장은 쾌락을 늘리고 고통을 줄인다는 쾌락주의나 공리주의를 근거로 삼는다. 한계효용이론, 그리고 카너먼을 위시한 행동경제학도 이런 흐름을 공유하고 있다. 이 입장은 욕구나 기호를 사전적으로 평가하기 힘들다는 점을 강조한다. 여기서는 행복도 주관적인 복지subjective wellbeing로 이해한다.*

그렇지만 신고전학파는 행복에 대한 객관주의적인 관점뿐만 아니라 주관주의적인 관점에도 비판적이다. 표준이론의 귀결인 현시선호이론은 기수적 효용이나 효용의 대인 비교가 안고 있는 어려움 때문에 개인의 주관적 효용을 포기하고 관찰된 선택의 일관성에 의존한다.[49] 그러나 행복에 대한 연구는 인간이 실제로 느끼는 쾌락과 고통을 측정해야 하므

---

* 지난 23대 프랑스 대통령 사르코지N. Sarkozy의 요청으로 센, 카너먼, 스티글리츠J. Stiglitz 등의 학자들이 행복을 구성하는 요소로 민주주의, 최소한의 1인당 국민소득, 자연환경, 그리고 인간관계 등을 제시했다. 이것들은 객관이나 주관에 관계없는 행복의 기반이라고 생각된다. 〈행복이란〉이라는 가요의 구절도 관계의 중요성을 표현하고 있다. "행복이 무엇인지 알 수는 없잖아요? 당신 없는 행복이란 있을 수 없잖아요."

로 주관적인 효용 등을 근거로 요구한다. 이론적으로나 개념적으로는 기수적 효용의 문제를 해결하기 힘들지만, 경험적으로는 설문조사 등을 통해 쾌락과 고통 혹은 행복이나 불행의 차이나 변동을 측정할 수 있다.

나아가 행동경제학에 의하면 선호를 확인하는 과정에서 현시선호이론이 생각하듯이 단순히 주어진 선호가 드러나는 것이 아니라 선호 자체가 어느 정도 구성된다. 이 때문에 불완전한 합리성, 불완전한 정보, 상호성이나 이타심, 환경을 위시한 외부효과 등을 고려하면 선호는 행복으로부터 얼마든지 벗어날 수 있다. 결과적으로 행동경제학 등의 행복 이론은 선호가 아니라 풍부한 내용의 효용이나 복지를 중심에 놓는다.

심리학자가 복지와 행복에 대해 논의하기 시작한 것은 반세기 정도가 되었다. 그 이후에 시작된 경제학자들의 논의는 이스터린R. Easterlin을 출발점으로 삼는다. 그의 연구에 따르면, 특정 국가의 특정 시점에서 계층별 소득과 행복 수준은 정의 상관관계를 보였다. 문제는 시간의 흐름에 따라 1인당 소득의 증가가 행복의 비례적인 증가를 가져오지 않았다는데 있다. 이것이 '이스터린 역설'이다. 또한 소득이 높은 국가가 반드시 행복하지도 않았고, 소득이 낮은 국가가 반드시 불행하지도 않았다.

구체적으로 미국, 영국, 벨기에, 일본에서 1인당 소득이 몇십 년 동안 크게 상승했지만, 평균적인 행복 수준은 그대로 있거나 심지어 하락했다.[50] 1958년부터 1991년 사이에 일본의 1인당 소득은 6배 늘어났다. 이 것은 2차대전 이후 아마도 세계적으로 가장 놀라운 성장일 것이다. 거의 모든 가구가 실내 화장실, 세탁기, 전화, 컬러 텔레비전, 자동차를 갖추게 되었다. 그러나 이런 물질적인 풍요가 삶에 대한 평균적인 만족도를 증가시키지는 못했다. 1958년의 삶의 만족도는 4점 만점에 2.7이었는데, 소득이 크게 늘어난 1991년의 만족도도 여전히 2.7이었다.[51]

제너럴 소셜 서베이General Social Survey의 자료에 의하면 미국에서도

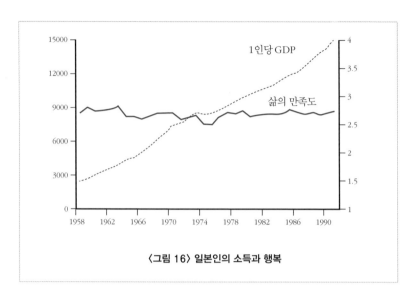

〈그림 16〉 일본인의 소득과 행복

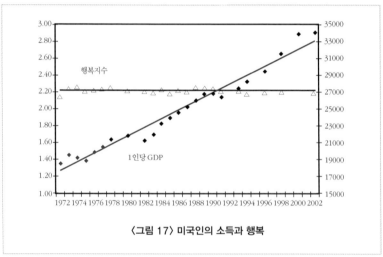

〈그림 17〉 미국인의 소득과 행복

비슷한 관계가 발견되었다. 1972~74년과 1994~96년의 두 기간을 비교하면, 평균에 상응하는 실질소득은 1만 7,434달러에서 2만 7,067달러로 19% 증가했다. 그러나 평균적인 행복지수는 오히려 2.21에서 2.17로 약간 하락했다. (3분위를 제외하고) 모든 십분위의 소득은 증가했지만, 평균 행복지수는 10개 십분위 중 8개에서 하락했거나 제자리에 머물렀다.

이 외에도 실업자는 특별히 불행했다. 그리고 자살률은 남자, 실업자, 결혼생활에 문제 있는 경우에 더 높았다. 특히 높은 실업률은 높은 자살률을 초래해 실업이 단순히 소득의 상실이라는 차원을 넘어서는 고통을 주고 있음을 보여준다. 자살보다 자살을 시도한 경우는 훨씬 더 많았는데, 자살 시도 역시 인생에 대한 극도의 불행을 나타낸다. 나아가 미국과 영국에서 직장에서의 만족도는 거의 증가하지 않았다.[52]

이에 대한 일차적인 해명은 적응에 의한 개인적인 준거의 형성과, 사회적 비교에 근거한 집단적인 준거의 형성에서 찾을 수 있다.[53] 우선 소득이 어느 수준을 넘어선 후 어느 정도 시간이 흐르면 사람들이 높아진 자신의 소득에 적응해 더 이상 크게 행복을 느끼지 못한다. 이것은 심리학의 적응수준이론에도 부합된다. 이에 더해 손실회피도 불행을 낳는 원인이다. 좋은 일이 있을 때 기뻐하는 정도보다 나쁜 일이 있을 때 슬퍼하는 정도가 더 크기 때문이다.

또한 사회적 비교를 통해, 주변 사람들의 소득이 모두 증가하면서 사람들의 즐거움이 줄어든다. 흔히 말하는 상대적인 박탈감은 사회적 비교에 가깝다. 사람들은 비교할 때 아래를 보는 것이 아니라 위를 본다. 그래서 기대수준은 이미 달성한 수준보다 더 높아지는 경향이 있다. 부유한 사람들이 빈곤한 사람들에게 부정적인 외부효과를 주지만 그 역은 성립하지 않는다. 여기에 이미 논의한 분배의 공정성도 행복에 영향을 미친다. 이런 것들로 인해 소득에 대한 사람들의 기대수준은 계속 높아지고 경쟁도 더욱 치열해진다.*

---

* 행복에 대한 연구에서 카너먼 등은 과거를 회상해 기억에 남아 있는 효용remembered utility을 실제 경험한 효용과 구분했다. 회고한 효용은 향후의 선택과 인생에 대한 만족도에 영향을 미치기 때문에 중요하다. 내시경검사를 받기 전에 고려하는 고통은 의사결정의 효용이고, 검사를

준거집단은 외적으로 주어지기도 하지만 적극적으로 선택되기도 한다. 친숙한 가정드라마 속의 가족들이 시청자들에게 자신과 관련 있는 사람이 되어 준거로 작용하기도 한다. 영국의 노동자 5,000명을 대상으로 실시한 연구를 보면, 준거집단은 동일한 노동시장의 특징을 지닌 사람들이었다. 준거집단의 소득이 높으면 높을수록 사람들은 자신의 직장에 대해 더욱 만족하지 못하는 것으로 나타났다.

사회적 비교는 가족 내에서도 일어난다. 조사에 의하면 여성들은 자신의 자매나 사촌자매가 고용되어 있는지 여부와 얼마나 받는지에 따라 유급의 직장을 가질지 말지를 결정했다. 비슷한 교육수준과 연령의 사람들이 외적으로 주어지는 준거집단이 되기도 한다. 일반적으로 비교대상이 되는 준거집단의 소득이 삶의 만족도에 부정적인 영향을 미치는 것으로 나타났다. 미국의 패널 자료에 대한 최근의 분석에서는, 개인의 소득을 일정하게 유지한 상태에서 지역의 평균소득이 증가하면 주관적인 후생이 감소하는 것으로 나타났다. 이런 현상들이 개인적인 차원과 사회적인 차원에서 소득에 준거가 작동한다는 증거이다. 이같이 행동경제학은 인간이 쉽게 삶에 만족할 수 없는 요인과, 경제성장이나 물질적인 풍요만으로 인간이 행복해질 수 없는 근거를 제시한다.

이에 비해 표준이론은 인간이 합리성에 근거해 효용을 극대화할 수 있다고 보므로 경제성장을 통해 행복을 획득할 수 있다고 여긴다. 이는 재화나 자원뿐 아니라 광범위한 대상에서 합리적인 선택을 내세우는 최근의 경제학에 더 잘 부합된다. 다만, 표준이론뿐만 아니라 행동이론도 공리주의와 직간접적으로 연결되어 있어 행복에 관해 주관주의에 가깝다.

받으면서 겪는 고통은 경험효용이며, 검사받은 후에 기억에 남은 고통은 회고한 효용이다. 카너먼에 의하면, 회고 시에는 즐거움과 고통이 지속되는 시간은 기억하지 못하며, 최고 수준과 끝날 때의 즐거움이나 고통만을 기억한다. 이것이 행복을 결정하는 추가 요인이 될 수 있다.

사람들이 행복한지를 파악하는 방법은 대표적인 표본에 해당되는 개인들에게 그들의 삶에 대한 만족도를 물어보는 것이다. 3점의 척도에 근거한 단일 항목의 질문으로는 다음과 같은 것이 있다. '종합적으로 볼 때 요새 당신의 상황은 어떻다고 생각하십니까? 아주 행복하다, 상당히 행복하다, 그다지 행복하지 않다 중 어느 것이라고 말할 수 있습니까?' 혹은 삶에 대한 만족도를 1(불만족)에서부터 10(만족)까지의 척도로 평가하는 경우도 있다.

행동경제학의 관점에서 행복을 증진시키려면 정신적 회계에 따라 즐거움을 쪼개고 괴로움을 합쳐야 한다. 또한 되도록 사회적 비교를 삼가야 한다. 행복에 대한 해석이론construal theory이 강조하듯이, 동일한 인생사라도 해석하기에 따라 긍정적이 되기도 하고 부정적이 되기도 한다.[54] 이 입장에서 보면 매사를 긍정적으로 해석하거나, 심지어 긍정적인 방향으로 왜곡할 필요도 있다.

진화적인 관점에서 인간의 불행은 고대 환경과 현대 환경 사이의 차

독일(1992년과 1997년)에서 소득에 대한 기대가 삶의 만족에 미치는 영향을 조사한 결과는 아래와 같다.

독일인의 사랑과 행복

- 가구소득이 삶에 대한 만족도와 정의 상관관계를 갖는다. 계수를 보면, 가구소득이 2배로 증가하면 10점으로 된 만족도에서 0.315점이 증가한다.
- 소득에 대한 기대수준이 높아지면 사람들의 주관적인 후생은 감소한다. 기대수준이 2배로 늘면 주관적인 후생이 평균 0.180점 감소한다.
- 여자가 남자보다 좀 더 삶에 만족하고 있다.
- 나이와 만족도 사이의 부분적인 상관계수는 50세를 넘으면 U자형이 된다.
- 교육을 더 받은 사람들이 덜 받은 사람들보다 더 만족하고 있다.
- 동반자가 있는 사람이 없는 사람보다 평균적으로 더 만족한다.
- 자영업자, 일하지 않는 사람, 실업자, 동유럽 사람, 유럽연합에 속하지 않은 외국인들은 취업자, 서독의 주민이나 독일 국적 소유자에 비해 만족도가 낮다.

이, 환경에 대한 적응에 수반된 괴로움, 경쟁을 위한 적응에서 비롯된다. 고대에는 작은 지역사회에서 대가족과 친척이 모여 살았으나, 현대에는 거대사회에서 고립된 핵가족으로 산다. 생존, 생식, 환경에의 적응을 위해 질투나 시기, 분노, 보복 등이 생겼으나 이것이 현재는 불행을 낳는다. 진화는 번식 능력의 차이에 따라 결정되므로, 특정 개체의 성공에는 다른 개체의 희생이 수반된다.

뿐만 아니라 진화를 위해 요구되는 환경에의 빠른 적응이 쾌락의 제자리걸음hedonic treadmill을 초래한다. 이것이 준거의존성이나 사회적 비교에 대한 진화론적인 설명이다. 진화적인 장치들은 평균적으로 유효할 뿐 개별적으로는 얼마든지 실패할 수 있다. 이익과 손실의 비대칭성을 나타내는 손실회피도 환경에 대한 적응을 도와주지만, 동시에 인간을 불행하게 만든다.

불행을 낳는 이런 진화적인 요인들을 극복하기 위해 다음과 같은 방법을 생각해볼 수 있다. 친지를 늘리고 깊은 우정을 형성한다. 비슷한 사람을 배필로 삼으며 남성과 여성의 차이를 교육하고 이해한다. 불평등을 줄이고 동등함과 상호성을 강조하며 협조를 증대시킨다. 진화를 통해 형성된 여러 욕망들을 충족시킨다. 건강, 직업상의 성공, 친지에 대한 조력, 친근함, 자신감, 고급 음식에 대한 기호, 신변 안전 등을 확보하기 위한 수단을 확보토록 노력한다. 더불어 짝짓기, 자연적인 풍경 등에 대한 미적 즐거움, 안전하고 자원이 풍부하며 전망이 있는 서식처를 확보하도록 노력한다.

6장

행동경제학은 가격기구를 불신한다기보
행동경제학은 개인의 선택을 도와주기
내세운다. 이를 위해 행동경제학은 사회
혹은 비대칭적인 온정주의를 표방한다

경제사회정책

인의 합리성을 의심한다. 이에 따라
미시적인 차원에서 작동하는 정책들을
이자 정책적인 입장으로 자유온정주의

표준이론은 서술적인descriptive 합리성을 규범적인normative 합리성과 동일시하면서 인지와 선택에 있어 하나의 체계를 내세운다. 이 입장에서는 인간의 합리성에 대해 특별히 손을 댈 근거가 없다. 인간의 합리성에 대한 이런 믿음이 가격기구에 대한 신념과 결합되어, 표준이론에 근거한 신고전학파 경제학은 경제와 사회에 대해 당위적이거나 규범적으로 내세우는 바가 별로 없고, 있다 하더라도 단순하다.

이와 대조적으로 행동경제학은 두 체계 이론에 근거해 서술적인 합리성을 규범적인 합리성과 구분한다. 서술적인 합리성과 규범적인 합리성을 구분하게 되면 둘 사이의 간격을 메워야 한다. 현실과 이상을 연결하는 이 부분을 처방적인prescriptive 합리성이라 부를 수 있다.[1] 그것의 내용은 경제와 사회에 대한 철학과 이념, 법과 규범, 그리고 정책으로 구성되어 있다.

이 장에서는 행동경제학이 경제사회의 현실에 관해 지니는 철학적이거나 정책적인 함의를 끌어내보고자 한다. 이를 위해 먼저 1절에서는 인류가 오랜 역사를 통해 경제사회를 유지하거나 변화시키기 위해 활용한 방법들을 포괄적으로 검토한다. 시장원리에 압도된 경제학이 간과하는 부분이기 때문에 이에 대한 논의가 더욱 중요하다. 2절에서는 이를 배경으로 행동경제학의 사회철학이자 정책적인 근거에 대해 설명한다. 이에 더해 표준이론과 행동경제학의 논쟁을 활용해 행동경제학의 정책적인 지평을 넓혀본다. 끝으로, 부문별로 행동경제학이 제시하는 구체적인 정책들을 살펴본다.

01 경제와 사회를 개혁하는 방법
경제사회를 유지/개혁하는 방법에는 여러 가지가 있다

인류가 경제와 사회를 유지하고 개혁하기 위해 사용한 방법에는 어떤 것이 있는가? 혁명, 무정부주의, 자유방임주의, 허무주의, 회의주의, 유목주의 등 극단적인 입장들은 잠시 접어두자. 그렇다면 인간의 이성, 윤리와 도덕, 규범, 규칙, 습관이나 관습, 법, 국가나 정부의 정책, 그리고 시장의 가격기구가 남는다. 이런 것들을 여러 방식과 비율로 결합하면 현실의 경제사회 체제, 제도, 이념, 또는 지배구조가 된다.

인간은 이성을 가지고 있으며 이성이 감성이나 본능을 제어할 수 있다는 점에서 동물과 다르다. 이성을 따르는 것이 합리성이고 이를 중시하는 것이 합리주의이다. 이성에 근거해 사회를 유지하기 위한 일차적인 방책이 동서양의 윤리와 도덕이다. 그리고 자발적인 윤리나 도덕 중 상당수가 강제적인 법으로 발전했다. 나아가 오랜 역사 속에서 형성된 습관이나 관습도 깊은 사고 없이 인간과 사회의 일상을 처리하는 데 활용된다. 끝으로 법보다 세부적인 상황에서 주로 행정부가 재량을 가지고 시행하는 것이 정책이다. 경제정책이나 사회정책이 모두 이에 해당된다. 그리고 경제학에서 강조하는 시장의 가격기구가 또 다른 방책이다.

우리는 일상사에서 이런 여러 장치들을 찾아낼 수 있다. 아침식사의 내용은 이성적인 판단에 의해 결정되었거나 오래 지속된 습관에서 파생되었을 것이다. 길을 건너면서 지킨 신호 체계는 규칙이다. 지하철 요금을 지불하는 것은 법이다. 또한 지하철 안에서 핸드폰 대화 등으로 타인에게 피해를 주지 않거나 경로석을 비워두는 것은 윤리에 해당한다. 아침식사의 식료에 지불한 가격과 지하철 요금은 시장의 가격기구와 법 그리고 정책이 개입되어 결정되었다.

특히 법 등의 제도와 정부의 정책, 그리고 윤리와 규범은 오랜 동안 인간의 정치, 사회, 경제를 유지시켜온 근간이다. 그리고 현재에도 많은 사람들은 어떤 시장과 가격을 근거 없이 전면적으로 도입하는 데 대해 거부감을 가지고 있다. 예를 들어 미국의 의료체계에서는 수명과 삶의 질뿐만 아니라 비용도 고려해야 한다고 주장하는 의학자조차 병원과 보험회사와 정부 어느 쪽도 환자인 소비자를 위할 유인이 없음을 지적하고 있다.[2]

신고전학파는 개인의 합리적 선택과 시장의 가격기구를 경제사회 문제의 거의 유일한 해결책으로 간주한다. 신고전학파는 개인 차원에서의 윤리 및 도덕, 규범이나 규칙의 역할도 중시하지 않으며, 당연히 이런 것들에 수반되는 비강제적인 사회적 제재의 역할도 경시한다. 신고전학파에게 상도덕이나 기업윤리는 형용모순에 가깝다. 윤리적인 경제주체나 사회적인 기업은 효용극대화 혹은 이윤극대화라는 표준이론의 공준과 부합되지 않는다.

거리에서 침을 뱉지 않게 만드는 것은 윤리나 도덕보다 벌금이다. 이렇게 물질적인 이익에 대한 개인의 계산에 집착하는 신고전학파의 도구적인 이성은 사회의 윤리와 법을 낳는 이성과 많은 경우에 일치되지 않는다.

이와 비슷하게 경제학은 기본교육을 넘어서는 제삼자의 훈육이나 가르침을 선택의 자유를 위시한 개인의 자유와 자율성에 대한 침해나 간섭으로 간주한다. 그리고 친구나 친지, 사회지도층, 지식인, 기업 등 조직의 수장, 정부의 관료, 언론매체 그 누구도 본인이 원치 않는 훈육이나 간섭을 강요할 수 없다는 점을 강조한다.

다른 한편으로 시장의 가격기구를 중시하는 신고전학파는 경제사회 차원에서 입법부와 사법부가 개입된 법의 기능을 축소시키려고 노력한다. 물론 시장경제에서도 거래를 위한 계약, 손해배상, 재산의 소유와 승계 등과 관련된 최소한의 법은 필요하고, 이를 집행하는 것도 피할 수 없다. 입법부가 법을 제정하고, 행정부가 이를 집행하며, 이와 관련된 분쟁과 소송을 사법부가 맡는다. 이에 따라 경기의 규칙을 시행하는 심판관과 같은 정부의 역할에 대해서는 신고전학파도 인정하고 있다.[3] 그렇지만 경제활동을 관리하고 이에 간섭하는 법이나 규정이 늘어나는 데 대해서는 경계한다.

경제학이 내세우는 시장원리는 무엇보다 행정부의 정책, 그중에서도 경제정책을 불신한다. 그러니 시장경제에서 정부의 정책은 미시 차원에서는 조세정책, 거시 차원에서는 재정정책과 통화정책에 국한되어야 한다. 심지어는 이런 정책들마저 극단적인 시장주의인 시카고학파의 지속적인 공격에 노출되어 있다. 신고전학파는 특히 미시적인 차원에서 적극적인 정책들을 제시하지 않는다.

요약하면, 윤리 및 도덕에 대한 경시와 정부의 정책에 대한 불신이 신고전학파가 상정하는 시장경제의 두드러진 특징이다. 이를 시장자유주의market liberalism 또는 경제적 자유주의economic liberalism 혹은 자유지상주의libertarianism라고 부른다.

이에 대립되는 입장은 독일의 역사학파에서 찾을 수 있다. 독일의 역사학파는 영국에 비해 후진국이었던 독일에서 19세기 초에 등장하여 시장주의와 자유무역에 이의를 제기했다. 동시에 윤리적인 경제주체와 청렴한 관료, 그리고 미시적이거나 거시적인 차원에서 정부의 경제사회 정책들을 요구했다. 그러나 신고전학파에서는 이들 역사학파가 개인의 합리성과 다양성을 존중하지 않고 국가가 마치 아버지와 같이 행세하도록 만든다면서 이를 온정주의paternalism로 규정했다. 넓게 보면 가부장제와 온정주의는 영미사상이 가장 혐오하는 것 중 하나이다.

이러한 서로 다른 생각을 고려하며 중립적으로 파악해보자. 현실 경제사회에서는 시장의 가격기구 이외에 법, 정책, 기술, 윤리, 관습이나 습관 등이 함께 작동하고 있다. 가격기구와 함께 이런 것들이 경제주체 혹은 시민들이 선택할 수 있는 대상들과 이에 근거한 행위들을 가능케 하면서 동시에 제약한다.

이것을 행위와 선택을 규정하는 조건들로 이해해보자. 먼저 해당 시점에서 특정 경제의 기술수준이나 생산력이 어떤 재화와 서비스를 생산해서 제공할 수 있는지를 결정한다. 넓은 의미에서 생산가능곡선이나 생산함수가 이를 나타낸다. 기술적으로 생산능력이 부족하면(예를 들어 1950년대 한국의 자동차 기술) 소비자가 아무리 원해도 해당 재화가 해당 경제에서 선택의 대상으로 공급되지 않는다.

국내외에서 생산이 가능하더라도 법적으로 생산이나 매매가 금지되어 있다면(마약이나 매매춘) 선택의 대상이 될 수 없다. 법적으로 금지되지 않았더라도 정책적으로 생산이나 매매를 억제할 수 있다(술과 담배). 더 중요하게, 어떤 재화나 물건들이 시장에 등장하려면 정해놓은 성분을 함유하거나 함유하지 않아야 하는 등 법적인 요건을 충족해야 한다(약품이나 병원식당). 식품위생관리법이나 식품의약청 등은 모두 이를 관장한다.

소비자들이 전문지식을 가지고 있지 않거나 하는 등의 이유로 시장을 통해 관리할 수 없는 경우도 있다. 이럴 때는 인허가, 자격증, 면허증 등의 법적 요건이 제한을 가한다. 한국에서는 의과대학을 졸업하고 의사자격증이 있어야 병원을 개업할 수 있다. 또한 변호사가 아니면 법원에서 다른 사람을 변호할 수 없고, 회계사가 아니면 회계업무에 종사할 수 없다. 법률 지식이 많더라도 주변 사람을 자신의 변호사로 내세울 수 없다.

기술적으로나 법적으로 문제가 없어 시장에서 거래되지만 윤리나 도덕에서 벗어나(도색물이나 혐오식품) 사회구성원의 호응을 얻지 못할 수도 있다. 나아가 습관적으로 특정 재화가 선택의 대상이 되지 않을 수도 있다(1950년대 한국에서의 피자). 물론 이 모든 조건을 충족시키더라도 경제 전체적으로나 개인적으로 소득이 부족하거나 가격이 너무 비싸다면 소비자가 선택할 수 없다.

결과적으로 개인적인 요건뿐 아니라 기술, 사회, 문화적인 조건들을 충족시킨 재화만이 소비자 선택의 대상이 된다. 표준이론은 선호, 가격, 소득 등에만 집중하여 여타 조건들을 경시한다.

02 자유온정주의
사람들에게 바람직한 대안을 권고할 필요가 있다

행동경제학은 가격기구를 불신한다기보다 개인의 합리성을 의심한다. 이에 따라 행동경제학은 개인의 선택을 도와주기 위해 미시적인 차원에서 작동하는 정책들을 내세운다. 이를 위해 행동경제학은 사회철학이자 정책적인 입장으로 자유온정주의libertarian paternalism 혹은 비대칭적인

온정주의asymmetric paternalism를 표방한다.[4]

이 기본 입장 이외에 선택의 건축구조를 여러 방식으로 설계해 개인의 선택을 도와주려고 노력한다. 이런 정책들은 미시적인 차원에서 작동해 개인 차원의 윤리나 규칙으로 나타날 수도 있고, 국가 차원에서 법이나 공공정책으로 나타날 수도 있다.

신고전학파는 개인의 합리성을 신뢰하므로 자유지상주의나, 여기에 거시정책을 가미한 케인스주의적인 자유주의를 내세운다. 행동경제학은 개인의 합리성이 불완전하다고 보기 때문에 자유온정주의를 주장한다. 자유온정주의는 부족한 합리성을 지닌 개인을 도와주기 위해 특정 대안을 권유하거나 이 대안으로 유도하고 다른 대안들에 대한 선택을 어렵게 만든다는 점에서 '온정주의'이다. 동시에 이런 유도에도 불구하고 당사자가 굳이 원하지 않는다면 권유나 유도를 거부할 수 있어 개인의 선택권이 궁극적으로 보장된다는 점에서 '자유주의'이다.

자유온정주의에 비해 비대칭적인 온정주의는 인간의 불완전한 합리성을 시장에 어리숙한 사람과 똑똑한 사람이 섞여 있는 것으로 이해한다. 여기서의 정책은 똑똑한 사람들을 참견하거나 간섭하지 않으면서 어리숙한 사람들을 도와주므로 비대칭적이다. 그렇지만 내용에 있어서는 자유온정주의와 큰 차이가 없으므로 모두 묶어 자유온정주의로 부르자.

인간이 부분적으로 비합리적이라는 주장이 현실적으로 어떤 정책적인 또 정치적인 변화를 가져오는지 답하기 위해 행동경제학이 자유온정주의를 마련했다고 이해할 수 있다. 자유온정주의를 내세운 학자는 시카고 대학 경영대학원의 경제학자 세일러와 하버드 대학의 법학자 선스타인이다. 여기에 경제학자 캐머러C. Camerer 등이 가세하고 있다.

자유온정주의가 행동경제학의 이론과 직접적으로 연관되는 부분은 어떤 대안을 앞세우느냐에 따라 선택이 달라진다는 점이다. 이에 따라 특정 대안을 초기대안 혹은 원안default으로 내세워 사람들로 하여금 우선적으로 고려하도록 만들면 이들의 후생을 증대시킬 수 있다고 주장한다. 이와 달리 표준이론은 선호가 미리 정해져 있고 대안들로부터 독립적이라고 생각하기 때문에 초기대안을 무엇으로 삼든 사람들이 자신의 선호에 따라 효용을 극대화하는 대안을 선택할 것으로 예상한다. 초기대안의 설정은 I체계에 호소한다.

초기대안은 고려할 여러 대안들 중 하나이지만 특별한 이유가 없는 한 선택할 만한 가치를 지닌 대안이다. 초기대안은 거부한다고 명시하지 않는 한opt-out 자동으로 선택되는 대안이다. 본인의 노력 없이도 바람직한 특정 대안이 선택된다는 점에서 이런 선택구조에는 자동성auto-maticity이 내장되어 있다. 그렇지만 초기대안을 권유할 뿐 강제하지 않으며, 개입의 주체도 반드시 정부가 아니므로, 자유온정주의의 개입은 최소한에 머문다.

- 퇴직연금에 대해서는 사람들이 지니는 선택의 책임감 혹은 자율성이 별로 크지 않다.[5] 퇴직연금이 근로자에게 바람직하다고 판단하는 경우, 각 개인이 명시적으로 거부의사를 표현하지 않는 한 자동적으로 연금에 가입하는 것으로 간주하는 선택상황을 만든다.
- 비만을 억제하기 위해 피자가게에서는 토핑이 전혀 없는 피자를 우선적인 고려대상으로 제시한다.
- 건강 유지를 위해 뷔페식당에서는 당분이나 지방이 많은 음식을 별도로 안쪽에 깊숙이 배치해, 사람들이 이런 음식들을 멀리하도록 유도한다.
- 환경을 보호하기 위해 자동차 대리점에서는 부가장치가 전혀 없는 자동차를 우선적인 고려대상으로 제공한다.

첫 번째의 경우 명시적으로 거부하지 않는 한 연금에 자동으로 가입되게 할 뿐만 아니라 자동적으로 저축 비율이 인상되도록 할 수 있다. 이런 자동적인 저축 비율의 인상안*Save More Tomorrow*을 실행했더니 실제로 연금 가입자의 숫자뿐만 아니라 연금 저축액도 크게 늘어났다. 이 안에서 저축 후 매월 실제 수령하는 소득의 절대액수는 줄지 않게 책정되어 있다. 이 안은 저축에 대한 미국 근로자들의 주저, 자기통제의 부족, 손실회피, 화폐환상, 타성 등 행동경제학의 여러 주장들을 감안한 것이다.[6]

자유온정주의는 냉각기간*cooling period*을 통한 재고도 내세운다. 이는 외견상 특정 대안을 권유하지는 않지만, 그 선택이 진정으로 합리적이고 적절했는지 숙고하는 기간을 강제한다. 냉각기간 이후에도 자신의 선택이 옳았다고 판단하면 그 선택이 그대로 존중된다. 이 경우에는 선택 이전의 원래 상태가 초기대안이 된다. 따라서 냉각기간은 원래 상태에서 벗어나기 어렵게 만드는 보수성을 담고 있다.

초기대안의 설정과 달리 냉각기간은 현실사회에서 이미 상당 부분 시행되고 있다. 예를 들어 이혼에 합의한 후 일정 기간 동안 이런 선택이 일시적인 감정으로 이루어지지 않았는지 재고할 숙려기간을 갖게 하는 것 등이다. 백화점이나 전자상거래를 통한 상품 구매에서 일정 기간 내에 반품하는 경우 환불이 가능하게 만들어놓은 규정도 냉각기간을 설정한 것이다.

자유온정주의는 선택을 두 단계로 나누는 셈이다. 첫째 단계에서는 외적인 근거에 의존해 우선적으로 선택할 대안(들)을 선정한다. 둘째 단계에서는 좁혀진 범위 내에서 선택을 하거나 또는 명시적으로 요청해서 보다 넓은 범위에서 선택한다. 두 체계 이론과 연결시키면, 첫째 단계는 I 체계가 안고 있는 위험을 억제하거나 축소시키려는 의도를 지니고 있다.

문제는 첫째 단계에서 선택의 범위를 줄이거나 우선순위를 설정하기 위해서는 모종의 사회적 합의나 규범적인 판단이 요구된다는 점이다. 가령 의료보험이나 연금저축에 가입하게 유도하려면 의료보험이나 저축이 좋다는 사회적 합의나 판단이 선행되어야 한다. 그렇지 않으면 자유온정주의는 개인의 다양한 선호나 조건들을 존중한다는 자유주의의 가치에 배치될 수 있다.

초기대안의 설정과 관련해 자유온정주의를 조망하기 위해 여러 선택의 상황들을 열거해보자. 한쪽 극단에는 많은 대안들 중 하나를 당사자가 아닌 독재자나 중앙집권적인 권력이 정해주는 경우가 놓여 있다. 독재자의 선택은 당사자에게 이로울 수도 있고 해로울 수도 있다. 계몽군주(프리드리히 1세)의 선택과 폭군(네로)의 선택은 다르기 때문이다. 반대쪽 극단에는 신고전학파에서 내세우는 바와 같이 아무런 간섭 없이 당사자가 스스로 선택하는 경우가 놓여 있다.

양자의 중간에는 다수의 대안들을 배제하고 소수만을 허용하는 온정주의와 이와 반대로 소수를 배제하고 다수를 허용하는 방식들이 놓여 있다. 전자의 예는 수학책과 영어책을 제외하고는 소설책 등 다른 책들을 읽지 못하게 하는 입시 교사의 지침 등이다. 후자는 술과 담배를 제외하고 다른 기호품들은 모두 허용하는 부모의 교훈으로 예시할 수 있다. 여기서의 선택 역시 당사자에게 이로울 수도 있고 해로울 수도 있다.

소비자에 대한 가장 원초적인 보호장치로 아예 특정 재화를 선택대상들의 집합에서 제외할 수도 있다. 법으로 생산을 금지시키거나 생산을 허용하더라도 매매를 금지시키는 것이다. 마약, 실험단계에 있어 위험이 수반된 약품이나 의료기술, 유해한 성분을 지닌 식품 등이 그 예이다. 이 경우 행정부의 정책은 법을 적용하는 데 그치므로 그 중요성이 그다지 크지 않다. 이보다 약한 방법은 조세 등을 통해 생산비용을 높이거나 판매비용을 높이는 것이다. 술이나 담배는 이에 해당한다.

그런데 다수이든 소수이든 대안을 배제하는 방식은 자유주의뿐만 아니라 자유온정주의로부터도 벗어난다. 자유온정주의는 특정 대안을 권유할 뿐 어느 것도 강제로 부과하거나 배제하지 않는다. 그리고 어떤 것들을 선택하지 않도록 권유하는 방식이 아니라 선택하도록 권유하는 방식을 취한다.

그렇더라도 자유온정주의와 신고전학파의 사회철학 사이에는 분명한 차이가 있다. 신고전학파와 행동경제학이 공유하는 것이 미시적인 단위로서 개인이므로 양자를 비교할 수 있는 영역은 미시경제정책이다. 우선 시장주의자 혹은 자유지상주의자는 법적인 금지나 억제가 소비자들의 선택대상을 줄인다고 보아 부당한 규제로 여기고 반대한다. 법적인 금지나 규제가 완화되어야 현재 수준에서 가능한 한 많은 제품들이 소비자의 선택대상이 되어 후생을 늘릴 수 있다는 것이다. 또한 이렇게 해야만 동태적으로 새로운 제품들이 나와 소비자 선택의 폭이 늘고 후생이 더욱 증대된다.

반면 행동경제학은 소비자나 유권자 등 선택의 주체들이 기업의 선전이나 광고 등에 흔들릴 수 있다는 점을 강조한다. 기업의 광고가 미치는 영향은 대상이 되는 제품이 복잡할수록, 그리고 아마도 그것의 가격이 높을수록 더욱 커진다. 사과나 주스보다 더 비싼 자동차나 집에 대한 광고나 선전이 더 정교하여 그 영향력이 클 수 있다. 또한 사과나 주스보다 펀드나 파생상품이 더 복잡할 수 있다. 더불어 선택의 주체들이 정부의 선도나 계도, 그리고 친지들의 권고 등을 통해 선택을 바꿀 수 있음을 인정한다. 선거철마다 선거참여를 촉구하는 정부의 홍보도 이러한 경우이다. 나아가 정치인들이나 국회의원, 언론방송매체 등도 여러 문제에 대해 각자의 방법을 통해 소비자나 시민의 선택에 영향을 미친다.

신고전학파는 자유방임주의를 지향하지만 현실 속에서 이를 철저하게 고수하지는 않는다. 물론 공영화나 국유화, 계획경제 등은 신고전학파와 확연히 대립된다. 그러나 시장의 가격기구 이외에도 민간의 협상, 윤리와 도덕, 법, 정부의 조세 및 보조금, 수량규제, 행정명령과 인허가, 가격통제 등이 경제학의 주변에 머물고 있다. 이런 것들은 낮은 수준의 정부 개입이나 제삼자 개입을 허용하는 미시경제정책이라 생각된다.

미시경제정책과 자유온정주의 모두 강제가 아닌 유인이나 유도에 의존하지만 양자 사이에는 차이점이 있다. 미시정책이 가격과 소득제약을 통해 작용할 뿐 선호를 존중하는 데 비해 자유온정주의는 선호에 직접 영향을 미친다. 미시정책이 개인의 행위 및 선택에 생기는 변화가 아니라 산업이나 경제에 생기는 변화에 궁극적인 관심을 가진다면, 자유온정주의는 경제 전체나 산업 차원의 변화보다 근원적으로 개별 경제주체의 변화에 관심을 둔다. 따라서 미시정책은 조세 등의 유인을 통해 개인의 선택을 특정 방향으로 유도하는 데 그치며 특정 대안을 염두에 두지 않는 데 비해, 자유온정주의는 특정 대안을 선택하거나 피하도록 직접 유도한다.

이런 의미에서 미시경제정책과 달리 자유온정주의는 교육 또는 계몽으로 뒷받침되는 윤리, 도덕과 같은 수준에 놓여 있다. 이는 신고전학파가 개인의 합리성을 고집하는 반면 행동경제학은 그렇지 않기 때문에 생기는 차이이다.

이제 행동경제학의 연구를 보다 적극적으로 해석해보자. 우선 선택의 맥락을 인정하면 기업의 판매전략을 규제할 필요성이 생긴다. 신고전학파는 소비자가 재화로부터 얻는 효용을 극대화하는 행위와 기업이 화폐로 환산한 이윤을 극대화하는 행위가 모두 이기적이고 합리적인 선택으로 조화롭게 공존한다고 생각한다. 그러나 주관적인 효용과 객관적인 이윤 그리고 이를 환산하는 화폐의 거리는 쉽게 메워지지 않는다. 합리적이고 현명하더라도 소비자가 기업의 선전광고에 수시로 굴복해 이용당할 수 있기 때문이다. 여기에 주식시장의 불확실성과 휘발성을 추가하면 장터에서 현명한 소비자가 경제를 이끈다는 생각은 실로 낭만적인 것이라 할 수 있다.

신고전학파 미시경제학에는 소비자와 기업 혹은 자본 사이에 생길 수 있는 이러한 모순과 대립과 갈등이 숨겨져 있는 반면, 행동경제학이 주도하는 마케팅 문헌 등에서는 응용학문이 지니는 구체성과 현실성으로 인해 이런 갈등이 어느 정도 노출되어 있다. 소비자가 효용이 아니라 가치를 극대화한다거나 기업이 이윤이 아니라 가치경영이나 가치연계value chain를 추구한다는 것 등은 소비자주권과 소비자에 대한 기업의 봉사를 부르짖고 있다.

피자가게에서는 이윤을 극대화하기 위해 고객들에게 아무것도 얹지 않은 피자보다 모든 토핑을 다 얹은 피자를 우선적인 대안으로 제시할 가능성이 높다. 이 경우 자유온정주의는 초기대안으로 소비자의 후생 및 건강과 기업의 이윤 중에서 하나를 선택해야 한다. 이것은 환경과 성장 혹은 절제된 시장경제와 자유방임적인 시장경제 사이의 선택과도 같다.

행동경제학 내에서도 심리학자인 트버스키와 카너먼보다 사회과학자인 세일러와 선스타인이 경제구성원들의 이익이 서로 충돌할 가능성을 보다 넓게 인정한다. 예를 들어 생산자 혹은 기업이 광고 등 판매전략을 통해 선택의 맥락이나 초기대안을 조정함으로써 소비자를 약취할 수 있다. 또 우리사주의 비율을 얼마로 정할지를 놓고 고용주와 근로자 사이에 이익이 충돌하고 서로 다른 규정들이 경합을 벌일 수 있다.

행동경제학의 관점에서 초기대안이 선택에 영향을 미친다는 것은 사람들의 선호가 미리부터 완벽하게 정해져 있지 않아 선호가 구성된다는 뜻이다. 자유온정주의는 인지와 판단에 있어서의 편향 혹은 취약점을 보완할 대책을 필요로 한다. 또한 초기대안의 설정을 통해 사회적으로 유리한 결과를 얻을 수 있다 해도, 또 한편으로는 정부나 기업의 정책결정자가 초기대안의 설정을 통해 의도적으로나 비의도적으로 시민이나 소비자를 이용하거나 착취하고 있지는 않은지도 점검해야 한다. 이는 초기대안의 설정이 어떤 효과를 주는지에 달려 있다.

우선 초기대안을 수용하면 서류작성 등의 시간과 노력을 절약할 수 있다. 또한 초기대안은 사람들에게 묵시적으로 정책당국의 권고사항이라고 이해될 수 있다. 그리고 초기대안이 현재 상황을 대변하는 경우 새로운 대안을 찾으려면 손실회피나 상충관계에 처하게 된다. 첫째는 별로 문제가 되지 않지만 둘째, 그리고 특히 셋째는 원하지 않는 사람조차 초기대안으로 인도될 가능성을 내포하고 있다.

자유온정주의는 특정 재화를 소비자들이 선택하도록 유도하는 방식을 취한다. 이와 다른 방책으로 적극적인 선택active choice과 여기에 다시 권유를 부분적으로 가미하는 방법enhanced active choice을 들 수 있다.[7]

먼저 표준이론이 말하는 선택의 자유에는, 대안들 중 어느 하나를 선택하는 자유와 이들 중 어느 것도 선택하지 않는 자유가 포함된다. 컴퓨터가 필요한데 어느 날 본 몇 가지 중 하나를 선택할 수도 있고, 이 중에서 아무것도 선택하지 않기로 선택할 수도 있다. 그런데 선택하지 않은 경우 그 이유는 여러 가지다.

우선 고민을 많이 했으나 관련 대안들에 대해 우열을 가릴 수 없어 망설이고 있거나, 혹은 특정 대안에 대한 선택을 미룰 수 있다. 망설임보다 연기는 여러 대안들에 대한 종합적인 판단에 근거하므로 긍정적일 수 있다. 예를 들어 특정 매장에 있는 컴퓨터들이 어느 것도 자신의 구미에 맞지 않을 수 있다. 또 선거에 나온 후보자들이 모두 그렇고 그렇다는 판단에 따라 기권하는 것이 반드시 기피는 아니다. 혹은 고려할 여러 차원들의 가중치가 수량으로 전환되지 않아 합산이 어려울 때도 이렇게 될 수 있다.

　대안들이 무차별하다고 생각하여 어느 하나에 대한 선택으로 이어지지 않을 수도 있는데, 센이 예시한 '뷔리당의 당나귀Buridan's ass'가 그런 경우이다. 경연 참여자들이 열등함의 난형난제難兄難弟일 수도 있고 탁월함의 백중지세伯仲之勢에 있을 수도 있다. 선거에서처럼 무관심하거나 귀찮아서 고민하지 않는 경우도 있다. 선거일을 단순한 휴일로 생각해 놀러 가는 상황이 이에 해당된다.

　적극적인 선택은 선택하지 않을 자유를 차단한다. 적극적인 선택에서는 어떤 것이든 선택할 자유가 각자에게 있지만 아무것도 선택하지 않겠다고 선택할 자유는 없다. 이와 달리 초기대안을 통한 행동경제학의 권유는 선택하지 않을 자유를 포함해 어떤 선택의 자유도 배제하지 않는다. 단지 특정 대안을 선택하도록 유도할 뿐이다.

　적극적인 선택의 주창자들은 사회적으로 유용한 대안을 선택하는 사람의 숫자나 비율 등 양적인 측면뿐 아니라 선택의 질도 중시한다. 가령 망설임이나 무관심 속에서 장기기증이나 헌혈에 동의했다면, 이런 동의가 본인이나 기증을 받는 사람의 후생을 과연 얼마나 증대시키는 것인지 의심스럽다.

　이런 논의 과정에서 표준이론의 이론가들도 행동경제학의 등장으로 인해 조금씩 변화하고 있다. 이미 자신들이 오랫동안 사용해온 개념에 담긴 내용을 다시 생각해보고, 묵시적인 것을 명시적으로 만들며, 자신의 개념을 충실하게 만들고 있다. 이는 외국어를 공부하면 우리말의 의미를 다시 검토하게 되고, 심지어 우리 단어의 의미가 바뀌기도 하는 것과 비슷하다.

어떤 대안이 있는지 몰라서 제대로 선택하지 못하는 상황이 신고전학파 경제학과 행동경제학을 구분하는 근원적인 지점은 아니다. 양자 모두 정보가 충분히 공개되어야 한다는 생각을 공유하고 있기 때문이다. 또한 행동경제학도 개인의 선택에 집중하기 때문에, 예산제약의 차이나 소득분배에 대한 관심이 신고전학파보다 더 높아 보이지 않는다. 그런데 완전한 정보하에 스스로 선택하는 경우라 해도, 모두 동등하게 한 표를 갖는 투표장의 선택과 소득에 따라 발언권이나 청구권에 차이가 나는 시장의 선택은 다르다. 시장의 경우에는 독재자는 없지만 돈에 의한 독재나 지배를 배제할 수 없다. 분명 소득과 재산에 따라 구성원들의 선택범위가 달라지며, 선택범위의 차이는 힘의 차이이다.

03 선택구조의 설계
선택구조를 잘 고안하면 사람들의 선택이 개선된다

행동경제학의 사회철학이 자유온정주의라고 하나 자유온정주의가 행동경제학이 지닌 정책적인 함의를 포괄한다고 보기는 어렵다. 행동경제학에는 초기대안이나 냉각기간의 설정을 넘어서는 정책적인 측면들이 있다. 나아가 반드시 행동경제학이나 자유온정주의에서 도출되지 않더라도 경제주체들을 보호하는 차원에서 요청되거나 경제사회에 대한 보편적인 성찰로부터 요청되는 것들을 정리할 필요가 있다.

먼저 행동경제학이 중시하는 선택의 맥락은 다양한 요인들에 의존하므로, 선택상황의 구조choice architecture를 개선하기 위해 다양한 방책들을 제시할 수 있다.[8]

대안의 숫자 조절

표준이론에서는 무조건 대안을 늘리는 것이 선택의 자유를 늘리고 후생을 증진시킨다고 생각하지만, 대안들을 비교하는 데 필요한 시간과 노력이 선택 자체를 어렵게 만들거나 선택을 지연시키고 심지어 선택 자체를 포기하게 만들 수도 있다. 따라서 일단은 네다섯 가지의 대안을 제공하고 원하는 경우에만 더 많은 대안들을 제공하는 편이 낫다.[9]

선택대상이 너무 많을 경우에는 웹사이트를 통해 합동으로 이들을 여과할 필요가 있다. 이와 함께 의사나 보험회사가 골라주는 치료법이 경제구성원들의 유인과 충돌할 수 있다는 점도 고려해야 한다.

대안이 너무 많은 경우뿐 아니라 대안들의 차원이나 속성들을 너무 많이 제시하는 경우에도 의사결정이 쉽지 않다. 따라서 중요한 속성들만 간소하게 제시하고 이에 대해 숫자가 아닌 '좋음'이나 '나쁨' 등의 서술적인 평가를 첨부할 필요가 있다. 또한 숫자들도 동일한 단위로 표시해 손쉽게 비교가 가능하도록 만드는 것이 좋다.

범주의 세분화

여러 범주들에 되도록 균등하게 자원을 분산하려고 노력하는 편향에 따라, 사회적으로 바람직한 대안들을 되도록 세분화하면 그것을 선택하는 사람들을 늘릴 수 있다. 반면 사회적으로 바람직하지 못한 대안들은 하나의 범주로 몰아 그것의 가중치와 선택을 줄일 수 있다. 예를 들어 콜레스테롤이나 지방을 줄여 건강을 증진시키려면 건강식품은 '야채, 생과일, 견과류, 생선, 건어물' 등으로 세분한다. 반면 쇠고기, 돼지고기, 닭고기 등을 모두 '고기'로 크게 분류해 배치한다. 금융자산에 대해서도 위험이 높은 자산은 하나로 묶는 것이 이에 대한 투자를 줄이는 방법이다.

선형 관계로의 전환

표준이론에 따르면 사람들은 총량이나 평균량뿐 아니라 한계량도 제대로 계산하고, 선형적인 관계뿐만 아니라 비선형 관계도 제대로 파악한다. 그러나 현실경제에서 소비자들은 한계량이나 비선형 관계를 파악하는 데 어려움을 겪는다. 따라서 선택을 도와주려면 특히 비선형 관계를 선형 관계로 바꾸어 제시할 필요가 있다.

미국에서 연비는 갤런당 몇 마일을 가는지(MPG)로 표시되어 있다.[10] 중형차와 소형차의 연비가 예를 들어 갤런당 20마일과 40마일이라 하고, 이들의 연비가 각각 22마일과 42마일로 개선되는 경우 절약되는 연료를 비교해보자. 1만 마일을 가는 데 중형차는 500갤런이 들다가 455갤런으로 줄고, 소형차는 250갤런에서 238갤런으로 준다. 그러므로 중형차에서 절약되는 연료가 소형차에서 절약되는 연료보다 크다. 그런데 미국의 소비자들은 모두 갤런당 2마일이 늘었으므로 절약한 연료의 수량이 동일하다고 오산한다. 이것은 효율성의 개선 정도에 대한 소비자의 오판이다. 이런 오류를 해소하려면 갤런당 마일이 아닌 마일당 갤런(GPM)으로 바꾸어 표시할 필요가 있다. 한국의 연비도 리터당 킬로미터로 표시되어 미국의 표시 방법과 동일하므로 비슷한 문제를 낳고 있지는 않은지 검토할 필요가 있다.

비슷한 예로, 신용카드를 통해 빌린 돈을 갚는 경우 상환기간 동안 원금과 이자를 합한 상환액의 분포가 일정하지 않고 나중에 갈수록 증가할 수 있다. 이 경우 소비자들이 상환액을 과소평가하는 경향이 있다. 판단과 선택의 오류를 줄이기 위해서는 상환액을 선형으로 변환해 알려주는 것이 좋다.

자필서명

정부의 법과 정책, 시장의 가격기구 이외에 각자 스스로 윤리나 도덕을 단속할 필요도 있다. 서류작성 등의 행위에 있어 본인의 선서나 서명이 정직성을 고양시키는 것으로 나타났다. 또한 세금이나 보험 등과 관련해 서류를 작성한 이후에 서명하는 것보다 작성하기 이전에 서명하는 것이 더 효과적이었다.[11] 일단 작성한 후에는 자신이 거짓으로 보고한 것을 이런저런 방식으로 정당화하는 경향이 있다. 이에 비해 작성하기 전에 서명하면 자신의 정체성이 확인되어 윤리나 도덕의 차원이 부각된다.

특정 도시의 시민, 특정 지역의 주민, 합리적인 소비자, 특정 국가의 국민 등 정체성의 근거를 지적하는 것이 정책에 효과를 부여할 수 있다. 동양 사회에서와 같이 관계나 집단이 중요하고 그것이 사람들의 자아를 구성하는 경우, 개인적인 자아뿐만 아니라 관계적인 자아나 집단적인 자아에도 호소할 필요가 있다.[12] 가령 한국에서는 홍보에 가족이라는 차원을 부각시키는 일이 흔하다.

타인의 선택에 대한 정보제공

세일러와 선스타인이 제시하는 사회적 수준의 유도장치로, 납세와 관련해 평균 납세율 등 다른 사람들의 선택에 대한 정보를 전달하면 자극이 될 수 있다. 선거에서는 설문조사 등을 통해 I체계를 자극함으로써 참여를 유도한다. 나아가 신용카드의 비용을 이자, 수수료, 과태료로 분리해 알려줌으로써 정보를 알기 쉽게 만들고 투명성을 제고한다.

건망증에 대한 방책

일상적인 건망증에 대비해 자동차의 엔진이 정지한 후 자동적으로 소등되게 한다. 또한 사진 찍은 후 카메라에서 찰칵 소리가 나도록 하는 것이 사전경고나 신호가 될 수 있다. 신용카드의 수수료 명세를 공개하는 것은 소비자에게 선택과 후생을 연결 짓도록 유도하는 방법이다.

표준이론과 행동이론은 여러 점에서 대립되어 있지만, 현실의 경제사회에 대해 정책을 제시하는 데 있어서는 표준이론이 강조하는 정책적인 방향과 행동이론이 강조하는 정책적인 방향이 명확히 구분되지 않거나 겹치기도 한다. 또 표준이론의 주장 중에 행동이론이 동의하는 것도 존재한다.

표준이론에 의하면 정보를 충분히 제공하는 경우 합리성이 제고된다. 또 선택이 반복되어 경험이 쌓이고 교육을 통해 선택과 대안들에 대한 지식이 향상되면 규범적인 합리성에 가까워질 수 있다. 선택에 걸린 돈의 액수나 선택의 중요도가 커질 때도 사람들이 정신을 바짝 차려 더 합리적으로 변한다.

행동경제학은 정보, 경험, 지식, 돈의 액수 등에 관계없이 자신의 이론이 타당하다고 생각하지만 이런 표준이론의 주장을 마다할 이유는 없다. 또한 정책을 제시하는 입장에서는 양자의 우열을 가리기보다 양자를 아우르는 것이 적극적이고 안전하다. 따라서 양자의 공통분모로부터 정책적인 함의를 도출해볼 필요가 있다.

- 걸린 몫이 클 경우에는 사람들이 더 주의하고 집중하기 때문에 실수가 적다. 점심식사에 대한 선택보다 주택에 대한 선택에서 실수가 적을 것이다. 이번 선거가 중요하다는 연설이나 홍보는 걸린 몫이 크고 중요하다는 것을 일깨워준다.
- 반복되는 상황이면 선택을 더 잘하게 된다. 가령 장보기는 반복되지만 진학, 결혼, 출산, 직장이나 직업의 선택, 은퇴자금 마련 등은 그다지 반복

되지 않는다. 반복되는 경우 학습이 가능하고 지식을 획득해 합리성이 제고된다. 되도록 반복된 경험이나 학습의 기회를 제공할 필요가 있다.

• 모방이나 충고가 가능하면 선택이 개선된다. 냉장고를 구입할 때는 타인을 모방하거나 타인의 충고를 쉽게 얻을 수 있다. 그러나 반려자를 구하는 데는 이것이 그리 쉽지 않다. 어쨌든 이는 주위 사람들이 서로 각기 부족한 합리성을 보완해줄 수 있음을 시사한다.

• 불확실성과 무지가 지배하면 선택이 어려울 수 있다. 예컨대 중년부부의 노후설계보다는 신혼부부의 미래설계에서 실수가 많다. 또한 금융이나 의료와 관련해서는 노년층에게 각별한 도움이 필요하다.

• 비시장적인 재화가 선택의 대상이면 선택이 어렵다. 통상적인 재화나 서비스가 아닌 경우 시장 외적인 가치들이 개입되어 완전히 통약이 이루어지지 않으므로 상세하게 비교하거나 계산할 수 없다. 공공재, 환경, 여가, 자유, 명예, 사랑, 아기, 배우자 등이 그런 예이다. 이런 경우 주변의 충고나 도움, 정부의 홍보 등이 주효할 수 있다.

• 익명적인 시장이 아니라 서로 대면하여 진행되는 협상 등에서는 의사결정이 어려울 수 있다. 전자의 예는 완전경쟁적인 재화시장, 후자의 예는 노사 간의 임금협상이다. 농산물 거래보다 임금협상에서 의사결정이 더 어려울 수 있다.

• 집계나 집단의 역할이 중요하다. 개별 노동자의 임금계약이 아니라 노조의 협상이 문제되는 경우 선택이 어려울 수 있다.

즉, 적극적인 의미의 정보제공, 선택에 대한 훈련과 몇 차례 이상의 경험이나 가상경험의 제공, 선택과 선택의 대안들에 대한 가정 및 학교 교육과 정부의 홍보, 선택의 금전적·비금전적 중요성에 대한 인식의 제고 등을 표준이론과 행동이론이 공유하는 정책적인 함의로 간주할 수 있다.

표준이론이든 행동이론이든 모두 개인의 선택에 집중한다. 행동이론은 완벽에 가까운 합리성이 현실이 아니라고 주장할 뿐 표준이론과 거의 비슷하게 개인의 합리적 선택을 중요시한다. 심지어 개인이 합리적으로 선택하기만 하면 대부분의 경제사회 문제가 해결된다고 생각한다. 이 때문에 행동이론이 내세우는 규칙, 정책, 법과 제도는 무엇보다 개인의 합리성을 향상시키는 데 목표를 두고 있다.

개인이 더 합리적으로 판단하고 선택하면 해결될 경제사회 문제들은 물론 많이 있다. 그래서 넓게 보면 합리성은 서구 사회에서 근대의 지향점이었다. 동시에 그것은 어른이 어린이에게 요구하는 바이다. 19세기 말 20세기 초 서세동점의 상황에서는 동양이 서양으로부터 수용해야 할 이상도 합리성이었다. 후진국에서는 지식인이 일반 사람들에게, 심지어 남자가 여자에게 요구하는 바가 이것이었다.

그런데 과연 개인이 합리적으로 선택하기만 하면 대다수의 경제사회 문제가 해결되는가? 이에 대해 긍정적으로 대답하기는 힘들다. 개인의 선택에 맡겨지지 않은 경제사회 문제들이 적지 않기 때문이다. 선택으로 좁히더라도 행동경제학은 선호에 집중할 뿐 예산제약이나 소득이 사람들 사이에 다르다는 데는 별로 관심이 없다.

부유한 사람만이 아니라 가난한 사람도 합리적으로 선택하려고 노력한다. 그리고 행동경제학의 도움으로 모두 더 합리적으로 선택할 수 있게 되었다고 하더라도 소득불평등으로 인해 부자와 빈자의 선택범위가 다르다는 문제는 여전히 남는다. 가난하지만 합리적으로 선택하는 사람이 부유하지만 비합리적으로 선택하는 사람보다 더 나은 삶을 살 수도 있을 것이다. 그렇지만 부유한 사람보다 가난한 사람이 일반적으로 더 합리적이라고 단정할 근거가 없다. 오히려 그 반대일 가능성이 더 높다.

행동경제학이 강조하는 공정성이나 상호성에 대한 관심이 이를 완화시킬 수는 있을 것이다. 그러나 이에 대한 해결책이 되지는 못한다. 고용, 환경, 금융, 기술 등 다른 경제사회 문제들에 대해서도 이와 비슷한 한계를 지적할 수 있다. 이것이 선택의 합리성을 증진시키려는 행동경제학의 정책이 기존의 미시·거시 경제정책과 다른 점이자 동시에 그것이 지니고 있는 한계이다.

물론 이런 지적이 행동경제학의 정책적인 함의를 포괄적으로 거부하는 근거가 되지는 않는다. 이런 한계를 수용하는 더 바람직한 방식은 행동경제학이 제시하는 여러 정책들을 다른 정책과 결합·보완·병행하는 것이다. 행동경제학의 부근에서 제시된 구체적인 정책들을 검토할 때 미리 이런 점들을 고려해야 한다.

04 생활의 규칙과 습관
자동적으로 기능하는 생활규칙이 필요하다

사람들은 타인과의 이해관계와 무관하게 자신의 생활을 건강하고 행복하게 영위하고 싶어 한다. 이는 소비와 지출, 노동, 저축, 투자 등의 경제생활뿐 아니라 건강관리, 여가활동 등의 일상생활, 그리고 선거 등의 시민생활에도 똑같이 적용된다. 그런데 쌍곡형 할인에서 드러나듯이 인간은 의지력이나 자기통제의 박약함으로 인해 단기적으로는 수시로 유혹에 빠져든다. 이같이 상황에 따라 선택의 대안들이 선호에 영향을 미치기 때문에 인간은 속박장치commitment devices를 필요로 한다. 대표적인 속박장치는 규칙이나 습관이다.

- 수면 시간을 매일 선택하지 않고 기계적으로 비슷한 시간에 자고 일어나

는 습관을 통해 규칙적인 생활을 유지하고 건강을 지킬 수 있다.

- 하루에 마시는 커피를 몇 잔으로 제한해놓았다면, 이는 커피에 대한 일시적인 욕구가 나중에 가져올 수면장애 등의 악영향을 예상한 규칙이다.
- 많은 주식투자자들이 자기가 산 주식의 가격이 10% 혹은 5% 하락하면 고민하지 않고 자동적으로 판다는 규칙을 세워놓고 있다.[13]
- 한국의 직장인들이 저녁에 음주 유혹에 빠지지 않기 위해 출근할 때 일부러 자동차를 몰고 가는 것은 자신에 대한 속박장치이다. 이는 세이렌의 소리에 넘어가지 않기 위해 돛대에 자신을 꽁꽁 묶게 한 율리시스의 자기구속과 같다.

표준이론에 의하면 선택대안들의 집합과 선호는 서로 독립적이며 다른 조건이 같다면 대안들이 늘어날수록 선택의 자유도 커진다. 이에 비해 행동경제학은 부존자원효과, 맥락특정성, 쌍곡형 할인, 내적인 동기 등을 통해 선택집합choice set이 선호에 영향을 미칠 수 있다는 점을 지적하고 있다. 이 경우 특정 대안이 포함되면 선택집합이나 선택상황의 전체 성격이 바뀌거나 선호 자체가 바뀐다. 술이나 담배가 대표적인 예이다.

이 때문에 유혹을 받아 통제력을 잃게 할 만한 대안들을 멀리하게 만드는 것이 속박장치이다. 속박장치는 선택대안의 집합에서 특정 대안을 미리 배제하거나 이것을 선택하면 더 높은 비용이 발생하도록 만드는 것이다. 속박장치는 선택대안을 늘리는 것보다 오히려 이들을 제한하는 것이 사람들을 자유롭게 만든다는 것을 보여준다. 표준이론과 달리 이 입장에서는 선택의 자유가 오히려 선택의 고통이 되고, 선택대안들이 많아질수록 도리어 후생이 감소한다.

동시적인 선택이 순차적인 선택보다 규범적인 합리성에 보다 가까운 결과를 낳을 수 있는 경우에는 대안의 제시 방식을 동시적인 것으로 스스로에게 부과할 필요가 있다. 식사, 저축, 오락 등의 경우를 예로 들 수 있다. 여기서 나온 결과를 기계적으로 준수한다면 더 건강하고 건전한 생활이 가능하다. 스스로 선택한 속박뿐만 아니라 부모나 친지 등 가까운 제삼자가 부과한 속박을 긍정적으로 평가할 수도 있다. 규칙적인 생활과 음주·흡연에 대한 부모의 잔소리가 참견, 간섭, 심지어 억압이 될 수도 있지만 건강한 속박이 될 수도 있다.

나아가 사람들은 예산제약이 낳은 선택의 부자유에 감사하기도 한다. 예산의 제약이 없으면 마음대로 먹고 놀고 싶은 유혹에 빠질 수 있기 때문이다. 돈 걱정 없는 부잣집의 자녀들은 손쉽게 유흥, 게으름, 의욕상실에 빠져들 수 있다. 누구든 이같이 예산의 제약이 없었다면 손쉬운 대안들을 선택하도록 더 큰 유혹을 받았을 가능성이 있다.

개인이 자신을 통제하기 힘들고 쉽게 유혹에 빠진다면 이에 대한 방책으로 생활규칙이나 습관이 중요해진다.[14] 몇 시에 일어나고 몇 시에 잘지, 술을 얼마나 마실지, 소득 중 얼마만큼을 저축할지, 독서와 운동은 얼마나 할지 등에 관해 각자 규칙을 세우고 이를 습관화하는 것이다. 표준이론은 생활의 규칙이나 습관이 각자의 몫이라고 보아 중시하지 않는다.

행동경제학의 논리를 연장해보면, 인간은 자신의 문제를 인식하는 데 있어 이성이나 냉정함을 잃을 수 있다. 최종적인 결정과 선택에서는 이해가 걸린 당사자가 최고의 전문가이다. 그렇지만 자신이 만난 문제를 자신보다 타인이 더 객관적이고 냉정하게 파악하는 경우도 적지 않다. 자기 문제에 대한 근시안적인 파악이나 좁은 규정, 순간적인 유혹, 그리고 일관되지 않은 할인율에서 벗어나는 데는 타인의 시각이나 조언이 도움이 될 수 있다.

그런데 이 경우 전혀 모르는 타인이 아닌 자기를 어느 정도 아는 친구나 친지의 조언이 주효하다. 그래서 평소의 인간관계도 중요해지는 것이다. 이는 흔히 사회자본의 주창자들이 강조하는 바이기도 하다. 물론 친구의 조언이나 인간관계가 참견이나 간섭으로 서로를 구속할 가능성도 배제할 수 없다.

마감일deadline을 정해놓는 것도 일을 처리하는 데 도움이 된다. 실험에 의하면 마감일이 없는 경우보다 있는 경우에 제대로 된 보고서가 더 많이 제출된다. 또한 학생들에게 스스로 마감일을 선택하도록 허용한 경우보다 마감일을 미리 정해주는 것이 더 좋은 결과를 낳았다.[15]

해야 할 일에 대해 언제, 어떻게, 무엇을 명시한 구체적인 계획을 수립하면 자신의 의도를 관철하는 데 도움을 받을 수 있다. 납세신고서 제출, 건강검진이나 예방접종, 투표, 복지혜택 신청, 장학금 신청 등에서 이런 도움이 필요하다. 또 이렇게 구체적이지 않더라도, 예방주사 접종이나 투표 같은 경우 '접종을 받겠느냐', '투표를 하겠느냐'고 묻는 것만으로도 사람들의 참여를 늘린다. 이런 질문이 본인의 의도를 두드러지게 만들기 때문이다.

구체적인 계획을 세우면 자신의 할 일과 그것의 목표를 명확하게 기억하게 된다. 또한 이와 관련된 장애들을 인식하고 일관성을 유지하게 만들어 이를 극복할 수 있는 방법을 찾게 한다. 나아가 계획 수립은 그 일에 의사결정자를 속박시키는 효과를 지닌다. 물론 계획 수립에는 비용이 들지 않으며, 이로 인해 의사결정자의 자율성이 손상되지도 않는다.

술, 담배, 마약 등에서 벗어나려면 이들과 보완적이거나 이들과 연관된 재화, 친구, 장소, 분위기, 환경을 피해야 한다. 이런 것들이 다시 그것을 시작하도록 촉발하는 신호탄이 되기 때문이다. 담배를 끊기 위해서 담배와 보완관계에 있는 술이나 커피를 피하는 것을 예로 들 수 있다. 한국인의 경우 특정인과의 인간관계나 회식과 같은 분위기가 음주나 흡연을 부추길 수 있으므로 이를 피하는 것이 도움이 된다. 미국인들은 스스로에게 적용할 만한 생활규칙으로 다음과 같은 것들을 거론하고 있다.

- 신용카드를 자른다.
- 밤에 파티에 갈 때 정해진 액수의 현금만 가지고 나간다.
- 불량식품은 큰 봉지가 아니라 작은 봉지로 구입한다.
- 집에는 술을 사놓지 않는다.
- 밤에 과자를 먹지 않기 위해 저녁에 일찍 양치질한다.
- 아침에 일찍 일어나기 위해 저녁에 물을 많이 마시고 잔다.
- 원고를 끝내기 위한 시간을 벌기 위해 낮에 호텔에 투숙하고 시간이 더 걸리는 기차로 출퇴근한다.
- 집에까지 와서 일하지 않기 위해 휴대용 컴퓨터와 서류는 사무실에 놓고 온다.
- 체육관에 갈 때 1일 이용권을 구입하지 않고 더 비싸지만 장기 이용권을 구입한다.
- 마감일이 해당 일, 주, 월, 해를 넘기지 않도록 일을 설계한다.
- 반복하는 활동이나 선택이면 일·주·월·연별로 같은 시간, 같은 날, 같은 요일에 반복되게 만든다.

05 부문별 정책
: 소비와 저축, 조세와 금융, 환경과 에너지
선택을 유도할 방책이 있다

건강과 직결되는 식사에는 음식의 내용뿐 아니라 음식이 제공되는 방식, 구조, 포장, 용기의 크기, 분위기, 식사시간대, 함께하는 사람 등이 영향을 미친다. 그릇이 크든 작든 다 비워야 하는 사회적 규범이 작동하고 있으므로, 그릇의 크기를 줄인다면 모르는 사이에 식사량이 줄고 건강이 회복될 수 있다. 제품의 포장단위가 커져도 소비량이 늘어나므로, 포장의 크기를 제한한다면 식사량도 줄 것이다.[16]

가계부 등을 통해 정신적인 회계를 강화하면 소비에 대한 합리적인 선택과 절약이 향상될 것이다. 항목별로 구분해놓으면 전용이 제한되어 그것을 넘어 지출할 때 손실회피가 발생하기 때문이다. 네덜란드에서는 어린이가 있는 가정에 정부에서 보조금을 주는데, 이것을 어린이용이라고 이름을 지어 지정하면 달리 전용하지 않고 어린이의 의복 구입에 지출하는 비율이 늘어났다.[17]

경제성장기의 한국에서 가계부는 정신적 회계를 통해 항목 간 전용을 통제해 저축을 촉진시킨 장치였다. 개도국에 대한 최근의 연구에서도 용도에 따라 별도의 보관함을 마련하면 저축률이 높아졌다. 인도의 한 농촌마을에서는 자녀의 교육비를 모으는 항아리에 자녀의 사진을 부착시킨 것이 이 돈을 유흥이나 음주에 전용하지 못하도록 막는 데 도움이 되었다.

현실경제에서는 정보가 불완전하다는 것을 확실하게 인정하고 제품에 대해 보다 적극적이고 실질적인 정보공개를 규정으로 만들 필요가 있다. 식품, 약품, 신용카드 명세서, 금융상품, 원자력발전소, 핵폐기물 처리 등 현실에서 더욱 철저하게 정보가 공개되어야 할 선택의 대상은 널려 있다.

동시에 행동경제학이 지적하는 바와 같이 정보의 폭주로 인해 오히려 정보가 은폐되는 상황도 인정해야 한다. 이에 대한 방책으로 중요한 정보를 사소하거나 불필요한 정보로부터 구분해서 명기할 필요가 있다. 무엇보다 행동경제학은 정보와 지식이 제품에 대한 선택의 맥락이나 선택의 상황을 규정한다고 본다. 따라서 허위광고 등 광고에 대한 단속을 표준이론보다 강조할 수밖에 없다. 한정 수량이나 기간 마감 등을 통한 소비자 압박도 줄여야 한다.[18]

전문지식이 필요해 일반 소비자들이 판단하기 어려운 식품이나 약품, 그리고 파생상품 등의 금융상품에 대해 전문가의 지식을 활용해 소비자들에게 체계적으로 알려주는 일도 강화되어야 한다. 이를 위해서는 식품의약청 이외에도 독자적인 기관의 설립을 고려할 필요가 있다. 특히 2008년 미국의 비우량 주택담보대출로 인한 금융위기를 볼 때 금융상품과 관련해서 이러한 기관의 설립은 불가피해 보인다.

일반 시민이나 소비자가 전문가의 견해를 판단하기 어려울 경우 전문가의 의견을 두 개 이상 요청할 필요도 있다. 물론 이 경우 전문가가 독립적으로 자신의 의견을 낼 수 있는 사회적인 여건이 갖추어져야 한다. 만약 전문가들이 서로에게 관대하거나, 담합하고 있거나, 집단을 이루고 있으면 여러 의견을 구하는 일이 무의미해진다. 한국 사회에서는 법조계, 의료계, 과학계 등에서 묵시적인 담합이나 집단이익이 작동하는 경우가 적지 않다.

인터넷 구매와 관련해 현재도 일정 정도 시행되고 있는 반품의 허용과 냉각기간을 확대해서 시행할 필요가 있다. 표준이론에서는 기업에서 제시한 정보에 제품이 부합되는지 확인할 기회를 주기 위해 반품을 허용한다. 이에 비해 행동경제학은 소비자의 합리성이 완전치 않다고 보아 이를 주장하므로, 그 적용 범위가 더 확대되어야 한다.

기업이 광고를 통해 소비자들의 단기적·장기적 이익을 해치는 방향으로 선택을 유도할 수 있다. 예를 들어 식품산업의 기업 및 음식점들이 불량식품의 섭취나 과식을 조장할 가능성이 있다. 특히 기업 간 경쟁이 소비자 보호라는 기본 전제를 손상하지 않도록 규제할 필요가 있다. 소비자의 이익과 기업의 이익이 충돌하는 경우 행동경제학은 소비자의 이익을 보호하면서도 기업의 창의나 혁신을 억압하지 않는 중간 노선을 취할 것으로 추정된다. 그렇지만 행동경제학이 기업에 대해 일관된 입장을 정립할 필요가 있다.

표준이론에 따르면 지출항목뿐만 아니라 지출액이나 저축액, 혹은 소비 성향이나 저축 성향은 모두 합리적인 개인의 자율적인 영역이다. 여기에 제삼자가 개입할 필요도 없고 개입해서도 안 된다. 따라서 현상이나 존재로 나타나는 소비·저축(성향)을 관찰하고 논의할 뿐, 특정 수준의 소비나 저축이 너무 많거나 적다고 판단하지 않는다.

예를 들어 1990년대에 한국 사회에 등장했던 '과소비' 논란을 표준이론은 이해할 수 없다. 표준이론은 거시 차원의 과소소비보다 미시 차원의 '과소비'와 더욱 심하게 충돌한다. 또한 절약과 근검, 저축 증대 방안 등 한국의 경제발전을 상징하는 구호들을 표준이론으로는 설명하기 힘들다. 그러나 한국이나 중국의 경험에서 보듯이 개도국의 경제발전에는 언제나 이런 노력이 수반된다.

이에 비추어 보면 행동경제학이 보다 현실에 가깝다고 할 수 있다. 행동경제학이 상정하는 현실의 경제주체들은 자신이 원하는 항목들에 적절하게 소득을 지출하지 못할 수도 있고, 소득 중에서 원하는 만큼 소비하거나 저축하지 못할 수도 있다. 특히 자기통제 부족과 쌍곡형 할인 등으로 인해 미래를 위한 저축을 제대로 달성하지 못할 수 있다.

행동경제학의 입장에서는 소득이나 재산 중 일부가 특정 항목으로 설정되면 그것을 전용하는 데 고통이 따른다. 그러므로 저축이나 연금 축적을 위해서는 소득이나 재산의 일정 비율이나 일정액을 미리 특정 목적에 배당해 전용가능성을 줄이는 것이 좋은 방책이 될 수 있다. 또한 (앞서 제시한 바와 같이) 자동으로 저축이 되고 월급이 올라가면 저축액이 높아지는 장치를 초기대안으로 활용할 수 있다. 물론 본인이 원하면 언제든지 이 장치에서 빠져나올 수 있다. 이는 소비와 저축에 대한 선택을 국지적이거나 좁은 시야에서 여러 차례 수행하지 않고 전체적으로 넓은 시야를 가지고 포괄적으로 수행하는 것에 해당된다.[19]

개도국에서 저축은 실질적으로 부의 이자를 낳는 경우가 많다. 이것은 저축의 목적이 이자나 수익의 획득이 아니라 목돈 마련에 있다는 뜻이다. 이를 위해 경계해야 할 대상은 도둑, 이웃, 배우자, 그리고 무엇보다 자기 자신이다. 특히 쌍곡형 할인율을 지니고 있어 선호역전이 흔히 일어나는 사람에게는 자신을 속박할 장치가 필요하다.

과거의 한국과 같은 개도국들에는 계契와 비슷한 순번제 저축신용모임rotating savings and credit associations 등 비공식적 집단이 흔하다. 다른 가입자들이 사회적 담보가 되고, 저축한 것을 전용할 수 없으며, 납부일

전세의 저축 기능

전세는 한국의 고유한 제도이다. 미국의 임대제도는 전세가 아닌 월세이다. 물론 한국에서도 최근에는 이자율 하락과 전세금 상승 등으로 인해 월세 임대가 늘어나고 있다. 전세에서는 주택 가격의 일정 비율에 해당되는 전세금을 지불해야 한다. 집주인은 전세금을 세입자에 대한 일종의 담보로 삼으며, 이로부터 이자를 얻거나 이것을 투자자금으로 이용한다. 그런데 세입자로서는 전세금을 마련하기 위해 돈을 모을 수밖에 없고 이것이 추후 주택 매입에 투입된다. 따라서 세입자는 의식하든 그렇지 않든 저축을 하는 셈이다. 이같이 월세와 달리 전세는 반강제적인 저축을 낳는다.

이 고정되어 있다는 점 등이 서로에게 도움이 되는 근거이다. 미소금융 계획에 가입하는 것이 저축이나 특정 목적을 위한 목돈 마련에 도움이 되기도 한다. 이 경우에도 융자액의 이자율이 높아 비용이 많이 들지만, 일단 돈을 빌리면 그것을 갚기 위해 자신의 소비와 투자를 철저히 단속하고 사치성 소비를 줄여 결과적으로 도움이 된다. 특히 쌍곡형 할인율을 지니고 있어 선호역전이 흔히 일어나는 사람들에게 이런 계획이 효과가 있다.

아프리카 케냐의 한 마을에서 농산물 증산을 위해 비료를 사용하기로 했다. 그런데 비료 구입을 위한 자금을 확보하는 데 있어 시점이 중요하게 작용했다.[20] 이듬해 파종 시기에 이르러 비료를 구입하라고 알리는 경우 할인율이 이미 높아져 현금에 집착하게 되면서 주저하는 농부들이 많았다. 반면 수확하고 나서 바로 이듬해에 사용할 비료를 구입하도록 촉구했더니 비료를 구입하는 사람이 늘어났다.

행동경제학은 자기통제의 부족으로 인한 과다소비와 과소저축을 우려한다. 물론 반대방향의 위험도 있다. 과소소비와 과다저축이 검약을 넘어 인색함에 이르면 삶이 불행해질 수도 있기 때문이다. 과도한 소비가 물질적인 차원에서 본인의 미래를 어렵게 만든다면, 과도한 절약은 인간적인 차원에서 본인의 미래를 어렵게 만들 수 있다. 전자는 재화로부터 얻는 효용에 대한 집착으로 인해 사치를 낳고, 후자는 화폐 축적에 대한 집착으로 인한 배금주의를 낳는다. 이른바 '두 파산'이다.

이런 생각은 주로 아리스토텔레스, 마르크스, 베블런에게서 등장한다. 그렇지만 행동경제학 부근에서의 논의에 의존해서도 어느 정도 논리 전개가 가능하다. 행동경제학은 사회적 선호와 사회적 관계가 사회경제 활동에 중요하다고 주장한다. 사회적 선호로 인해 타인의 소득이나 소비가 자신의 효용에 영향을 미친다면 타인의 소득이나 소비를 고려하지 않을 수 없다. 이를 위해서는 자신의 소비와 저축을 조절할 필요가 있다. 특히 인간관계가 개입된 상황에서 과도한 절약은 관계를 손상시키고, 나아가 사회적 자본을 잃게 만들 것이다.

사람들 사이의 접촉과 관계가 중요한 한국 사회에서는 이런 문제로부터 떠나 있기 어렵다. 소비·저축 성향이나 소비·저축 함수를 논의하고 측정하는 데 집중해온 표준이론은 이를 설명하기 힘들지만, 행동경제학에서는 이에 대해 규범적이거나 실용적인 논의가 가능할 것 같다. 그리고 그 방책은 아리스토텔레스와 베이컨이 말한 바와 같이, 수단인 돈을 목적으로 만들지 않는 것이다.

프리드먼의 주장과 달리, 전문지식이 요구되는 서비스에 대해 소비자들이 경험을 통해 판단력을 보유할 수 있을지 의문스럽다. 맛은 있지만 불량하거나 위험한 식품이 적지 않다. 이는 음식뿐 아니라 의료, 교육, 금융 등으로도 확산할 수 있다. 강력한 항생제는 단기적으로는 신속하게 치료해주지만 장기적으로는 건강을 악화시킨다. 변호나 회계와 같은 분야에서도 단기적인 이익이 부각되고 장기적인 손실이 은폐될 경우 소비자들은 이를 구분하기 힘들다.

판단에 전문지식이 요구되는 신뢰재화의 경우 더욱 많은 감독과 규제가 요구된다. 또한 전문 서비스의 선택에 있어서는 선택의 폭을 줄이고 대신 생산자나 공급자의 능력과 장인정신에 의존할 필요도 있다. 이 경우 가격기구와 개인의 합리성이 발휘할 역할을 어느 정도 타인에 대한 신뢰가 대신한다. 일본의 오마카세는 그러한 예이다.

특히 비우량 주택담보대출로 인한 미국의 금융위기는 금융상품의 복잡성에 대한 인식을 제고시켰다. 이에 따라 미국 경제는 금융상품의 혁신을 억압하지 않으면서 동시에 종전보다 적극적인 정보공개와 정보제공을 요청하고 관리감독을 강화하는 방안을 모색하고 있다. 금융상품에 대한 규제 방식은 규제의 정도에 따라 자유방임주의, 정보공개, 자유온정주의, 금융투자 면허제, 성실의무 강화, 투자 방향의 조기 제시, 안전투자 의무화, 사후감시, 사전검사 등으로 구분할 수 있다.[21]

정보공개는 다른 상품에도 적용되는 일반적인 원리이다. 그런데 금융상품과 관련해서는 표준이론이 내세우는 통상적인 정보공개로부터 별 효과를 기대할 수 없으므로 적극적인 의미의 정보공개가 필요하다. 예를 들면 대부상품이 지닌 모든 속성들을 전달할 뿐만 아니라 과거 소비자들의 활용 사례들과 이들의 상환 기록을 미리 알려주도록 의무화할 수 있다.

금융투자 면허는 마치 운전 면허처럼, 금융상품에 투자할 수 있는 자격요건을 부과하여 아무나 투자하지 못하도록 하는 것이다. 성실의무는 금융회사와 투자회사가 고객들의 이익에 성실하게 봉사하도록 의무화하는 것을 말한다. 사후감시와 사전검사는 식품과 약품에 적용되는 제도를 금융상품에 원용한 것이다. 보조식품은 사전에 검사하지 않고 사후에 감시하며, 문제가 생길 경우에만 조사하고 처벌한다. 이에 비해 약품은 미리부터 여러 차례 실험하고 검사해 이를 통과하지 못하면 시판할 수 없게 한다.

은퇴한 노년층은 인지 능력과 판단 능력의 저하에 따라 금융상품 선택에 취약하다. 이 때문에 노령화되기 이전에 자신의 투자 방향을 미리 정해놓도록 의무화하자는 제안이 있다. 또한 노년층에게는 투자를 안전한 대상으로 제한하여 위험을 줄이도록 제도화하는 방안도 고려할 수 있다.

새로운 것은 아니지만, 납세나 환불혜택과 관련된 절차와 양식의 간소화를 행동경제학에서도 강조한다. 납세 절차의 복잡함과 양식을 작성하기 위한 시간 등이 납세자들로 하여금 납세를 망설이게 하거나 아예 납세를 포기하게 만들기 때문이다. 조세체계 등에 편입시켜 환불이 자동적으로 처리될 수 있게 하는 방법은 행동경제학에 더욱 잘 부합된다.

미국의 경우 조세체계의 일부로 자동 처리되는 소득환급의 수혜 비율은 대상자 전체의 94%이다. 이에 비해 별도로 신청해야 하는 식료보조의 수혜 비율은 67%에 불과하다. 조세환급 중 일부가 연금 계정에 자동으로 송금되도록 하는 방법도 비슷한 예이다. 이러한 것들은 모두 행동경제학이 강조하는 초기대안의 설정에 부합된다.

손실회피경향으로 인해, 원천징수액을 적게 책정하고 나중에 추가로 징수하는 것보다 원천징수액을 많이 책정하고 나중에 환급하는 것이 조세저항을 줄일 수 있다. 환급 자체에 대해서도 정책목표에 따라 달리 규정할 필요가 있다. 경기침체로 인해 소비를 촉진할 필요가 있으면 정책 당국은 환급을 환불rebate이 아닌 의외의 추가소득bonus으로 규정하는 것이 낫다.[22]

이와 비슷한 연구로, 동일한 액수의 세금이지만 가격에 포함되어 있지 않아 계산할 때 추가되는 판매세와 가격에 이미 포함되어 있는 소비세excise tax가 소비에 미치는 영향이 다른 것으로 나타났다.[23] 가격에 미리 포함시키는 경우 가격인상으로 인식되어 소비를 크게 감소시킨 데 비해 계산대에서 추가되는 경우 가격으로 인식되지 않아 소비에 대한 영향이 이보다 적었다.

담배 등과 같이 유혹이 많은 재화에 대한 조세는 소비자에게 부담이 되기보다 오히려 당사자들의 자기통제를 도와주어 이들을 더 행복하게 만들 수 있다는 연구도 있다.[24] 표준이론은 자기통제의 문제를 인정하지 않기 때문에 재화에 관계없이 조세가 수요와 후생을 줄여 선택과 자원배분을 왜곡시킨다고 일관되게 주장한다.

세율과 관련해서도 경제주체들은 평균과 한계를 명확히 구분하지 못한다는 연구가 있다. 소득구간에 따라 변동하는 세율의 구조가 복잡하기 때문에 납세자들이 이것을 있는 그대로 받아들이지 않고 나름대로 해석한다는 것이다. 가령 8,800만원의 종합소득에 1,528만원이 세금으로 부과되었다고 하자. 소득세율은 소득구간마다 다르며 소득이 늘수록 증가하도록 누진적으로 설계되어 있다. 즉, 1,200만원까지의 소득구간에는 6%, 1,200만~4,600만원은 15%, 4,600만~8,800만원은 22%로 설정되어 있다. 그런데 사람들은 세율이 줄잡아 평균 17%라고 생각한다. 이것은 비선형의 세율을 선형의 세율로 간주하는 것과 같다.

표준이론에 의하면 사람들이 한계량에 따라 움직여야 적정한 상태에 도달하며 실제로도 그렇게 하고 있다. 위의 상황에서 본다면 추가적인 노동(200시간)과 이로부터 얻은 소득(1,000만원)뿐만 아니라 이 소득에 대한 세율이 17%가 아닌 25%임을 안다는 것이다. 또한 추가적인 가처분소득과 가처분소득이 주는 효용이 얼마인지 정확히 계산해 몇 시간을 더 일할지를 결정한다. 그런데 만약 사람들이 평균량에 따라 움직인다면 이 경제주체들은 적정한 선택에 이르지 못하게 된다. 즉, 세율이 25%가 아니라 17%라고 생각한다면, 적정한 수준 이상으로 많은 노동을 공급하게 될 것이다.

사람들이 무언가 얻기 위해 지불할 액수보다 그것을 포기할 때 요구하는 액수가 더 크다는 부존자원효과는 주로 자연환경과 관련해 확인된 사실이다. 넓게 보면 이것은 주민들에게 자연환경을 개선하도록 설득하는 정책보다 좋은 자연환경을 악화시키는 정책을 시행하기가 더 힘들다는 것을 의미한다. 가령 청계천을 복원하는 것보다 일단 복원된 청계천을 다시 원래 상태로 되돌리는 것이 더 어렵다. 혹은 새로 공원을 조성하는 것보다 이미 조성된 공원을 없애는 것이 더욱 힘들다. 한국에서도 핵폐기물 처리장이나 혐오시설이 거론되는 경우 이에 따른 손실로 인해 해당 지역의 주민들이 격렬히 반대한다. 흔히 이를 님비현상NIMBY, Not In

My Back Yard이라고 부른다.

이런 상황을 타개하는 데 왕도는 없다. 행동이론은 사람들이 확률과 비용을 제대로 계산하지 못할 가능성과, 확률의 양극단에서 발생하는 가능성효과나 확실성효과를 강조한다. 이에 따라 문제되는 시설에 수반된 위험의 비용이나 확률이 과장될 가능성이 있다. 가령 광우병에 대한 우려에는 과장된 부분이 있다는 연구가 많다. 이런 경우에는 정보의 제공과 지식의 전달이 일차적으로 필요하다.

환경을 저해하는 시설을 설치하려는 경우 돈으로 보상하려는 노력은 실패할 가능성이 높다. 주민들이 원하는 것은 현재 보유하고 있는 환경이지 돈이 아니어서 금전적인 보상이 소용이 없거나 심지어 거부감을 낳아 상황을 더욱 어렵게 만들 수 있다. 이럴 경우 병원이나 공원 등 다른 차원에서 환경을 개선하는 시설을 제공하는 방식이 보다 유효하다.

전기 등의 에너지와 관련하여, 이웃이나 주변 사람들의 사용량과 납부액을 보여주는 것이 일종의 압박으로 작용해 절약에 도움이 된다. 사회적 선호나 사회적 비교 혹은 흔히 말하는 동료집단의 압력이 이에 대한 근거이다. 그런데 공개 정책이 역효과를 낳을 가능성도 배제할 수는 없다. 주위 사람들보다 많이 소비하는 경우에는 절약하는 방향으로 이끌릴 것이나, 반대로 주위 사람들보다 적게 소비하는 경우에는 더 많이 소비하는 방향으로 이끌릴 수 있다. 더구나 한국 같은 경우 사회적 선호나 사회적 비교가 이미 폭넓게 확산되어 있어 이런 추가적인 압박이 별로 효과를 거두지 못할 수도 있다.

유럽연합에서 행동경제학의 관점에서 환경을 보호하고 에너지를 절약하는 정책을 고안하기 위해 실시한 조사를 보면 다음과 같은 것들이 주안점이었다.

- 주변 사람들의 에너지 소비량을 준거로 알려주면 동료압박효과를 기대할 수 있는가? 기존의 에너지 절약 정책과 병행해 이웃 사람들의 평균적인 에너지 소비가 어느 정도라는 것을 편지로 알려주면 에너지를 절약하는 데 도움이 될 수 있다.

- 정부가 주도해 지역주민들이 공동으로 에너지 절약 운동을 벌인다면 효과가 있을까? 정부가 지역사회에서 기업, 농민, 주민들을 이해 당사자로 하는 협의체를 구성해 환경과 에너지 문제를 자발적으로 논의하고 개선하도록 유도한다.

- 확률은 낮지만 피해액이 큰 홍수 같은 재해에 관해 위험을 제대로 알림으로써 인지적인 편향을 극복할 수 있을까? 이는 주거의 위치 등과 관련해 중요성을 지니는데 주민들의 인식이 충분치 않은 경우가 많다.

- 환경을 구성하는 요소에 대해 낮은 가격이라도 처음으로 가격을 부과하는 경우, 기존 가격의 변동이 미치는 영향과 어떻게 다른가? 가격이 전혀 부과되지 않던 물에 가격을 부과하는 것이 물의 소비에 어느 정도 영향을 미치는지 확인할 필요가 있다. 또한 절수용 목욕용기, 절약형 형광등 등의 제품에 대한 가격할인이 긍정적인 효과를 낳을 수 있다.

- 준거점이나 현상이 미치는 영향은 얼마나 중요한가? 공해배출권과 같은 허가권을 처음 배분하고 나면 부존자원효과에 따라 별로 거래가 일어나지 않고 그 상황이 그대로 유지될 수 있다. 이 때문에 허가권의 배분 규칙을 신중하게 고안해야 한다.

- 속박장치가 환경정책에서 어느 정도 효과적인가? 금융문제뿐만 아니라 환경문제에 있어서도 사람들은 자신에 대한 통제력이 약하다. 이 때문에 사람들을 미리 속박하기 위해 쓰레기나 폐기물에 대한 예치금 제도를 실시할 필요가 있다. 다 쓴 건전지나 핸드폰을 가져오면 미리 받아놓았던 예치금을 되돌려주는 것이다.

• 서로 다른 정책들이 환경보전에 대한 사람들의 인식에 변화를 가져오는가? 유럽연합의 여러 국가들이 구사하는 환경보호 정책들은 다양하다. 사용료 등 주로 가격에 의존하는 조치, 허가권, 근린공원 등에 대한 접근 제한 등이 그런 예이다. 이들은 효율성과 형평성에서 차이가 있다. 그리고 이런 정책들이 환경에 대한 주민들의 관념에 영향을 미친다. 특히 이러한 정책이 시행된 적이 없는 곳에서 그 영향이 더 크다.

• 금전적 보상이 사회적 규범을 구축하는가? 매립지나 산업폐기물 처리장 설치와 관련해 해당 지역 주민들은 반발하기 마련이다. 이럴 때 금전적으로 보상하는 것이 어떤 영향을 미치는지를 소규모의 시험적인 집행을 통해 검토할 필요가 있다.

• 공정성에 관한 선호가 여러 유형의 정책들에 대한 수용 정도나 정책 집행비용에 영향을 미치는가? 물을 절약하기 위해 일률적으로 물 요금을 10% 인상할 수도 있고 불요불급한 물의 사용을 제한할 수도 있다. 불필요한 용도로는 정원수, 세차, 장식용 분수, 수영장 등이 대표적이다. 여기서 공정성 문제가 등장한다.

• 정보에 대한 규정 방식이 얼마나 중요한가? 제품에 이산화탄소 배출량을 표시하는 경우 그것을 표시하는 단위나 이와 관련된 사적·공적 이익을 표현하는 방식 등이 영향을 미칠 수 있다.

• 친환경적인 대안에 대한 우선적인 고려가 소비자 선택에 얼마나 영향을 미치는가? 우선적으로 고려할 대안은 대중교통수단, 친환경 택시, 식당의 수돗물 사용, 자동적인 공회전 제한 차량, 건물의 실내온도 설정, 친환경 에너지, 자전거 보관시설 등이다. 이 중 사무실의 초기 실내온도를 낮추면 어느 정도 전기를 절약할 수 있는지를 실험해보았다. 그 결과 섭씨 20도를 19도로 낮추었을 때는 사람들이 그대로 따라 절약할 수 있었지만, 17도 정도로 낮추었을 때는 사람들이 온도를 원상 복귀시켜 효과가 없었다.

1995년 이래 미국에서 이식할 장기를 기다리다 사망한 사람의 수는 4만 5,000명이다. 장기기증에서도 기증하지 않는 것을 초기대안으로 삼는 국가에서보다 기증하는 것을 초기대안으로 삼는 국가에서 기증 비율이 높게 나타났다.[25] 명시적으로 동의해야 기증이 되는 덴마크, 영국, 네덜란드, 독일에서는 기증 비율이 5~27%에 머물렀으나, 특별히 기증하지 않겠다고 선언하지 않는 한 기증이 되는 오스트리아, 벨기에, 프랑스, 헝가리, 폴란드, 포르투갈, 스웨덴에서는 86~99%로 나타났다.

초기대안이 선택에 영향을 미치는 이유가 사람들의 선호가 미리부터 정해져 있지 않아 장기기증에 대한 질문을 받으면서 비로소 선호가 구성되기 때문일 수 있다. 이에 따라 정책결정 시 초기대안의 설정을 통해 정부나 기업이 사람들을 모르는 사이에 이용하거나 착취할 수도 있는데, 특히 명확히 판단하지 못한 상태에서 예컨대 장기를 기증하도록 오도될 위험 등을 경계해야 한다.

이와 대조적으로 표준이론은 선호가 미리 정해져 있고 대안들로부터 독립적이라고 생각한다. 장기기증이 저조한 것은 사람들의 현재 선호에 비추어 장기기증에 커다란 가치를 부여하지 못하기 때문이다. 따라서 표준이론은 장기 시장의 형성을 내세울 뿐 초기대안의 설정에 대해서는 의의를 찾지 못한다.

7장

행동경제학은 구체성을 지니기 때문에
이론에 대한 근본적인 인식과 수용이 가
표방하며 허공에 떠 있기 때문에 적어도
어려움을 안고 있다

한국인, 한국 경제,
한국 사회

의 현실을 대입해볼 수 있고, 이를 통해
다. 기존의 신고전학파 이론은 일반성을
의 구체적인 현실을 담는 데는 근원적인

경제학의 표준이론이든 행동이론이든, 또 여타 인문사회과학 이론이든 간에 그것을 습득하는 궁극적인 목적은 한국 경제사회와 한국인을 설명하고 이들에 적용하는 데 있다. 이 장에서는 초보적인 수준에서나마 행동경제학을 수용하고 이를 한국의 경제사회에 적용하고 결합시킬 수 있는 가능성을 검토해보고자 한다.

먼저 행동경제학을 한국의 현실에 적용할 기반을 마련하기 위해서는 행동경제학을 하나의 사상으로 간주하여 경제학의 역사 속에 위치 지울 필요가 있다. 구체적으로, 이론과 정책의 측면에서 행동경제학이 지닌 의의와 장단점을 논의할 것이다. 그리고 행동경제학의 강점과 약점을 이론적 차원에서, 그리고 법·정책·정치의 실천적 차원에서 검토한다. 더불어 약점을 보완하기 위해서는 어떤 다른 접근법들과 결합되어야 할지를 논의할 것이다. 고려할 대상은 스미스, 리카도, 마르크스, 역사학파, 베블런, 케인스 등이다. 이 논의에 근거해 마지막으로 행동경제학이 한국 경제사회와 한국인과 어떻게 만날 수 있는지 검토한다.

01 행동경제학에 대한 사상사적 조망

행동경제학의 강점

첫째, 신고전학파 경제학에 대해 행동경제학이 지니는 강점은 무엇보다 그것의 구체성이다. 구체성은 어떤 학문, 어떤 분야에서도 거부할 수 없는 가치다. 오랫동안 역사적인 구체성보다 이론적인 보편성을 추구해온 경제학, 특히 그런 입장을 수리적인 추상성으로 나타내온 신고전학파와 비교할 때 행동경제학은 거부할 수 없는 강점과 매력을 지니고 있다.

신고전학파 미시경제학을 보면 수학에 근거해 정교하면서도, 추상적이고 허구적이라는 인상을 받게 된다. 과연 현실의 인간과 현실의 경제가 이와 같을까라는 의문에 수시로 빠져들게 된다. 개인의 합리성과 시장의 효율성을 담보하기 위한 여러 가정과 전제들이 그러하며, 나아가 거시경제학에 대해서도 같은 인상을 받는다. 특히 '완전경쟁'과 '합리적 기대'에 이르면 신고전학파 이론에 동조하기가 더욱 힘들어진다.

표준이론과 행동이론의 이러한 차이는 신고전학파가 일반이론을 추구하는 데 비해 행동경제학은 사례연구를 중시하는 데서 기인한다.[1] 일반이론을 전제하지 않는다는 점에서 행동경제학은 그것과 밀접하게 연관되어 있는 심리학을 닮았다. 이런 점에서는 현재 경제학 및 심리학과의 교류가 늘어나고 있는 생물학과도 비슷하다. 이는 신고전학파가 전형으로 삼고 있는 물리학이 보편적인 이론을 추구하는 것과 대비된다.

행동경제학은 구체성을 지니기 때문에 한국의 현실을 대입해볼 수 있고, 이를 통해 이론에 대한 근본적인 인식과 수용이 가능하다. 기존의 신고전학파 이론은 일반성을 표방하며 허공에 떠 있기 때문에 적어도 한국의 구체적인 현실을 담는 데는 근원적인 어려움을 안고 있다. 그리고 바로 이런 이유로 한반도에서 신고전학파 경제학은 외형적으로는 학계를 지배하고 있으면서도 근원적으로는 아직 어떤 방식으로도 수용되지 않고 있다.*

둘째, 행동경제학의 사례에 대한 이해는 수리적인 이론이나 계량적인 모형의 분석과는 차이가 있다. 이는 구체적인 현상에 대해서 통계자료 등을 다루는 것과는 다른 방식으로 접근할 수 있음을 의미한다. 신고전학파가 분석에 근거한 논증과 검증에 의존한다면, 행동경제학은 해석이나 이해의 방법을 중시한다. 논의의 주요 대상이었던 선택상황으로 좁혀 이 차이를 정리해보자.

신고전학파는 선택상황이 주어져 있다고 보며 오로지 이것을 구성요소들로 분해하는 데 집중한다. 선택상황은 '선호를 지닌 선택의 주체', '선택의 대상', '가격', '소득' 등으로 분해된다. 이렇게 분해된 요소들을 다시 끌어모으면 선택상황이 된다. 이에 비해 행동경제학에서 선택상황은 '주어진 것'이 아니다. 이 때문에 그것의 부분들과 전체에 대한 해석을 필요로 하며, 해석에 따라 그것의 실제 내용도 바뀐다. 또한 선택상황에 포함되어 있는 선택대안들도 그 자체로 주어져 있는 것이 아니라 맥락에 따라 의미와 가치가 변동한다. 부존자원효과, 맥락특정성, 초기대안의 영향력, 차원과 범주들의 비교 불가능성 등이 그러한 주장의 근거이다. 그리고 표준이론이 분해한 선택대상과 선호 사이의 독립성을 부정하는 근거들이기도 하다.**

---

* 이것은 이례적인 상황이 아니다. 케인스가 《일반이론》을 출간하면서 진단한 프랑스와 독일 등의 상황도 영국과 달리 이와 같았다(Keynes, 1936, 서문).
** 선택대상과 선택주체를 포괄하는 선택상황을 행동경제학보다 더 강하게 내세운 사람은 윤리학자 무어G. E. Moore이다. 그는 미적인 평가 등에 있어 대상과 주체가 분리되는 것이 아니라 유기적인 전체organic whole, organic unity를 이룬다고 주장했다(Moore, 1922, pp. 31-36, chapter VI). 이에 따르면 당연히 인간의 행위나 선택에서 전체가치는 부분들의 가치를 합한

신고전학파는 흄의 경험주의에 근거해 실증경제학을 표방하기 때문에 경험적인 사실을 있는 그대로 받아들이고 인공 언어인 수학을 통해 사물을 개체나 원자로 분석해왔다. 따라서 경제학자에게는 맥락이나 해석이라는 단어 자체가 생소했다. 이에 비해 인문학이나 심리학에서는 자연 언어의 맥락을 중시하면서 이해와 해석의 방법을 강조한다. (예술을 포함해) 고전에 대한 해석과 경제현상에 대한 분석, 이 둘을 놓고 보면 양자의 차이가 분명하게 드러난다. 브람스의 교향곡을 지휘할 때나 마르크스의《자본론》을 강독할 때는 작품 전체를 관통하는 해석이 필요하다.

물론 지난 20년간 한국 경제의 성장을 설명하는 데 해석과 이해, 그리고 계량경제학적인 모형 중 어느 것이 더 나은지를 쉽게 판정할 수는 없다. 그러나 행동경제학이 등장하여 맥락과 해석의 중요성이 대두되면서 현재 경제학에는 분석의 방법과 해석의 방법이 공존하고 있다.

거시 차원에서 이해의 방법das Verstehen은 베버M. Weber에게서 찾아볼 수 있다. 행동경제학과 가까운 미시 차원의 이해는 비트겐슈타인L. Wittgenstein의《철학적 탐구Philosophical Investigations》(1953)에 등장하는 언어게임에서 확인할 수 있다. 빗자루broomstick는 비broom와 자루stick가 합해져 생긴 새로운 복합체로서 비와 자루로 분해될 수 없다.

신고전학파는 전체를 부분의 합으로 생각하거나, 부분의 합을 넘어서더라도 이것을 더 이상 설명할 수 없는 잔차로 생각한다. 그러나 행동경제학은 수시로 이런 생각을 거부한다. 신고전학파는 수량적인 데 비해 행동경제학은 그와 달리 관계, 범주, 질, 맥락, 그리고 (묵시적이지만) 출현적인 성격 등을 강조한다.

것과 다르다. 케인즈가 무어로부터 영향을 받았다는 것은 케인즈와 행동경제학의 친화력을 강화시킨다. Moore, G. E. (1922) *Principia Ethica*, Cambridge: Cambridge University Press

행동이론에서는 재화들이 모여 맥락을 형성하면서 이들에 대한 평가도 바뀐다. 또한 화폐나 시간 등을 정신적인 회계를 통해 범주화해 대체가능성, 전용가능성, 통약가능성이 제한된다. 더불어 여러 차례의 선택들을 시간이나 공간적으로 구분하고, 이들이 모였을 때 나타나는 출현적인 성격을 강조한다. 행동이론은 표준이론과는 달리 시간적으로나 공간적으로 전체가 부분의 합이 아닐 수 있음을 개인의 인지나 선택의 차원에서 내세우고 있는 것이다.

셋째, 행동경제학은 기본적으로 여러 학문들이 협조하는 학제간 혹은 융복합적인 연구계획이다. 신고전학파는 마샬 이래 경제를 인간으로부터, 정치 및 사회로부터, 그리고 법과 정책으로부터 분리시켜 논의해왔다. 경제학의 중심이 미국으로 옮겨간 이후 이런 추세는 더욱 강화되었다. 이 때문에 경제현상을 오로지 경제변수들로 설명해야 한다는 강박이 오랫동안 경제학을 지배해왔다.

그렇지만 인간이 경제와 분리될 수는 없으며, 경제가 정치나 사회와 분리되기도 힘들다. 인간이 없는 경제나 정치사회와 무관한 경제라는 것은 애당초 불가능한 연구계획인 것이다. 이런 맥락에서 경제적인 것과 비경제적인 것, 합리적인 것과 비합리적인 것으로 구성된 네 가지 대상 중 표준이론은 오로지 경제적이면서 합리적인 것만을 다루어왔다는 지적이 설득력을 지닌다.[2]

한국 사회에서 경제를 이와 같이 분리해서 논의하기는 더욱 힘들다. 이단적인 접근법들은 대부분 신고전학파의 이념성과 함께 이러한 편협함에 대해 비판적이었다. 이렇게 보면 행동경제학은 제한된 범위 내에서나마 인간을 경제사회와 연결시키려는 노력이라 평가할 수 있다.

행동경제학의 약점

신고전학파 경제학은 인간이 완벽하게 합리적이라고 보는 데 비해, 행동경제학은 I 체계를 내세우면서 인간이 직관, 습관, 본능, 충동 등에 따라 움직이기 때문에 이같이 합리적이지 않다고 생각한다. 이런 차이에도 불구하고 양자 사이에 중요한 유사성을 발견할 수 있다. 그리고 이런 점들이 행동경제학의 약점이자 행동경제학이 보완해야 할 부분이다.[3]

첫째, 행동경제학은 선호의 불안정성과 비합리성을 내세우고 준거와 맥락을 강조하면서도 개인주의에서 벗어나지 못하여 개인들 사이의 관계나 개인과 사회의 관계를 부차적으로 취급한다. 이런 사회성의 부족으로 인해 행동경제학도 집단의 존재나 사회적 조건 및 사회구조를 무시하며, 집계 과정에서 미시 단위로 분해되지 않는 총체적인 수준의 출현적인 성격도 필요한 만큼 충분히 중시하지 않는다.[4] 이렇게 되면 자유온정주의를 통해 개인의 합리성이 제고되더라도 개인의 합리적 선택이 결과적으로 시장과 가격기구의 문제나 모순을 그대로 재생산할 수 있다.

둘째, 행동경제학도 고전적인 효용 개념과 공리주의에 의존하기 때문에 결과를 중시한다.[5] 모든 행위와 선택은 의도와 시작, 과정과 절차, 결과라는 세 가지 측면을 지니고 있다. 식사라는 행위 혹은 선택을 보면, 배가 고파 배를 채우려는 의도가 시작이고, 식당에 가서 밥을 먹고 돈을 치르는 것이 과정이며, 배가 부른 상태가 결과이다. 그런데 경제학이 결과만을 중시하는 결과주의를 표방한다는 것은 잘 알려진 사실이다. 시장의 효율성은 결과주의와 상통한다. 시장에서 경쟁하는 데 얼마나 시간과 노력을 들였는지는 중요치 않고 결과적으로 시장에서 사람들이 좋아할 제품을 만드는 것만이 중요하다. 경제학의 이러한 경향은 벤담의 공리주의에서부터 시작되었다. 공리주의는 쾌락과 고통의 산술로 경제학에 철학적 기반을 제공하면서, 의도나 과정이 아닌 결과에 집중하게 만들었다.

행동경제학은 결과뿐 아니라 준거와 출발점 역시 강조하며, 준거나 손실회피는 공정성 혹은 정의에 관한 입장으로 이어지므로, 결과주의에 매몰되어 있지는 않다고 이해해줄 수 있다. 그렇지만 행동경제학자 상당수가 공리주의를 수용하므로 준거점에 대한 강조가 결과주의를 거부하는지는 확실치 않다. 또한 행동경제학이 수량주의에서 벗어나 선택대상들의 여러 가지 측면과 차원을 강조한다고는 하나, 여전히 화폐 비용의 지불을 심리적 고통으로 환산하고 감정을 할인의 대상으로 삼는다. 뿐만 아니라 많은 경우에 준거의존성, 맥락특정성, 초기대안 등을 공리주의를 유지하는 방식으로 제시한다.

행동경제학자들 중 일부는 불완전하나마 민주적 절차 등의 과정이나 절차를 중시한다. 그러나 이런 민주적 절차나 생산 과정을 비롯한 과정들, 그리고 이타심, 공정성, 규범 등을 효용으로 바꾸려는 경향이 강하다. 또한 자유, 자아실현, 의무와 규범, 기능과 행위, 형평, 분배 등의 가치가 인간에게 지니는 중요성을 그 자체로 일관되게 강조하지 않는다.

셋째, 행동경제학과 자유온정주의는 규범적인 합리성을 표준이론과 공유하며 선택을 가장 중요한 인간의 활동으로 간주한다. 행동경제학도 주어진 대안들에 대한 선택이라는 틀에 갇혀 새로운 대안들의 발견, 변형, 진화 혹은 창조 등 동태적 과정을 경시한다.[6]

이런 관점에서 보완되어야 할 것은 먼저 사회성이다. 개인의 행위에 사회성을 부여하려면 개인이 선택에 활용하는 가격이라는 정보, 제약조건을 형성하는 예산제약, 그리고 선호나 기호 등을 사회적으로 해석해야 한다. 무엇보다 예산제약과 소득분배의 불평등 문제와 더불어 선호가 계층이나 계급에 따라 달라져 사회적으로 형성되고 재생산된다는 점 등을 고려해야 한다.

행동경제학이 내세우는 준거, 규격화, 맥락, 초기대안 등의 사회적 성격을 강화할 필요가 있다. 준거는 이미 부분적으로 사회화되어 있다. 준거임금은 개별 노동자가 아니라 노동자의 소속집단 차원에서 결정된다. 행동경제학에서 말하는 맥락은 소득제약 안에 갇혀 있어 사회적이라 보기 힘들다. 그렇지만 명품과 대비되는 가짜나 대용품의 존재는 소득제약 안의 여러 재화들이 만드는 맥락이 아니라 소득제약 밖의 재화가 부과하는 사회적인 맥락으로 간주할 수 있다.[7]

사회적 선호나 사회적 비교는 소득의 준거에 대한 상대적인 박탈감이나 불평등의 증감 등 사회적 근거를 제공할 수 있다. 더불어 공정성에 대한 논의를 추가하면 행동경제학의 기존 논리들로도 모종의 사회적 임금을 도출할 수 있을 것이다. 나아가 정치, 정책, 언론 등을 통해 전달되는 사회의 방향이나 이념이 소득이나 생활의 목표를 형성하는 데 공헌한다고도 볼 수 있다.

행동경제학은 대안과 관련된 좁은 의미의 맥락과 선택상황 전체와 관련된 넓은 의미의 맥락 두 가지를 제시한다. 일단 넓은 의미의 맥락이 보다 쉽게 사회적 맥락으로 발전할 수 있다. 사회적 맥락은 정치, 정책, 언론 등을 통해 형성되고 재생산된다고 보아야 한다. 이것이 사회적 규정이다. 그리고 자본주의의 이념과 한국 사회의 역사문화가 선택상황을 포함해 사회적 맥락을 제공한다고 보아야 한다. 화폐추구와 소비지향의 자본주의 이념이 대다수 사람들의 선택에 영향을 미치고 있다. 또한 예를 들어 천안함 사건, 4대강 개발, 세월호 사건 등은 한국 사회의 맥락을 떠나 이해할 수 없다.

행동이론은 부존자원효과, 맥락특정성, 규격화, 선호역전 등을 통해 표준이론의 선호와 소득제약의 독립성을 미시적인 차원에서 비판한다.

이에 대해서도 사회성을 부여할 수 있다. 우선 정치철학자 엘스터 J. Elster 에 의하면, 인간은 자신이 원하는 것을 자신이 획득할 수 있는 것에 맞게 조정해 인지적 부조화 cognitive dissonance를 줄이고 심리적 안정을 얻는 다. 이솝우화에 나오는 여우는 높은 나무에 있는 포도를 따 먹을 수 없게 되자 그 포도가 신 포도여서 싫다고 말한다.

또한 선호와 소득제약은 모두 사회적일 수 있다. 저소득층에서 태어나 생선회를 먹어본 적이 없는 사람은 생선회에 대한 선호를 아예 가지고 있지 않다. 이것은 생선회를 싫어하는 것과는 다르다. 과거 흑인들은 대 대로 교육을 많이 받지 못했기 때문에 교육에 대한 선호나 기호를 지니 고 있지 않을 가능성이 있다. 이 경우에는 누적된 소득불평등이나 사회 구조가 개인의 선호나 기호를 규정하고 있다. 마르크스, 베블런, 부르디 외 P. Bourdieu 등은 사회계층에 따라 소득뿐만 아니라 선호 역시 사회적 으로 결정된다고 생각했다. 그렇다면 개인의 선호와 소득은 상호의존적 이다.

행동경제학은 여러 종류의 외부 자극을 구분하지 않는다. 이미 설명한 준거나 적응수준과 관련해서 '물의 온도', '재화의 효용', '특정 수량의 소 득' 사이에 차이를 두지 않는다. 설탕물과 화폐를 같은 평면에 놓는 뇌신 경경제학도 이런 성격을 지니고 있다. 그러나 온도는 물리적이고, 효용 은 심리적이며, 소득은 사회적이다. 또한 온도나 맛이 보편적인 데 비해 화폐는 시장경제 체제 속에서 사회문화적으로 규정된다. 행동경제학은 이러한 것을 구분할 필요가 있다.

특정 신호에 의한 차원들의 부정합으로 인해 생기는 갈등이나 특정 가중치의 부각도 사회적으로 규정될 수 있다. 이런 신호가 사회적으로 형성되어 모든 사회구성원들에게 전달되고, 이것이 대부분의 사람들을 특정 방향으로 유도할 수 있다. 정치의 장이나 언론을 통해 전달되는 빈부, 정치적 입장, 지역, 학벌, 성별 등과 관련된 신호와 이에 따른 특정 차원의 부각은 오랫동안 사람들의 선택에 영향을 미쳐왔다.

자유온정주의를 제대로 실현하려면 일부 사회구성원들에게 특정 대안들에 대한 접근을 열어주는 소득 재분배 정책이나 복지 정책이 선행되어야 한다. 사실 보다 진보적인 사람들은 여건이 주어진 상태에서 잘못 선택하는 경우보다 여건 자체가 마련되어 있지 않은 상황이나 사회구조가 더 문제라고 생각한다. 이렇게 보면 자유온정주의가 제한된 개입이고 변혁이라는 판정이 나온다. 사회의 동질성, 사회의 평등도, 사회의 안정성 등이 자유온정주의가 실효성을 지니기 위한 전제조건이다.

초기대안을 설정하는 데 있어 사회성이나 사회관계를 고려할 뿐만 아니라, 인간관계나 사회관계 자체가 초기대안의 역할을 대신할 수도 있다. 자신이 소속된 사회나 인간관계가 사람들의 삶을 안정시킨다. 안정된 삶은 각자의 올바른 판단과 선택을 포함한다. 그런데 주위 사람과의 대화, 상담, 조언이 합리적인 판단과 선택에 도움이 될 수 있다. 그렇다면 합리적인 선택을 위한 유도장치를 법이나 규정뿐만 아니라 사람들의 인간관계에서 찾을 수도 있다.

선호와 제약 사이에서 양자를 매개하는 '능력capability, competence'도 중요하다. '포도주를 좋아하는가?'와 '포도주를 사서 마실 수 있는가?' 이외에 '포도주를 마실 줄 아는가?'가 문제가 된다. 혹은 '대학에 가고 싶은가?'와 '대학에 갈 수 있는가?' 이외에 '대학 수업을 받을 수 있는가?'가 문제된다. 우리 속담 중 "고기도 먹어본 사람이 먹는다"가 이에 가깝다. 포도주를 좋아하는 것, 즉 '선호'와 포도주를 사서 마실 수 있는 것, 즉 '소득'과 구분하여 포도주를 마실 줄 아는 것은 '능력'에 해당된다.

독서나 고전음악 등 예술 영역에서도 선호나 소득 이외에 감상 능력이 필요하다. 운전 능력은 운전에 대한 선호 및 필요성이나 자동차를 구입할 수 있는 소득과 구분된다. 학생의 수학 능력은 대학에 가고 싶은 것이나 대학 등록금을 낼 수 있는 것과 구분된다. 나아가 음식을 만드는 능력은 음식을 좋아하는 것이나 식재료를 구입할 수 있느냐의 문제와 구분된다. 이보다 더 확실한 것은, 기업의 혁신에는 기업의 이념 및 목표 그리고 기업의 자금력 이외에도 누적된 능력이 요구된다는 것이다.

능력은 선호와 달리 객관적으로 규정되어 기능을 낳는다. 운전이라는 기능은 출퇴근, 장보기, 여행 등 여러 목적에 활용된다. 또한 능력은 자료나 정보를 넘어서 지식을 요구한다. 이 지식은 명시적일 수도 있고 암묵적일 수도 있다. 명시적인 지식은 말과 글로 된 개념들을 통해 책에 등장하고 학교에서 전달된다. 이에 비해 암묵적인 지식은 현장에서 문제를 해결하는 데 활용되므로 반복적인 실습을 통해 전달된다. 가정이나 사회의 일상생활이나 생산현장 속에서 습득되는 지식은 상당 부분 암묵적이다. 이렇게 보면 학교뿐만 아니라 가정이나 회사, 공장도 지식을 창출하는 장소가 된다.

자전거를 움직이는 원리는 원심력과 구심력이다. 그런데 자전거를 잘 타기 위해서는 이 원리를 이해하는 것이 아니라 여러 번 타는 연습을 통해 넘어지지 않는 방법을 체득해야 한다. 요리책을 본다고 경험이 없는 사람이 당장 김치를 잘 담글 수 있게 되는 것은 아니다. '왜'가 아니라 '어떻게'에 관한 지식이 필요하다. 암묵적인 지식은 본인이 의식하지 못하는 상태에서 작동하는 반복적인 처리방식(루틴)을 낳으므로 일상적인 처리방식이나 습관과 같이 행동경제학의 두 체계 중 I체계에 속할 가능성이 높다.

인간관계나 사회관계, 그리고 집단이나 조직은 사회성을 대표하므로 이들을 경제학이 수용하는 방식과 범위를 기억할 필요가 있다. 기본적으로 경제학에서는 개인이 궁극적인 단위이다. 인간관계는 거기서 파생되기 때문에 근원적인 것이라고 생각하지 않는다. 또한 이들을 목적이라거나 그 자체로 존중하기보다는 재화나 자원과 비슷하게 개인을 위한 수단으로 취급한다. 어떤 경우에도 경제학은 인간관계나 사회관계를 목적으로 생각하거나, 이런 관계가 개인의 존재를 가능케 하거나 이들을 구속한다고 생각하지 않는다. 같은 이유로 인간관계나 사회관계를 재화나 자원보다 원초적이며 우선하는 가치나 기반으로 인정하지 않는다. 이 점에서도 행동경제학은 신고전학파와 큰 차이가 없다고 생각된다.

타인과의 비교가 간접적으로 소비나 효용에 영향을 미친다고 하는 것은 인간관계나 사회관계가 효용을 낳는다고 하는 것과는 다르다. 듀젠베리의 상대소득가설, 페스팅거의 사회적 비교나 프랭크의 지위재이론에서는 인간관계가 아니라 불특정 다수나 타인과의 비교가 일반 재화 및 서비스의 소비와 효용에 영향을 미친다고 보았다. 여기서는 타인을 의식하기는 하지만 인간관계가 하나의 재화나 서비스로 효용함수에 투입되지는 않는다. 즉, 이들은 신고전학파와 달리 인간의 사회성을 인정하고는 있지만, 인간관계나 사회관계가 개인이나 인간을 구성한다고 보지는 않기 때문에 본격적으로 인간의 사회성 혹은 사회관계를 내세우는 것은 아니다.

행동경제학은 이러한 약점을 지니고 있음에도 불구하고 기존의 이단적인 접근을 보완해주기도 한다. 케인스주의 경제학은 고용문제를 중심으로 거시현상에 대한 통찰을 제공해왔으나 미시적인 기초를 확보하지 못했기 때문에 근원적이라고 보기 힘들다. 이 때문에 케인스를 한국 경제에 적용하려고 하면 다리가 연결되지 않은 두 절벽 사이를 뛰어넘는 것과 같은 거리를 느낀다.

리카도학파는 소득분배에 대한 통찰을 제공한다. 그리고 최근에 피케티가 주장했듯이 소득분배는 간과할 수 없는 문제이다.[8] 선호의 불안정성에 집중하여 소득분배의 불평등에 대해 소홀한 행동경제학을 리카도의 문제의식이 보완해줄 수 있다. 그렇지만 리카도학파는 분배문제의 기본 골격을 제공했을 뿐 노동자와 자본가 등 행동주체에 대한 내용에 있어서는 단출하다.

마르크스주의는 행동경제학이 가지고 있지 않은 사회성을 지니고 있다. 특히 비판적인 실재주의가 내세우는 사회관계, 사회구조, 그것을 추진하는 힘 등은 행동경제학에 결합시켜야 할 개념들이다. 또한 이미 지적한 바와 같이 마르크스주의의 관점에서 행동경제학이 강조하는 준거, 맥락, 규격화, 정박, 선택에 대한 정당화, 정체성과 자아의 내적인 갈등 등을 모두 사회적으로 재구성할 필요가 있다. 반면 마르크스주의가 구사하는 개념들이 현실을 만나기에는 사변적인 추상성에 잠겨 있는 경우가 많다. 특히 행동경제학이 제시하는 것과 같은 방식으로 미시적인 기초를 얻어야 한다.

행동경제학은 다른 학자들보다 베블런과 아주 가깝다. 습관이나 타성이 소비를 위시한 경제활동에서 중요하다는 지적은 I체계의 존재에 부합된다. 또한 행동경제학이 본격적으로 내세우지는 않지만 준거임금 등의 사회적 결정이나 사회적 선호 및 사회적 비교는 베블런에 근거하고 있다. 베블런은 진화이론을 강조했다. 기거렌처G. Gigerenzer가 지적했듯이 행동경제학은 심리, 생물, 진화론적인 관점과 결합할 때 더욱 발전할 수 있을 것으로 보인다.

02 한국인과 한국 경제사회에 대한 적용

앞선 논의 속에서 등장한 한국인과 한국 사회에 대한 규정을 가능하면 연결시키면서 정리해보자.

경제성장을 위한 수출 목표(이 책 86쪽)와 대학 진학을 위한 성적 목표는 한국 사회의 특징을 담고 있다. 이런 목표가 행동경제학에서 말하는 준거가 된다. 그런데 한국 사회에서는 행동경제학이 생각하는 것보다 이런 목표가 더 일상적이며 집단적이다. 우선 한국인은 일상에서 즐거움을 찾기보다 삶의 목표를 세우는 데 익숙하다. 목표임금, 목표소득(112쪽), 목표저축(348쪽) 등이 추가적인 예이다. 뿐만 아니라 집단 차원에서 목표가 설정되고 집단에 부과된 목표가 집단의 구성원들에게 개별화되어 내적인 동기를 형성한다(297쪽). 특히 1970년대의 수출 목표는 국가 차원에서 설정되고 기업 집단에 할당된 후 개별 사원들에게 목표로 작용했다.

목표를 수립하는 경우 더 높은 수준을 달성할 가능성이 높지만, 목표가 달성되지 않았을 때 손실회피경향에 따라 많은 고통을 겪을 수 있다. 목표 수립이 일상화되어 있는 한국인들은 실제로 더 높은 성장률과 더 높은 수준의 학력을 달성했다. 동시에 이런 목표가 준거가 되어 이를 달성하지 못했을 때 겪는 고통도 크고 빈번했다. 높은 경제성장과 민주주의의 회복, 그리고 흔한 인간관계에도 불구하고 한국인이 그다지 행복하지 못한 이유를 여기서 찾을 수 있을 것이다.

한국의 정찰가격과 권장가격(111쪽)은 가격의 안정성과 함께 경직성을 낳는다. 그리고 정찰가격을 통해 가격변동을 억제하는 것은 손실회피경향에서 비롯된다고 해석할 수 있다. 원가공개는 가격의 인상과 인하에 있어 생산비를 근거로 삼아 수요의 역할을 인정하지 않으므로 가격에 대해 공정성을 따지는 것이다. 한국인의 도박에서 흔히 이익과 손실의 합계가 영이 아닌 음수로 나타나는 것(91쪽)이나 체감물가가 실제 물가보다 높게 나타나는 것(266쪽)도 손실회피경향에서 비롯된 것으로 해석할 수 있다.

행동경제학이 부각시킨 맥락과 관련해 한국 사회에서는 재화를 위시한 사물들이 형성하는 맥락과 인간들이 형성하는 맥락이 분리되지 않는 경우가 많다. 인간들이 형성하는 맥락은 행동경제학이 강조하는 사회적 선호와 사회적 관계, 사회적 비교에 가깝다(298-309쪽). 그렇지만 한국에서 이런 현상이 나타나는 이유는 인간관계와 집단의 중요성 때문이다(291-292, 295, 307, 308, 339, 351쪽). 행동경제학이 개인의 존재를 전제하면서 사회적 비교나 사회적 선호를 강조한다면, 한국 사회는 이를 넘어서 인간관계와 집단성을 강조한다. 그리고 인간관계는 가족관계에서 비롯되기 때문에 집과 관련된 여러 용어들이 한국인을 규정한다(168쪽). 결과적으로 인간관계와 집단이 재화의 선택에서 형성되는 맥락에 흔히 개입한다.

식사나 토론에서 극단적인 대안을 회피하는 것(200-202쪽)이 인간관계의 유지나 집단에의 소속에서 비롯된 것일 수 있다. 선거에서 생기는 대비효과(205-206쪽)는 선택대상인 후보자가 인간이라는 점에서 그 자체로 인간들 사이의 맥락이다. 회식에서 분위기(213쪽)는 식사라는 선택의 대상과 함께한 사람들과의 관계(166-168쪽)라는 두 가지 맥락이 혼합된 결과이다.

한국 사회에서는 집단이나 조직 속에서 위계가 중요하기 때문에 한국인들은 순위, 서열, 석차 등에 예민하다. 당연히 한국에서는 지위가 일상화되어 있으므로 지위재는 새로운 개념이 아니다. 이런 이유로 한국인은 학교 성적에 근거한 석차나 학교의 서열에 과민하다(305, 306쪽). 회의나 모임에 누구와 동석하게 되는지에 관심이 높은 이유도 누구와 지위가 무차별해지는지에 예민하기 때문이다(167-168쪽). 사회나 사람뿐만 아니라 재화 등 물건에 대해서도 위계나 품계가 빈번히 등장한다(382쪽). 이런 위계나 지위는 가격에 의한 연속적인 평가로 용해되지 않은 채 이와 독립적으로 작용한다. 이는 행동경제학이 가끔 부각시키는 재화들에 대한 사전표기식의 서열과 친숙하다.

사람과 물건의 위계는 규격화된 기준을 필요로 한다. 이것은 한국 사회에서 소득이나 보수 등 가격과 별도로 변호사, 의사, 회계사 등 갖가지 자격증이 기능을 지닌다는 현실(326쪽)로 뒷받침된다. 현장에서 실제 나타나는 활동에 근거한 평가를 자격증이 대신하는 셈이다. 그런데 대학입시에 근거한 학벌이나 학연은 특정 대학 졸업자인 특정인에 대해 어떻고 어떻다는 식의 평가를 손쉽게 내려 대표성의 편향과 고정관념을 낳는다 (177쪽).

기준의 규격화는 획일화를 낳기 쉽다. 이에 대한 단적인 증거는 역시 전국의 모든 학생들이 지닌 여러 차원들을 하나로 환원해 일렬로 세우고 석차를 매기는 대학입시이다(177, 225, 227쪽). 평가기준이 표준화되어 있으면 하나의 기준으로 다른 차원까지 판단하려는 경향도 생긴다. 하나를 보면 열을 안다는 후광효과(186쪽)는 하나의 기준으로 모든 측면을 평가하는 것이다(228, 233쪽). 그런데 한국 사회에서는 후광효과가 성숙해 이미 학교 성적이나 학벌 등으로 객체화되어 있다.

한국인의 가계부(140-141, 348쪽)는 정신적 회계의 객관화된 모습이다. 가계부는 한국 사회가 서양의 합리성을 받아들인 방식이지만, 정신적 회계와 마찬가지로 경제학의 합리성과는 정확히 일치하지 않는다. 물론 정신적 회계와 가계부의 차이도 무시할 수 없다. 정신적 회계가 주로 특정 항목에 대한 지출을 관리하려는 의도를 지닌다면, 가계부는 특정 항목에 대한 지출보다 지출 전체를 억제하려는 의도를 지니고 있다. 지출하려는 욕구를 통제하므로 과소비(214, 350쪽)를 방지하고 절약하고 저축하는 데 공헌했다. 식당 등에서 발견되는 계산서에 대한 거부감(152쪽)은 이와 부합된다.

정신적 회계와 가계부는 동질화적인 화폐를 질적인 범주들로 구분한다. 질적인 차원이나 범주에 대한 강조는 연속적이거나 상대적인 수량을 불연속적이거나 절대적인 신분이나 지위로 전환시킨다. 인간이 지닌 모든 차원들을 하나로 획일화한 성적이 순위나 석차로 바뀌고, 이름이 알려진 정도가 이분법적인 유명과 무명으로 나뉜다(98, 168쪽). 정도의 차이가 종류나 범주의 차이가 되면 선택에 있어 논거에 의존하게 되고 대체비율을 찾지 못해 갈등을 겪을 수 있다(231-233쪽). 동시에 우리 스스로 수량화와 범주화의 경계에 대해 혼란을 겪고 있다. 우리 스스로 과도하게 수량화되어 있다고 생각하는 것(입시 성적)도 있고, 거꾸로 과도하게 범주화되어 있다고 생각하는 것(자격증, 조직 속의 상하)도 있다.

한국 사회가 인간관계와 집단의 소속을 강조하므로 한국인에게는 표준이론이 강조하는 개인적 자아뿐만 아니라 관계적인 자아 및 집단적인 자아가 공존한다. 두 가지 자아는 행동경제학이 강조하는 두 체계의 인지이론과 결합될 수 있다. 한국인에게는 관계, 맥락, 전체에 중점을 두며 이해를 위주로 하는 인식과 개체, 원자, 부분에 중점을 두며 분석을 위주로 하는 인식이 공존한다고 볼 수 있다. 전자는 총체적인 인식으로 인해 재화들에 국한된 맥락이나 규정이 아니라 인간들이 포함된 포괄적인 차원의 맥락과 규정을 중시하게 된다. 후자는 경제학의 표준이론에 부합되는 인식이다.

두 가지 인식은 두 가지 종류의 지식을 시사한다. 이들은 질적인 규정, 범주, 묵시적인 지식과 양적인 규정, 수량, 명시적인 지식이다. 표준이론은 서양에서 수입되어 한국의 경제현상과 아직도 결합되어 있지 않다. 이 때문에 표준이론이 경제학자와 경제학 전공자의 인식을 지배하면서도 경제현상을 설명하는 데는 생각보다 많은 도움을 주지 못하고 있다. 현실경제에서 기업인, 소비자, 경제관료는 상식, 묵시적인 지식, 직관, 습관, 본능 등 다른 요인들에 의해 지배되고 있다. 이 때문에 표준이론은 실질적으로 별로 수용되지 않았으며 학자들도 이론을 현실에 적용하려는 치열함을 보이지 않는다. 그럼에도 불구하고 혹은 이런 이유로 표준이론은 외형상 더욱 강하게 학계와 지식인을 지배하고 있다. 이것이 바로 한국인이 지식이 많은 경우 교과서적이라는 의미이다(90, 116-117쪽).

이 논의를 통해 확인되는 것은 행동경제학의 주장들에 주로 한국의 사회적인 특징이 결합될 필요가 있다는 점이다.

한국 사회는 인간관계에 대한 의존성이 높다. 서양이 개인주의를 특징으로 삼는다면, 한국을 위시한 동양 사회는 인간의 상호의존적인 인간관계나 사회관계를 강조한다.[9] 한국의 일상적인 언어에 외견상 인간이나 개체를 지칭하면서도 관계를 내포한 단어들이 많다는 것은 인간관계와 사회관계를 그만큼 중시한다는 증거이다.

먼저 '나'라는 말 대신 집단적인 '우리'라는 말, '학부형'이나 '제자'와 같은 관계적인 용어, 고유명사가 아니라 '철수의 엄마'나 '영희의 선생님'과 같이 가족·인간관계에 의존한 호칭을 쓰는 것이 이를 나타낸다. 한국 사회에서는 인간관계나 사회관계가 중시되므로 일상생활의 언어뿐 아니라 재화 등의 구체적인 사물도 관계적이다. 또한 동양, 특히 한국의 인간관계나 사회관계에서는 서열이 중요하다. 형과 동생, 선배와 후배, 그리고 계약의 갑을 관계는 위계적이다.

또한 형제 관계와 선후배 관계에서 드러나듯이 한국인들의 관계는 구체적인 사람들의 인적인 관계이다. 서양의 추상적이고 비인격적인 관계와는 다르게 한국인들의 관계는 사회관계라기보다 인간관계에 가깝다. 장관, 회장, 사장, 부장, 과장 등 공식적이고 추상적인 직책과 직책의 구체적인 소유자가 혼동된다. 이는 이러한 직책에 '님'이라는 경칭이 붙으면서 현직자뿐 아니라 전직자의 구체적인 사람이 포괄된다는 점에서 확

- 인간관계의 위계가 사물이나 재화에도 위계를 낳는다. 한국 담배의 역사에서도 위계를 확인할 수 있다. 지금은 서양 언어의 이름을 지닌 여러 담배들이 수평적으로 공존하고 있지만, 1980년대까지 독점적인 담배 시장에서 강자는 대체로 하나였고, 그런 강자가 대부분 전매청에 의해 교체되었다. 또한 교체되는 새로운 강자는 국민소득의 증가에 따라 언제나 더 비싼 가격을 들고 나왔다. 무궁화(1940년대) < 아리랑(1950년대) < 신탄진(1960년대 전반) < 청자(1960년대 후반) < 한산도(1970년대 전반) < 거북선(1970년대 후반) < 한라산(1980년대)이 그런 순서이다.

인간의 위계와 재화의 위계

- 시장에서 상품들도 흔히 질적인 위계를 보인다. 필수품, 편의품, 사치품의 구분은 아직도 우리에게 강한 호소력을 지니고 있다. 물론 애덤 스미스 등 서양의 초기 경제사상에도 이러한 구분이 있었다. 그러나 현대 서양의 사상에서는 이런 구분이 상당히 희석되어 있다. 상등품, 중등품, 하등품의 구분이나 고가품, 중저가품, 저가품의 구분도 흔하다. 이 두 가지 구분은 연속적인 수량으로서 가격을 등수나 석차로 전환한 것이다. 물론 후자보다는 전자가 더 불연속적이다. 한국에서 질적인 구분은 수평적이라기보다 수직적이다.

인된다.

입시 경쟁으로 생성되는 학벌과 이를 구성하는 선후배 관계는 공동체 사회의 위계적인 인간관계·사회관계와 이에 근거한 집단이 한국 사회에서 전개된 방식이다. 관료조직과 기업 등 한국 사회에서 인간관계나 집단을 형성하는 지연, 혈연과 달리 선후배 관계와 학벌은 교육과 사회 참여의 기회균등이라는 근대성을 표방한다.

학벌이 낳는 인간관계와 집단을 사회적 연결망과 사회자본으로 취급할 수 있다. 이런 이유로 사회자본의 집단성을 강조하고 교육자본이나 문화자본을 통상적인 자본과 연결시키는 부르디외의 이야기가 한국 사회에서 설득력을 지닌다.[10]

한국의 기업과 한국의 경제사회는 장기적인 관계에 의존하므로 한국 사회에서는 장기적인 사회관계가 중요하다 할 수 있다. 1997년 경제위기 이후 생긴 많은 변동에도 불구하고 변치 않는 하도급 관행, 평생고용 제도나 연공서열 제도, 그리고 주거래 은행, 단골손님 개념 등이 이를 보여준다. 장기적인 관계는 조직 내부에서뿐만 아니라 조직들 사이에서도 기능한다. 즉, 관료와 기업 사이, 그리고 기업들 사이에서 작용한다.

이런 관계의 근거는 비공식적이다. 일반적으로 모든 조직의 공식적인 직무 체계에서 자생적으로 비공식적인 인간관계가 생겨난다. 그런데 한국 사회에서는 인간관계가 조직 내부에서 자생적으로 생기기보다는 조직 외부에 존재하는 지연, 혈연, 학연에 의존해 형성된다는 특징을 지닌다. 그리고 이 중에서도 학연이 중심을 이룬다.

한국 사회에서는 여러 인간관계 중에서도 선후배 관계가 중요하다는 사실이 이러한 배경 속에서 이해될 수 있다. 같은 이유로 미시적인 단위로서 기업이나 관료조직 내에서 인간관계와 구성원들 사이의 화합이 중요하다. 이에 따라 연공서열과 같은 공식적인 제도와 선후배 관계와 같은 비공식적인 인간관계 및 사회관계가 결합되거나 혼합되어 조직의 지배구조를 구성해왔다.

독일과 일본의 관계 의존적인 자본주의, 그리고 관계Quanxi를 중시하는 중국의 이행경제도 이에 부합된다.[11] 이런 의미에서 한국의 자본주의도 관계 의존적이다. 이것은 동양에서 개인보다 사회관계를 중시하고 개별 사물의 속성보다는 맥락을 중시한다는 문화심리학의 지적과도 일치한다.

관계와 집단을 중시하면 선택, 특히 개인의 이익이나 감정을 중시하는 개인 차원의 선택이 지니는 중요성이 줄어든다. 서양과 경제학의 표준이론이 강조하는 선택의 자유와 이에 근거한 행복 관념에 대해 동양의 사고는 공감하기 어렵다.[12] 행동경제학도 선택을 강조하지만 선택의 합리성이나 완벽함을 부정하므로 이런 역사문화적인 차이와 결합될 여지를 지닌다.

구체적으로 살펴보면, 서양에서는 개인 차원에서 행복을 성취해야 한다는 관념과 이에 대한 추진력이 강해 다양한 방식으로 각자의 행복을 찾으려고 노력하므로 더 행복하다고 느낄 가능성이 높다. 이에 비해 집단적인 사회에서는 행복이나 성취의 유형이 개인이 아니라 집단이나 사회 차원에서 규정되어 다양성이 적다. 좋은 대학에 가는 것이 사회적인 성취의 기준인 한국에서는 개인별 행복의 기준이 그다지 다양하지 않다.[13] 또한 서양인들은 자신의 감정을 행복의 기준으로 생각하는 데 비해 동양인들은 타인의 승인이나 규범을 더 중시한다.

이런 이유로 서양인들은 자긍심 또는 일관된 자기정체성을 중시하는 편이고, 동양인들은 상황과 맥락이 달라짐에 따라 타인들과의 관계를 유지하기 위해 자신을 융통성 있게 적응시킨다. 미국인은 자신의 즐거움을 위해 활동하고 그 시점에 가장 중요한 일에 집착할 때 행복하다고 느낀다. 이에 비해 동양인들은 타인의 즐거움을 위해 활동하고 미래의 목표를 위해 노력할 때 행복하다.

그런데 미래의 목표를 중시한다는 것은 미래에 대한 동양인들의 할인율이 일관되게 낮다는 의미이다. 할인율이 낮다는 점에서 표준이론과는 동떨어져 있으며, 또한 자기통제에 능해 낮은 할인율을 일관되게 유지하므로 쌍곡형 할인율을 내세우는 행동이론과도 합치되지 않는다.

한국 사회에서는 모든 조직이 집단적이고 공동체적이다. 동양의 위계적인 사회관계는 집단주의와 통한다. 한국인은 소속집단과 자신을 일치시키는 경우가 많다. 심지어 한국인은 개개인으로서가 아니라 각자가 속한 집단을 통해 자신을 확인하고 이를 통해 존재한다고까지 말할 수 있다. 한국인은 가족뿐만 아니라 출신 학교나 소속 기업, 그리고 가장 거대한 국가 등의 공식적이거나 비공식적인 집단을 자신의 일부로 생각한다. 이런 이유로 집단의 논리나 목표가 한국인에게 유인이 될 수 있다.

이에 따라 한국 사회에서는 개인의 효용이나 이익을 극대화하는 것이 아니라 가정, 학벌 집단, 기업, 국가 등 소속집단의 효용이나 이익을 극대화한다는 목표가 더 중요할 수 있다. 혹은 실제로는 집단의 목표가 아니더라도 그렇게 포장하거나 서술하고 이해하는 경우가 많다. 한국의 수출 역군, 수출 전사들에게는 개인의 경제적인 유인보다 수출액이나 성장률과 같은 집단의 거창한 목표가 주효했다. 현재도 자신의 이윤만을 추구한다고 자부하고 이를 공개적으로 내세우는 기업은 한국에 별로 존재하지 않는 것 같다.

한국 사회에서뿐만이 아니라 자본주의 경제에서 기업의 존재를 강하게 의식하는 사람들은 집단의 중요성을 강조해왔다.[14] 행동경제학은 표준이론과 달리 고립적인 인간이 아닌 사회적 선호를 가진 상호적인 인간을 강조하고 인간관계에 관심을 갖는다. 정도의 차이가 있지만 협력적인 인간이 조직의 비용과 부담을 줄여준다. 그렇더라도 행동경제학이 집단성을 강조하거나 중시한다고 보기는 힘들다. 행동경제학은 집단의 존재를 수용할 필요가 있다. 표준이론의 경제적인 인간에 대해 행동경제이론이 문제해결형 인간을 내세웠다면, 뒤르켐Emile Durkheim 등에 근거하여 집단 속의 이원적인 인간을 추가적으로 고려할 필요가 있다.

산업화 혹은 경제성장은 각 개인이 정신적인 가치를 포기하고 물질적인 목표에 매진하도록 만드는 세속화의 과정이기도 하다. 그런데 압축적인 성장으로 인해 한국의 경제주체들은 자신의 돈벌이에 매진하면서 한편으로는 유교적 전통 등이 요구하는 정신적 가치와의 단절, 이에 대한 억압, 이로 인한 갈등이나 수치심을 상당 기간 겪었을 것으로 보인다. 이런 상황에서 물질적인 목표의 추구가 집단 전체의 공통 목표로 실제로 부과되거나, 혹은 실제로는 그렇지 않지만 명목상 그와 같이 제시되는 경우, 그러한 단절이나 수치심을 망각하거나 은폐할 수 있다. 이 점에서 행동경제학이 인정하는 규정과 함께 사회적 규정이 중요하다.[15] 물질적인 것이라도 자기 자신이 아닌 가정, 기업, 국가 등 집단을 위하는 것이라면 쉽게 내면화되어 정신적인 부담이 덜할 수 있다.

특히 집단의식이나 소속감에서 드러나듯이, 집단에 부여된 외적인 유인이나 목표가 개인에게 내적인 유인이 될 수 있다. 한국 경제성장 과정에서는 국가와 회사를 위한다는 집단적이고 거창한 목표가 사람들에게 수출 목표를 내적인 유인으로 만들어 강한 의지와 노력을 낳았다고 생각된다.

회사 등의 조직 전체에 부과되는 목표는 개인이나 개인적인 자아에게는 외적이지만, 집단이나 집단적인 자아에게는 내적이다. 수출 목표 달성이나 돈벌이는 그 자체로 노동이나 활동에 대한 외적인 동기이지만 이것이 집단 수준에서 부과되면 신성시되고, 자기성취를 낳으며, 심지어 행복감을 느끼게 할 수도 있다. 기술 강국이 되기 위한 한국인들의 노력도 이런 흐름 속에서 나타난 것으로 볼 수 있다.[16]

이러한 것들은 개인이 아닌 국가 전체 혹은 회사 전체 차원에서 목표를 설정한다는 특징을 지닌다. 또한 다른 국가나 회사와의 순위 경쟁이나 조직 내에서의 순위나 서열을 강조한다는 특징을 지닌다. 한국의 경제성장에 공무원이 심판관이 되는 순위 경쟁이 주효했다는 점은 세계은행이 *The East Asian Miracle*에서 이미 시사한 바 있다. 이를 통해 산업화 초기에 흔히 요구되는 노동동원도 쉽게 이루어질 수 있었다고 추정할 수 있다.

이는 유인이나 목표가 개인 차원이 아니라 소속집단 차원에서 부여될 때 더 많은 노동과 더 높은 생산성을 끌어낸다는 의미가 된다. 혹은 실제로 그렇지 않더라도 집단 차원의 유인이나 목표로 제시되고 포장될 때 더 큰 노력과 생산성을 낳는다고 추정할 수 있다. 이런 추정은 표준이론의 주장과 달리 제시되는 방식이나 맥락이 영향을 미친다는 행동경제학의 주장을 부분적인 근거로 삼는다.

비근한 예로 1997년 IMF 외환위기를 극복하기 위한 '금 모으기'는 각 개인의 실업이나 빈곤을 완화하는 노력이 아니라 나라의 경제위기를 극복하는 애국운동으로 제시되었다. 또한 대부분이 그렇게 이해하거나 오해하여 성공을 거두었다. 그리고 금 모으기 운동을 이같이 각색하는 데는 정부뿐 아니라 언론 기관의 규정도 중요했다. 이처럼 금 모으기 운동에 대한 서술이나 이해의 맥락은 개인 수준이 아니라 정치경제적으로 규정되었다.

한국 경제의 성장 과정에서는 흔히 수출액 등의 유인이나 목표가 집단 차원에서 설정되고 이에 대한 서술이나 이해가 정치경제적으로 규정되는 경우가 많았다. 앞의 예는 실질적이거나 내적으로는 개인의 이익에 부응하지만 명목상 혹은 공개적으로는 집단의 이익에 부응하는 것으로 기술되고 이해되는 경우에 가깝다. 반대로 실질적으로는 집단의 이익에 부응하지만 명목상 개인의 이익에 부응하는 것으로 제시되고 이해되는 경우도 있다.

신고전학파뿐 아니라 이를 비판하는 행동경제학도 방법론적인 개체주의에 경도되어 있다. 이런 이유로 양자 모두 목표나 유인, 그리고 인식이나 인지를 개체나 개인 차원에서 설정한다. 이 점에서는 같은 행동경제학자이지만 심리학자인 카너먼보다 법학자인 선스타인의 논리가 바람직해 보인다.

뒤집어서 자신의 활동이 개인의 직위나 소득과 직접 연계되거나, 이런 연계가 공개되는 경우 오히려 개인에게 부정적인 유인이 될 수 있다. 이에 따라 한국인에게 집단의 이익은 개인의 이익에 추가되는 유인이나 동기라기보다 이와 결합되거나 상충될 가능성이 높다. 그러므로 한국의 경제성장 과정에서 개인적인 유인과 집단적인 동기가 어떤 관계에 있었는지, 특히 이들이 어떻게 서로 상충되거나 서로를 견인해왔는지를 검토해야 한다.

이들 모두는 실질과 명목 혹은 내용과 외양이 다르고 개인과 집단이 공존하는 상황이다. 이러한 상황이 발생하는 것은 한국 사회가 집단을 강조하면서도 서구의 영향으로 인해 집단과 개인의 갈등이 지속되고 있기 때문이다. 달리 말해, 실질과 명목이 일치하고 개인과 집단의 이익이 일치하면 이런 상황은 발생하지 않는다.

동양인과 한국인이 위계적이고, 관계적이며, 집단적이라면 집단에 대한 소속이 동인이나 유인이 되어 가치가 창출된다고 생각할 수 있다. 한국인은 개인 자체가 아니라 특정 가문, 특정 학교, 특정 기업, 그리고 한국이라는 국가에 관련된 역할로서 의미를 찾으므로, 개인의 경제사회적인 유인이 아니라 집단 전체에 부과된 거창한 목표들이 주효했을 것이다. 더구나 이런 목표들이 세속적인 일에 매진한다는 수치심을 은폐했다. 나아가 연공서열과 같이 집단 내에서 순위로 따진 직위나 서열이나 금전적인 보상 등의 유인이 자극이 되었으리라 추정할 수 있다.

한국 사회에서는 집단이든 개인이든 절대적인 숫자가 아닌 순위나 등수가 제시될 때 더 큰 영향을 받았다. 수출액 달성, 수출 목표 달성에 따른 기업별 포상, 수출액 세계 순위, 1인당 국민소득, 국민총생산 등이 노동자의 근면을 끌어내고 생산성을 높이는 데 유효했다고 생각된다. 같은 이유로 학교에서의 등수와 특정 대학의 합격자 수, 그리고 대학에서의 수석 여부가 주요 목표가 되었다. 이는 올림픽에서 메달권인가 혹은 금메달인가가 중요한 것과 같다. 또한 장관, 차관, 국장, 과장 혹은 사장, 부장, 차장, 과장 등의 직위가 중요한 인생의 목표였다.

위계적인 집단이 지배하는 사회에서는 맥락을 중시하는 총체적인 인식이 두드러진다. 한국 사회에서는 집단과 전체가 중요하므로 한국인들은 흔히 주위 사람들의 눈치를 본다. 이런 특징은 사물의 맥락을 강조하고 총체적인 인식이나 인지를 지향하게 만든다. 흔히 동양인의 인식이나 인지는 총체적이고 관계적이며 맥락, 상황, 장에 초점을 맞춘다고 한다.

미국의 대표적인 심리학자 니스벳R. Nisbett 등은 서양을 형식논리로, 동양을 넓은 의미의 변증법으로 규정하고, 그 이유를 사회적 인지체계의 차이에서 찾았다. 수렵채취 위주의 서양 사회는 물체에 중점을 두는 반면, 농경사회인 동양에서는 논밭 등의 주위 환경을 중시하기 때문이다. 이들의 실험에 따르면, 호수 속의 물고기를 볼 때 미국인은 물고기 자체에 중점을 두고 일본인은 배경이 되는 호수나 호수와 물고기의 관계에 주목한다. 분석논리는 당사자나 해당 사물에 집중한다. 변증논리는 사물의 상황이나 맥락 혹은 상황이 벌어지는 장을 중시한다.

우리에게도 물과 고기가 동시에 등장하는 많은 속담들이 이 설명에 들어맞는다. "고기가 물을 얻은 격이다", "고기도 저 놀던 물이 좋다", "맑은 물에는 고기가 놀지 않는다", "물 밖에 난 고기", "물이 깊어야 고기가 모인다" 등이 그런 예이다. 정원을 걷다가 눈에 띈 다리에 대해 원나라의 시조 쿠빌라이 칸은 다리 전체를 논하고, 마르코 폴로는 다리를 구성하고 있는 벽돌 하나하나에 초점을 맞춘다.

또한 형식논리에서는 개인의 입장이나 이익이 중요하다면, 변증법에서는 집단을 위한 의무와 타인과의 관계를 유지하기 위한 화합이 중요하다. 이렇게 보면 경제학은 서양의 대표적인 논리에 가깝고, 맥락을 중시

현 위치 일상생활 중에서 예를 들면, 한국인의 '현 위치' 혹은 현재위치現在位置와 미국인의 'You are here'의 차이를 들 수 있다. 후자는 개인이 어디에 있음을 강조한다면, 전자는 개인을 포함해 전체를 조망한다. 여기서 위치는 상황뿐만 아니라 지위와도 통한다.

	공식적	비공식적
개인	직장의 종업원	집안의 가장
사회관계	직장의 상사와 부하직원	학교 선후배
집단이나 조직	기업, 정부기관	동창회

〈표 7〉 한국인의 자아와 동기

외적인 존재	내적인 존재	내적인 동기	외적인 동기
개인	개인적인 자아	즐거운 공부와 노동	점수와 돈
사회관계	관계적인 자아	가족, 친구, 동창	가족자본과 사회자본
집단	집단적인 자아	회사와 국가	특혜금융과 표창

하는 행동경제학은 이로부터 약간 떨어져 있다고 할 수 있다.

한국 사회에서 특히 그렇지만, 집단은 단순한 집단이 아니라 그 사이에 위계가 있다고 봐야 한다. 이에 따라 이를 정당화하기 위한 이념도 존재한다. 이와 관련해 인지심리학이 아닌 사회심리학 및 정치심리학의 최근 흐름으로 사회적 지배 이론social dominance theory과 체제 정당화 이론system justification theory에 주목할 필요가 있다. 이들은 집단이나 계층에 근거한 위계적인 사회관계가 존재한다는 점과 이를 정당화하기 위한 이념이 작동하고 있다는 점에 초점을 맞춘다. 이보다 부차적이지만 사회적 정체성 이론social identity theory도 고려할 필요가 있다. 경제학자로서는 애컬로프가 이런 생각에 가장 가까이 가 있다.[17]

이들에게는 모든 것이 사회적이므로, 맥락도 사회적이다. 또한 위계를 강화시키는 사회적 제도와 위계를 약화시키는 사회적 제도가 공존하고 있다는 점도 인정한다. 그리고 사회화나 제도들이 지배 계층인가 피지배 계층인가에 따라 비대칭적으로 나타난다고 본다. 지배 집단 내에서는 소속집단에 대한 편애가 늘어나는 데 비해, 피지배 집단에서는 소속집단에 대한 폄하나 이탈이 나타난다.

위에서 제시한 여러 사실이나 규정들을 연결시켜 그것의 미시적 기초를 마련해보자.

우선 한국의 경제성장이 정부 주도하에 수출 위주로 이루어졌다는 것과 한국 등 동양이 관계에 의존적이고 집단적이라는 것을 동기부여에 대한 구분으로 연결할 수 있다. 한국의 수출 경쟁에 의한 경제성장뿐 아니라 한국의 입시 경쟁과 교육 현장도 비슷한 설명이 가능하다. 심리학에서 제기했고 경제학이 수용한 동기부여에 관한 논의에서는, 전통적으로 경제학이 강조하는 금전적인 유인 등 외적인 동기부여가 내적인 동기를 구축하거나 잠식해 창의성과 생산성을 낮출 수 있다고 한다.

그런데 외견상 한국의 수출 경쟁과 성장을 위한 노력은 기업인이나 노동자들의 내적인 동인에서 비롯되었다고 보기 힘들다. 조국 근대화, 수출 목표 달성 등이 국가의 이념으로 표방되고 이것이 각 기업에 하달되어 기업인이나 노동자들이 회사나 개인의 목표로 삼았기 때문이다. 그렇다고 이것을 각자에게 이익이 되는 외적인 유인으로 간주할 수도 없다. 문제는 그렇다면 어떻게 수출과 경제성장에 기여할 수 있었는가 하는 의문에 답해야 한다는 것이다.

자기결정이론에 따르면 한국의 경제성장은 내적인 유인이 아니고 외적인 유인 또는 외적인 강제이지만 인간관계와 집단에 의존해 쉽고 깊게 내부화되어 내적인 동기에 준하는 기능을 발휘한 것으로 해석할 수 있다. 특히 혈연, 지연, 학연 등이 외적인 동기의 내부화에 기여했다. 그리고 이런 외적인 동기의 내부화에는 인간관계를 중시하고 집단과의 일체성을 강조하는 변형적인 지도자가 부합된다. 많은 관료와 기업인이 이에 해당되었다. 물론 입시 경쟁과 학벌 획득도 이와 비슷하게 진행되었다.

자기결정이론이 내세운 자율성, 능력, 관계성 중에서 한국 사회에서 가장 두드러지는 것은 관계성이다. 혈연, 지연, 학연의 관계들이 개인의 자율성을 규정하고 연결망을 통해 개인의 능력을 결정해왔다.

　행동경제학의 개념들 중에서 특별히 적절하다고 생각되는 것들을 모아보자. 한국 사회는 미시적 단위에서의 규정(회사 살리기)과 거시적 단위에서의 사회적 규정(조국 근대화, 국민을 위하는 정당)이 행위와 선택에 커다란 영향을 미쳤다. 거래, 선거, 남북관계 등에서 맥락의존성은 심각한 결과를 낳기도 했다. 사회적 비교와 사회적 선호는 일상에 깊숙이 자리잡고 있으며, 이것이 질투나 자기비하 등으로 발전하는 경우도 적지 않다. 비약적인 경제성장에도 불구하고 적응과 사회적 비교로 인한 행복의 감소가 한국 사회를 특징짓고 있다.

주석

참고문헌 약자

AER American Economic Review, PP Papers and Proceedings

AP American Psychologist

EM Econometrica

JCR Journal of Consumer Research

JEL Journal of Economic Literature

JEP Journal of Economic Perspectives

JPE Journal of Political Economy

JPSP Journal of Personality and Social Psychology

MS Marketing Science

OB Organizational Behavior and Human Decision Processes

PB Psychological Bulletin

PR Psychological Review

PS Psychological Science

QJE Quarterly Journal of Economics

1장

1 Polanyi (1977) chapter 9

2 Ariely, D. (2009) The End of Rational Economics, *Harvard Business Review*, pp. 78-84

3 McFadden, D. (2013) The New Science of Pleasure, Forthcoming in *Handbook of Choice Modelling*, S. Hess & A. J. Daly, (eds.), Edward Elgar, p. 18; Marglin, S. (2012) How Economics Undermines Our Relationships with Each Other and With the Planet. Paper presented at the Association of Allied Social Sciences, Annual Meeting, January 8, Chicago. ASSA Annual Meeting Program, p. 3

4 홍훈 (2000) 《마르크스와 오스트리아학파의 경제사상》, 87-98쪽

5 Tversky A. & D. Kahneman (1986) Rational Choice and the Framing of Decisions, *Journal of Business*, 59:4, pp. S251-S278

6 McFadden, D. (2013) op. cit. p. 7

7 Koopmans, T. (1960) Stationary Ordinal Utility and Impatience, *EM*, 28:2, pp. 287-309; Ryder, H. & G. Heal (1973) Optimal Growth with Intertemporally Dependent Preferences, *Review of Economic Studies*, 40:1, pp. 1-31; Fuhrer, J. (2000) Habit Formation in Consumption and Its Implications for Monetary-Policy Models, *AER*, 90:3, pp. 367-390

8 Boisot, M. & A. Canals (2004) Data, Information and Knowledge, *Journal of Evolutionary Economics*, 14:1, pp. 43-67

2장

1 Kahneman, D. (2003) Maps of Bounded Rationality: Psychology for Behavioral Economics, *AER*, 93:5, pp. 1449-1775; Kahneman, D. (2011) *Thinking, fast and slow*, London: Allen Lane, Penguin Books

2 Camerer, C., G. Loewenstein & D. Prelec (2005) Neuroeconomics, *JEL*, 43:1, pp. 9-64

3 Kahneman, D. (2003) op. cit.

4 Kahneman, D. K. & A. Tversky (1979) Prospect Theory: An Analysis of Decision under Risk, *EM*, 47:2, pp. 263-292

5   Heath, C., R. P. Larrick & G. Wu (1999) Goals as Reference Points, *Cognitive Psychology*, 38:1, pp. 79-110

6   Tversky A. & D. Kahneman (1991) Loss aversion in riskless choice: a reference-dependent model, *QJE*, 106:4, p. 1045

7   Kahneman, D., J. Knetsch & R. Thaler (1991) Anomalies: The Endowment Effect, Loss Aversion, and Status Quo Bias, *JEP*, 5:1, pp. 200-201

8   Genesove, D. & C. Mayer (2001) Loss Aversion and Seller Behavior: Evidence from the Housing Market, *QJE*, 116:4, pp. 1233-1260

9   Frederick, S., G. Loewenstein & T. O'Donoghue (2002) Time Discounting and Time Preference: A Critical Review, *JEL*, 40:2, pp. 351-401

10 Bazerman, M. H., J. R. Curhan, D. A. Moore & K. L. Valley (2000) Negotiation, *Annual Review of Psychology*, 51, pp. 279-314

11 Tversky, A. & D. Kahneman (1992) Advances in Prospect Theory: Cumulative Representation of Uncertainty, *Journal of Risk and Uncertainty*, 5, pp. 297-323; Benartzi, S. & R. Thaler (1995) Myopic Loss Aversion and The Equity Premium Puzzle, *QJE*, 110:1, pp. 73-92

12 Friedman, M. & L. J. Savage (1948) The utility analysis of choices involving risk, *JPE*, 56:4, pp. 279-304; Friedman, M. & L. J. Savage (1952) The expected utility hypothesis and the measurability of utility, *JPE*, 60:6, pp. 463-474; Markowitz, H. (1952) The Utility of Wealth, *JPE*, 60:2, pp. 151-158

13 Kahneman, D. K. & A. Tversky (1979) op. cit. p. 283

14 Allais, M. (1953) Le comportement de l'homme rationel devant le risque: critique des postulats et axiomes de l'école americaine, *EM*, 21:4, pp. 503-546

15 Ellsberg, D. (1961) Risk, Ambiguity, the Savage Axioms, *QJE*, 75:4, pp. 643-669

16 Tversky A. & D. Kahneman (1986) op. cit. S263-S267

17 Kahneman, D., J. Knetsch & R. Thaler (1986) Fairness as a constraint on profit seeking, *AER*, 76:4, pp. 728-741

18 Putler, D. S. (1992) Incorporating Reference Price Effects into a Theory of Consumer Choice, *MS*, 11:3, pp. 287-309; Hardie, B. G. S., E. J. Johnson & P. S. Fader (1993) Modeling Loss Aversion and Reference Dependence Effects on

Brand Choice, *MS*, 12:4, pp. 378-394; Camerer, C. (2004) Prospect Theory in the wild: Evidence from the Field, Chapter 5, *Advances in Behavioral Economics*, ed. C. Camerer, G. Loewenstein & M. Rabin, N. J.: Princeton University Press

19 Camerer, C., L. Babcock, G. Loewenstein & R. Thaler (1997) Labor Supply of New York City Cabdrivers: one day at a time, *QJE*, 112:2, pp. 407-441

20 Farber, H. (2005) Is tomorrow another day? The labor supply of New York City cabdrivers, *JPE*, 113:1, pp. 46-82; Farber, H. (2008) Reference-dependent preferences and labor supply: the case of New York City taxi drivers. *AER*, 98:3, pp. 1069-1082; Oettinger, G. (1999) An empirical analysis of the daily labor supply of stadium vendors, *JPE*, 107:2, pp. 360-392

21 Kahneman, D., J. Knetsch & R. Thaler (1986) op. cit. p. 730

22 Mazumdar, T., S. P. Raj & I. Sinha (2005) Reference Price Research: Review and Propositions, *Journal of Marketing*, 69, pp. 84-102; Ackerman, D. & L. Perner (2004) Did You Hear What My Friend Paid! Examining the Consequences of Social Comparisons of Prices, *Advances in Consumer Research*, 31, pp. 586-592

23 Kahneman, D. (2003) op. cit.; Diamond, P. & J. Hausmen (1994) Contingent valuation: Is some number better than no number?, *JEP*, 8:4, pp. 45-64

24 Tversky A. & D. Kahneman (1974) Judgment under Uncertainty: Heuristics and Biases, *Science*, 185:4157, pp. 1124-1131

25 Ayres, I. & R. Gertner (1989) Filling gaps in incomplete contracts: an economic theory of default rules, *Yale Law Journal*, 99:87, pp. 87-130; Ku, G., A. D. Galinsky & J. K. Murnighan (2006) Starting Low but Ending High: A Reversal of the Anchoring Effect in Auctions, *JPSP*, 90:6, pp. 975-986; Beggs, A. & K. Graddy (2009) Anchoring Effects: Evidence from Art Auctions, *AER*, 99:3, pp. 1027-1039

26 Ho, D. E. & K. Imai (2008) Estimating Causal Effects of Ballot Order from a Randomized Natural Experiment: the California Alphabet Lottery, 1978-2002, *Public Opinion Quarterly*, 72:2, pp. 216-240

27 Levin. I., J. Schreiber, M. Lauriola & G. Gaeth (2002) A Tale of Two Pizzas: Building Up from a Basic Product Versus Scaling Down from a Fully-Loaded

Product, *Marketing Letters*. 1:4, pp. 335-344

3장

1   Knetsch, J. (1990) Environmental policy implications of disparities between willingness to pay and compensation demanded measures of values, *Journal of Environmental Economics and Management*, 18, pp. 227-237

2   Kahneman, D., J. L. Knetsch & R. Thaler (1990) Experimental Tests of the Endowment Effect and the Coase Theorem, *JPE*, 98:6, pp. 1325-1348; Horowitz, J. & K. McConnell (2001) A Review of WTA/WTP Studies, *Journal of Environmental Economics and Management*, 44, pp. 426-447

3   List, J. (2003) Does market experience eliminate market anomalies?, *QJE*, 118:1, pp. 41-71

4   Huck, S., G. Kirchsteiger & J. Oechssler (2005) Learning to like what you have – explaining the endowment effect, *Economic Journal*, 115, pp. 689-702

5   Arlen, J., M. Spitzer & E. Talley (2002) Endowment Effects within Corporate Agency Relationships, *Journal of Legal Studies*, 31:1, pp. 1-37

6   Belk, R. W. (1988) Possessions and the Extended Self, *JCR*, 15:2, pp. 139-168

7   Plott, C. & K. Zeiler (2005) The Willingness to Pay—Willingness to Accept Gap, the "Endowment Effect," Subject Misconceptions, and Experimental Procedures for Eliciting Valuations, *AER*. 95:3, pp. 530-545; Plott, C. & K. Zeiler (2007) Exchange Asymmetries Incorrectly Interpreted as Evidence of Endowment Effect Theory and Prospect Theory?, *AER*, 97:4, pp. 1449-1466; Plott, C. & K. Zeiler (2011) The Willingness to Pay—Willingness to Accept Gap, the "Endowment Effect," Subject Misconceptions, and Experimental Procedures for Eliciting Valuations: Reply, *AER*, 101:2, pp. 1012-1028

8   Samuelson, W. & R. Zeckhauser (1988) Status Quo Bias in Decision Making, *Journal of Risk and Uncertainty*, 1, pp. 7-59

9   Nisbett, R. E. & T. D. Wilson (1977) Telling more than we can know: Verbal reports on mental processes, *PR*, 84:3, pp. 231-259

10 Thaler, R. (1985) Mental Accounting and Consumer Choice, *MS*, 27:1, pp. 15-25; Thaler, R. (1988) The Ultimatum Game, *JEP*, 2:4, pp. 195-206; Thaler, R. (1999)

Mental Accounting Matters, *Journal of Behavioral Decision Making*, 12, pp. 183-206; Heath, T. B., S. Chatterjee & K. R. France (1995) Mental Accounting and Changes in Price: The Frame Dependence of Reference Dependence, *JCR*, 22:1, pp. 90-97; Heath, C. & J. Soll (1996) Mental Budgeting and Consumer Decisions, *JCR*, 23:1, pp. 40-52

11 Waldfogel, J. (1993) The Deadweight Loss of Christmas, *AER*, 83:5, pp. 1328-1336

12 Zelizer, V. (1989) The Social Meaning of Money: 'Special Monies', *American Journal of Sociology*, 95, pp. 342-77

13 Samuelson, P. (1963) Risk and uncertainty: a fallacy of large numbers, *Scientia*, 98, pp. 108-113; Thaler, R. (1999) op. cit., p. 199

14 Cho, S. & J. Rust (2013) Precommitments for Financial Self-Control: Evidence from Credit Card Borrowing, *Working Paper*

15 Iyengar, S. S. & M. R. Lepper (2000) When Choice is Demotivating: Can One Desire Too Much of a Good Thing?, *JPSP*, 79:6, pp. 995-1006

16 Gneezy, U. & A. Rustichini (2000) A Fine is a Price, *Journal of Legal Studies*, 29:1, pp. 1-15

17 Shampanier K., N. Mazar & D. Ariely (2007) Zero as a Special Price: The True Value of Free Products, *MS*, 26:6, pp. 742-757

18 Arkes, H. R. & C. Blumer (1985) The Psychology of Sunk Cost, *OB*, 35, pp. 124-140; Garland, H. (1990) Throwing Good Money After Bad: The Effect of Sunk Costs on the Decision to Escalate Commitment to an Ongoing Project, *Journal of Applied Psychology*, 75:6, pp. 728-731; Heath, C. (1995) Escalation and De-escalation of Commitment in Response to Sunk Costs: the Role of Sunk Costs in Mental Budgeting, *OB*, 62:1, pp. 38-54; Arkes, H. R. & P. Ayton (1999) The Sunk Cost and Concorde Effects: Are Humans Less Rational Than Lower Animals?, *PB*, 125:5, pp. 591-600

19 Thaler, R. (1985) op. cit.

20 Freedman, J. L. & S. C. Fraser (1966) Compliance without Pressure: the Foot-in-the Door Technique, *JPSP*, 4:2, pp. 155-202; Cialdini, R. B., Cacioppo, J. T., Bassett, R. & J. A. Miller (1978) Low-ball procedure for procuring compliance:

Commitment then cost, *JPSP*, 36, pp. 463-476

21   Herrnstein, R. J. (1990) Rational Choice Theory: Necessary but Not Sufficient,
      AP, 45:3, 356-367; Herrnstein, R. J. & D. Prelec (1991) Melioration: A theory of
      distributed choice, *JEP*, 5:3, 137-56

22   Read, D., G. Loewenstein & M. Rabin (1999) Choice Bracketing, *Journal of Risk
      and Uncertainty*, 19:1-3, pp. 171-197

23   Fox, C. R. & Y. Rottenstreich (2003) Partition Priming in Judgement under
      Uncertainty, *PS*, 14:3, pp. 195-200; Fox, C. R., R. K. Ratner & D. S. Lieb (2005)
      How Subjective Grouping of Options Influences Choice and Allocation:
      Diversification Bias and the Phenomenon of Partition Dependence, *Journal of
      Experimental Psychology: General*, 134:4, pp. 538-551

24   Shefrin, H. & M. Statman (1985) The Disposition to Sell Winners Too Early and
      Ride Losers Too Long: Theory and Evidence, *Journal of Finance*, *PP*, 40:3, p.
      780

25   Tu, Y. & D. Soman (2014) The Categorization of Time and Its Impact on Task
      Initiation, *JCR*, 41, DOI: 10.1086/677840

26   Kahneman, D. (2003) op. cit.

27   Tversky A. & D. Kahneman (1974) op. cit.

28   Kahneman, D. & A. Tversky (1973) On the Psychology of Prediction, *PR*, 80:4,
      pp. 237-251

29   Tversky, A. (1977) Features of similarity, *PR*, 84:4, pp. 327-352

30   Parsons, C., J. Sulaeman, M. Yates & D. Hamermesh (2011) Strike Three:
      Discrimination, Incentives, and Evaluation, *AER*, 101:4, pp. 1410-1435

31   Gabaix, X. & D. Laibson (2006) Shrouded Attributes, Consumer Myopia, and
      Information Suppression in Competitive Markets, *QJE*, 121:2, pp. 505-540; Bar-
      Gill, O. (2008) The Behavioral Economics of Consumer Contracts, *Minnesota
      Law Review*, 92, pp. 749-802; Finkelstein, A. (2009) *E-z Tax*: Tax Salience and
      Tax Rates, *QJE*, 124:3, pp. 969-1010; Chetty, R., A. Looney & K. Kroft (2009)
      Salience and Taxation: Theory and Evidence, *AER*, 99:4, 1145-1177; Saez, E.
      (2010) Do Taxpayers Bunch at Kink Points?, *American Economic Journal:
      Economic Policy*, 2:3, pp. 180-212

32 Slovic, P. (1972) Psychological Study of Human Judgment: Implications for Investment Decision Making, *Journal of Finance*, 27:4, p. 790

33 Kahneman, D. & S. Frederick (2002) Representativeness Revisited: Attribute Substitution in Intuitive Judgment, in T. Gilovich, D. Griffin & D. Kahneman, eds., *Heuristics and biases: The psychology of intuitive thought*, New York: Cambridge University Press, pp. 49-81

34 Folkes, V. S. (1988) The Availability Heuristic and Perceived Risk, *JCR*, 15:1, pp. 13-23

35 Ranyard, R., F. Del Missier, N. Bonini, D. Duxbury & B. Summer (2008) Perceptions and expectations of price changes and inflation: A review and conceptual framework, *Journal of Economic Psychology*, 29, pp. 378–400

36 Tversky, A. & D. Kahneman (1974) op. cit.

37 Kahneman, D. (2003) op. cit. p. 1461

38 Thorndike, E. L. (1920) A consistent error in psychological ratings, *Journal of Applied Psychology*, 4:1, pp. 25-29; Kleina, J. & N. Dawar (2004) Corporate social responsibility and consumers' attributions and brand evaluations in a product–harm crisis, *International Journal of Research in Marketing*, 21, pp. 203-217

39 Kahneman, D. (2003) op. cit. p. 1452

40 Nickerson, R. S. (1998) Confirmation Bias: A Ubiquitous Phenomenon in Many Guises. *Review of General Psychology*, 2:2, pp. 175-220

41 Fischhoff, B. (2003) Hindsight≠foresight: the effect of outcome knowledge on judgment under uncertainty, *Quality Safety Health Care*, 12, pp. 304-312; Biais, B. & M. Weber (2009) Hindsight Bias, Risk Perception, and Investment Performance, *MS*, 55:6, pp. 1018-1029

4장

1 Kahneman, D. & A. Tversky (1984) op. cit. pp. 341-350

2 Kahneman, D. (2003) op. cit. p. 1458

3 Tversky, A. & D. Kahneman (1986) op. cit. S254-S256

4   Kahneman, D. & A. Tversky (1984) Choices, Values, and Frames, *AP*, 39:4, p. 346

5   Schelling, T. C. (1981) Economic reasoning and the ethics of policy, *Public Interest*, 631, pp. 54-55

6   Akerlof, G. & R. Shiller (2009) *Animal Spirits*, Princeton University Press, pp. 51-58

7   Simonson, I. & A. Tversky (1992) Choice in Context: Tradeoff Contrast and Extremeness Aversion, *Journal of Marketing Research*, 29:3, pp. 281-295; Tversky, A. & I. Simonson (1993) Context-dependent preferences, *Management Science*, 39:10, pp. 1179-1189; Huber, J., J. W. Payne & C. Puto (1982) Adding Asymmetrically Dominated Alternatives: Violations of Regularity and the Similarity Hypothesis, *JCR*, 9:1, pp. 90-98

8   McFadden, D. (2006) Free Markets and Fettered Consumers, *AER*, 96:1, pp. 3-29

9   Kreps, D. (1979) A Preference for Flexibility, *EM*, 47, pp. 565-576

10   Kahneman, D. (2003) op. cit.

11   Simon, H. A. (1981) *The Sciences of the Artificial*, Cambridge, Mass.: The MIT Press

12   Sunstein C. & R. Thaler (2007) The Survival of the Fattest, *New Republic*, 19, pp. 59-63

13   Wansink, B. & J. Sobal (2007) Mindless Eating: The 200 Daily Food Decisions We Overlook, *Environment and Behavior*, 39:1, pp. 106-123

14   Bar-Eli, M., O. H. Azar, I. Ritov, Y. Keidar-Levin & G. Schein (2007) Action bias among elite soccer goalkeepers: The case of penalty kicks, *Journal of Economic Psychology*, 28, pp. 606-621

15   《행복, 경제학의 혁명》, 9장, 브루노 S. 프라이 지음, 유정식·홍훈·박종현 옮김, 부키, 2015년

16   Ariely, D., G. Loewenstein & D. Prelec (2003) "Coherent Arbitrariness": Stable Demand Curves Without Stable Preferences, *QJE*, 118:1, pp. 73-105; Amir. O., D. Ariely & Z. Carmon (2008) The Dissociation Between Monetary Assessment and Predicted Utility, *MS*, 27:6, pp. 1055-1064; Amir, O. & O. Obel (2008) Stumble,

Predict, Nudge: How Behavioral Economics Informs Law and Policy, *Columbia Law Review*, 108:2098, pp. 2098-2139; Mazar, N., B. Kozegi & D. Ariely (2014) True Context-dependent Preferences? The Causes of Market-dependent Valuations, *Journal of Behavioral Decision Making*, 27, pp. 200-208

17 Loewenstein, G. E. & D. Prelec (1993) Preferences for Sequences of Outcomes, *PR*, 100:1, pp. 91-108; Read, D. & G. Loewenstein (1995) Diversification Bias: Explaining the Discrepancy in Variety Seeking Between Combined and Separated Choices, *Journal of Experimental Psychology: Applied*, 1: 1, pp. 34-49; Read, D., G. Loewenstein & S. Kalyanaraman (1999) Mixing virtue and vice: combining the immediacy effect and the diversification heuristic, *Journal of Behavioral Decision Making*, 12:2, pp. 52-73; Kim, H. S. & A. Drolet (2003) Choice and self-expression: A cultural analysis of variety-seeking, *JPSP*, 85, pp. 373-382

18 Amir, O., D. Ariely, A. Cooke, D. Dunning, N. Epley, U. Gneezy, B. Koszegi, D. Lichtenstein, N. Mazar, S. Mullainathan, D. Prelec, E. Shafir & J. Silva (2005) Psychology, Behavioral Economics, and Public Policy, *Marketing Letters*, 16:3/4, pp. 443-454; Wells, G. L., R. S., Malpass, R. C. L. Lindsay, R. P. Fisher, J. W. Turtle & S. Fulero (2000) From the lab to the police station: A successful application of eyewitness research, *AP*, 55, pp. 581-598

19 Tversky, A., P. Slovic & D. Kahneman (1990) The Causes of Preference Reversal, *AER*, 80:1, pp. 204-217; Slovic, P. (1995) The Construction of Preference, *AP*, 50:5, pp. 364-371

20 Kahneman, D. (2011) op. cit. pp. 353-362

21 Tversky, A. (1972) Elimination by aspects: a theory of choice, *PR*, 79:4, pp. 282-299; Tversky, A. (1977) op. cit.; Kahneman, D. (2011) op. cit. pp. 93-94

22 Tversky, A., P. Slovic & D. Kahneman (1990) The Causes of Preference Reversal, *AER*, 80:1, pp. 204-217; Tversky, A. & R. Thaler (1990) Anomalies: Preference Reversals, *JEP*, 4:2, pp. 201-211

23 홍훈 (2013)《신고전학파 경제학과 행동경제학》, 서울: 신론사, 327-328쪽

24 Simonson, I. (1989) Choice Based on Reasons: The Case of Attraction and Compromise Effects, *JCR*, 16:2, pp. 158-174; Shafir, E., I. Simonson & A.

Tversky (1993) Reason-based choice, *Cognition*, 49, pp. 11-36

25 한강 (2007)《채식주의자》, 서울: 창비, 9-10쪽

26 Carmon, Z. & D. Ariely (2000) Focusing on the forgone: How value can appear so different to buyers and sellers, *JCR*, 27, pp. 360-370; Johnson, E. J., G. Häubl & A. Keinan (2007) Aspects of Endowment: A Query Theory of Value Construction, *Journal of Experimental Psychology: Learning, Memory, and Cognition*, 33:3, pp. 461-474

27 Payne, J. W., J. R. Bettman & E. J. Johnson (1992) Behavioral decision research: a constructive processing perspective, *Annual Review of Psychology*, 43, pp. 87-131; Bettman, J., M. F. Luce & J. W. Payne (1998) Constructive consumer choice processes, *JCR*, 25:3, pp. 187-217

5장

1 Frederick, S., G. Loewenstein & T. O'Donoghue (2002) op. cit.

2 Laibson, D. (1997) Golden Eggs and Hyperbolic Discounting, *QJE*, 112:2, pp. 443-478

3 Hepburn, C., S. Duncan & A. Papachristodoulou (2010) Behavioral Economics, Hyperbolic Discouting and Environmental Policy, *Environment Resource Economics*, 46, pp. 189-206

4 Raghubir, P. & J. Srivastava (2002) Effect of Face Value on Product Valuation in Foreign Currencies, *JCR*, 29, pp. 335-347; Wertenbroch, K., D. Soman & A. Chattopadhyay (2007) On the Perceived Value of Money: The Reference Dependence of Currency Numerosity Effects, *JCR*, 34, pp. 1-10; Burson, K. A., R. P. Larrick & J. G. Lynch (2009) Six of One, Half Dozen of the Other: Expanding and Contracting Numerical Dimensions Produces Preference Reversals, *PS*, 20:9, pp. 1074-1078; Kooreman, P., R. P. Faber & H. M. J. Hofmans (2004) Charity Donations and the Euro Introduction: Some Quasi-Experimental Evidence on Money Illusion, *Journal of Money, Credit and Banking*, 36:6, pp. 1121-1124

5 Yamagishi, K. (1997) When a 12.86% mortality is more dangerous than 24.14%: Implications for risk communication, *Applied Cognitive Psychology*, 11, pp. 495-506; Reyna, V. F. & C. J. Brainerd (2008) Numeracy, ratio bias,

and denominator neglect in judgments of risk and probability, *Learning and Individual Differences*, 18, 2008, pp. 89-107

6   Muth, J. (1961) Rational Expectation and the Theory of Price Movements, *EM*, 29:3, pp. 315-335. 'At the risk of confusing this purely descriptive hypothesis with a pronouncement as to what firms ought to do, we call such expectations "rational." It is sometimes argued that the assumption of rationality in economics leads to theories inconsistent with, or inadequate to explain, observed phenomena, especially changes over time (e.g., Simon [29]). Our hypothesis is based on exactly the opposite point of view: that dynamic economic models do not assume enough rationality.'(p. 316)

7   Ranyard, R., F. Del Missier, N. Bonini, D. Duxbury & B. Summer (2008) op. cit.

8   한국은행 (2015) 인플레이션 보고서, 7월, ISSN 2287-3821, 35-38쪽

9   Brachinger, H. W. (2008) A new index of perceived inflation: Assumptions, method, and application to Germany, *Journal of Economic Psychology*, 29, pp. 433-457

10   Akerlof, G. (2002) Behavioral macroeconomics and macroeconomic behavior, *AER*, 92:3, pp. 411-433; Akerlof, G. (2007) The missing motivation in macroeconomics, *AER*, 97:1, pp. 3-36; Akerlof, G. (1982) Labor contracts as partial gift exchange, *QJE*, 97:4, pp. 543-569; Ostrom, E. (1998) A behavioral approach to the rational choice theory of collective action, *American Political Science Review*, 92:1, pp. 1-22; Driscoll, J. & S. Holden (2014) Behavioral economics and macroeconomic models, *Journal of Macroeconomics*, 41, pp. 133-147

11   Akerlof, G. & R. Shiller (2009) op. cit.

12   Fama, E. (1995) Random Walks in Stock Market Prices, *Financial Analysts Journal*, 51:1, pp. 75-80; Lo, A. (2004) The Adaptive Markets Hypothesis, *Journal of Portfolio Management*, 30th Anniversary Issue, pp. 15-29

13   Stracca, L. (2004) Behavioral finance and asset prices: Where do we stand, *Journal of Economic Psychology*, 25:3, pp. 373-405

14   Fama, E. (1970) Efficient Capital Markets: A Review of Theory and Empirical Work, *Journal of Finance, PP*, 25:2, pp. 383-417

15 Johnston, J. (1963) *Econometric Methods*, Third Edition, New York: McGraw-Hill, pp. 31-32

16 Shiller, R. (1981) Do Stock Prices Move Too Much to be Justified by Subsequent Changes in Dividends?, *AER*, 71:3, pp. 421-436; Lo, A. (2012) Adaptive Markets and the New World Order, *Financial Analysts Journal*, 68:2, pp. 18-29

17 Stracca, L. op. cit.

18 Lucas, R. (1978) Asset Prices in an Exchange Economy, *EM*, XLVI, pp. 1419-1446

19 Shiller, R. (1981) op. cit.

20 Barberis, N., M. Huang & T. Santos (2001) Prospect Theory and Asset Prices, *QJE*, 116:1, pp. 1-53

21 Mehra, R. (2003) The Equity Premium: Why Is It a Puzzle?, *Financial Analysts Journal*, 59:1, pp. 54-69

22 Benartzi, S. & R. Thaler (1995) Myopic Loss Aversion and The Equity Premium Puzzle, *QJE*, 110:1, pp. 73-92; Thaler, R. & E. Johnson (1990) Gambling with the House Money and Trying to Break Even: The Effects of Prior Outcomes on Risky Choice, *MS*, 36:6, pp. 643-660

23 Shefrin, H. & M. Statman (1985) op. cit. pp. 777-790

24 Brewer, M. B. & W. Gardner (1996) Who is This "We"? Levels of Collective Identity and Self Representations, *JPSP*, 71:1, pp. 83-93

25 Ainslie, G. (1986) Beyond microeconomics: Conflict among interests in a multiple self as a determinant of value, *The Multiple Self*, ed. J. Elster, Cambridge University Press; Ainslie, G. (2009) Pleasure and Aversion: Challenging the Conventional Dichotomy, *Inquiry*, 52:4, pp. 357-377; Crocker, J., B. Major & C. Steele (1997) Social Stigma, Chapter 28, *The Handbook of Social Psychololgy*, Fourth Edition, ed. D. Gilbert, S. Fiske & G. Lindzey, McGrawhill

26 Samuelson & Zeckhauser, op. cit. p. 39; Bénabou & Tirole (2003) Intrinsic and Extrinsic Motivation, *Review of Economic Studies*, 70:3, pp. 489-520; Akerlof, G. & R. Kranton (2000) Economics and Identity, *QJE*, 115:3, pp. 715-753; Akerlof, G. & R. Kranton (2002) Identity and Schooling: Some Lessons for the Economics of Education, *JEL*, XL, pp. 1167-1201

27   Babcock, L., X. Wang & G. Loewenstein (1996) Choosing the wrong pond:
      social comparisons in negotiations that reflect a self-serving bias, *QJE*, 111:1,
      pp. 1-19; Blount, S. & M. Neale (1984) The Role of Negotiator Aspirations and
      Settlement Expectancies in Bargaining Outcomes, *OB*, 57:2, pp. 300-317

28   Deci, E. (1971) Effects of Externally Mediated Rewards on Intrinsic Motivation,
      Journal of Personality and Social Psychology, 18:1, pp. 105-115; Iyengar, S. S.
      & M. R. Lepper (1999) Rethinking the Value of Choice: A Cultural Perspective
      on Intrinsic Motivation, *JPSP*, 76:3, pp. 349-366; Frey, B. (1994) How Intrinsic
      Motivation is Crowded Out and In, *Rationality & Society*, 94:6, pp. 334-352;
      Bénabou, R. & J. Tirole, op. cit.; Bowles, S. & S. Polania-Reyes (2012) Economic
      Incentives and Social Preferences: Substitutes or Complements, *JEL*, 50:2, pp.
      368-425

29   Levitt, S. D., J. A. List, S. Neckermann & S. Sadoff (2012) The Behavioralist
      goes to School: Leveraging Behavioral Economics to improve Educational
      Performance, *NBER Working Paper Series* 18165

30   Frey, B. & A. Stutzer (2005) Beyond Outcomes: Measuring Procedural Utility,
      Oxford Economic Papers, 57:1, pp. 90-111; Kahneman, D. & A. Krueger (2006)
      Developments in the Measurement of Subjective Well-Being, *JEP*, 20:1, pp.
      3-24

31   Ryan, R. & E. Deci (2000) Self-Determination Theory and the Facilitation of
      Intrinsic Motivation, Social Development, and Well-Being, *AP*, 55:1, pp. 68-
      78; Deci, E. & R. Ryan (2000) The "What" and "Why" of Goal Pursuits: Human
      Needs and the Self-Determination of Behavior, *Psychological Inquiry*, 11:4,
      pp. 227-268; Deci, E. & R. Ryan (2008) Facilitating Optimal Motivation and
      Psychological Well-Being Across Life's Domains, Honourary President's
      Address-2007, *Canadian Psychology*, 49:1, pp. 14-23; Chirkov, V, Ryan, R. M.,
      Kim, Y. & U. Kaplan (2003) Differentiating autonomy from individualism and
      independence: A self-determination theory perspective on internalization of
      cultural orientations and wellbeing, *JPSP*, 84, 97-110

32   McFadden, D. (2013) The New Science of Pleasure, Forthcoming in *Handbook
      of Choice Modelling*, S. Hess & A. J. Daly (eds.), Edward Elgar

33   Fehr, E. & K. Schmidt (1999) A Theory of Fairness, Competition, and

Cooperation, *QJE*, 114:3, pp. 817-868: Fehr, E. & S. Gächter (2000) Fairness and Retaliation: The Economics of Reciprocity, *JEP*, 14:3, pp. 159-181: Dohmen, T. (2014) Behavioral labor economics: Advances and future directions, *Labor Economics*, 30, pp. 71-85: Aggarwal, P. (2004) The Effects of Brand Relationship Norms on Consumer Attitudes and Behavior, *JCR*, 31, pp. 87-101

34 Monzón, J. L. & R. Chaves (2008) The European Social Economy: concept and dimensions of the third sector, *Annals of Public and Cooperative Economics*, 79:3, pp. 549-577

35 Heyman, J. & D. Ariely (2004) Effort for Payment: A Tale of Two Markets, *PS*, 15:11, pp. 787-793; Jolls, C. (2013) Behavioral Economics Analysis of Employment Law, Chapter 15, *The Behavioral Foundations of Public Policy*, ed. E. Shafir, Princeton & Oxford: Princeton University Press, pp. 264-280; Fiske, A. P. (1992) The four elementary forms of sociality: framework for a unified theory of social relations, *PR*, 99:4, pp. 689-723

36 Kube, S., M. Maréchal & C. Puppe (2012) The Currency of Reciprocity: Gift Exchange in the Workplace, *AER*, 102:4, pp. 1644-1662

37 Bowles, S. & H. Gintis (2002) Home reciprocans, *Nature*, 415:10, pp. 125-128; Bowles, S. & S. Polania-Reyes (2012) op. cit.

38 Festinger, L. (1954) A theory of social comparison processes, *Human Relations*, 7, pp. 117-140; Frank, R. (1985) The Demand for Unobservable and Other Nonpositional Goods, *AER*, 75:1, pp. 101-116; Frank, R. (2005) Does Absolute Income Matter?, Chapter 2, *Economics and Happiness: framing the analysis*, ed. L. Bruni & P. L. Porta, Oxford University Press

39 Card, D., A. Mas, E. Moretti & E. Saez (2012) Inequality at Work: The Effect of Peer Salaries on Job Satisfaction, *AER*, 102:6, pp. 2981-3003

40 Akerlof, G. A. (1982) Labor contracts as partial gift exchange, *QJE*, 97:4, pp. 543-569

41 Baumeister, R. F. & M. R. Leary (1995) The Need to Belong: Desire for Interpersonal Attachments as a Fundamental Human Motivation, *PB*, 117:3, pp. 497-529; Bourdieu, P. (1986) The Forms of Capital, trans. R. Nice, *Handbook of Theory of Research for the Sociology of Education*, Greenwood Press, pp.

241-258; Coleman, J. (1988) Social Capital in the Creation of Human Capital, *American Journal of Sociology*, Vol. 94, S95-S120

42 Stiglitz, J., A. Sen & J.-P. Fitoussi (2009) *Report by the Commission on the Measurement of Economic Performance and Social Progress*; Sacco, P. L., P. Vanin & S. Zamagni (2006) The Economics of Human Relationships, Chapter 9, *Handbook of the Economics of Giving, Altruism and Reciprocity*, Vol. 1, ed. S.-C. Kolm & J. M. Ythier, Elsevier B. V.

43 Mas, A. & E. Moretti (2009) Peers at Work, *AER*, 99:1, pp. 112-145

44 Nisbett, R., K. Peng, I. Choi & A. Norenzayan (2001) Culture and Systems of Thought: Holistic Versus Analytic Cognition, *PR*, 108:2, pp. 291-310; Triandis, H. C. & E. M. Suh (2002) Cultural Influences on Personality, *Annual Review of Psychology*, 53, pp. 133-160; Hong, H. (2012) Towards a Korean Socioeconomic Model: Collective, Relationships, Knowledge, Motivation, Leadership (Elitism) and Value, *Working Paper*

45 Peng, K. & R. E. Nisbett (1999) Culture, Dialectics, and Reasoning About Contradiction, *AP*, 54:9, pp. 741-754

46 Markus, H. R. & S. Kitayama (1991) Culture and the Self: Implications for Cognition, Emotion and Motivation, *PR*, 98:2, pp. 224-253; Nonaka, I. (2007) The Knowledge-Creating Company, *Harvard Business Review*, July-August, pp. 162-171

47 Ostrom, E. (2010) Beyond Markets and States: Polycentric Governance of Complex Economic Systems, *AER*, 100:3, pp. 1-33

48 Seligman, M. E. P. & M. Csikszentmihalyi (2000) Positive psychology: An introduction, *AP*, 55, pp. 5-14; R. M. Ryan & E. L. Deci (2001) On Happiness and Human Potentials: A Review of Research on Hedonic and Eudaimonic Well-Being, *Annual Review of Psychology*, 52, pp. 1141-1166; Bertrand, M. & S. Mullainathan (2001) Do People Mean What They Say? Implications for Subjective Survey Data, *AEA*, *PP*, pp. 67-72

49 Ng, Y. (2003) From preference to happiness: Towards a more complete welfare economics, *Social Choice and Welfare*, 20:2, pp. 307-350

50 《행복, 경제학의 혁명》, 브루노 S. 프라이 지음, 유정식·홍훈·박종현 옮김, 부키, 2015년

51 Frey, B. & A. Stutzer (2002) What Can Economists Learn from Happiness Research?, *JEL*, 40:2, pp. 402-435; Easterlin, R. (2005) Feeding the illusion of growth and happiness: a reply to Hagerty and Veenhoven, *Social Indicators Research*, 74, pp. 429-443

52 Oswald, A. (1997) Happiness and Economic Performance, *Economic Journal*, 107:445, pp. 1815-1831

53 Diener, E., E. M. Suh, R. Lucas & H. Smith (1999) Subjective well-being: Three decades of progress, *PB*, 125, pp. 276-302; Csikszentmihalyi, M. (1999) If We Are So Rich, Why Aren't We Happy?, *AP*, 54:10, pp. 821-827;《행복, 경제학의 혁명》, op. cit.

54 Lyubomirsky, S. (2001) Why Are Some People Happier Than Others? The Role of Cognitive and Motivational Processes in Well-Being, *AP*, 56:3, pp. 239-249; Buss, D. M. (2000) The Evolution of Happiness, *AP*, 55:1, pp. 15-23; Diener, E. & F. Fujita (1995) Resources, personal strivings, and subjective well-being: A nomothetic and idiographic approach, *JPSP*, 68, pp. 926-935; Myers, D. (2000) The funds, friends, and faith of happy people, *AP*, 55:1, pp. 56-67; Oishi, S., S. Kesebir & E. Diener (2011) Income Inequality and Happiness, *PS*, XX(X), pp. 1-6

6장

1 Jolls, C. (2013) Behavioral Economics Analysis of Employment Law, Chapter 15, *The Behavioral Foundations of Public Policy*, ed. E. Shafir, Princeton & Oxford: Princeton University Press, pp. 264-280

2 Weinstein, M. C. (2005) Spending Health Care Dollars Wisely: Can Cost-Effectiveness Analysis Help?, *Center for Policy Research*, Paper 13. http://surface.syr.edu/

3 Friedman, M. (1982) *Capitalism and Freedom*, Phoenix Books: The University of Chicago Press

4 Thaler, R. & C. Sunstein (2003) Libertarian Paternalism, *AER, PP*, 93:2, pp. 175-179; Thaler, R. & C. Sunstein (2008) *Nudge*, New Haven: Yale University Press; Camerer, C., S. Issacharoff, G. Loewenstein, T. O'Donoghue & M. Rabin (2003)

Regulation for conservatives: Behavioral economics and the case for "asymmetric paternalism", *University of Pennsylvania Law Review*, 151, pp. 1211-1253

5   an Rooij, M. C. J., C. J. M. Kool & H. M. Prast (2007) Risk-return preferences in the pension domain: Are people able to choose?, *Journal of Public Economics*, 91, pp. 701-722

6   Thaler, R. & C. Sunstein (2008) op. cit.

7   Carroll, G., Choi, J., Laibson, D., Madrian, B., & A. Metrick (2009) Optimal defaults and active decisions, *QJE*, 124, pp. 1639-1676; Keller, P. A., B. Harlam, G. Loewenstein & K. G. Volpp (2011) Enhanced active choice: A new method to motivate behavior change, *Jounral of Consumer Psychology*, 21, pp. 376-383

8   Johnson, E. J., S. B. Shu, B. G. C. Dellaert, C. Fox, D. G. Goldstein, G. Häubl, R. P. Larrick, J. W. Payne, E. Peters, D. Schkade, B. Wansink & E. U. Weber (2012) Beyond nudges: Tools of a choice architecture, *Marketing Letters*, 23, pp. 487-504

9   Iyengar, S. S. & M. R. Lepper (2000) op. cit.

10   Larrick, R. P. & J. B. Soll (2008) The MPG Illusion, *Science*, 320:20, pp. 1593-1594; Soll J. B., R. L. Keeney & R. P. Larrick (2013) Consumer Misunderstanding of Credit Card Use, Payments, and Debt: Causes and Solutions, *Journal of Public Policy & Marketing*, 32:1, pp. 66-81

11   Shua, L. L., N. Mazarb, 1, F. Ginoc, D. Ariely & M. H. Bazerman (2012) Signing at the beginning makes ethics salient and decreases dishonest self-reports in comparison to signing at the end, *Proceedings of the National Academy of Sciences*, 109:38, pp. 15197-15200

12   Brewer, M. B. & W. Gardner (1996) op. cit.; Weber, E. U. (2013) Doing the Right Thing Willingly, Chapter 22, *The Behavioral Foundations of Public Policy*, ed. E. Shafir, Princeton & Oxford: Princeton University Press, pp. 379-397

13   Shefrin, H. & M. Statman (1985) op. cit. p. 514

14   Bénabou, R. & J. Tirole (2004) Willpower and Personal Rules, *JPE*, 112:4, pp. 848-886

15   Shefrin, H. & M. Statman (1985) op. cit. p. 516; Bryan, G., D. Karlan & S. Nelson (2010) Commitment Devices, *Annual Review of Economics*, 2, pp. 671-698;

Bernheim, B. D. & A. Rangel (2004) Addiction and Cue-Triggered Decision Processes, *AER*, 94:5, pp. 1558-1590; Rogers, T. K. L. Milkman, L. K. John & M. I. Norton (2012) Making the Best Laid Plans Better: How Plan-Making Increases Follow-Through, *Working Paper*

16   Wansink, B. (1996) Can Package Size Accelerate Usage Volume?, *Journal of Marketing*, 60:3, pp. 1-14; Wansink, B., D. R. Just & C. R. Payne (2009) Mindless Eating and Healthy Heuristics for the Irrational, *AER*, 99:2, *PP*, pp. 165-169; Wansink, B. (2010) From mindless eating to mindlessly eating better, *Physiology & Behavior*, 100, pp. 454-463

17   Kooreman, P. (2000) The Labeling Effect of a Child Benefit System, *AER*, 90:3, pp. 571-583

18   Daniel, K., D. Hirshleifer & S. H. Teoh (2002) Investor psychology in capital markets: evidence and policy implications, *Journal of Monetary Economics*, 49, pp. 139-209

19   Thaler, R. & S. Benartzi (2004) Save More Tomorrow: Using Behavioral Economics to Increase Employee Saving, *JPE*, 112:1, pp. S164-S187; Ashraf, N., D. Karlan & W. Yin (2006) Tying Odysseus to the Mast: Evidence from a Commitment Savings Product in the Philippines, *QJE*, 121:1, pp. 635-672; Soman, D. & A. Cheema (2011) Earmarking and Partitioning: Increasing Saving by Low-Income Households, *Journal of Marketing Research*, Vol. XLVIII, Special Issue, S14-S22

20   Duflo, E., M. Kremer & J. Robinson (2011) Nudging Farmers to Use Fertilizer: Theory and Experimental Evidence from Kenya, *AER*, 101:6, pp. 2350-2390

21   Bar-Gill, O. (2008) op. cit.; Agarwal, S., X. Gabaix, J. C. Driscoll & D. Laibson (2009) The Age of Reason: Financial Decisions over the Life Cycle and Implications for Regulation, *Brookings Papers on Economic Activity*, Fall, pp. 51-117

22   Epley, N., D. Mak & L. C. Idson (2006) Bonus of Rebate?: The Impact of Income Framing on Spending and Saving, *Journal of Behavioral Decision Making*, 19, pp. 213-227

23   Chetty, R., A. Looney & K. Kroft (2009) op. cit.

24   Gruber, J. & S. Mullainathan (2005) Do Cigarette Taxes Make Smokers Happier, *B. E. Journal: Advances in Economic Analysis & Policy*, 5:1, pp. 1-43

25   Johnson, E. J. & D. Goldstein (2003) Do Defaults Save Lives?, *Science*, 302:21, pp. 1338-1339

7장

1   Gul, F. & W. Pesendorfer (2009) The Case for Mindless Economics, *The Foundations of Positive and Normative Economics*, ed. A. Caplin & A. Schotter, Oxford: Oxford University Press; Camerer, C. (2009) The Case for Mindful Economics, op. cit.

2   Akerlof, G. & R. Shiller, op. cit. pp. 168

3   이규상·홍훈 (2009) 자유온정주의와 자유방임주의,《경제학연구》, 57:3, 171-193쪽; 홍훈·이규상 (2009) 행동경제학의 규범적 분석과 합리성,《사회경제평론》, 32, 101-131쪽; 홍훈 (2013) op. cit.

4   Farmer, J. B. & J. Geanakoplos (2008) The Virtues and Vices of Equilibrium and the Future of Financial Economics, *Complexity*, 14:3, pp. 11-38; Kirman, A. (2004) Economics and Complexity, *Advances in Complex Systems*, 7:2, pp. 139-155; Schenk, K.-E. (2006) Complexity of economic structures and emergent properties, *Journal of Evolutionary Economics*, 16, pp. 231-253

5   Sen, A. K. (1987) Chapter 2

6   Nelson, R. R. & S. G. Winter (1982) *An Evolutionary Theory of Economic Change*, Cambridge, Mass.: Harvard University Press

7   홍훈 (2015) 욕망의 정치경제학과 한국인의 욕망,《다른 삶은 가능한가》, 맑스코뮤날레, 한울아카데미

8   Piketty, T. (2013) *Capital In The Twenty-First Century*, The Belknap Press of the Harvard University Press; 홍훈 (2014) 피케티의 소득분배 가설에 대한 이론사적인 조망,《사회경제평론》, 45, 133-159쪽

9   Markus, H. R. & S. Kitayama (1991) Culture and the Self: Implications for Cognition, Emotion and Motivation, *PR*, 98:2, pp. 224-253; Hofstede, G. & M. H. Bond (1988) The Confucius Connection: From Cultural Roots to Economic Growth, *Organizational Dynamics*, 16:4, pp. 5-21

10 Bourdieu, P. (1986) The Forms of Capital, trans. R. Nice, *Handbook of Theory of Research for the Sociology of Education*, Greenwood Press, pp. 241-258; Coleman, J. (1988) Social Capital in the Creation of Human Capital, *American Journal of Sociology*, 94, S95-S120; Putnam, R. (1995) Bowling Alone: America's Declining Social Capital, *Journal of Democracy*, 6:1, pp. 65-78

11 Boisot, M. & J. Child (1996) From Fiefs to Clans and Network Capitalism: Explaining China's Emerging Economic Order, *Administration Science Quarterly*, 41, pp. 600-628; Diefenbach, T. & J. A. A. Sillince (2011) Formal and Informal Hierarchy in Different Types of Organization, *Organizational Studies*, 32:11, pp. 1515-1537

12 Kim, H. & A. Drolet (2003) op. cit.; Markus, H.-R. & B. Schwartz (2010) Does Choice Mean Freedom and Well-Being?, *JCR*, 37:2, pp. 344-355

13 Suh, E. M. & S. Oishi (2002) Subjective Well-Being Across Cultures, *Online Readings in Psychology and Culture*, 10:1. http://dx.doi.org/0.9707/ 307-0919.1076

14 Ben-Ner, A. (2013) Preferences and organization structure: Toward behavioral economics micro-foundations of organizational analysis, *Journal of Socio-Economics*, 46, pp. 87-96; Kluver, J., R. Frazier & J. Haidt (2014) Behavioral ethics for Homo economicus, Homo heuristicus, and Homo duplex, *OB*, 123, pp. 150-158

15 Anderson, E. (1993) *Value in Ethics and Economics*, Cambridge, Massachusetts: Harvard University Press, pp. 22-26; Sunstein, C. (2003) What's available? Social influences and behavioral economics, *Northwestern University Law Review*, 97:3, pp. 1295-1314

16 홍훈 (2012) 한국경제사회, 한국인, 한국교육: 한국형 모델의 이론적인 구성요소들, 4장,《한국형 모델》, 연세대학교 출판부; 홍훈·신태영·박종현·이상훈 (2013) 《한국의 기술발전과 사회경제적인 구조: 삼성반도체를 중심으로》, 정책연구 2013-30, 과학기술연구원; Bass, B. M. (1990) From Transactional to Transformational Leadership, *Organizational Dynamics*, 18:3, pp. 19-31; Nonaka, I. & N. Konno (1998) The Concept of "Ba": Building a Foundation for Knowledge Creation, *California Managment Review*, 40:3, pp. 40-54

17   Tajfel, H. & J. Turner (1979) An integrative theory of intergroup conflict, Chapter 3, *The Social Psychology of Intergroup Relations*, ed. W. G. Austin & S. Worchel, Monterey, CA.: Wadworth; Jost, J. & M. Banaji (1994) The role of stereotyping in system-justification and the production of false consciousness, *British Journal of Social Psychology*, 33:1, pp. 1-27; Jost, J. T., M. R. Banaji & B. A. Nosek (2004) A Decade of System Justification Theory: Accumulated Evidence of Conscious and Unconscious Bolstering of the Status Quo, *Political Psychology*, 25:6, pp. 881-919; Sidanius, J, F. Pratto, Colette van Laar & S. Levin (2004) Social Dominance Theory: Its Agenda and Method, *Political Psychology*, 25:6, pp. 845-880